징 懲
비 毖
록 錄

조진태 지음

종군 기자의 시각으로
회고한 유성룡의 7년 전쟁

일러두기

유성룡의 징비록을 토대로 조선왕조실록과 일부 사료를 참고, 임진란의 전황과 유성룡의 삶을 기사형식으로 재구성했다. 유성룡의 징비록을 골격으로 삼았고, 선조실록을 비롯한 다른 사료는 보완자료로 활용했다. 징비록이 전란 이후의 기록인 만큼 유성룡은 놀라운 기억력을 가진 재상이 분명하지만 부분적인 착오는 불가피하다고 보아, 전란을 기록한 자료를 종합적으로 참고해 일부 수치와 일자를 조정했다. 단 선조수정실록의 날짜는 참고하지 않았다.

대부분 르포 형태로 전개했으나 필요한 경우 스트레이트 기사를 병행했다. 임진년과 같이 짧은 기간, 전황이 숨 돌릴 새 없이 진행되면 독자들이 이를 한눈에 파악하는데 도움을 주기 위해 간결하게 서두에 건조체 형식으로 제시했다. 르포 기사는 관찰자 시점으로 작성했고, 궁궐 및 전장의 출입 기자를 전제로 사실에 기반했다. 아주 제한적으로 나름의 직관과 상상을 동원했다. 사료에 있는 인물 코멘트는 본래 한자로 번역, 기록되는 과정에서 한 차례 변형을 겪은 만큼 그 본뜻을 왜곡하지 않는 범위에서 가급적 일상어로 복원했다. 기사 전개과정에서 일부 논평이 개입하고 감정이 이입되지만 존재하지도 않는 사실을 왜곡하거나 어설픈 문학적 상상력을 끼워넣지 않았다. 이순신이 주도한 해전의 경우, 졸저(拙著) 난중일기 - 종군기자의 시각으로 쓴 이순신의 7년 전쟁 - 와 일치해, 대부분 스트레이트 기사로 짧게 처리했다. 다만 명량과 노량해전은 징비록에서도 깊게 다루고 있어 압축, 인용했다.

기사는 유성룡이 사망한 1607년(정미년)에 프롤로그 형식으로 출발, 손죽도 왜변이 일어난 1587년(정해년)으로 거슬러 올라가 이후부터는 시간에 따라 전개된다. 유성룡이 정계에서 은퇴한 1598년(무술년)에 사실상 마무리된다. 따라서 부분적인 회고체식 서술이 동원되었다. 조선 조정의 당파 논쟁과, 전란의 종합적인 전개 과정 및 전장의 참상 등 징비록에 없는 장면을 실록에 기초해 다소 포함시켰다. 전란에 대한 기초적 이해에 도움이 되리라고 판단했다.

징 懲
비 毖
록 錄

종군 기자의 시각으로
회고한 유성룡의 7년 전쟁

조진태 지음

주류성

머리말

유성룡의 생애와 징비록에 대한
기자 시각의 해석에 부쳐

애초부터 징비록은 7년 전란에 대한 종군기의 성격을 지닌 책이다. 여기에 실록을 기초로 유성룡의 생애와 전란의 생생한 고통을 더하고, 총체적 전개 양상을 진단해 보려는 의도에서 이 책을 기획했다.

유성룡은 명쾌하고 간결하게 전란을 기록했다. 따라서 징비록의 행간을 이해하기 위해 선조실록 및 수정 실록에 드러난 군왕 선조와, 신료들의 말과 행적, 전란의 구체적 양상을 추가로 전할 필요성이 제기되었다. 또 징비록의 적지 않은 부분이 통제사 이순신과 맞닿아 있어, 이순신의 난중일기와도 직결되었고, 징비록에서는 생략된 개별 전투 양상을 담기 위해 방대한 사료를 참고하는 과정에서, 분량이 늘었다. 유성룡의 행적을 포함시키면서 속도감 있게 진행되는 유성룡의 필체도 다소 장황해졌다. 수백 년이 지난 역사의 거대한 조형물을, 후손이 다소나마 생생하게 접근해보기 위해 살과 피를 덧붙이는 과정이라고 이해해 주기 바란다. 다만 유성룡이 본래 의도한 저술 목적을 그대로 살리고, 그의 생애에 대한 주관적 논평을 자제, 실록에 기초한 사실만을 객관적으로 전달하는데 치중했다. 이 때문에 르포 및 스트레이트 기사체를 택했고, 전란 현장에 생동감을 부여하는 아주 사소한 서술도 사료에 기초했다.

선조실록에서 유성룡 사후에 내린 평가, 이른바 '유성룡의 졸기(卒記)'는 아주 박한 편이며, 실제로 혹평에 가깝다. 마음이 좁고, 이해관계에 쉽게 흔들리며, 전란 동안 구차하게 자신의 몸과 지위만을 보전했다는 것이다. 실상이 이렇다면, 징비록은 '자신을 통렬하게 반성해서 후세를 경계하는 책'이 아니라, '자기 합리화를 위한 개인적 변명서'에 불과할 것이다. 그렇다면 유성룡의 삶과 징비록, 전란의 양상을 동시에 들여다보아야 한다. 그래서 유성룡에게 혹평을 가한 선조실록을 토대로, 그의 생애를 엮어 객관적인 행적을 전하고, 독자에게 판단을 맡기기로 했다. 물론 사실을 취사선택하는 과정만으로도 어쩔 수 없이 관점이 작용한다는 사실을 부인할 수 없다. 사실은 안개처럼 찰나에 머문 뒤, 영원히 사라지기 때문이다. 다만 사실의 안개를 자기만의 좁은 '문자 박물관'에 가두어 후세 기억을 일방적으로 강요하는 '역사 교훈서'가 되지 않기 위해 나름 노력을 기울였다.

임진년 4월, 말 그대로 국가의 존망이 걸린 전란이 터졌다. 여기에 명나라가 가세하면서 3국 전쟁으로 비화된다. 전란을 극복해야 한다는 목표가 명료하다고 해서 어떤 방식으로, 왜 극복해야하는 지를 둘러싼 논의가 단순한 것은 절대 아니다. 선조를 비롯해 조선의 신료와 장수들, 명나라 사신들은 서로 부단히 정치적 관계를 주고받으며, 전란에 대처하는 무수한 방안을 창안하고 선택했다. 이 과정에서 유성룡이 선조와 백성, 그리고 명나라와의 외교관계, 조선 정치의 당파적 한계 속에서 제시한 해법들을, 국란 극복의 방향성과 관련지어 이해할 필요가 있을 것이다.

유성룡은 전란 내내, 정치, 군사, 행정, 외교의 중심에서 활동했다. 동시대를 살았던 이순신은 난중일기를 통해 개인적인 아픔을 생생하게 남겼다. 해상 전투에서 왜 수군을 압도했고, 전란 내내 유성룡과 깊은 공적, 사적 관계를 유지한다. 정유년에 어머니와 아들을 연달아 잃은 이순신이 절망에 빠져 있을 때에도, 유성룡의 조문 편지는 그의 손에 있었다. 따라서 유성룡에 대한 평가는 독자에게 맡겼지만 이순신의 경우는 유성룡을 따랐다. 유성룡은 이순신을 '군신(軍神)'으로 기록했다. 선조 또한 전란 극복의 분명한 주역이다. 전란 기간 최고 결정권자인 선조는 영리하고 현명했다. 다만 그 결정이 무엇을 향하고 있는지 읽어낼 필요가 있다. 나아가 선조에 대해 성급하게 '옳고 그름'이라는 단순한 이분법적 잣대를 적용하기에 앞서 왕조의 태생적인 한계를 살피는 시각도 필요하다.

전란이 3국으로 확장되면서 조선과 명나라, 일본의 강화협상 실체에 대한 고민이 깊었다. 그리고 개별 사료를 이해하기 위해 어쩔 수 없는 해석의 잣대가 불가피했다. 기존 매체나 보도, 일부 역사서들이 강요했던 인식의 틀로는 설명될 수 없는 기록이 너무 많았기 때문이다. 여기에서 일부 역사서와 관점이 충돌했다는 사실을 미리 밝혀둔다. 우선 오랜 기간 강화협상을 주도한 고니시 유키나가와 명나라 유격 심유경이 단순히 거짓 협상을 주도했고, 뒤늦게 속은 사실을 알게 된 도요토미 히데요시가 정유재란을 일으켰다는 '드라마적 해석'을 납득할 수 없었다. 일본 전역을 통일한 도요토미의 행정력이 그토록 미숙할 리 없었고, 고니시는 때로 전쟁에 미온적이었지만 끝까지 도요토미의 충복이었다. 유성룡 또한 징비록에서

'고니시와 심유경이 서로 친해 일을 구차스럽게 성사시키려고 했다'고 평가할 뿐이다.

전란이 터지면서 시작된 협상이 5년여 동안 질질 끌어온 과정도 쉽사리 이해할 수 없는 부분이다. 임진년에 시작된 협상은 병신년에 최종 결렬되었고, 이때에도 고니시는 향후 타결 가능성에 대한 미련을 버리지 못했다. 이러한 의문은 도요토미가 명나라 황제에게 왕위를 책봉을 받는 과정에서 상당부분 풀렸다. 그는 경건하고 황송하게 명나라의 왕위 책봉을 받았다. 일본이 섬나라 오랑캐 국가에서 명나라가 인정하는 동북아 국제 사회의 일원이 되었다는 사실에 자부하고 있음이 분명했다. 칙서에 다섯 번 절하고, 세 번 머리를 조아린 뒤, 만세를 불렀다. 현재의 민족주의적 감정으로 보면, 특히 일본의 사학자들에게 그리 유쾌한 일은 아닐 것이다. 하지만 이는 도요토미와 일본의 위상이 굳건히 자리매김하는 행사로 의미가 깊었다. 한국이 주요 서방 선진 7개국 모임인 '서밋'에 후발 국가로 가입하면서 만세를 부른다고 해서 국격이 손상되지는 않는다. 도요토미는 명나라와 화친을 맺어 동반자 관계를 유지하고, 이후 조선과의 다툼에서 나름 주도권을 행사하겠다는 복심이 있었다. 이런 전제를 바탕으로 그토록 오래 끌어온, 복잡한 협상 과정을 둘러싼 숙제를 풀 수 있었다. 선조 또한 명나라에서 파견한 경리에게 서슴없이 절을 올렸고, 현대의 시선에서 납득할 수 없는 조공무역을 성사시키기 위해 일본이 그토록 열중한 사실도 시대에 대한 해석학적 이해를 돕는 부분이다.

유성룡은 기자들에게도 많은 글쓰기 교훈을 준다. 철저히 두괄식이고, 사실을 덧붙이며, 이순신에 대한 일부 평가를 제외하면 교감을 강요하지 않는다. 해석을 내세우며, 이후 사실을 짜깁기하는 다른 신료들의 상소문과는 차원이 달랐다. 물론 징비록도 정치적인 속박에서 자유로울 수는 없다. 무엇보다 선조에 대한 정면 비판은 드러나지 않는다. 그렇지만 선조실록에 따르면, 유성룡은 군왕에게 '필부(匹夫)'라고 말할 수 있는 용기를 가진 선비였다. 그래서 행간을 거듭 곱씹으며 감정을 이입해 보았으며, 하필이면 왜 그 사실을 기록했는지도 고민하는 과정에서, 사실을 둘러싼 주변 이야기를 포함시킬 수밖에 없었다.

오랜 시간이 지나면 역사서에는 권위가 고드름처럼 피어난다. 이러한 고드름이 엉키면서 자구(字句)에 대한 지엽적인 해석이 지붕을 덮어버린다. 문헌과 고증에 대한 잘잘못을 내세우며 권위를 내세우면 정작 그 시대를 살아간 사람에 대한 이해는 일정한 틀에 갇히고 만다. 기록과 텍스트만으로 채워진, 역사박물관이 과거를 통해 현실을 되새기려는 갈증을 채울 리 만무하다. 그래서 이 고드름을 제거하고 역사속 삶을 우선 조명하려는 노력을 기울였다.

기자시절, 출입처가 바뀌면 오래지 않아 용기를 내 기사를 쓰고는 했다. 기자는 행정 관료의 전문성을 갖추지 않아도, 그들의 일이 독자의 삶에 미치는 영향과 결과는 충분히 전달할 수 있기 때문이다. 징비록을 보완하는 산더미 같은 사료 앞에서 때로 좌절했지만 사료를 출입처로 삼아 기자의 논리로 글을 쓰기 시작했다. 개별 사료의 가치를 과감하게 판단하고, 상식적인 직관을 동원해 기사로 풀어보았다. 어쩌면 궁궐 출입 기자를 해보고 싶은 인문학적 상상력이 이 책을 쓰는 동기가 되었을 것이다. 서툰 글을 쓰는 동안, 과도한 해석에 제동을 걸어준 대학 동기, 동료 기자들에게 감사한다. 사료와 문헌에 충실한 주류성출판사가 선뜻 출간을 약속해준 사실도 못내 고맙다.

2020년, 타국에서 창궐한 코로나로 대한민국은 감염의 공포와 일상이 멈추는 집단적 시련을 겪었고, 슬기롭게 고비를 헤쳐 나갔다. 그러나 이 체험은 임진년에 터진 전란과는 비할 바가 아닐 것이다. 1592년부터 7년 동안, 선조들이 견디어 낸 전란의 고통과 공포, 매일매일 생사를 오가던 참혹한 삶은 상상조차 두렵다.

2020년 여름.

목차

1부)

전란의 먹구름

서(序) - 서애(西厓) 유성룡(柳成龍)의 부음
- 한양 묵사동에 울리는 백성들의 통곡 소리

　백성을 환란에서 지켜내던 거대한 언덕이 무너져 자연으로 돌아갔다. 계속된 가뭄으로 파종조차 늦어진 1607년(정미년) 초여름의 무더위 속, 한양 목멱산 북쪽에 자리 잡은 묵사동의 황폐한 집터에 5월 13일 새벽녘부터 백성들의 발걸음이 줄을 잇는다. 가옥의 자취는 흔적도 없었고, 여름풀만이 무성히 자라난 곳에 조촐한 빈소가 마련된다. 영정도 없이, 지방(紙榜)만이 신위(神位)로 놓여 빈소를 찾는 이들의 서러움이 더한다. 생전에 조정에서 공신의 초상화를 그릴 화사(畵師)를 보냈지만, '세운 공이 없다'며 되돌려 보냈다. 남루한 옷이나마 애써 정갈하게 동여 맨 가난하고 고달픈 백성들의 행렬이 끊이지 않으면서 결국 목멱산 북쪽 산자락이 흰 옷으로 뒤덮인다. 이 물결이 한양 곳곳에 번지면서 영의정을 지낸 재상의 죽음을 애도하는 조선조 최초의 '백성장'이 시작된다.

　천릿길 안동에서 서애의 부음이 전해진 다음날, 임금 선조는 3일 동안 조정의 정사를 중단했고, 백성들은 자발적으로 시전의 가게 문을 닫고 옛 집터를 찾아 빈소를 마련한다. 서애 유성룡은 지난 6일 별세했다. 향년 66세. 서애와 함께 전란을 살아온 선조나 백성들은 마음 한 편에 자리한 묵은 빚을 털어 낼 수 없었을 것이다. 초라한 빈소에서 시작되던 조곡(弔哭)은, 백성이 몰려들며 흐느낌과 통곡 소리로 변해 도성에 메아리친다. 동이 트기가 무섭게 1천여 명이 넘는 사람들이 묵사동 인근을 에워싼다.

임금이 아닌 신료의 죽음, 그것도 한양에 살지 않았던 유성룡의 죽음을 임금과 신하, 관아의 아전, 그리고 백성들까지 애통해하는 일은 그 유래가 없었다. 각 관청의 늙은 아전과 서리(書吏) 등이 안동의 유성룡 살림살이가 빈곤해 제대로 상을 치르지 못할 것이라 생각하여 하나 둘 곡식과 베를 모아 장례비용에 보탠다. 신료들까지 거들면서 청백리 유성룡의 장례식은 사실상 백성들의 국장으로 번졌다.

갑신년 초봄 율곡 이이(李珥)가 별세했을 때에도 백성들의 곡이 뒤따랐지만 율곡의 빈소는 한양에 마련되어 백성들이 쉽사리 찾을 수 있었다. 이에 비해 유성룡은 조정에서 발자취를 끊고 한양을 떠난 지 10여년이 흘렀고, 상가(喪家)는 천리 밖에 떨어져 있다. 전란이후 좀처럼 일어서지 못하는 피폐한 삶속에서 백성들은 누가 자신의 편에 서 있었던지 절감했을 것이다. 영의정은 일인지하, 만인지상(一人之下, 萬人之上)의 자리. 하지만 유성룡은 만인지하(萬人之下)의 삶을 살았고, 그 만인은 백성이었다. 기우제를 지내자는 논의가 오갈 만큼 봄 가뭄이 길어져 여름의 문턱까지 이어졌다. 이미 시작된 보릿고개로 숱한 한양성 백성들이 나물과 풀뿌리로 연명했지만 궁핍 속에서도 예의를 갖춘 가난한 행렬이 묵사동을 찾아 유성룡의 마지막 길을 배웅한다. 참혹했던 7년 전란의 아픔을 역사의 한 편에 접어놓고, '이제 모두 내려놓고 마음 편히 가시라'고 조문한다. 백성들에게 여전히 생생한 전란의 상흔과 통증은 이렇게 원로 재상의 죽음과 함께 역사의 고갯길을 굽이쳐 넘어갔다.

서애 유성룡은 징비록(懲毖錄)을 남겼다. 지난날의 잘못을 징계하고 삼가 다시 있을 환란을 대비한다는 의미이다. 7년 전란의 고통은 참혹했다. 죽어서도 용서받을 수 없다는 죄, 그 죄를 자신부터 돌아본다는 치열한 반성의 기록이지만 결국 이 땅을 살아가는 모든 후손들에게 환란에 대비하는 언덕을 스스로 세우라는 채찍을 두고 떠났다.

1부

전란의 먹구름

1

1587년(정해년) 손죽도 왜변,
두 장수의 상반된 죽음

- 오만한 일본 사신 다치바나

봄볕이 무르익은 정해년 4월 4일, 백성들이 서소문 남서쪽으로 4km 남짓 떨어진 당고개로 몰려든다. 군기시 앞길에서 행하는 능지처참 다음으로 가혹한 당고개 공개 참형이 예고되었다. 역모나 부모 살인죄인, 화적이 아닌 정3품 벼슬아치에 대한 사형집행은 드문 일이었고, 이를 둘러싼 백성들의 의문은 깊어갈 수밖에 없다. 함거에 실려 온 전임 전라좌수사 심암(沈巖)은 애써 의연했지만 집요하게 따라 붙는 죽음의 그림자를 떨쳐내지 못한다. 맨상투에 백의를 입고, 도성을 향해 두 차례 절을 하는 심암은 창백한 얼굴로 다리를 몹시 떨었다. 망나니의 섬뜩한 칼춤은 길게 이어지지 않아, 오히려 허망하다. 백성들이 약속이나 한 듯이 무의식적인 탄성을 자아내는 순간, 심암의 선혈이 멍석에 번진다. 베어진 머리에 잿가루를 먹이면서 참형은 끝이 났고, 백성들 사이에서는 두 달 전 전라도의 한 외딴 섬에서 일어난 왜변을 둘러싼 온갖 소문이 꼬리를 물고 이어진다.

지난 2월, 전라좌수영이 관할하는 5관 5포 중, 전진 기지에 해당하는 녹도에 왜구를 가득 실은 왜선 5척이 정박했고, 녹도만호 이대원(李大源·21세)은 즉각 군사를 휘몰아 이들을 퇴치했다. 이대원이 사수를 동원해 왜병의 기세를 꺾고, 단기로 뛰어들어 왜장의 목을 베자 살아남은 왜군이 뿔뿔이 도주했다. 젊은 만호의 혁혁한 전과를 보고 받은 전라좌수사 심암은 오히려 이대원을 '보고도 없이 군사를 움직였다'고 문책했다. 녹도와 전라좌수영은 짧지 않은 거리, 전시 상황에서 이를 보고해 본들 큰 의미가 없다. 젊은 나이에 만호에 오른 이대원의 출중한 용맹에 대한 시샘이 깔려 있었다. 며칠 뒤, 보복에 나선 왜구는 18척으로 함진을 구성해 녹도 남쪽 30여 km 뱃길인 손죽도를 점거, 본격적인 왜변으로 확대된다. 급보를 받은 전라좌수군이 호기롭게 출정기를 세우며 합류했으나, 사흘 동안 계속된 전투에서 이대원이 지휘하는 녹도 함선만이 왜선과 교전을 벌였다. 왜선에서 소형 철환이 빗발치자 본영의 판옥선 사수들은 아예 사정거리에 접근조차 못했다. 결국 녹도 대장선이 왜의 함진 가운데 포위되면서 왜병의 도선을 허용한다. 왜병들은 조선 수군의 머리를 칼끝에 꿰어 들고 환호성을 지르고, 만호 이대원은 실신한 채 피투성이가 되어 뭍에 질질 끌려간다. 그리고 조선 수군들이 함상에서 지켜보는 가운데 해변에서 목이 잘린다. 21세, 약관의 나이에 정 5품에 오른 젊은 무장이었다. 이후 왜구는 마도진, 가리포진을 휩쓸며 양민을 닥치는 대로 살해한 뒤, 유유히 퇴각했다. 조선 수군은 아예 보이지 않았다. 왜병이 물러가자 심암은 몇몇 수급을 주워, 이대원의 공을 가로채는 장계를 올렸다. 하지만 진상 파악에 나선 관찰사의 장계와 충돌, 한양으로 압송된 것이다. 그런데 심문과정에서 심암이 문제를 더욱 키운다. 죄를 심문하는 낭관에게 뇌물을 주고, 죄상이 기록된 공초(供招)를 일방적으로 자신에게 유리하도록 위조했다. 이것이 다시 들통이 났다. 공초를 받은 색낭청

(色郎廳)이 파직되고, 심암은 임금을 연거푸 속인 기망죄를 피할 수 없었다. 현실과 문서가 따로 노는 장수들의 기강 해이를 드러낸 사태였다.

심암이 처형된 날 선조(李昖·이연·36세)는 비망기를 통해 '이대원 모친에게 쌀 20석을 내리고, 매달 주육(酒肉)과, 봄가을에 쌀을 보내 여생을 마치도록 하라'고 전교한다. 젊은 무장의 충절을 높이 세워 심암에게 분노한 민심을 다독인다. 녹도, 혹은 손죽도 왜변으로 불리는 이 사건은 선명하게 대비되는 두 장수의 죽음으로 인해 한동안 저잣거리의 화제가 될 수밖에 없었다. 더구나 우레 같은 굉음을 내며 날아온 작은 철환이 가슴을 관통한다는 왜구의 신무기가 백성들의 호기심을 자극하기에 충분했다. 지금껏 보아온 화살과 편전은 물론, 총통과도 전혀 달랐다. 또 남해의 뱃길과 섬 길을 속속들이 알고 있는 한 조선 어민이 왜군을 도왔다는 소문이 더해진다. 정해년 왜변 당시 길잡이가 되었던 조선사람 사을배동(沙乙背同)은 백성들에게 용서할 수 없는 공적(公敵)으로 떠올랐다.

정해년 10월, 오랜 침묵과 무관심 끝에 동평관에 머물던 일본 사신 다치바나 야스히로(橘康廣·귤강광)에 대한 외교적 대응 문제가 조정 현안으로 떠올랐다. 지난해 왜국의 관백 도요토미 히데요시(豊臣秀吉·풍신수길·52세)의 서신을 가지고 쓰시마(對馬島·대마도)에 도착한 다치바나는 한양성에 다다르는 내내, 선조와의 접견과 조선 통신사의 일본 파견을 부단히 요구하고 있었지만 좀처럼 조정 여론의 관심을 끌지는 못했다. 예법을 갖추지 못한 왜국 사신을 천대시하는 선조의 태도와 지난 2월 터진 녹도 왜변에 대한 묵은 앙금, 그리고 신료들의 외면이 겹친 까닭이었다.

다치바나가 전해온 왜국 상황을 조금만 귀담아 들었다면, 양국 관계에 분수령이 될 만한 획기적인 대응이 가능했을 것이다. 그렇지만 그의 무례한 행동이 오히려 본질을 흐리고, 막연한 공분만을 자아냈다. 50세가 넘은 다치바나는 쓰시마에서 한양에 오는 동안 숱한 추문을 뿌렸다. 반달처럼 속발한 사카야키(月代·월대)의

흰 머리털과 수염, 균형 잡힌 건장한 체격 등 제법 의젓한 기품과 달리, 입과 행동은 경박하기 그지없어 입만 열면 외모에서 주는 기대감을 걷잡을 수 없이 무너트렸다. 한양에 당도하기 전 중간 중간 숙소인 역사(驛舍)에서도 오만불손한 행태를 보였다. 역사 중, 가장 좋은 방을 거침없이 요구하면서 겸양의 예를 망각한 인사로 치부되었다. 그는 통일된 일본의 사신이라는 자부심이 넘쳤다. 조선을 상국으로 대하며 삼가고 조심하던 과거 쓰시마 사신과는 전혀 판이했다. 경상도 인동을 지날 무렵, 좌우에 창을 들고 도열해 예를 갖춘 백성들을 보자, "당신들 창자루가 참으로 짧다"면서 정면으로 조소했다. 내심 허술한 병기로 어떻게 우리와 맞설 수 있겠느냐는 오만을 내보였다.

다치바나는 지방 수령에게도 무례했다. 상주 목사 송응형이 오랜 여정을 위로하는 잔치를 베푼 자리, 기생과 악사들이 듣고 있는 가운데 다치바나는 역관에게 큰 소리로 통역을 부탁했다.

"나는 전쟁터에서 오랜 세월을 보냈기에 흰 터럭이 생겼는데, 그대는 기생에 파묻혀 노래나 들으면서도 어찌 그리 머리가 희어졌는가."

얼굴을 붉힌 역관이 마지못해 통역했고, 상주목사는 애써 미소 지으며 호의를 욕설로 되받는 수모를 당했다.

다치바나의 기행은 한양에서도 줄기차게 이어진다. 예조판서가 주관한 잔치자리에서 잔뜩 술에 취한 다치바나는 후추열매를 한 주먹 꺼내 자리에 뿌렸다. 백성들은 쉽사리 구할 수 없어 왕실이나 고관의 여름철 상비약으로 대접받으며 진주알에 비견되는 후추 열매를 뿌리자, 연회석은 아수라장이 되었다. 기생과 악사들이 달려들었고, 예조판서는 아연실색했다. 예를 갖추어 베푼 잔치에, 패악으로 상을 엎은 것이다. 더구나 다치바나는 통역관에게 "너희 나라는 곧 망할 것이다"라며 "기강이 허물어졌는데, 어찌 나라가 온전하겠느냐"는 말을 취중에 되뇌었다.

역관의 말은 곧 조정에 파다하게 퍼져 신료들에게 다치바나가 이끄는 사신 일행은 '타일러 예법을 깨우칠 수 없는 망나니'라는 인상을 스스로 심어 놓았다. 선조와 신료들은 왜국 사신단의 돌변한 태도에 어리둥절했으나, 손님을 맞는 예를 끝까지 버리지 않았다.

앞서 사신단이 한양에 들어서자 선조는 "이웃 나라의 사신을 예에 따라 대접하는 접반(接伴)은 한 나라의 품격을 말한다. 일본 사람은 시(詩)에 능숙한데, 시를 주고받을 적에 혹시라도 미진하면 비웃음을 살 것이니, 직위를 따지지 말고 뛰어난 문장으로 이름난 선비를 임명하라"고 전교했다. 시문에 빼어난 이조 정랑 유근이 선위사로 제수되었으나, 연회석상에서는 고작 후추 알만이 오간 것이다.

결국 '통신사를 파견해 달라'는 다치바나의 일본 국서에 대한 조정 여론은 험악하게 흘러갔다. 상대할 가치가 없다는 것이 중론이었다. 다만 일각에서는 통신사를 보내 왜국 상황을 상세히 살펴보자는 신중론을 제기한다. 다치바나의 무례는 한 개인의 용렬함에서 비롯되었지만 경우에 따라 조선 건국 이래 지속된 일본과의 화평정책, 구체적으로 '도발하지 않으면, 예의를 갖추어 대한다'는 외교의 기본 노선이 흔들리는 상징적 사건이었기 때문이다. 이 시기 유성룡(柳成龍·46세)은 노모와 병든 아내를 살핀다는 이유로, 이태 전부터 고향 안동에 은거했다. 흔히 판서와 재상으로 가는 길목으로 '청요직(淸要職)'이라 불리는 예문관, 성균관, 홍문관, 사간원 등 주요 언관을 거쳐, 6조의 좌랑을 역임했다. 또 홍문관 수찬, 교리, 응교 등 경연에 참여하여 임금과 경서를 논하는 직책을 오래 맡아, 주변 견제가 점차 심해지자 일종의 '정치적 안식년'을 가졌다. 이 때문에 참찬관 이성중은 경연에서 선조에게 "보잘 것 없는 신들이야 아무리 가까이 모셔도 어찌 조그마한 도움인들 되겠습니까"라면서 "지금처럼 인재가 모자란 시기에 전하께서 유성룡을 오랫동안 돌아보지 않고 그대로 두시는 것은 국사의 낭비"라는 탄원을 거듭했다. 조선과 일본의 외교는 필연적으로 명나라와의 3국 관계로 연계되는 만큼 유성룡의 소환 시기가 저울질되던 무렵이다.

　일본과의 수교는 성종 시절로 되돌아간다. 일본 왕실에 경사나 조사가 있으면 사신을 보냈고, 신숙주는 임금의 친서를 가지고 서장관으로 일본을 왕래하기도 했다. 신숙주는 성종에게 유언을 통해 '일본과 멀리하되, 화의는 잊지 마시라'고 당부, 조선의 기본 외교 방침으로 오랫동안 자리 잡았다. 이후 조정은 일본 사신에게 성의를 다했고, 일본 또한 상국에 대한 예의를 잃지 않았다. 그런데 이러한 상호선린의 관행이 다치바나에 이르러 깨질 조짐을 보였다. 불길한 징조였고, 나무꾼 출신인 도요토미가 전장에서 뛰어난 용맹을 발휘해 실권을 장악한 뒤, 자신이 섬기던 왕 겐지(源氏·원씨)를 내쫓아 죽이고 그 자리에 올라 일본 66주를 통일했다는 풍문이 돌았다. 다른 소문은 겐지는 다른 장수가 죽였고, 도요토미는 그 장수의 수하로 있었다고 전했다. 일본의 막부 정치와, 명목상 통치권자인 천황(天皇)에 대한 이해가 부족했던 조선 조정에서는 명백한 반역이고, 시역(弑逆)이었다. 일본 왕의 대명사로 통하는 '겐지'는 실상 막부의 패권을 다투는 지방 영주인 다이묘(大名·대명)의 최고 실력자이고, 실질적인 '겐지'는 내란의 와중에 수없이 뒤바뀌는 현실을 알 수 없었다. 따라서 새롭게 '겐지'에 오른 도요토미가 조선과 명나라에 대한 침략 의지를 불태운다는 다치바나의 망언도 반역도들의 패악으로 치부되었다. 조선이 일본에 대해 이토록 무심했던 것은 성종 이래 단절된 통신사 파견과도 무관하지 않았다. 성종은 1479년(기해년) 10월 부제학 이형원과 서장관 김흔을 일본에 보냈지만 정사 이형원이 쓰시마 인근 해역에서 풍랑에 시달리다 병을 얻어 서장과 예물만을 전하고 거제도 지세포에서 사망, 실질적인 교류가 단절되었다. 이후 조선과의 교역이 절실했던 쓰시마 영주의 간청에 따라 국지적으로 대일외교가 이어졌을 뿐이다. 신하를 자처한 쓰시마 영주는 당연히 조선에게 예의를 갖추었으나, 다치바나는 달랐다.

일본의 속사정을 살피자는 의견에는 쓰시마의 바람결을 타고 들려오는 이러한 소문에 대한 궁금증이 깔려 있었다. 그렇지만 다치바나의 오만은 오히려 조정신료들의 방심에 한 몫을 했다. 저잣거리의 악소배는 거추장스러울 뿐, 실질적인 위협이 될 수는 없다. 군왕 선조의 귓전에는 오직 이 한 대목이 맴돌았다.

'도요토미가 왕이었던 '겐지'를 내쫓고, 마침내 죽였다.'

이웃 나라 권력 다툼의 내막을 알 수 없지만 도요토미는 분명 군신의 의리를 저버린 배신자였다.

선조는 명종이 승하한 뒤, 방계 출신으로 보위에 올랐다. 중종과 후궁인 창빈 안씨 사이의 소생으로, 중종의 7번째 아들인 덕흥군의 셋째 아들이다. 군왕의 자리는 하늘이 정해준다는 말로 밖에는 설명할 수 없었다. 그런데 왜국에서는 신하와 군주의 권력다툼이 비일비재했고, 선조는 사실 여부를 떠나 이러한 실상을 신료들이 입에 올리는 것조차 싫어했다.

도요토미의 국서 내용도 무례함을 넘어, 도발적인 기색이 넘친다.

"우리는 자주 사신을 보냈으나, 그대들은 한 번도 사신을 보내지 않으니, 이는 우리를 업신여기는 처사에 불과하다. 천하는 이제 짐의 손안에 들어오고 있다."

결국 통신사 파견에 우호적인 소수 입장은 신료들의 분노 속에서 설 자리를 잃었다. 선조는 단호하고 간단하게 사태를 매듭지었다. 답서는 명료했고, 상대를 무시하는 태도로 일관했다. 이는 다치바나가 초래한 결과이기도 했다.

"물길이 험하고, 길을 몰라 그대들에게 사신을 보내지 못한다."

2

1589년(기축년) 압송되는 조선 어민, 사을배동

- 정여립 역모 사건, 유성룡의 승부수

지난해 2월부터 통신사 파견을 끊임없이 요청하던 쓰시마 영주 소 요시토시(宗義智·종의지·22세)가 조선에서 별다른 반응을 보이지 않자, 기축년 6월 직접 한양을 찾았다. 초조한 표정이다. 야나가와 시게노부(柳川調信·유천조신)와 승려 겐소(玄蘇·현소) 등 25명의 측근을 이끌고 동평관에 머물며 물러설 기미를 보이지 않았다. 그도 그럴 것이, 정해년에 조선 사신길에 올랐다가, 무성의한 답서를 가져간 다치바나가 본국에서 도요토미에게 참수를 당하고, 일가마저 몰살당했기 때문이다. 도요토미의 잔인성과, 조선에 대한 집착을 엿볼 수 있는 사건이었다.

소 요시토시에게는 조선 사신길이 생사를 거는 막다른 길목, 쉽게 물러설 리 없었다. 더구나 조선에서도 예조 참의 격의 관직을 받고 있어 외교력을 시험하는 무대이기도 했다. 그는 일본의 군권을 지휘하는 주병대장 고니시 유키나가(小西行長·

소서행장·38세)의 사위였다. 아직 앳된 소 요시토시는, 전장에서 단련된 억센 기운이 넘쳐흘렀으며, 영주의 가풍에 길들여진 엄격한 장수였다. 동평관에서도 의관의 흐트러짐이 없었다. 수행한 장수들이 그 앞에서는 고개조차 들지 못한다. 협상에는 진지했고, 동반한 겐소도 승려의 예를 잃지 않아 제법 호감을 샀다. 오만하고 무례했던 다치바나 일행과 달랐다.

소 요시토시는 물길을 모른다는 조선의 국서에 대해, 길 안내를 자처하면서 핑곗거리를 미리 차단했다. 그리고 통신사와 함께 돌아가지 못하면 '죽은 목숨'이라며 조정 신료들에게 읍소(泣訴)했고, 젊은 무장의 이러한 하소연은 서서히 동정심을 불러 일으켰다. 하지만 정해년의 녹도 왜변이후, 조정에서는 왜국이라면 진저리를 쳤고, 도요토미에 대한 선조의 인식은 여전히 주군을 시해한 반역도에 불과했다.

조정 공론을 뒤집을 결정적인 계기가 필요했다. 무더위가 서서히 고개를 숙인 기축년 늦여름, 병조판서 겸 사헌부 대사헌 유성룡이 물밑작업을 시작한다. 왜국의 속사정에 대한 구체적 정보가 필요했다. 지난해 형조판서 겸 홍문관 대제학으로 조정의 중추를 담당한 유성룡은 은거 생활을 접고, 본격적인 정치 활동을 재개했다. 정해년, 다치바나의 요청에 따라 '일단 통신사를 보내 왜국 사정을 파악하자'는 당시의 신중론은 녹도왜변의 분노에 사로잡힌 신료들의 결기에 파묻혔다. 유성룡도 녹도왜변 이후 악화된 백성들의 여론을 잘 알고 있었지만 집요하게 통신사를 요구하는 왜국 태도도 심상치 않았다. 민심을 달래는 전기를 마련한다. 동평관 관리를 통해 소 요시토시에게, "녹도 왜변이 터졌을 때, 왜병의 길 안내를 했던 조선 반란군을 포박해 보낼 수 있겠느냐"는 타협안을 전달한다.

당시 전사한 이대원은 백성들에게 '충절'의 상징적 인물로 자리 잡았다. 홀로 남은 노모가 선조의 보살핌을 받고 있어 아픔을 더했다. 도주했던 전라좌수사 심암

못지않게, 뱃길을 안내한 사을배동도 만백성의 적이었다. 유성룡은 사을배동의 송환을 통해 여론을 바꾸고자 시도한다.

소 요시토시는 망설이지 않았다. '어려운 일이 아니다'라며, 본국에 야나가와를 곧바로 보냈다. 그리고 얼마 되지 않아 반역도로 낙인찍힌 10여 명의 송환 예정자 명단이 당도했다. 사을배동이 첫머리에 포함되었다. 조선의 천민으로 태어나, 온갖 박해를 받아가며 왜국에서 생명줄을 이어보려 했던 사을배동의 운명은 이렇게 결정되었다. 이것이 조정의 공론과 선조의 마음을 돌렸다. 왜구의 끊임없는 노략질에 시달리던 백성들도 분풀이 대상을 찾아, 다소나마 응어리를 풀 수 있었다.

8월의 끝자락인 28일, 선조는 일본 사신단 일행을 불러 잔치를 연다. 소 요시토시는 안장을 갖춘 일본 말과 공작새 두 마리, 일본의 특산품을 선조에게 진상했다. 여기에는 날아가는 새도 떨어트린다는 일본의 화약식 개인 총포, 조총이 포함되었다. 화려한 국화 문양이 금박으로 새겨진 총자루와, 일직선으로 곧게 뻗은 총열은, 한 눈에 보아도 주물과 연마 과정이 통상 공정과는 차원을 달리했지만 선조는 무심했다. 소 요시토시는 수십 만 대군이 조총으로 무장하고 있다는 말도 유성룡에게 슬며시 건넨다. 선조는 잠시 조총에 눈을 준 뒤, 내관에게 일러 군기시에 보관하라고 이른다.

이어 선조는 어진 정치를 베푸는 인정전 뜰에서 공작을 날려 보낸다. 배불리 먹이를 먹은 공작새 두 마리가 화려한 날개를 펼치며 퍼덕이다, 인정전 청기와에 잠시 앉은 뒤, 시원하게 하늘로 솟아올랐다. 형형색색의 비단으로 치장한 선녀의 자태였다.

"그대들을 개유해서, 예의 가르침을 일깨우고자 한다."

선조는 흡족했다. 궁중에서 기르는 내구마 한 필을 소 요시토시에게 선물한다. 손질한 갈색 깃털이 한 치도 흐트러지지 않고, 밝은 빛이 났다. 발굽에 박은 편자는 가지런했고, 발굽소리는 세찬 기운을 보였다. 선조는 소 요시토시와 겐소가 올린 술을 받으며 양국의 화평에 대한 덕담을 건넨다. 이어 선조는 9월 9일 중양절에 맞추어 준비한 철 이른 국화주를 하사한다. 잔치를 주관한 예조판서 유성룡은 통신사로 누가 적당한지에 대한 선조의 물음에 답했다.

"정사로는 첨지 황윤길, 부사로는 사성 김성일이 적당하다고 사료됩니다."

당파가 다른 두 사람의 의견을 비교, 종합해서 균형 잡힌 정보를 얻을 수 있다는 계산이다. 이렇게 110여 년 만에 일본으로 보내는 조선 통신사가 결정되었다.

일본에 보낼 통신사 문제가 마무리 된 기축년 늦가을, 역모 사건이 터졌다. 10월 2일 한밤중, 황해감사 한준, 안악군수 이축, 재령군수 박충간의 급보가 비밀리에 조정에 당도했다. 역모의 주역은 본래 이이(李珥)와 교유하던 서인이었지만 동인으로 전향한 정여립(鄭汝立·43세)이었다. 이이의 사후에 그를 비판하면서 서인의 탄핵을 받자, 벼슬을 버리고 전라도에 내려가 대동계(大同契)를 조직해 손죽도 왜변 당시 계원을 동원해서 왜구를 격퇴하는데 한 몫을 했다. 전라도와 한참 떨어진 황해도 감사의 고변이었지만 방계 출신의 왕이라는 자격지심에 늘 삼가고 조심했던 선조에게는 하늘이 무너지는 소식이다. 이날 밤 삼정승과 승지, 6조의 판서가 한꺼번에 불려가 진화에 나섰다. 정여립의 일족이 속속 압송되고, 정여립을 놓친 선전관과 금부도사마저 잡아들인다. 이어 정여립과 절친했던 이기, 이광수가 15일 각각 군기시와 당고개에서 능지처참과 참형을 받았다. 17일에는 정여립이 진안 죽도에서 자결하고 아들 정옥남이 포박되자, 정여립의 모반은 기정사실로 자리 잡는다.

선조는 친국에 나서 모반과 연루된 인물을 대거 잡아 들였고, 군기시 앞길과 당고개 처형장이 연일 피로 물들었다. 사태가 매듭 수순에 접어든 27일, 선조는 잡범의 방면을 명해, 국가적 위기의 종결을 선포했다. 하지만 생원 양천회의 상소가 꺼질 듯한 불씨를 다시 활활 지펴 놓았다. 서인이 양천회를 통해, 동인의 씨를 말리기 위한 공작에 나섰다. 앞서 판돈녕 부사 정철(鄭澈·54세)은 비밀리에 선조에게 서안을 올려, "역모를 다스리고, 도성 안팎을 삼엄하게 경계하시라"며 궁궐 내부에도 적이 있다고 밑자락을 깔았다. 서인의 꼭두각시 양천회의 상소는 백성의 진솔한 탄원으로 둔갑된다.

"소인은 아무런 이해관계가 없는 자이나, 호남 출신으로 역적의 정황을 제법 상세히 알 수 있기에 아뢸 뿐입니다. 정언신, 정언지, 백유양이 적당과 한패이온데, 그 패거리인 정언신이 이번 역모사건을 추국하는 위관을 맡아 오히려 죄인을 두둔하고, 죄를 캐는 자는 미워하니 실상이 밝혀질리 만무합니다."

선조가 격분한다. 서인의 우두머리 정철이 모반 사건을 재수사하는 위관으로 임명되면서 사실 여부를 따질 겨를이 없다. 정치적으로 좌절하던 시기에 두 편의 미인곡을 지어 끊임없이 선조에게 구애하던 정철은, 적당의 씨를 말리는 칼춤을 추었다. 중앙의 피바람이 지방 백성의 피를 불렀다. 전주에서는 새로 부윤으로 임명된 윤자신이 "역적과 절친한 자를 알리라"는 공문을 내걸자, 한 선비가 답한 글에 천여 명이 역모에 휘말려 희생된다.

그는 '남천의 물고기, 북산의 꿩(南川魚北山雉)'이라고 빈정거렸다. 부윤은 선비를 잡아 들여, 가혹한 고문으로 정강이를 부러뜨린다. 결국 선비는 "남천의 물고기는 남면에 사는 아무개가 어룡이라는 별명으로 불리고, 북산의 꿩은 북촌의 한 사람이 자화(子華)로 불리는데, 꿩은 예로부터 화충(華蟲)으로 일컫기에 아뢰었을 뿐입니다"라고 얼버무렸다. 이로 인해 전주의 남촌과 북촌에서는 1천여 명의 무고한 백성이 영문도 모른 채 죽어나갔다. 사태는 걷잡을 수 없이 번져나갔다. 사실의 문제가 아니기 때문이다. 정여립과 함께 공부한 자, 그와 서신을 주고받거나 서신에서 언급된 자, 하다못해 술자리를 함께 한 자, 그 자와 한 동리에서 사는 자, 그 동리에 사는 자를 아는 자를 아는 자, 연좌에 연좌가 꼬리를 물고, 이름이 거명된 사람들은 생사의 끝자락에 설 수 밖에 없었다. 정여립을 천거했던 참의 이발이 연루되어 고문을 받고 귀양을 가면서 사태는 정점으로 치달았다.

정여립의 이름만 스쳐도 위태로운 시기에 유성룡이 귀양길에 나선 이발에게 서신을 보냈다.

"삼천리 먼 곳으로 가는 그대, 일흔일곱 늙은 부모는 두고 가네."

서인의 주목을 받기에 충분한 행동이었다.

가을부터 시작된 국문은 한겨울에 접어들어도, 여전히 추국장을 뜨겁게 달군다. 혹한이 기승을 부린 12월, 기축옥사의 불씨가 마침내 유성룡에게 옮겨갔다. 국문 도중 장에 맞아 죽은 부제학 백유양이 정여립에게 보낸 편지에 유성룡이 거론되어, 한 패거리라는 증거로 제시된다. 유성룡이 관직을 버리고 고향에 은거했던 시절, 정여립에게 보낸 백유양의 서신에는 '유성룡이 관직에 다시 나가야한다'는 구절이 포함되었다. 이들과 뜻을 같이하는 패당이라는 해석이 가능했다.

유성룡에 대한 압박으로 기축옥사는 동인의 숨통을 조여 왔다. 이미 지난달 정언신, 정언지, 홍종록, 정창연, 이발, 이길, 백유양 등이 하옥되었다. 고문을 견디지 못한 정여립의 조카 정즙이 '함께 일을 도모했다'며 70여 명을 끌어들였다. 선조는 정언지, 홍종록, 이발 등을 유배시켰고, 죽은 백유양의 서신이 유성룡의 발목을 잡았다. 이중 정철과 오랜 정적이었던 이발의 가문은 쑥대밭이 되었다. 이발의 어머니 윤씨와 그의 아들들은 고문으로 죽었다. 윤씨는 여든두 살이었고, 이발의 아들 이명철은 고작 열 살이었다. '늙은이와 어린 아이에게만은 형벌을 그치자'는 상소를 선조가 외면, 모두 형틀에서 장을 맞다 죽어갔다. 이어 앞서 아우인 현감 이급은 피범벅이 되어 죽었고, 그의 아들 이만생, 이순생도 장형을 받다 형틀에서 박살(撲殺) 되었다.

목숨이 경각에 달린 유성룡은 직소를 올려 승부수를 던진다.

"신이 10여 년 전 호남에 정여립이란 자가 독서와 학문에 부지런하다는 것으로 자못 이름이 났다는 말을 들었습니다. 그 뒤 정여립의 명성이 점차 성대해지자 모두 요직에 천거하려 하였는데, 오직 죽은 이조좌랑 이경중만이 극력 배척하였습니다. 그때 경중을 만났는데, '정여립은 반드시 조정을 어지럽히고 어진 선비들에게 욕을 끼치게 될 것'이라고 우려했습니다. 이 때 조정에서는 '경중이 질투가 심해 아름다운 선비를 가로막았다'고 참소해서 오히려 이경중을 내쳤습니다. 신 또한 정여립과 거리를 두었지만 정여립의 간사함을 미리 내다본 사람은 오직 이경중 한 사람뿐입니다. 그런데 모두 바보처럼 이경중을 탄핵했을 뿐이니, 앞일을 내다보는 밝은 지혜는 갖추지 못한 아둔한 자들입니다. 이는 신의 죄도 같아 죽이는 벌을 달게 받겠습니다."

이 상소의 논리가 선조의 시선을 돌리게 했다. 당시 이경중의 파직을 주청했던 정인홍 등에게 책임론이 대두되었다. 선조는 '정여립 일파를 잡는다'는 명분에 매여 자신의 초가삼간을 모두 태워야할 처지에 놓였다. 이때부터 기축옥사에 제동이 걸린다. 또 문사낭청으로 심문을 주도했던 서인 이항복(李恒福·34세)조차 "국문이 억울한 자를 제대로 살피지 못한다"며 선조에게 짧은 상소를 수시로 전했다. 선조가 유성룡에게 교서를 보내, "경은 금옥(金玉)처럼 아름다운 선비로, 경의 심지(心志)를 저 태양에 묻는다 하더라도 부끄럽지 않을 것임을 내가 이미 알고 있다"며 판을 뒤집어, 대세가 돌아섰다. 선조가 탄핵을 받고 삭탈관작 되었던 이경중을 복권, 참관에 추증한다. 이어 유성룡의 상소로 같은 동인이었던 전 장령 정인홍, 전 지평 박광옥이 삭탈관작 되었다. 동인 내부에 균열이 생기고 서로 간에 앙금이 쌓여, 동인이 남북으로 갈리는 순간이다. 기축옥사의 피바람도 서서히 진정 국면에 접어든다.

3

1590년(경인년) 일본으로 가는 조선 통신사

- 도요토미의 선전 포고

경인년 새해 첫날 종묘제례를 마친 선조(39세)는 모처럼 여유로운 표정이다. 끝내기 수순에 접어든 정여립 모반사건의 칼바람 속에서 목숨을 부지한 신료들은 비로소 살얼음판 같은 정국에서 놓여나며 안도감을 내비친다. 중년에 접어든 선조는 이번 사태로 왕권에 대한 자신감을 얻었다. 용포에 묻은 피에 대한 부담은 서인이 지고 있다. 동인은 기축옥사로 막대한 타격을 입었지만 여전히 정권의 한 축을 맡고 있다. 이미 '죽인 자'는 반격을 감수해야 했고, '살아남은 자'는 '죽은 자'를 기억하며 복수의 칼날을 갈았다. 선조는 그 판을 이리저리 조율하면서 군왕의 정치적 입지를 굳혀간다. 얻을 만큼 얻은 선조가 사태를 매듭짓는 포석을 둔다. 새해 첫날, 지난 사건의 공신에 대한 포상을 논하라고 전교한다.

"이번 대역 죄인들을 박충간이 체포하지 않았다면 사직이 위태로웠다. 신하의 직분을 다했을 뿐이라고 하더라도 포상하지 않을 수 없다. 전례에 따라 박충간, 이축, 한응인, 민인백, 이수, 강응기를 우선 공신으로 삼고, 대신들과 상의하여 공이 있는 사람을 추가로 가려내고, 죄인들을 심문한 추관들도 아울러 논상하라.”

추국청 당상들은 민망했던지 자신들에게는 ‘공이 없다’면서 사양했고, 공신에게 주어지는 녹훈에 대해 다소간 다툼이 일었으나, 가벼운 신경전 수준에서 마무리된다. 동인은 정여립의 모반 사건을 고변해 그 공으로 형조판서에 오른 이축을 공박했다. ‘아둔하고 용렬하여 판서의 자리에 적합지 않다’는 사헌부와 사간원의 상소가 올라간다. 선조가 ‘공로에 따른 자연스런 이치’라며, 상소를 물리치자 동인도 더 이상 문제 삼지 않았다.

정국이 안정되고 일본 통신사 일정이 구체화되면서 일본 사신단에 대한 접대도 공식적인 외교 절차의 성격을 띠게 되었다. 선조는 대보름 달빛이 여전한 17일 밤, 유성룡에게 동평관에 머물고 있는 왜국 사신들을 접대할 선위사로 적합한 문신을 추천하라고 하명한다.

“일본은 실로 우리의 이웃으로 그 왕이 처음 즉위한 이래 우리와 우호를 맺었다. 따라서 양국이 교제하는 일을 처리하고, 상대를 접대하는 예법도 국가의 격식을 갖추어야한다. 이를 맡을 선위사는 재주가 뛰어나 임기응변에 능하고, 성품이 너그럽고 도량이 커야 그들의 마음을 얻을 것이다. 더구나 승려 겐소는 학식이 깊어 시 짓기에 능숙하니 그에 합당한 인물을 이조 낭청과 더불어 논의하라.”

선위사로 심희수, 조원, 오억령이 물망에 올랐다. 유성룡은 이중 오억령을 천거한다. 유성룡은 오억령에게 왜국의 속사정과 의도를 속속들이 파악해 달라고 당부한다. 통신사의 파견만으로는 해결될 수 없는 짙은 먹구름을 감지하고 있었다.

통신사 파견이 임박해진 2월, 일행의 행장과 일본에 보낼 예폐, 문서 등을 꾸리는 일로 조정은 분주했다. 또 악공 선발과 경상 수군에서 판옥선을 징발하는 공사가 끊이지 않는다. 이달의 마지막 날, 선조는 인정전에서 지난해 송환된 진도의 어민 사을배동에 대한 포로 송환 의식을 거행했다. 화창한 봄기운 속에서 신료들이 일제히 도열하고, 선조가 용상에 앉아 소 요시토시에게 '포로를 조선 국왕에게 바치는 헌부례(獻俘禮)'를 받았다. 사을배동은 고기잡이 중 풍랑을 만나, 일본 고토(五島·오도)에 표류되어 왜구에게 투항해 길안내를 맡은 것으로 심문 결과 확인되었다. 3년 전 녹도왜변으로 젊은 무장 이대원이 처참하게 전사하면서 조선 백성의 응어리진 한이 온통 사을배동에게 향했다. 왜구보다 더한 조선의 적, 살아남기 어려웠다. 사을배동은 숨은 붙었으나, 이미 살아있는 자라고 볼 수 없었다. 선조의 친문에 머리만 조아린 채, 누더기 같은 옷과 살점이 함께 떨렸다. 사을배동의 능지처참 형은 대역죄인은 저잣거리에서 처벌한다는 원칙에 따라 성문 안 군기시 앞길에서 집행된다. 지난 1월 종묘를 지키던 군사들이 제기를 훔치고, 이를 숨기기 위해 불을 지르다 붙잡혀 능지처참을 당했다. 올 들어서만도 벌써 두 번째 벌어진 공개 처형, 형장은 발 디딜 틈 없고, 능지처참의 방식에 따라 형은 서서히 집행된다. 사을배동은 경사가 완만한 죽음의 언덕인 능지를 영겁의 시간동안 오르며, 극도의 고통 속에서 숨이 거두어지는 형벌을 받았다. 시차를 두고 팔과 다리가 조각조각 잘리고, 결국 심장을 조금씩 도려낸 뒤, 목을 베는 모든 집행 과정에서 누구도 동정의 소리를 내지 않았다. 머리는 철물교에 내걸렸다. 부역과 공물에 시달리던 기구한 어부의 삶이, 풍랑과 함께 궤도를 벗어나면서 결국 비극적인 종말을 맞았다.

사을배동이 처형된 엿새 후인 3월 6일, 통신정사 황윤길(黃允吉·55세), 부사 김성일(金誠一·53세), 서장관 허성(許筬·43세), 무관 황진(黃進·41세)이 출발하였다. 지붕에 봄볕은 무르익어 삼짇날을 지낸 농민들은 본격적인 농사일로 분주했다. 이달 중순, 정여립 모반 사건의 여진이 이어졌다. 선조가 영중추부사 노수신이 과거에

어진 선비로 정여립을 추천했던 사실을 문제 삼았다. 하지만 이미 76세의 노신이었고 옥사를 주도했던 정철마저 "노병이 심하고 종창으로 명맥이 실낱같다"면서 "원로대신을 지킨다는 군왕의 의리를 지켜 관용을 보여 달라"고 주청하면서 파직으로 일단락되었다. 노수신이 천거했던 권율(權慄·54세), 이순신(李舜臣·46세)은 무사할 수 있었다.

도요토미가 경인년 11월 7일에 이르러 조선 통신사에게 보낸 답서는 거칠고 무례할 뿐 아니라, 조금만 살피면 사실상 선전포고였다. 조선 정벌의 의도를 구태여 감추지 않았다. 도요토미의 광폭함에 놀라 수도 교토(京都·경도)를 벗어나 오사카(大阪·대판) 사카이(界濱·계빈)에서 머물던 통신사에게 막연한 예상이 현실로 다가왔다.

"일본국 관백(關白)이 조선 국왕 합하(閤下)에게 보낸다. 보내온 국서를 여러 번 읽었다. 우리나라 60여 주(州)가 최근 여러 나라로 분리되어 기강이 문란해지고 예법이 없어져서 조정의 명령을 듣지 않기에, 내가 격분해서 3~4년 동안 반역자들을 토벌하여 먼 섬까지 모두 손에 넣었다. 나는 보잘것없는 가문 출신이지만 어머니가 잉태할 때 해가 어머니의 품속으로 들어가는 꿈을 꾸었다. 이는 후에 천하에 태양 같은 정치를 펼치고, 온 세상에 명성이 알려질 것을 암시한 것이다. 따라서 나에게 맞선 자는 저절로 멸망하고, 싸우면 반드시 이기고 공격하면 반드시 점령했다. 천하를 평정하고 백성을 보살피고 고아와 과부를 불쌍히 여겨 백성이 부유해지고 재물이 풍족해져서 세금이 옛날의 1만 배나 되었고, 일본이 생긴 이후로 수도의 위용이 오늘날과 같은 적이 없었다. 사람이 세상에 태어나 1백 년을 못 사는데, 어떻게 답답하게 이곳에서만 머물겠는가. 나라가 멀리 떨어져 있고 산과 강이 가로막고 있어도 한 번 뛰어 곧장 대명국(大明國)으로 들어가 일본국의 풍속으로 중국 4백여 주를 정화하고 이를 억만년 시행코자 한다. 귀국이 먼저 입조했으니, 먼 안목으로 가까운 근심을 없앤 것이다. 먼 바다의 작은 섬이라도 늦게 입조한다면 이를 용서치 않을 것이다. 내가 대명에 들어가는 날, 군사를 거느리고 군영에 합류한다면 이웃 나라의 동맹이 두터워질 것이다. 내가 바라는 것은 다만 세 나라에 아름다운 이름을 남기는 것뿐이다. 보내준 방물(方物)은 잘 받았다. 몸을 진중히 아끼라.”

- 천정(天正 1590년) 18년 11월 일본국 관백 수길(秀吉).

답서는 우선 전하(殿下)의 호칭을 왕족이나 고위 관료를 통칭하는 합하로, 조선이 보낸 예폐(禮幣)를 신하가 바치는 ‘방물’로 깎아 내려, 조선이 일본에 머리 숙여 입조한 것임을 시사했다. 또 ‘대명에 뛰어 들어’라든가, ‘귀국이 먼저 입조했다’는 표현은 먼저 조선을 다스린 뒤, 명나라를 치겠다는 의도를 엿보게 했다. 더구나 ‘늦게 입조한다면 용서치 않겠다’는 구절은 조선이 먼저 일본에 고개를 숙이지 않으면 무력을 행사하겠다는 명백한 협박이다.

답서를 받아 든 정사 황윤길은 당황하고 놀랐으며, 부사 김성일은 분노했다. 하지만 사행 길 내내 의견이 엇갈렸던 이들은 답서에 대한 반응도 온도차를 보였다. 황윤길은 하루빨리 사행 길을 마무리하길 원했지만 김성일은 이 답서를 가지고는 도저히 귀국할 수 없다고 맞섰다. 그는 붓을 들어 겐소에게 “합하와 방물의 표현, 조선의 ‘입조’와 ‘대명에 뛰어 든다’는 구절을 바꾸어 달라”며 “이러한 말이 고쳐지지 않으면, 군왕에 대한 신하의 의리상 죽음을 택할 뿐”이라고 버텼다. 도요토미의 위세와 사방에서 위협하는 왜군의 검기(劍氣)에 잔뜩 위축된 황윤길은 물끄러미 김성일의 서신만 들여다보며, 당장이라도 무사히 귀국하기만을 원했다. 하지만 김성일은 도요토미를 무도한 패거리의 우두머리 이상으로 보려하지 않았다. 지사의 풍모는 있었지만 사태를 차분히 읽어내는 현사는 되지 못했다. 전쟁이 시작되면 아무런 의미도 없을 답서의 몇몇 구절에 매달려, 분노를 터뜨리는 선비의 충절과 의기가 지나치게 강했다.

사실 이들의 갈등은 한양을 떠나 쓰시마에 이르면서 표면화되었다. 지난 4월 29일 통신사 일행은 부산포에서 판옥선을 타고 쓰시마에 도착, 한 달을 머물렀다. 통신사 일행이 쓰시마 영주 소 요시토시의 초청을 받고 겐소가 세운 사찰이자 조선과의 외교 창구 역할을 하던 이테이안(以酊庵·이정암)에 가던 길, 일본 백성들이 환송하며 예물을 바쳤다. 소 요시토시가 나름 성의껏 준비해왔던 것. 하지만 통신사 일행이 모두 도착해 자리를 잡았는데, 정작 소 요시토시가 약속 시간에 늦으면서 분위기가 험해졌다. 더구나 그는 교자를 뜰 앞까지 타고 오는 거만한 행장이었다. 김성일이 불같이 화를 냈다.

"쓰시마는 본래 신하의 나라인 번병(藩屛)으로 우리에게 조공을 바쳐왔고, 그대 또한 조선의 신하인 번신(藩臣)에 불과한데, 상국의 왕명을 받든 사절에게 이토록 무례할 수 있는가. 나는 이런 대접을 받을 수 없다."

예법과 의리를 생명처럼 중시하는 유학자의 완고함이었다. 김성일이 자리를 박차고 일어섰고, 허성 또한 엉거주춤 김성일을 따랐다. 황윤길만이 당혹스런 표정으로 겨우 자리를 지켰다. 이 사태로 소 요시토시의 태도는 급변했다. 자신이 늦은 허물을 가마꾼에게 돌려, 목을 베어 바치면서 사과했다. 이후 쓰시마에서 통신사 접대는 상국의 예법에 따라 행해졌고, 일본인들은 사신과 마주치면 말에서 내려 예를 갖추었다.

일행은 이후 이키섬(壱岐島·일기도), 하카다(博多州·박다주), 나가토(長門州·장문주), 나고야(郎古耶·낭고야)를 거쳐 습한 무더위 속에서 7월에는 마침내 수도인 교토로 길을 잡았다. 한양을 떠나 5개월에 걸친 힘겨운 여정이었다. 교토에 들어서기 전 머문 인죠지(引接寺·인접사)에서도 작은 충돌이 빚어졌다. 왜인들이 예물과 음식을 가져왔는데, '조선사신내조(朝鮮使臣來朝)'라는 문구를 미처 보지 못하고 이를 수행원들에게 나누어 준 것이다. '조선 사신이 상국을 방문하다'라는 의미였다. 김성일이 "살피지 않고 경망스럽게 받아 나라를 욕보였다"면서 "이미 먹거나 사용한 음식과 예물을 시장에서 사서라도 돌려주어야한다"고 고집을 부렸다. 문자를 몰랐다는 심부름꾼의 사죄로 사태는 일단락되었지만 일본의 태도 변화는 곳곳에서 감지된다. 이에 대해 사신단은 사사건건 내부 갈등만을 표출할 뿐이었다. 사소한 예법이라도 어긋나면 김성일은 화를 터뜨렸고, 황윤길은 우물쭈물 무마하려했다.

마침내 7월 22일, 통신사 일행이 어렵사리 교토성에 들어섰지만 도요토미는 자리에 없었다. 일본 내 마지막 저항세력인 동쪽 오다와라성(小田原城·소전원성)의 호조 우지나오(北条氏直·북조씨직)를 정벌하기 위한 이른바 '동산도 원정'에 나선 시기였다. 맥이 빠진 황윤길과 허성은 평상복차림으로 입성했지만 김성일은 무더위 속에서도 관대와 예복을 갖춰 왜인들의 주목을 받았다. 궁궐 아래 모인 고관과 무사, 궁녀들이 김성일에게만 머리를 조아리고, 두 손을 맞잡아 공경의 예를 표했다. 이 또한 황윤길의 심기를 어지럽혔다. 일본의 실상을 파악하라는 통신사의 주된 책무는 정사와 부사의 부단한 신경전 속에서 중심을 잡지 못했다.

도요토미는 9월초 돌아왔지만 궁전인 취락정을 수리한다면서 통신사를 만나주지 않았다. 일본 도성을 감싼 검기는 섬뜩했고, 사신들은 애가 타기 시작한다. 이에 통신사 내부에서 도요토미의 측근에게 뇌물을 써서라도 빨리 만나고 돌아가자는 논의가 일었지만 김성일이 역시 거부했다. 사신이 왕명을 받아 국경을 넘었다면 그 때부터는 '조선의 얼굴'이라고 강변한다.

무료하게 도요토미를 기다리는 동안 소 요시토시는 통신사 일행에게 성의를 다했다. 그는 조선 문물에 대한 관심이 깊었고, 일본의 문화를 소개하고 싶어 했다. 김성일에게 조선 악공의 음악을 청해 본다. 하지만 김성일에게 음악은 예법을 운율로 드러내 마음을 다스리는 교화의 수단이지, 단순한 즐거움은 아니다.

"왕명을 풀밭에 팽개친 채, 음악만을 베풀어 듣는 이를 일시 기쁘게 한다면, 시집을 가지 않은 처녀가 외간 남자에게 노래를 파는 천박함과 무엇이 다르겠소."

원칙과 주관이 뚜렷한 조선 문관의 전형이었다. 그렇다면 일본을 잠시 돌아보라는 소 요시토시의 제안에도 "왕명조차 제대로 전하지 못한 사신이 사사로이 유람을 먼저 다닌다면 이 또한 도리에 어긋난다"며 거부의사를 밝혔다. 결국 사신단의 발은 객사에 묶였다. 이와 함께 도요토미와 통신사가 만나는 절차와 형식을 정하는 '상견 예법'도 충돌을 빚었다. 도요토미는 왕이 아닌 관백이고, 천황이 따로 있어 도요토미도 그를 섬기는 신하에 불과하다는 사실을 알게 된 것이다. 관백이 비록 왕 대신 정사를 돌본다하더라도 그가 왕이 아닌 만큼 사신단과 도요토미는 동등한 신하의 위치일 뿐이다. 상대가 왕이라면 통신사는 뜰아래에서 예를 표하기 마련이다. 겐소와 소 요시토시 등 쓰시마 사절단이 조선 국왕에게 늘 해왔던 방식이었다. 이 문제는 마침내 대청위에서 도요토미에게 예를 행하는 것으로 절충점을 찾았다. 이런저런 논의와 신경전 속에서 통신사는 추위가 성큼 다가온 10월말에야 도요토미를 만날 수 있었다.

황윤길과 김성일, 허성 등은 이날 교자를 타고 교토성에 들어갔다. 예법상 신하와 신하의 만남이라는 형식을 띈 것이다. 일본의 예관들이 날라리와 피리를 불면서 궁 안으로 통신사를 인도했고, 이들은 뜰에서 비로소 교자에서 내린 뒤 대청에 올라 도요토미에게 예를 표했다.

도요토미는 광대뼈가 도드라져 길게 뻗은 코와 기묘한 조화를 이루었고, 얼굴빛은 검었다. 입은 다소 튀어 나온데다, 눈 주위는 평편해 용모에서 주는 기품은 없었다. 세 겹으로 겹쳐 쌓은 의자의 맨 위에, 날선 사모를 쓰고, 검은 도포를 입고 앉아있지 않았다면, 시중드는 하인의 모습에 오히려 가까웠다. 하지만 진한 눈썹

아래, 날카롭게 갈라진 눈매에서는 냉혹한 광채가 났고, 눈동자는 무사의 칼날처럼 번쩍이는 안광을 뿜으며 통신사 한 명 한 명을 매섭게 훑어 내렸다.

가신들이 줄지어 엎드리고, 무사들이 배열한 연회장은 살풍경한 모습이었다. 별다른 연회도구가 없어, 통신사와 동행한 조선의 악사들이 여백을 메울 정도였다. 방 가운데 놓인 탁자 위에 떡과 술항아리를 차렸지만 그나마 거친 탁주였다. 절하거나 고개를 숙이며 술을 돌리는 예법조차 없어, 마치 사신을 접대하기보다는 여염집의 술자리와 같이 술이 그저 몇 순배 돌아갔을 뿐이다. 도요토미는 조선국서가 그를 일본 왕으로 칭한 대목에서 잠시 미소 지었으나, 눈빛이 풀리자 좀처럼 한곳에 집중하지 못하고 잔망스러웠다. 통역관을 통해 의례적인 인사만을 건넨 도요토미는 이내 자리를 비운다. 도요토미의 가신들은 미동도 하지 않고 자리를 지켰다. 잠시 후 한 사내가 평상복 차림으로 어린아이를 안고 나와 마루를 돌아다녔는데, 통신사들은 기막힐 뿐이었다. 도요토미였다. 그는 난간에 기대어 조선의 악사들에게 음악을 청해, '태평무'가 이어지는 동안 아이를 어르며 딴전을 피우다, '아이가 오줌을 쌌다'며 웃으면서 심부름꾼을 불렀다. 황윤길은 당황스런 표정을 애써 감췄지만 김성일은 모욕을 받았다는 거센 분노감을 숨기지 못했다. 조공을 바치는 제후국인 번병의 영주가 보낸 신하를 접대하는 예, 그 이상도 이하도 아니었다. 통신사의 지위는 쓰시마와는 천양지차였다. 소 요시토시의 시선은 도요토미와 김성일의 안색을 오가며 불안감을 드러낸다.

이후 통신사 일행은 도요토미를 다시 보지 못했다. 도요토미는 은 4백 냥을 보내 일행에게 차등을 두고 분배하라고 당부했을 뿐이다. 오랜 기다림과, 야릇한 분위기의 냉대, 교토에 가득 찬 살기를 뒤로 하고 통신사 일행은 사카이로 빠져나온 것이다.

한동안 답서를 둘러싼 지리한 공방이 이어졌다. 겐소는 사과를 하면서도 부지런히 핑계거리를 만들어냈다. 글을 짓는 자가 한문에 서툴러 오해가 생겼다는 것. 합하와 방물만은 전하와 예폐로 고쳐보겠지만 '입조'는 그 주체가 조선이 아니라 일본이고, 그 대상은 명나라라는 식이었다. 문구에 담긴 예법은 형식이고, 그 의도가 본질일 것이다. 십여 개월을 일본에 머무른 통신사 일행은 형식에 갇혀 일본의 본질을 보려는 노력을 기울이지 못한 채, 상호간 반목으로 일관했다.

돌아오는 길목에서 일본인들이 1백여 년만에 본토를 찾은 통신사에게 숱한 일본 특산품을 줄줄이 바쳤다. 황윤길과 허성은 행장에 왜인들이 선물한 재화를 가득 챙겼다. 의분에 찬 부사 김성일은 이를 모두 거절했고, 김성일에게 이들은 비루한 자에 불과했다.

4

1591년(신묘년) 정사와 부사의 엇갈린 판단, 국방 개혁의 좌초

- 서인 정철의 실각, 남북으로 갈리는 동인

　신묘년 3월 1일, 선조가 자리한 중신회의에서 통신사로 나간 정사와 부사의 정세 판단이 정면으로 충돌했다. 앞서 정사 황윤길은 지난 1월 부산에 도착한 뒤, "반드시 병화(兵禍)가 있을 것"이라는 급한 장계를 한양에 보냈고, 조정 또한 나름 대책 수립에 나섰다.

　"도요토미가 군사를 일으킬 조짐인가?"

　통신사의 여정을 보고 받은 선조가 곧바로 핵심을 캐묻는다.

　"도요토미는 사납고 탐욕이 강한 자로 강한 군세를 내세워 외국을 노리는 자입니다. 필시 병화를 피하기 어렵습니다."

　황윤길은 전란의 발발을 단언했다.

　"그 시기 또한 멀지 않았습니다."

황윤길이 덧붙인다.

선조의 눈이 부사 김성일에게 향한다.

"그러한 왜국 상황을 보지 못하였는데, 황윤길이 장황하게 아뢰어 인심이 동요하고 있습니다. 이치에 매우 어긋납니다."

"도요토미가 어떻게 생겼는가?"

선조의 하문.

"눈빛이 반짝반짝하여 담과 지략이 있는 사람인 듯 보였습니다."

황윤길의 답변에 이은 김성일의 평가는 역시 달랐다.

"그의 눈은 쥐와 같았는데 두려워할 위인이 못됩니다. 겁에 질려 체통을 잃은 자에게는 쥐조차 승냥이로 보일 뿐입니다."

사행길 동안 두려운 시선을 감추지 못하고, 일본에 정면으로 맞서지 못한 황윤길을 비아냥거린다. 같은 곳에서 한 사람을 만났지만 흘러간 사실은 해석에 따라 달리 전달될 뿐 애초부터 뚜렷하게 존재하지 않는 안개일 뿐이다.

좌의정 유성룡이 도요토미의 답서를 명나라에 알리는 문제를 두고, 새로운 현안을 끄집어낸다.

"답서에 '군사를 거느리고 명나라에 뛰어 든다'는 구절이 있습니다. 이는 마땅히 그간의 사정을 담아, 명나라에 알려야합니다."

"명나라 조정에서 우리와 왜국이 비밀리에 관계를 맺었다고 책망할 것입니다. 숨기는 것만 못하다고 생각합니다."

영의정 이산해(李山海·53세)가 일단 사태를 덮어두자고 제안한다.

유성룡이 곧바로 반박한다.

"한 나라가 이웃한 나라와 왕래하는 것은 불가피한 일입니다. 명나라 헌종 시절에도 일본이 중국과 조공하기를 우리에게 청했습니다. 우리는 이 사실을 곧바로 알렸고, 명나라에서는 조직을 통해 우리에게 거리를 두라고 전했습니다. 세 나라의 일은 오늘에만 있는 것은 아닙니다. 더구나 왜국의 침범의도가 드러난 상황에서 이를 숨겼는데, 만약 전란이 터진다면 명나라는 우리가 일본과 모의했다고 생각할 것입니다. 그 때에는 단지 왜국과 왕래했다는 사실만으로도 돌이킬 수 없는 의심을 받을 것입니다."

중신들의 의견이 엇갈린다. 당파의 색이 팽팽하게 덧씌워지면서 어떠한 주장도 뚜렷한 힘을 얻지 못했다. 이미 조정은 조헌의 상소로 한바탕 홍역을 치렀다. 조헌은 "국가의 안위가 긴박하다"면서 "왜국 사신의 목을 베고 사지를 나누어 분노를 알리고, 흉적을 대비하라"는 상소를 올린 것이다. 조헌의 상소와 황윤길의 의견이 일치했지만 모두 서인이라는 당파로 묶이면서 그 효력을 잃고 있었다. 서인들은 잃어버린 세력을 얻기 위해 민심을 교란한다는 의혹을 받았다. 황윤길이 일본에서 보인 나약함과 행장을 가득 채운 재물은 결정적으로 신뢰를 떨어뜨렸다. 이에 비해 김성일의 강직한 절의는 깊은 감동을 자아내, 한 동안 저잣거리에서 회자되었다. 조정은 막연한 전란에 대한 우려보다, 도요토미의 경박함과 무례를 질타하는데 열중했다. 왜구는 해안의 도적떼에 불과하다는 인식을 좀처럼 벗어나기 어려웠다.

겐소 등과 깊은 대화를 나눈 선위사 오억령의 파직은 선조의 의중을 엿보게 했다. 그는 조선 통신사가 파견되기 전후에 동평관 등지에서 겐소 및 소 요시토시를 접대, 속내를 터놓는 관계로 발전했고, 자신이 들은 일본의 실상을 알렸다. 유성룡의 당부에 따라 왜국의 의도를 파악하는데 주력한 것이다. 오억령은 "내년에 일본이 명국에 가는 길을 빌린다는 핑계로 조선을 침략할 것"이라는 과감한 장계를 올렸다. 하지만 선조는 '인심을 소란케 한다'며 이날 오억령을 파직했다. 유성룡은 오억령의 인품을 믿었다. 글이 뛰어나고 성품이 온화해 타인에 대한 경솔한 평가를 삼가고, 대관으로 있을 때 누구라도 함부로 탄핵하지 않았기 때문이다. 결국 도요토미는 무도한 자라는데 합의했지만 뚜렷한 결말은 없었다. 다만 명나라와의 관계는 김응남을 사신으로 보내 그간의 사정을 알리자는데 합의했다.

중신 회의를 마친 뒤, 유성룡이 김성일을 불러 세운다. 고심하는 표정이 역력하다. 우선 김성일이 일본에서 보인 절의를 칭송하며, 두 손을 잡아 노고를 치하한다.

"학형(學兄) 말씀을 들으면, 정사 황윤길의 말과 사적인 감정이 섞여 있는데, 만일 병화가 있게 되면 어떻게 감당할 수 있겠습니까?"

"저 또한 어찌 왜적이 나오지 않을 것이라고 단정하겠습니까. 다만 온 나라가 놀라고 의혹될까 두려워 그것을 풀어줄 생각에서 그런 것입니다."

유성룡이 김성일을 차분히 바라본다. 국정의 한 축을 맡은 좌상의 눈매가 날카롭다. 김성일은 고개를 돌렸다. 좌상과 이조판서를 겸하면서 유성룡은 이미 주변의 반대를 무릅쓰고 지난 2월 무리한 포석을 두었다. 오랜 벗, 정읍 현감 이순신을 진도 군수, 가리포 첨사, 그리고 전라 좌수영을 책임지는 좌수사로 잇따라 천거한다. 벗이었기에 부담스러울 수 있지만 벗의 인품을 잘 알기에 전란을 대비할 적임자로 판단했다. 종6품에서 종3품을 거쳐, 정3품에 이르는 7계단의 파격적인 승차가 유성룡을 통해 단기간에 이루어졌다. 전란 발발에 대한 우려를 떨칠 수 없었던 유성룡은 자신의 정치적 역량을 모두 동원해서 신속하고 과감하게 인사를 단행했다.

애초 사간원이 유성룡을 도왔다. 이미 전라좌수사로 내정된 원균이 수령으로 재임 중 백성에 대한 횡포가 심했다는 탄핵을 제기, 이순신을 천거할 수 있는 여건을 만들었다. 유성룡은 주변에서 지나치다 싶을 만큼 이순신을 밀었다. 정읍 현감시절 백성들의 신망이 두터웠고, 이순신을 싫어하는 이들조차 얕잡아 볼 수 없는 강직함을 내세운 것이 일정부분 주효했다. 그런데 승차가 과도하다면서 등을 돌린 사간원이 이순신이 임지로 향하는 순간에도 상소를 올려 발목을 잡았다.

"전라 좌수사 이순신은 현감으로 아직 임지에 이르지도 못했는데 또 다시 좌수사에 임명되었으니, 아무리 인재가 없어도 관작의 남용이 이보다 심할 수는 없습니다. 경력이 얕아 중책을 맡을 수 없는 가벼운 인물입니다. 관리에게 요행의 문이 한번 열리면 관례가 되는 폐단을 막기 어렵습니다."

이순신에게 '요행의 문'을 열어준 유성룡은 필사적으로 이순신을 비호했다. 단계별 승차라는 형식 요건을 갖추면서 이순신이 상처받지 않도록 지원했다. 이순신이 임지에 닿기도 전에 승진이 거듭된 것은, 사실 유성룡이 연일 선조를 졸라댄 덕분이었다. 결국 선조의 비답이 이순신에게 전라 수역의 지휘권을 넘긴다.

"이순신의 승차가 지나치다는 사실은 나도 안다. 다만 인재가 모자라 그렇게 하지 않을 수 없다. 그 사람이면 충분히 감당할 것이다. 더 이상 그의 마음을 동요시키지 말라. 옳은 일을 바꿀 수는 없다."

사간원이 입을 다물었고, 이순신은 비로소 일본과 맞닿은 경상 수영을 지원하며, 배후의 전라우수영을 잇는 요충지인 전라좌수영 5관 5포의 사령탑에 오른다.

이날 유성룡과 김성일은 밤늦게 나란히 궐문을 나선다. 김성일이 지닌 높은 절개와 지조를 유성룡은 잘 알고 있다. 그렇지만 지나치면 현실에 대한 객관적 인식을 가로 막을 수 있다. 전란의 발발여부는 결국 미지수로 남았다. 유성룡의 표정에서 짙은 의혹이 걷히지 않았다.

신묘년 윤 3월 14일, 정철이 파직되었다. 사헌부와 사간원이 동시에 정철을 도마에 올렸다. 정철이 파당을 지어 조정 기강을 마음대로 흔들고 그 위세가 세상을 덮었다고 탄핵했지만, 그 근저에는 정철이 주도한 세자 책봉 불발 사건이 깔려 있었다. 선조는 기축옥사의 피가 묻은 정철을 자신에게서 떼어내고 싶어 했다.

이미 사냥은 끝났다. 그리고 사냥개 털에 너무 많은 피가 묻으면 부담스럽다. 사냥개의 노래는 더 이상 들을 필요가 없다. 선조는 기축옥사로 자신의 지위를 반석에 올려놓았다. 한 차례 역모의 홍역을 치르면서 생사를 가늠하는 국왕의 절대적 지위를 확인했다. 그런데 사냥개가 세자 책봉을 내세워 사냥물을 나누자고 말한다. 세자를 책봉해 국가의 근본을 튼튼히 하자는 정철의 주청에 싸늘하게 답한다.

"내가 살아있는데, 경은 앞으로 누구와 함께 하자고 하는가?"

선조가 미리 알고 있었다는 듯이 차분하고 냉정하게 되묻는다.

이번에는 동인 이산해가 한발 빨랐다. 인빈 김씨의 둘째 아들 신성군을 옹호한 이산해가 사전 작업에 나서 정철의 허점을 찔렀다. 이산해는 선조의 마음 또한 신성군에게 기울었다는 사실을 간파하고, 인빈의 동생 김공량을 움직여 정철의 움직임을 인빈에게 미리 알린다. 인빈에 대한 선조의 총애는 깊었다. 그녀는 베갯머리 송사를 통해 선조에게 매달린다. 서인을 등에 업은 정철이 자신과 신성군을 내치려는 음모를 꾸민다고 눈물바람을 놓았다. 선조는 인빈에게 "정철이 목숨이 몇 개인가?"라면서 편을 들어준다.

아직 피바람이 가시지 않은 선조의 의중이 뚜렷해졌다. 정철에게 양사 탄핵이 집중된다. 그와 붕당을 지은 자에게까지 불씨가 날아갔다. 동인에게는 절호의 정치적 기회, 서인을 일거에 날려버릴 조정의 새판 짜기가 시작된다. 그런데 이번에는 터무니없이 유성룡이 견제에 나선다.

"광해의 세자 책봉은 순리인 만큼 정철의 주청이 죽을죄는 아닙니다."

조정 논의에 찬물을 끼얹는다. 정철이 죽인 수천여 명의 망령이 조정을 맴돌았지만 유성룡은 정철의 생명을 거두려는 동인 가운데 홀로 외로운 목소리를 낸다. 정철을 죽여 무엇을 얻고자 하느냐는 원칙론이었다. 비상하려던 동인의 날갯짓은 같은 편이라고 믿었던 유성룡에게 꺾이고 말았다. 유성룡은 동인 이산해가 원하는 신성군이 아니라 광해군을 세자로 지지하고 나섰다. 실질적인 제왕의 자질을 갖추었는지가 판단 기준이 될 뿐, 파당의 문제는 아니기 때문이다. 고작 13세에 불과한 신성군은 아직 군왕의 재질을 검증받을 겨를이 없었다. 서인과 패당을 이루었다는 정철의 죄목은, 유성룡이 편들고 나서면서 가벼워지고, 기축년의 앙갚음을 고스란히 되돌려 받을 위기에 몰렸던 서인들이 가까스로 빠져 나왔다.

정철만 강계로 귀양길을 떠났다. 대간들이 사치스런 그의 사생활을 비리와 연루해서 상대적으로 가벼운 죄목을 걸어 탄핵, 목숨은 구한 것이다. 유성룡은 대간들의 탄핵에서 비껴서 있었지만 선조에게는 정철과 마찬가지로 자신의 마음을 헤아리지 못하는 깐깐한 신료였다. 동인에게도 '함께 당파를 같이 할 수 없는 자'로 분류되었다.

동인 내부 분열은 이에 앞서 정인홍이 우성전을 탄핵했던 시기로 거슬러 간다. 우성전은 명쾌하면서도, 세상을 보는 남다른 시각을 갖추고 있어 동인들의 적지 않은 지지를 받았지만 술과 여자를 좋아하는 약점이 있었다. 원리 원칙을 중시하는 정인홍은 우성전을 못마땅하게 생각했고, 결국 기생을 첩으로 삼은 사생활을 문제 삼아 탄핵했다. 우성전의 상가를 방문한 이발이 상가를 오가는 기생을 괴이하게 여겨 정인홍에게 알려주었다. 이 때 유성룡, 김성일, 이경중, 이덕형 등이 우성전을 비호하면서 동인의 균열 조짐이 처음 드러났다. 이후 이발이 정여립을 천거하자 이번에는 이경중이 가로 막았다. 기축년 이발의 죽음에 대해, 우성전을 지지했던 동인들이 적극 나서지 않은 잠재적인 원인이기도 했다.

정인홍은 정철을 살린 유성룡의 개입에 치를 떨었다. 같은 동인의 죽음에 대해 무심하던 자가, 오히려 서인의 목숨을 구걸하고 나선 때문이다. 이제 동인은 유성룡을 이해하는 남인과, 이를 거부하는 북인으로 갈라선다. 패를 짓고, 나누는 것은 인간이 태어날 때부터 지닌 본성일 것이다. 유성룡은 함께 하기 이전에, 현실의 합리성을 먼저 따져 보는 유형이었다.

거듭되는 당쟁의 소용돌이 속에서 전란에 대한 조정의 근심과 그 대비책은 여전히 따로 놀았다. 지난 5월 도요토미에게 국서를 보낸 조선 조정은, 근심이 많을수록 오히려 방비를 미루는 비현실적 비관주의나 낙관주의가 팽배했다.

"귀국이 평온해졌다는 말을 들으니 위로가 된다. 양국이 험난한 바닷길에도 통신사를 통해 신의를 통했으니 만세의 복이다. 보내준 선물은 잘 받았다. 다만 귀국이 대명국에 들어가려하는데 조선에게 도와달라는 의미를 모르겠다. 이는 이웃나라의 도리가 아니어서 솔직하게 묻는다. 오랫동안 천조(天朝)와 수교하지 못해 분해 있다면, 그 도리를 다하는 방안을 찾는 것이 현명할 것이다. 변변찮은 몇몇 선물을 보낸다. 무더위에 몸 건강하기 바란다."

상대의 도발에 마지못해 예의를 차렸지만 불안감은 가실 수 없었다. 이들이 돌아가기 전, 유성룡은 왜국의 사신과 친분이 쌓인 황윤길과 김성일을 동평관에 보내 부지런히 동향을 파악했다. 겐소는 "도요토미가 전쟁을 일으키려 한다. 조선이 명나라와 일본을 잇지 못하면, 전란이 터져 일본 66주의 백성들도 고통을 면치 못할 것"이라고 우려를 전했다. 이에 김성일이 '대의를 저버린 처사'라고 화를 내자 겐소는 '아주 옛적에 고려가 원나라 군사를 인도해 일본을 공격한 일 또한 대의에 어긋난다'고 맞받아 쳤다는 소식이 유성룡에게 들려왔다.

사신단이 조정의 답서를 가지고 부산포에 이르던 여름, 소 요시토시는 부산포에 나와 있었다. 그리고 명나라와 일본이 국교를 맺는데 조선이 적극적인 역할을 한다는 내용을 답서에 포함시키라고 거듭 요구했지만 이미 조정에서는 일본에 통신사를 보낸 사실조차 후회하는 분위기가 지배적이다. 예법을 모르는 오랑캐와 협상하면서 명나라에 대한 도의를 저버렸다는 것이다. 소 요시토시는 10일 넘도록 해안에 배를 정박하고 답서를 기다리다, 출항했다. 왜국과의 교신은 이때부터 끊어졌고, 부산포 왜관에 머물던 왜인들이 서서히 본국으로 돌아갔다. 왜관이 텅 비면서 경상 일대의 민심이 요동치며, 안이한 조정보다 심각하게 반응했다.

몇몇 남은 잎이 초겨울 나목을 지켜주는 10월 초하루, 유성룡이 오랜 현안을 중신회의에 올린다. 전면적인 군사체제 개혁안으로 그동안 비변사의 숱한 논의를 거쳐 보완, 수정되었다. 현행 제승방략의 국방체제를 조선조 초기의 진관법으로 되돌리는 방안이다. 제승방략은 전란이 터지면, 지방에서 군사를 끌어 모아 예정된 전략적 요충지에 집결시키고, 이를 중앙에서 파견된 장수가 지휘하도록 정하고 있다. 평소 생업에 종사하던 농민 등 양민들은 전란시에 신속하게 군제로 편입되는 예비군의 속성을 지닌다. 이에 비해 진관체제는 각 진관이 지역별 독립적인 군대로, 지방관이 상시적인 지휘권을 행사하게 된다. 제승방략은 중앙의 노련한 장수가 지휘한다는 장점이 있었지만 현지 사정에 어두울 수밖에 없었고, 장수와 병사의 유기적 통합이 불가능했다. 병사들은 한양에서 내려온 생면부지의 장수에게 목숨을 맡겨야한다. 집결지나 전투 지역도 자신이 살던 고향과는 거리가 멀었다. 또 단기간에 급조된 농민군이 대단위 전투에서 조직력을 발휘하리라 기대하기는 어려웠다. 유성룡은 "전란이 터지면 장수 없이 병사들이 모이기도 어렵고 설령 모인다하더라고 들판 가운데 병사들이 천리 밖 한양성 장수를 기다리다 적군의 선봉이 닥치면, 모두 공포에 빠져 도망칠 것"이라고 지적했다. 결국 군사체제는 문서만으로 존재할 위험이 높았다.

진관법은 전문 군인이 아닌 고을 수령이 평소 병력을 운용하는 과정에서 수고와 비용이 들지만 장점도 뚜렷했다. 고을마다 병사를 소집해 훈련시켜 지휘관과 병사들이 손쉽게 단합할 수 있으며, 각 진의 연합을 통한 대규모 병력의 집결도 지방 수령의 지휘를 통해 빠르게 실현된다. 유성룡은 무엇보다 경상도의 군사체제에 논의를 집중시켰다. 경상도를 김해, 대구, 상주, 경주, 안동, 진주의 6개 진관으로 편성해 각각 지휘권을 갖고 물고기 비늘처럼 죽 늘려 정돈시키면 한 진이 무너져도 다른 진이 방비에 나설 것이라고 설파했다. 중앙에서 파견되는 한 명의 장수에게 병력을 집중시키지 말고, 지휘권을 맡을 계급 체계를 순차적인 계단식으로 체계화하자는 제안이다. 그나마 서북 지역의 경우 변란이 잦아 고을 수령이 평소 병사를 통솔하며, 큰 병란이 일어나면 조정에서 파견된 대장이나 병사에게 지휘권을 넘기도록 제법 질서를 갖추고 있지만 영남의 병사나 수령들은 실전 경험이 부족해 마냥 중앙 장수를 기다리는 형국이라는 설명이다. 유성룡은 "진관법은 평시엔 훈련하기가 쉽고 유사시에는 상하가 서로 응하며, 안팎이 단결되어 토붕와해(土崩瓦解)를 막을 수 있다"고 강변했다. 담벼락과 지붕이 한 순간에 무너지는 참화를 막을 수 있다는 것. 지붕이 무너져도 담벼락에 기대어 싸울 수 있다는 논리였다.

선조는 애초 유성룡의 제안에 관심을 기울였다. 그러나 각도 수령에게 공문을 내려 의견을 묻는 과정에서 앞으로 생길 과도한 업무와 책임이 부담스러운 지방 관아의 수령들이 일제히 반발했다. 진관법은 거대한 병력을 통합하지 못하고, 유지비용이 지나치며, 나아가 지방 수령들이 군대를 사병화 할 수 있다는 의혹마저 제기된다. 손죽도 왜변 당시 정여립이 대동 계원을 동원해 왜구에 맞서 싸웠다는 사실만으로도 화들짝 놀란 조정이 여기에 귀를 기울였다. 경상 감사 김수(金睟·45세)는 "오랫동안 시행된 제승방략을 갑자기 변경시켜 초래될 혼란과 번거로움은 감당키 어려우니, 시일을 두고 살피자"는 어정쩡한 장계를 올렸고, 이것이 선조와 신료들의 구미에 맞았다. 개혁안은 이날 좌초된다. 이와 함께 늙고 병들어 자리만 지키던 경상병사 조대곤을 경질하려는 시도마저 무산된다. 유성룡은 실전경험이 풍부한 중앙의 노련한 장수인 이일(李鎰·54세)을 보내려 했지만 이번에는 병조판서 홍여순(洪汝諄·45세)이 가로막았다. 명장을 함부로 외지로 내보낼 수 없다는, 상황에 따라 조정에서 운용해야한다는 제승방략의 원칙이었다. 선조는 이번에도 홍여순의 손을 들어주었다.

오랜 기간 다듬었던 진관법이 폐기된 가을의 막바지, 퇴청하는 좌의정의 표정이 벌써부터 의지할 데 없는 겨울 나목의 표정이다.

11월 2일, 김응남이 명나라 칙서를 가지고 돌아왔다. 모화관에서 사신을 맞은 선조는 기뻐하며, 이날 잡범들을 사면했다. 자칫 위태로울 수 있었던 명나라와의 외교관계가 고비를 넘긴다. 명나라는 김응남이 도착하기 이전에, 조선과 왜국의 움직임을 파악하고 있었다. 왜국에 잡혀있던 복건성 사람 허의후 등이 이러한 정황을 모두 보고했고, 명나라와 화친한 일본의 남쪽 류큐국(琉球国·유구국)에서 사신을 보내 실상을 알렸기 때문이다. 명나라 조정은 조선이 왜국과 내통한다는 의심을 가졌지만 재상 허국이 "조선과 성심으로 화평했던 오랜 세월이 있었던 만큼 잠시 기다리자"며 논란을 임시로 덮어왔다. 이 때 김응남이 명나라에 당도해 그간의 사정을 세세히 알리면서 명나라의 의심이 풀린다. 괜한 오해를 했다는 자책감에 명나라 조정은 사절단에게 과도할 만큼 넉넉하게 은 냥을 주었다.

대명외교와 더불어 유성룡은 세세한 국방 태세의 준비와 점검에 집중했다. 진관법이 좌절되어 제승방략이 유지되면서 이를 보완하는 현안은 산적했다. 군사업무에 밝은 김수를 경상감사로, 이광(李洸·51세)을 전라감사로, 윤선각을 충청 감사로 부임토록 해 하삼도의 국방 골격을 갖추었지만 취약한 최전선 방비에 조바심을 내며 각 도의 성을 보수, 증축하는데 박차를 가한다. 특히 왜군이 부산포에 상륙하면 전란을 치르는 전초기지가 되는 경상도 방비에 집착했다. 영천, 청도, 삼가, 대구, 성주, 부산, 동래, 진주, 안동, 상주에 이르는 경상도 좌우병영을 종축과 횡축으로 삼아, 현지 수령들에게 성곽을 대대적으로 보수하라고 끊임없이 채근했다. 백성들의 노역이 그칠 수 없었고, 유성룡에 대한 원성이 길거리에 넘쳤다. 주변의 시선도 점차 싸늘해지기 마련, 동조하던 이들조차 '지나친 기우(杞憂)'라며 급기야 논박과 탄핵을 시작했다. 조선은 북방 오랑캐와 남쪽 해안의 왜구에게 국지적인 변란을 종종 겪었지만 국가 간 전면전은 오랜 역사서의 이야기일 뿐이었다.

유성룡의 오랜 친구면서 전적벼슬을 지낸 합천사람 이로는 "성을 쌓는 것이 백성의 고통을 쌓는 일"이라면서 "삼가 고을은 정암 나루가 앞을 가로지르니, 왜적이 어찌 날아서 건너겠느냐"고 항변했다. 넓은 바다를 건너오는 왜적이 좁다란 강물에는 막힐 것이라는 궤변이다. 왜적은 보이지 않는 미래였고, 부역은 당면한 고통스런 현실이다. 유성룡을 겨냥한 홍문관의 짧은 상소도 연일 빗발쳤다. 하지만 유성룡의 고집도 집요했다. 백성을 수용하거나 치안을 유지하는 목적으로 세워진 허술한 성벽을, 험준한 곳에 단단하게 지어 전투에 대비하는 성채로 바꾸는 일에 연일 주력한다. 그러나 유성룡의 구상은 문서로만 채워질 뿐, 현실을 뚜렷하게 바꾸지는 못했다. 이 무렵 유성룡은 "군사체계의 근본을 손보고, 장수를 뽑아 적임지로 보내며, 군사를 훈련해 방비를 하는 백가지 일 중에서 한 가지도 정돈되지 못했다"고 장탄식을 거듭했다. 다만 무리수를 두면서까지 천거해 전라좌수사로 부임한 이순신이, 손죽도 왜변에서 가공할 위력을 드러낸 왜군의 조총에 맞서기 위해 판옥선에 본격적으로 화포를 장착하고 있었다. 또 판옥선의 갑판을 창검의 날을 꽂은 지붕으로 뒤덮은 새로운 군선, 거북선을 건조한다는 전갈이 유성룡의 깊은 근심을 한 가닥 덜어주었다.

5

1592년(임진년 초봄),
허술한 국방, 안이한 장수들

- 폭풍 전야, 쓰시마의 침묵

  임진년 4월 초하루, 대장 신립(申砬·47세)이 좌의정 유성룡의 집을 찾았다. 미리 종을 보내 기별이 오가면서 유성룡은 사랑을 치우고 신립을 맞았다. 어스름이 깔릴 무렵 간단한 술상이 마련되었지만 밤이 깊어도 술자리의 어색한 기운은 풀리지 않는다. 애초 신립이 유성룡을 찾은 이유가 그리 좋은 일만은 아니었다.

  유성룡은 지난 2월, 신립과 이일을 각각 경기와 황해, 충청과 호남으로 보내 군비와 병력 현황 등을 순찰토록 했다. 외침의 징후가 곳곳에서 나타났기 때문이다. 그러나 순찰 결과는 보잘것없다. 창과 칼, 활과 화살 등 군기에 대한 형식적인 점고였고, 이마저 현실과는 동떨어진 지방 관아의 문서에 불과하다는 사실을 유성룡은 직감했다. 더구나 이들의 순찰 길은 구설수에 오르내렸다. 오랜 시절 북방의 오랑캐와 마주했던 신립은 성격이 거칠고 사나워, 때로 잔인하다는 소문마저 돌았다. 지방 수령들은 먼 왜적보다는 당장 들이닥친 중앙의 장수를 더 두려워했다. 백성을 동원해 길을 닦고, 재물을 추렴해서 잔칫상을 마련했다. 신립과 이일의 순찰 길은 대신 행차와 다름이 없었고, 수령들은 군기의 점검보다는, 음식과 숙소, 기생을 준비하는데 여념이 없었다. 유성룡은 이 같은 일을 정면으로 문제 삼지 않았지만 이들의 공문을 본 뒤 공연한 일을 했다는 후회를 감추지 않았다. 십여 년 전 북방에서 세운 전공이 시간이 흐를수록 살아있는 전설처럼 자리매김하면서 이에 비례해 신립과 그 주변 사람들은 현실 감각을 잃어 갔다. 1583년(계미년) 온성 부사로 재임 중, 배반한 오랑캐들이 종성을 포위하자 신립은 십여 명의 기병만으로 포위망을 뚫고, 적진을 무너뜨렸다. 이어 두만강을 건너 오랑캐의 본진을 습격, 50여 명의 목을 베어 개선하였다. 이후 이탕개가 1만 군사를 이끌고 쳐들어오자 이를 물리치며 북방의 육진을 방어했다. 이후 신립은 북병사와 평안 병사를 거쳐, 자헌대부로 승진되어 이제 병조판서의 물망에 올랐다. 신립이 유성룡을 찾은 중요한 이유일 것이다. 용력과 무예가 뛰어난 명장이라는 평가에 선조의 신임까지 겹친 출세가도의 무장이었다. 신립은 "왜구는 쥐새끼의 노략질에 불과해, 한 칼에 쓸어버릴 수 있다"고 늘 호언했고, 이는 조정 신료들이 원하던 호쾌한 답변이었다. 조정에서 절대적인 권위를 지닌 무장이었던 것이다. 이러한 분위기가 팽배한 가운데 신립의 순찰 길에 대한 유성룡의 불편한 심기를 누군가 신립에게 귀띔했고, 야심 많은 신립은 이를 그냥 지나칠 수 없었다. 결국 유성룡의 자택을 찾는다.

"멀지 않아 전란이 일어날 것이고, 장군이 최전선에 서게 될 것입니다. 적의 형세를 보아 그 방비가 쉬울지 어려울지 가늠해 보시겠습니까?"

유성룡은 부산포 왜관의 철수와, 쓰시마의 침묵으로 임박한 전란의 기운을 감지한다.

"적의 형세는 대단치 않은데 걱정이 너무 크십니다."

거칠 것 없는 자신감이 넘친다.

"예전에 왜적들은 창과 칼로 근접전을 벌였지만 이제는 조총이라는 무기를 가지고 있습니다. 이는 원거리 전투를 수행하는 병기인데, 어찌 가볍게 볼 수만 있겠습니까?"

유성룡의 질문이 구체화된다.

"비록 조총이 있지만 그 명중률이 높지 않고, 한 번 철환을 쏘는데 시간이 많이 걸려, 이 또한 근심거리는 아닙니다."

신립이, 조총의 단점을 곧바로 지적한다. 사실이었다.

"나라가 오랫동안 태평해서 병사들은 겁이 많고, 나약합니다. 더구나 대부분은 평상시 농민이나 어부에 불과한 백성입니다. 오랜 내란으로 단련된 조직적인 왜병을 당해내기 어려울 것입니다. 병사들이 전쟁에 익숙해진다면 혹시 나중에야 감당할지 몰라도, 당장에는 성곽 하나라도 막아낼 수 있을지 걱정이 많습니다."

유성룡이 군사 현실로 화제를 돌렸다.

"병사의 사기는 장수의 군령으로 만드는 것입니다."

장수의 일을 어찌 문관이 세세히 알 수 있겠느냐는 어투, 과거의 뚜렷한 전공이 신립의 자신감을 뒷받침했다. 문관인 유성룡이 어찌할 수 없는 장벽이 가로놓여, 대화는 마지막까지 겉돌면서 자리를 파하고 말았다.

전란에 대한 유성룡의 우려는 그야말로 하늘이 무너질 것을 걱정하는 기우 정도로 취급받았다. 모든 예방과 준비에는 당장의 노력과 대가가 필요하다. 물론 전란이 터지면 막대한 고통이 수반되지만 반드시 일어난다는 보장은 없다. 하지만 당장의 예방에는 수고로움과 비용이 들어간다. 이는 지혜의 문제가 아니라, 먼 미래에 대한 혜안이 필요한 대목이다. 대다수 신료들은 불확실한 미래에 투자하기보다는, 현재의 실익을 주저 없이 선택했다. 지난해 10월부터 끌어온 경상 우병사의 인사문제도 지난달 초에 그럭저럭 매듭 되었지만 여전히 유성룡의 마음에는 마뜩치 않았다.

애초 유성룡은 늙고 병약한 경상우병사 조대곤을 대신해 실전경험이 풍부한 이일의 파견을 원했다. 남해의 최전선인 경상도 방위를 맡기고 싶었던 것이다. 하지만 홍여순이 "북방의 변란이 여전한데, 중앙 명장을 남쪽 외지로 보낼 수 없다"고 제동을 걸었고, 신료들에게 지지를 얻었다.

이렇게 생긴 공백을 결국 지난 3월 김성일이 채웠다. 통신사로 나갔던 김성일은 평소에도 "왜구는 침략하지 못할 것이며, 온다 해도 크게 걱정할 것이 없는 도적떼"에 불과하다고 공언했다. 전란의 발발에 대해 유성룡과 좁히기 어려운 인식차를 보였다. 또 상소를 통해 부단히 영남에서 성을 쌓고 군사를 훈련시키는 폐단을 논하였다. 이 와중에 경상 감사 김수도 장계를 통해 "농사철이 다가와, 성을 쌓는 역사에 대해 사대부들이 힘겨워하면서 일이 미루어진다"고 알려왔다.

선조는 문관 김성일에게 최전선의 요지에 대한 군사 지휘권을 맡겼다. '화급한 시기에 문관을 변방의 장수로 내보낼 수 없다'는 비변사의 반대는 '별 대안이 없다'는 이유로 무시된다. 전란이 없으리라고 확언하는 이가, 최전선의 사령부로 내려간다면 그 방비가 소홀해질 수밖에 없다. 유성룡의 고민은 임진년에 더욱 깊어진다.

이와 함께 당쟁의 소용돌이도 여전히 인재의 활용을 가로 막았다. 올해 초 의금부에 하옥된 전 의주 목사 김여물(金汝吻·45세)이 대표적인 사례였다. 그는 서인으로 지목되어 파직된 상태였다. 유성룡은 김여물의 뛰어난 용맹과 의로운 성품을 못내 아까워했다. 그런데 사태는 여기에서 멈추지 않았다. 김여물이 목사시절, "의주에서 성을 보수하고 진을 치는 연습을 하면서 명나라에게 공연한 오해를 사는 경거망동을 일삼았다"는 상소가 올라갔다. 집에 머물던 김여물은 '평소 군사들과 열심히 훈련했다'는 이유로 영문도 모른 채 하옥된다. 이에 옥천 선비 조헌이 형조 판서 이증에게 편지를 보내, "쓰시마 왜군이 언제 침략할지 모르는 위태로운 상황에서 용맹스런 조선 장수는 서넛에 불과하고, 이중 한 명이 김여물"이라며 "왜적이 목전에 다다른 만큼 장수의 생명을 살려 바닷가 왜구에 맞서게 하라"고 청했지만 받아들여지지 않았다. 평소 지나치게 과격한 서인 조헌의 상소는, 조정을 자극하는 데는 효과가 있었지만 막상 실질적인 영향력을 발휘하지는 못했다. 김여물을 돕기보다는 오히려 해를 끼치지 않으면 다행이다. 그의 직언은 신료들에게 만성적인 피로감을 주었고, 선조는 이름만 들어도 고개를 절레절레 흔들었다. 유성룡은 이 상소에 공감했지만 잠시 때를 살핀다. 김여물을 방면해 다시 기용할 시기를 저울질했다. 본격적인 파종기에 접어든 임진년 4월의 초하루, 겨울 보리는 무럭무럭 익어가며 다가온 백성들의 보릿고개를 준비한다.

이때 부산포 왜관은 텅 비었다. 거류민은 물론, 동래성과 쓰시마를 연결해 무역 업무를 보던 왜 관원조차 사라졌다. 이와 함께 올 들어 쓰시마에서 부산포 왜관으로 나오는 무역선인 세곡선 또한 단 한 척도 보이지 않았다. 소 요시토시는 '풍랑이 심해 갈 수 없다'는 전갈을 동래성에 보냈으나, 이 또한 의심스러웠다. 올 들어 거센 풍랑은 없었다. 이에 따라 경상, 전라 수영에는 '쓰시마의 거짓말이 심상치 않다'는 공문이 돌았지만 각 진영의 수사들이 대수롭지 않게 넘긴다. 다만 전라좌수사 이순신이 '음흉한 거짓과 간사함은 생각하기조차 힘겹다'고 토로한다. 그는 연일 성벽과 해자를 보수했고, 막 건조된 거북선의 진수를 앞두고 있었다.

2부

토붕와해(土崩瓦解)의 조선

1

임진년(1592년)의 잔인한 봄, 전란이 터지다

- 한양을 버린 선조

＊∞∞∞∞∞∞∞∞∞∞∞∞∞∞∞∞∞∞　＊　∞∞∞∞∞∞∞∞∞∞∞∞∞∞∞∞∞＊

일본이 조선을 상대로 전면전을 일으켰다.

임진년 4월 13일 오후, 고니시 유키나가(小西行長·소서행장·35세)가 이끄는 1번대 선봉 1만 8천여 명이 부산포로 쏟아져 들어와 상륙작전을 감행한다. 조선의 군사적 저항은 미약했고, 부산포 일대가 조선 백성의 피로 물들며 서전을 알린다. 왜군은 14일 부산진과 다대포를 함락시키고 다음날 동래성을 휩쓸었다. 조선 수군의 전진 기지 경상좌수영은 항전을 포기, 육지의 경상 감사 김수는 도주한다. 이어 경상좌도 병사 이각도 전황이 위태롭게 전개되자 동래성을 버려 경상수군과 육군은 순식간에 궤멸된다.

17일 새벽, 경상좌수사 박홍의 장계가 한양에 도착, 조정이 발칵 뒤집힌다.

즉각 전시 태세를 발령해 이일을 순변사로, 성응길을 좌방어사로, 조경을 우방어사로 임명했으나, 군사 동원이 지체되면서 출전은 미루어진다. 이 사이 왜군은 상륙을 거듭하며 병력을 증강한다. 가토 기요마사(加藤淸正·가등청정·31세)가 18일, 2번대 2만 2천여 명의 본진을 이끌고, 2차 상륙을 감행한다. 19일 언양이 점령되고, 이날 3번대 1만 1천여 명을 죽도에 상륙시킨 구로다 나가마사(黑田長政·흑전장정·25세)는 낙동강을 거슬러 김해를 겨냥한다. 20일 김해성이 속절없이 떨어지고, 다음날 왜군은 대구와 경주로 진군한다. 전선이 연일 무너지자, 선조는 허둥대는 병조 판서 홍여순을 김응남으로 교체하고, 좌의정 유성룡을 도체찰사로 임명해 전시 사령탑을 맡긴다. 유성룡은 하옥된 김여물을 방면, 삼도 순변사로 임명된 신립의 종사관으로 삼아 기병대를 포함한 병력 8천 명을 조령으로 급파한다.

순변사 이일은 3백여 남짓한 병력을 이끌고 조령을 넘어 문경을 거쳐 23일 상주에 다다른다. 인근에서 소집된 농민군 수백여 명이 합류했으나, 25일 왜군 선봉과 마주치자 공포에 질려 뿔뿔이 흩어진다. 26일 문경을 접수한 고니시의 1번대는 조령을 압박했고, 가토의 2번대는 죽령을 넘는다.

26일 충주 남쪽의 단월역에 도착한 신립은 조령을 버리고, 패퇴한 이일과 함께 인근 평야에 배수진을 쳐 대규모 회전을 준비한다. 28일 신립이 이끈 8천여 기병과 보병이 고니시의 1번대에게 탄금대까지 밀려나며 사실상 전멸한다. 이튿날 저녁 한양에 패전의 급보가 전해진다. 같은 시각 고니시는 충주성을 접수, 도성 한양과의 작전 거리가 사나흘 정도로 좁혀진다. 29일 가토의 군대가 충주성에 합류, 그믐의 칠흑 같은 다음날 새벽부터 한양을 향해 진군한다. 한양성을 포기하자는 논의가 급물살을 탄다. 29일 광해군이 세자로 책봉되어 유사시에 발생할 수 있는 권력의 공백을 채운 뒤, 선조의 피란 준비가 정신없이 진행된다. 고니시와 가토의 부대가 충주성에서 행군을 시작한 4월의 마지막 날, 선조의 어가도 잔뜩 찌푸린 먹구름으로 한치 앞을 보기 힘든 어둠 속에서 개성으로 향한다. 어가 행렬이 돈의문을 나서자, 동쪽 하늘이 돌연 뿌옇게 밝아 오른다. 분노한 백성들이 불사른 도성에서 불기둥이 솟아 신 새벽 어스름 속에서 너울거린다. 점차 굵어진 빗발은 어가 행렬을 내리친다. 전란이 터진지 18일째였다.

*∞∞∞∞∞∞∞∞∞∞∞∞∞∞∞∞∞∞∞∞∞ * ∞∞∞∞∞∞∞∞∞∞∞∞∞∞∞∞∞∞∞∞∞∞∞*

4월 13일 오후, 부산 절영도에서 사냥을 겸해 군사훈련을 하던 부산진 첨사 정발(鄭撥·40세)은 좀처럼 믿기 힘든 보고에 경악한다. 그리고 상상도 하지 못한 광경이 첨사 정발과 군관, 병사들의 눈앞에 목격된다. 부산 앞바다를 새카맣게 뒤덮은 왜선은 그 수효를 헤아릴 수 있는 수준이 아니었다. 전투선과 대장선, 보급선이 수십 척 단위로 묶여 질서 정연한 편제를 갖추고, 부산진을 향해 밀물처럼 달려들며, 시시각각 확대된다. 정발이 급히 군사를 거둔다. 무르익은 봄볕 속에 갓 피어오른 해당화가 달리는 말발굽이 뿜어내는 흙먼지를 자욱하게 덮어썼다.

정발은 압도적인 왜선의 기세에 해전을 포기했다. 부산진에 정박한 판옥선과 중선의 바닥에 구멍을 뚫어 침몰시킨 뒤, 부산진성 방비에 주력한다. 6백여 명의 수군에, 피란민을 합해 모두 1천여 명이 왜군과 맞닿은 부산진성 서문을 중심으로 산개해 배치된다. 14일 새벽 7시, 왜군 1진이 서문을 에워싸고 공성전을 시도했으나, 성벽 밑에 뿌린 뾰족한 마름쇠에 선봉이 주저하면서 대오가 흩어지고, 성벽의 낮은 담장 성가퀴 사이사이 빈틈에서 화살이 쏟아지자 고니시가 군사를 물려 서문을 바라보는 외곽 둔덕에 조총 부대를 다시 정렬시켰다.

왜장의 고함소리를 덮어버린 우레 같은 총성은 회색 연기사이로 시커먼 철환을 수백 개씩 한꺼번에 내뱉고, 성벽과 성가퀴를 벌집으로 만들었다. 성가퀴 활터 병사들이 고꾸라지고, 정발이 버텨 선 누각 기와와 기둥에 철환의 탄흔이 얼룩진다. 뿔 호각의 각성 소리가 왜병을 잠시 거두면서 성곽 곳곳의 처절한 신음소리가 죽음의 서막을 알린다. 오전 10시, 서문과 북쪽 성벽에 붉고 푸른 깃발을 꽂은 왜병이 빼곡하게 집결, 부산성을 삼킬 듯한 해일의 기세로 달려들었다. 성벽에서 쏟아내는 화살이 왜군의 파도에 휩쓸려 희미하게 사라지고, 북쪽 성벽 사다리에 달라붙어 넘실대던 왜군의 파고가 결국 성벽을 넘었다. 이어 서문이 깨지고, 부산성이 왜군으로 넘친다. 정오 무렵, 봄 햇살이 비치자 때늦은 흰 눈밭에 붉은 꽃이 무더기로 피어난 처참한 형상이다. 정발이 지휘하던 누각에 조총이 집중되고, 창검병이 장수와 군관의 수급을 베어낸 뒤 누각에 불을 지르면서 임진년 첫 전투가 막을 내린다. 왜군은 성안 백성을 무차별적으로 살육, 극단적인 공포로 조선 백성의 기선을 제압한다. 정발을 비롯한 조선 군관들은 모두 전사했고, 병사와 백성 수십여 명만이 투항해 포로로 잡힌다. 고니시는 성내에서 항전한 병사와 군민의 수가 기껏 1천여 명 남짓한 사실에 놀란다. 젊은 병사의 목을 그 자리에서 베고, 아녀자와 아이를 포함한 십여 명을 석방해 왜군에 대한 공포심을 조선 전역에 퍼뜨린다. 고니시는 서평포와 다대포 공략을 순차적으로 지시, 다대포 첨사 윤흥신이 전사하면서 부산 전투는 종결되었다. 경상좌수영의 최전선은 전란발발 첫날 모두 무너졌다. 경상좌수사 박홍은 장수들에게 전투를 맡긴 채, 도주하는 길목에서 한양에 장계를 올린다. 경상감사 김수는 동래로 향하던 중 양산이 점령되었다는 소식에 밀양으로 서둘러 말머리를 돌렸다.

15일 새벽, 동래성을 감싼 해자는 오랜 봄 가뭄으로 군데군데 물웅덩이를 드러냈다. 성 주변 나무에 사수가 숨었고, 마름새가 성문 주변에 빼곡하게 깔려 날카로운 이빨을 드러낸다. 3천여 명 병사와 군민이 수성에 나서 성가퀴에 목책을 세우고, 사수와 사수의 빈틈에서 가마솥에 불을 지피며, 돌무더기를 쌓았다. 동래성 벌판 앞을 수km까지 메운 왜군은 성문을 부수는 충차와 성벽에 오르는 사다리가 걸린 수레 운제(雲梯)를 전면에 내세운다. 왜군의 선봉이 진군을 멈추고, 나무판을 세워 동래 부사 송상현(宋象賢·42세)에게 이른다. 쓰시마와 부산포 왜관을 숱하게 오간 소 요시토시는 송상현과는 제법 오랫동안 교분을 이어왔다.

길을 빌려주면, 싸움은 없다.

(戰則戰矣 不戰則假道)

송상현이 붓을 든다.

죽기는 쉬우나, 길은 빌려주기 어렵다.

(戰死易 假道難)

동래성을 에워싼 왜군이 축성이 지연되어 군데군데 성벽이 무너진 동문에 충차와 사다리, 주력 부대를 배치한다. 소 요시토시는 동래성 구조를 손바닥처럼 꿰뚫었다. 산세가 거친 북단을 제외한 구릉지와 평원에도 병력을 산개, 일시에 몰아칠 기세다. 일정한 사거리를 두고 조총병이 3열로 정렬해서, 성가퀴의 살터로 일제히 총열을 가다듬는다. 동래성의 수성장은 부사 송상현. 잠시 동래성에 합류했던 경상좌병사 이각은 왜군이 밀려오자, 후방을 교란시키겠다면서 부장과 병사, 가솔을 데리고 황급하게 성을 빠져 나갔다.

짐승 형상의 투구를 쓰고 금빛 갑옷으로 치장한 왜 장수가, 치켜든 붉은 기로 반원을 그리며 아래로 휘두르는 동시에 조총소리가 일제히 터져 개전을 알린다. 철환이 성벽과 성가퀴, 사수의 살터에 쏟아지면서 충차와 운제가 들이닥친다. 왜병이 일단 성벽 밑에 바싹 붙으면, 사수는 시야를 잃고, 백성들이 돌을 굴리거나, 사다리에 불을 붙여 도성을 막았으나, 조총의 철환이 기어오르는 왜군의 머리를 엄호했다. 충차와 성벽이 부딪히는 굉음이 울릴 때마다, 돌과 흙이 우수수 쏟아져 내린다. 도성이 임박하면 사수는 활을 버리고 창검으로 무장한 살수와 합류, 성가퀴 빈틈을 채웠지만 조총 소리가 울릴 때마다 무더기로 쓰러지며 공백을 만들었다. 동문이 오래 버티지 못한다. 문과 성벽이 동시에 무너지고, 왜병이 쏟아져 들어와 개전한지 얼마 되지 않은 시각에 균형이 깨진다. 소 요시토시가 이끄는 정병이 부사 송상현이 이끄는 사령부, 누각을 삽시간에 포위했다. 소 요시토시가 군사를 제지하자 승려 겐소가 나서 송상현에게 예를 갖추고, 투항을 권유한다. 명나라로 가는 길을 내주고, 함께 살 길을 도모하자는 것. 삶을 이미 버렸다면, 생사의 선택은 더 이상 유혹이 아니다. 부사 송상현은 시 한편을 쓸 수 있는 시간을 청한다.

孤成月暈 고립된 성을 적이 달무리처럼 에워쌌고
列鎭高枕 여러 진들은 단잠을 잔다.
君臣義重 군신간의 의가 중해서,
父子恩輕 부모님의 은혜는 오히려 가볍다.

부사가 붓을 놓고 칼집에 손을 대자, 소 요시토시의 눈짓에 따라 주변에서 번뜩이던 십여 개의 창검이 한 순간에 내리 꽂힌다. 누각 저 편에서 부사 송상현을 지켜보던 아전과 가솔, 노비 등이 거세게 동요했다. 땅에 놓았던 곡괭이와 낫, 창검을 집어 들고 달려들다 수십 명이 도륙된다. 지붕에 올라 기왓장을 던지던 한 노복은 날아온 창날이 가슴에 박혀 굴러 떨어진다. 맨 손으로 무작정 왜병에게 달려들던 젊은 여인은 장검이 매섭게 허공을 가르며 머리가 턱과 함께 베어져 허공에서 뒹굴었다. 울음을 터뜨린 네댓 살배기 아이 뒤통수에서 조총이 불을 뿜었다.

고니시는 부산진성과 달리 거센 저항을 벌인 동래성에서는 젊은 여자를 제외한 모든 포로를 학살, 그 대가를 죽음으로 묻는다. 수백 명의 군민이 줄줄이 포박되어 성 밖 해자 주변에 무릎을 꿇린 채 차례차례 목이 잘렸다. 군데군데 어린아이를 꼭 껴안은 이들은 어미와 아비일 것이다. 웅덩이 물밖에 남지 않았던 해자는 시신과 피로 채워졌다. 보름달빛을 타고 피 냄새가 동래성을 떠다닌다. 소 요시토시는 고니시의 허락을 얻어 송상현의 시신을 관에 넣어 성 밖에 매장한 뒤, 말뚝을 세워 표지했다.

경상좌도의 두 축인 부산진과 동래성이 무너졌다. 각 군과 현의 방어체계는 사실상 소멸된다. 동래에서 퇴각한 밀양부사 박진(朴晉)이 그나마 몇몇 군사를 수습해 저항을 시도해 본다. 작원의 좁은 길에 병사를 배치, 진영을 꾸렸으나 양산을 함락한 왜군이 산등성이를 타고 들며 포위망을 구축하자, 공포에 질린 병사들이 병장기를 내던지며 도주해 방어망이 허물어진다. 장수와 병사가 한 몸이 되어 생사를 오가는 전투를 치르기에는 훈련도, 경험도 모두 미숙했다. 밀양으로 돌아온 박진은 병기 창고를 태우고 산으로 퇴각한다. 이 시각 경상 좌병사 이각은 첩과 가솔을 데리고 선두에 서서 피란 행렬을 이끈다. 김해부사 서례원은 성문을 굳게 닫아걸고, 독전기를 세웠지만 왜군이 겨울보리를 베어 차곡차곡 성벽을 채워가자, 술잔을 기울이며 결사 항전을 다짐하던 초계 군수와 더불어 성을 버린다. 진주에서 동래로 달려간 경상감사 김수는 왜군이 압박해 오자 경상도 각지에 급히 피하라는 공문을 보내, 이후 제승방략에 따른 군사 동원을 가로막았다.

전란의 와중에도 관리들의 무분별한 횡포는 거듭되었다. 용궁 현감 우복룡은 고을의 군사를 거느리고 가다가, 영천 길가에서 좌병사 이각이 돌려보낸 하양현 군사 수백 명과 맞닥뜨렸다. 우복룡은 이들이 말에서 내리지 않는다는 이유로 무리지어 반란을 도모한다고 판단, 군사들에게 소탕을 명령해서 모두 척살했다. 들판에 정작 왜군과는 싸워보지도 못한 조선군 시신이 가득했다. 경상감사 김수가 '우복룡이 모반을 진압한 공이 크다'면서 장계를 올려 우복룡은 통정대부에 올라 안동부사로 임명되었다. 전란 초기 조선군의 혼란상을 여실하게 보여주는 사태였다. 한 순간에 가장을 잃고, 고아와 과부의 마을이 된 하양 수백가구 사람들은 평생 '우복룡'이라는 이름을 왜군보다 더한 '살인마'로 기억했다.

급보를 접한 17일 조정도 즉각적인 대책에 나섰다. 이일을 순변사로 임명, 상주로 급파해 방어선을 구축하기로 한다. 이일은 한양에서 실전 경험을 갖춘 수백의 병사라도 근근이 동원해 현지에서 소집된 군사들과 합류시키기를 원했지만, 현실은 암담했다. 가까스로 병조의 병부에서 골라 낸 양민들은, 전투 경험이라고는 없었고 이마저 절반가량은 과거를 보는 시권을 보란 듯이 옆구리에 끼고 있거나, 아전들의 평정건을 쓴 차림새였다. 과거 준비와 관아 서리를 자처하며, 참전할 수 없다는 의사를 에둘러 표시한 것이다. 사나흘이 지나도 출병이 지체되자 초조해진 이일은 결국 군관급 부장 몇몇을 이끌고 상주로 향했다. 이후 별장 유옥이 군사를 모아 뒤쫓기로 의논되었다. 이 사이 부산과 동래성이 함락되었다는 파발이 도착한다. 병조의 병부 관리 실태가 도마에 올라, 병조판서 홍여순이 김응남으로 교체된다. 이어 좌의정 유성룡이 군사업무를 총괄하는 도체찰사로 임명되고, 유성룡은 김응남을 부체찰사로 삼으면서 중앙의 군사 지휘체계가 겨우 골격을 갖추게 되었다.

체찰사에 임명된 유성룡은 옥에 갇힌 의주 목사 김여물의 방면을 선조에게 청했다. 그는 뛰어난 무재와 넓은 아량으로, 당파와 무관하게 따르는 무사들이 많았다. 석방된 김여물이 각지에 연통을 넣자 실전 지휘 능력을 갖춘 비장급 무사 80여 명이 소문을 듣고 모여들어 그럭저럭 지휘부의 진용을 갖춘다. 이어 왜군의 선봉이 밀양, 대구를 지나 조령까지 압박한다는 소식에 신립이 이일의 지원군을 자처한다. 선조가 신립을 도순변사로 삼으면서 그의 어깨에 조선의 명운이 걸린다.

김여물에게 신립의 부장을 맡긴다.

성격이 거칠어 아랫사람이 따르지 않는 신립 또한 병사를 쉽사리 모으지 못했다. 유성룡이 종사관 김여물 휘하로 모여든 병사의 병부를 신립에게 건네 이들에 대한 지휘권을 맡긴다. 굳어버린 김여물의 표정에서 마지못해 따른다는 기색이 역력하다. 신립의 용맹은 적을 두렵게 했지만 장졸들의 존경으로 이어지지는 못했다. 선조가 아끼는 신성군의 장인이기도 한 신립에게 이날 보검(寶劍)을 내려 지휘권을 일임한다.

"이일을 포함해서 명령을 따르지 않는 장수와 병졸을 참해 군령을 세우라."

신립이 성은에 감사하며 하직하고 물러나와 빈청에서 대신들을 만난다. 승전의 자신감이 넘쳤다. 위기감을 느낀 신료들도 신립의 패배는 상상조차 하기 싫은 눈치다. 덕담이 이어지고 신립의 자신감이 한껏 부풀어 오른다. "적정을 신중히 살펴, 매사를 종사관 김여물과 상의해 중론을 모아 달라"는 유성룡의 조언은 귓등으로 넘긴다. 섬돌에 나서 고개 숙여 신을 신으려던 신립의 머리에서 사모가 벗겨져 뜰을 서너 바퀴 굴러 뒤집어진 채 멈추자 신립의 표정에 잠시 어두운 그림자가 스친다.

전란이 터지자 신료들은 통신사로 일본에 다녀온 경상 우병사 김성일을 한 목소리로 성토했다. 논의는 점차 김성일로 인해 전란이 일어났고, 방비도 할 수 없었으며, 결국 나랏일도 그르쳤다는 식으로 비화된다. 선조가 금부도사를 경상 우병사 본영인 창원으로 보내 압송토록 하면서 김성일은 살아남기 어려운 상황에 빠진다. 신료들은 당파를 초월해 한 결 같이 김성일에게 거친 공격을 가하면서 전란에 나태했던 자신들에게는 면죄부를 주었다. 유성룡이 나서, '김성일의 죄를 백번 인정하지만 과연 누가 그 죄에서 자유로울 수 있겠느냐'고 캐물었다. 전란의 책임을 어느 한 신하에게 물어보아야 아무런 의미도 없다며, 자신 또한 그 책임에서 벗어날 수 없다고 심판했다. 전란에 관한한 유성룡 만큼 대비를 주장한 신료는 없다. 여기에 금부도사와 엇갈리면서 당도한 김성일의 장계가 선조의 마음을 돌렸다.

창원의 본영으로 향하던 신임 경상우병사 김성일은 충주 단원역에서 전란 발발 소식을 접했다. 비록 정세를 오판했지만 선비의 강건한 기개는 여전했다. 피란 행렬을 거슬러 상주를 거쳐 의령에 도착, 정암진에서 남강을 건너 해망원에 도착했다. 피란길에 나선 전임 병사 조대곤과 조우, 병부를 인수 받아 주변 만류를 뿌리치고 창원으로 한 시각 쯤 말을 달리다 구로다의 3번대 척후와 맞닥뜨린다. 수행하던 군관과 병사들이 겁에 질려 당황하자 김성일은 마상에서 군관 이종인을 불러 추상같은 군령을 내린다.

"너는 용사이니 적을 보고 물러서면 안 된다."

문관의 나약함이나 망설임은 찾아볼 수 없었다. 이종인이 길 모퉁이에 병사들을 매복시키자, 김성일은 말을 탈 때 오르내리는 걸상을 길 가운데 놓고 한가로이 앉는다. 도깨비 모양의 금가면을 쓰고 부채를 휘두르며 백마를 타고 척후대를 이끌던 장수가 호기심에 끌린 듯 김성일에게 다가오다 매복한 군사들이 날린 화살에 고슴도치가 되어 낙마한다. 화살 한 대가 목 줄기를 꿰어 왜장이 절명하자, 기세를 얻은 군사들이 연거푸 화살을 쏘아 도주하던 왜병 두 명을 더 잡아낸다. 장수와 왜병 수급 세 개, 금 안장과 부채, 준마, 보검을 전리품으로 챙긴다. 작지만 큰 승전보, 군관을 시켜 조정에 장계를 올린 김성일은 격문을 돌려 흩어진 장병을 불러 모았다. 식솔을 데리고 도주하기 바쁜 좌병사 이각과는 판이하게 다른 뱃심과 위기 대처 방식이다. 이어 도착한 금부도사가 교지를 전했고, 경상감사 김수는 압송되는 김성일을 찾아 깊은 우려를 전했다. 죽음이 예견된 길, 김성일은 "죽음으로 죄를 씻겠습니다. 힘써 적을 물리쳐 주십시오"라고 김수에게 당부한다. 한 늙은 아전이 오랜 압송 길에 필요한 물품을 슬그머니 수행하는 관속에게 건네준다. 그리고 김성일의 장계에 마음을 돌린 선조가 사면령과 동시에 경상도에서 병력을 소집하는 초유사로 임명, 그는 다시 전란 속으로 뛰어든다. 직산에서 선조 교지에 숙배한 김성일은 공주, 전주, 남원, 운봉을 지나 팔량치를 넘어 적의 소굴이 되었을 함양으로 향했다. 새로운 우병사는 젊은 무관 함안 군수 유숭인(柳崇仁·28세)이었다.

체찰사 유성룡은 영천 사람 첨지 김늑을 경상좌도의 민심을 안정시키는 안집사로 임명, 현지의 실정 파악에 착수했다. 경상 감사 김수가 우도에 머물고, 관아를 버린 좌도 수령들은 뿔뿔이 흩어져 연락망이 끊어진 경상 좌도는 피해의 실체조차 알 수 없는 '회색 지대'로 변했다. 은밀히 경상 좌도의 민심 수습에 나서 김늑은 영천 풍기 등 왜군이 미처 닿지 못한 지역 군민을 병력화하는 기반을 마련한다. 경상 좌도에 의병을 독려하는 조정 격문이 나붙기 시작했다.

2~3백 남짓한 병력을 중간에 끌어 모아 밤새 세찬 봄비를 헤쳐 문경에 도착한 순변사 이일은 막상 고을이 텅 비어있자 망연자실한 표정이다. 중앙 장수가 지방 병사를 지휘한다는 제승방략의 기본 전략이 시작부터 어그러졌다. 경상 감사 김수는 백성들에게는 피란을, 문경 이하 고을 수령들에게는 군사를 이끌고 대구의 한 냇가에서 야영토록 지시했다. 대부분 수령들은 피란지시만 충실하게 따랐고, 극소수 수령만이 병사를 모았으나 이일의 도착이 늦어지자 이마저도 혼란에 빠진다. 애초 농군에게 하루아침에 죽음보다 더한 전장의 공포에 맞서는 정예로 거듭나라는 주문은 '우물에서 숭늉 찾는 격'에 불과했다. 전선이 잇따라 붕괴되고 왜군 선발대는 시시각각 좁혀 들어온다. 도리깨질을 잘한다고 훌륭한 창병이 되는 것은 아니다. 때마침 쏟아진 한밤 중 봄비가 추적추적 임시 군영을 적시자, 동이 튼 병영은 비에 씻긴 듯 말끔하다. 수령들이 먼저 가솔을 피란시키고 돌아온다며 하나둘 자리를 떠났고, 백성들은 창검을 차곡차곡 쌓아두고 제 살길을 찾아 나섰다. 이날 새벽, 수북한 병장기와 텅 빈 막사가 이일을 맞았다. 이일은 인근 관아

의 창고를 열어 군사들에게 밥을 먹이고, 함창을 거쳐 23일 상주에 도착했다. 상주 목사 김해는 순변사 행차를 맞이한다고 길을 나서 그 길로 산골짜기에 숨어 버렸다. 판관 권길만 난데없이 나타난 이일을 멀뚱멀뚱 바라보다, 호되게 경을 친다. 이일은 권길을 동헌에 꿇려 목을 베겠다고 위협했다. 밤새 촌락과 산골을 헤맨 권길이 농투성이 수백 명을 데려왔다. 이일은 이들을 무장시키고, 함께 창고 곡식을 수레에 싣고 다니면서 '배불리 먹인다'며 숨은 백성들을 회유, 다시 골짜기 구석구석에서 수백 명이 나온다. 병력은 그럭저럭 9백여 명에 이르렀으나 가난하고 배고픈 구휼장의 행렬과 별반 다름이 없다.

  선산에 이른 왜군은 상주와 8km 남짓 떨어진 장천의 냇가를 향했다. 저물녘에 개령 사람이 적군이 임박해 왔다고 허둥대자 이일은 군사들을 동요시킨다는 이유로 칼을 뺀다. 개령 사람은 두 눈으로 똑똑히 보았다면서 아침까지 가두었다가 내일 아침에도 왜군이 보이지 않거든 그때 목을 베라고 항변했다. 이일을 이른 새벽, 서둘러 개령 사람의 목을 베고 군사를 움직여 북천가에서 훈련을 시켰다. 대장기 아래, 말을 타고 종사관 윤섬, 박지, 판관 권길과 사근찰방 김종무 등을 배열시킨 자못 장엄한 진법이었다. 이일은 척후와 매복을 포기, 눈과 귀를 틀어막은 맹장(盲將)처럼 보인다. 하지만 농투성이 병사를 척후로 내보내면, 그가 다시 돌아온다는 보장도 없었다.

  숲 속을 오가는 왜군 서너 명이 조선 진영을 살핀다. 인기척이 분명해 일부 병사들이 상황을 알아차렸지만 아무도 이일에게 보고하지 못한다. 참수되어 진중에서 조리돌림 당한 개령 사람의 목이 아직 눈에 선하다. 이 때 상주 고을 곳곳에서 시커먼 연기가 치솟았다. 이일이 체격이 장대하고 무술이 뛰어난 군관 박정호와 몇몇 한양의 역졸을 내보냈으나, 미처 냇가 돌다리를 절반도 건너기 전에 조총의 총성이 골짜기를 흔든다. 왜병이 첨벙첨벙 시내를 건너 낙마한 박정호와 역졸의 목을 그 자리에서 베어 흔들어 보인다. 강기슭에는 벌써 대오를 갖춘 왜병이 기괴한 야수 탈로 얼굴을 가린 채, 조총을 겨누었다. 조선 진영이 번개에 맞은 듯 일시에 공포로 감전된다. 진법을 갖춘다고 조총의 철환이 피해가지는 않는다. 조총의 총성으로 진영이 흩어진 것인지, 아니면 그 반대인지를 가릴 겨를이 없다. 골짜기에 철환이 쏟아져 조약돌이 튕겨 오르고, 시냇물이 살가죽처럼 찢겨지는 사이사이 조선 병사들이 고꾸라진다. 왜군의 깃발이 신속하게 좌우로 산개하며, 장검을 빼든 왜병이 본진을 향해 내달린다. 허겁지겁 말에 탄 일부 종사관만이 겨우 목숨을 부지해 도망치고, 총성에 놀란 말을 놓친 이일은 투구와 갑옷을 벗어 던진 채, 숲속으로 도주했다. 이일은 문경에서 패전 장계를 올린 뒤, 신립의 군대가 진군하는 충주의 단양역으로 향한다. 25일, 해는 이미 기울었다. 고니시는 다음날 문경을 접수했고, 가토의 2번대는 죽령을 넘었다.

신립은 도성에서 내려오며 충청도 등에서 징발한 8천여 병력으로 26일 단월역에 진을 쳤다. 남하하는 과정에서 김여물은 조령을 전투 지역으로 강력하게 추천했고, 신립 또한 염두에 두었으나 이날 몇몇 군사를 이끌고 합류한 이일이 전날 상주 패전 소식을 알리면서 상황이 급변했다. 더구나 이일은 왜군의 군세가 지나치게 강해 훈련받지 못한 백성들을 이끌고 대적하기란 불가능하다고 패전의 변명을 늘어놓았다.

신립과 고니시가 모두 하루 차이의 기동거리를 두고, 조령에 대한 각축전을 벌이는 시기였으나, 고니시가 조령에 육박했다고 예단한 신립은 탄금대 앞 달천 평야를 전투 지역으로 정한다. 조령은 기병의 기동이 용이하지 않다는 사실도 신립의 결심을 굳히게 만들었다.

종사관 김여물이 지금이라도 조령에 군사를 보내자고 주장했다.

"수가 많은 왜군의 예봉과 정면 승부를 걸기보다는 조령의 험준한 요새를 지키면서 방어해야 합니다. 높은 언덕에 사수와 살수를 배치해 시시각각 역습하는 것이 병법에 타당합니다. 척후와 선봉을 당장 조령에 보내야 합니다."

김여물은 여전히 평야에서 정면 승부를 걸기에는 무리라고 판단했다.

"기마병이 숲속에서 싸울 수 있는가, 적을 앞두고 분란을 일으키니, 입을 다물고 더 이상 거론치 말라."

신립은 조령이 왜군의 작전구역에 들어갔을 것이고, 허약한 조선군이 강력한 왜군에 맞서기 위해서는 배수진이 필요하며, 산악 지형에서는 기병을 쉽사리 활용하지 못한다는 논리를 밀어붙였다.

막사로 돌아온 김여물은 이날 종을 통해 아들 김류에게 서신을 보낸다. "나라를 위해 죽는 것은 남아의 도리이다. 다만 내 손으로 나라의 수치를 씻지 못하고 재가 될 뿐이니 하늘을 우러러 탄식한다"며 가솔들의 피란을 당부한다.

27일 초저녁, 군관이 달려와 왜군 선봉이 조령을 넘어 이제 충주 초입에 진입했다고 알린다. 순간 신립은 자신의 판단이 착오였음을 자각한다. 왜군과 조선 군영과의 거리가 4km 정도 남짓하게 좁혀졌다. 조선군이 하루의 시차로 조령을 놓쳤다. 신립은 험준한 조령을 왜군이 곧바로 기동했으리라 믿었고, 고니시는 천천히 조령을 넘어서면서 천연의 요새라는 사실을 비로소 실감했다. 저녁 늦게 군영을 나선 신립은 한밤중에 돌아와 '왜군과의 대규모 회전을 알리는 장계'를 작성한다. 전투 지역은 달천평야, 시일은 28일 새벽으로 예고되었다.

다음날 새벽, 신립은 출전을 앞두고 밤새 가두어둔 군관의 목을 군사들 앞에서 베어 군기를 다잡는다. 거짓을 퍼뜨려 군사들을 동요시켰다는 이유였다. 그리고 '조령을 버리고, 달천을 택한 것은 용맹한 기병이 단번에 적을 쓸어버리기 위한 것'이라며 '배수의 진을 펼쳐 죽기로 싸우자'고 병사들의 사기를 북돋았다.

여진족을 상대로 기마전을 구사해온 신립은 훈련된 궁기병과 창기병을 활용한 기병의 전격 전투에 자신감을 가졌고, 조총의 파괴력은 애써 무시했다. 기병을 몰아쳐, 다소 희생을 내더라도 재장전이 번거로운 조총병을 한 순간에 유린한다는 각오였다. 때늦은 봄비로 논물은 가득했고, 평야는 촉촉히 젖어 있었다.

고니시는 27일 아무런 저항도 없이 조령을 넘으면서 고갯길 내내 의혹을 떨치지 못했다. 본진이 조령을 넘는 동안 팽팽하게 긴장해서 끊임없이 척후를 보냈으나 매복은 없었고, 싱겁게 고갯길을 넘어 충주로 진입했다. 고니시는 특히 문경에서 4km 남짓 떨어져 좌도와 우도의 경계를 나누는 고모성에 주목한다. 산세가 거칠어 성을 꽁꽁 묶어내는 듯 산봉우리가 치솟았고, 냇물이 흐르는 성곽의 아래에 비좁은 계곡길이 유일하게 회랑처럼 이어졌을 뿐이다. 조총병은 대규모 병력 기동이 어려운 험준한 지형에서 제대로 전투력을 발휘하지 못했다. 특히 경사가 급한 산악지대를 공격할 경우 조총이 성가신 짐 덩어리로 전락, 숲속에 매복한 사수에게 쉽사리 먹잇감이 되었다. 고니시가 고모성 인근에 수십 차례 척후를 보낸 이유였다. 고니시는 고모성이 비었다는 보고에도 경계를 풀지 않고 본진의 이동을 명령했고, 후미까지 무사히 조령을 넘자 '하늘이 도왔다'며 기도한다.

이튿날 새벽, 기병과 조총부대가 제각각 강점을 발휘할 수 있는 평원에서 대규모 회전이 예고된다. 고니시는 일부 병력을 우회시켜 충주성 공략을 지시하고, 소요시토시와 마쓰라 시게노부(松浦鎮信·송포진신·44세) 병력을 본진 좌우 날개로 삼는다. 본진 중앙과 좌우익 전방에 조총병이 수십 개 열을 지어 대오를 유지한다. 모두 1만 8천여 병력이 별다른 손실 없이 북상했다. 아리마 하루노부(有馬晴信·유마청신)가 이끄는 별동대는 달천과 충주를 오가는 예비대로 편성된다.

고니시는 이른 오전, 조총병이 배제된 선봉대를 천천히 전진시켰다. 진영을 박차고 나선 신립의 기병 1천여 기가 왜군 선봉을 깨뜨려 기선을 제압, 흩어진 왜병을 짓밟고 본진을 향해 쇄도한다. 흥분한 조선 군영에서 함성이 물결처럼 퍼진다.

왜군 본진에서 나팔 소리와 함께 진격기가 오르고, 좌우익 조총병이 사거리를 좁히며 기병대를 에워싼다. 기병과 왜 본진의 접전이 초읽기에 들어서자 신립은 기병의 2차 돌진을 명령한다. 선봉이 고니시 본진을 흔들고, 후속 기마대가 본진을 뚫어낸다면 이때부터 기병은 보병을 상대로 압도적인 전투력을 발휘한다. 속도가 기병의 승기를 잡는 관건이다.

비에 젖은 평원이 기병의 발목을 잡았다. 늪지처럼 변한 평야에서 기병대의 시간은 하염없이 멈춘다. 조총의 철환은 찰나를 오가며 끊임없이 연사되어, 감당할 수 없는 수준의 화망을 형성한다. 3~5개 조로 나뉜 조총 부대가 순환하면서 철환을 우박처럼 쏟아 붓는다. 숱한 실전 속에서 체득한 경험이 화약의 장전을 놀라운 정도로 앞당긴다. 눈앞에 다가왔다고 믿은 승기가 신기루처럼 사라지고, 조선군이 고니시의 덫에 걸린다. 기마대의 궁수와 창병이 평원 한가운데 고스란히 노출되어 집단 표적이 된다. 철환은 화살과는 달리 높은 관통력으로 말의 숨통을 끊었다. 왜군은 기마대 창병과 말을 향해 무차별적으로 조총을 발사했고, 말이 엎어지면 조선 병사는 온전한 전투력을 발휘하지 못하고 부상당한 몸으로 늪지에서 허덕이다 속절없이 희생된다. 처절한 말 울음소리와 조총 소리가 뒤섞인 평야에서 사거리를 잃은 조선 궁수들은 시위에서 손을 떼고 우두커니 기병의 궤멸을 지켜볼 뿐이다.

충주성에서 연기가 치솟는다. 아리마 등이 이끄는 별동대가 방비가 허술한 충주성을 순식간에 점령했다. 후방이 심상치 않게 동요한다. 신립이 마지막 남은 기병과 보병의 돌격을 명해 사수가 활을 버리고 창검을 들자, 왜 본진에서도 진군을 알리는 음산한 뿔 나팔의 저음이 달천 평야를 가득 메운다. 전의를 상실한 조선군은 한없이 밀리며 결국 궤멸되고, 신립의 사령부는 탄금대까지 내몰렸다. 탄금대 강가가 조선군의 벼랑 끝이었다. 신립과 남은 조선군이 남김없이 도륙된다. 배수진은 실패할 경우, 그 대가를 가혹하게 묻는다. 퇴각 도중 샛길로 빠져 숲에 몸을 숨긴 이일은 왜군 서너 명이 추격하자 그 중 한명을 쏘아죽여 수급을 꿰어 차고 강을 건너 도주했다. 이일이 급하게 장계를 올려 신립의 패전 소식을 한양에 알린다. 마지막 승부패가 사라진 조정은 선조가 피란길에 오르는 파천이 불가피했다. 왜군은 도성과 사나흘 거리인 충주성 일대를 장악한다.

신립이 패전한 28일 충주성이 통째로 왜군의 손아귀에 들어갔다. 조정의 대군이 출정해 지켜 주리라고 믿어 피란가지 않았던 군민들이 고스란히 고니시 부대에게 사로잡힌다. 왜군에게는 살진 사냥감, 군민들은 우리에 갇힌 사냥물이 되었다. 젊은 남편은 도륙되거나 부역자로 끌려갔고, 그 부인은 남편의 시신 옆에서 욕정의 희생물이 되었다. 부모 잃은 고아들이 충주성 인근을 맴돌았지만 이들은 오히려 행운아였다. 고아 대부분은 왜군 노예로 끌려가 오사카로 팔려나갈 운명이었다. 충주성 수천 가구가 한순간에 파탄한다.

조정이 전시 체제로 들어섰다. 우의정 이양원이 한양성을 지키는 수성대장으로, 이전과 변언수를 각각 경성의 좌위장, 우위장으로, 상산군 박충간을 경성 순검사로 삼아, 한양성을 지키는 지휘체제를 구축했다. 상중(喪中)인 김명원(金命元·59세)을 탈상시켜, 도원수로 임명한 뒤 한강 방어책임을 맡겼다. 조선의 국방체제인 제승방략은 이미 유명무실하다는 사실이 입증되었다. 평소 군사 훈련을 받지 않던 농민을 이끌고 전쟁을 치를 수는 없는 현실은 한양도 예외가 아니다.

수면아래 잠복했던 파천 논의가 공론으로 떠올랐다. 임금이 행차할 때 마필을 관리하는 이마(理馬) 김응수가 빈청에서 영의정 이산해와 밀담을 나누면서 신료들의 신경을 건드렸다. 이산해는 왕의 행차와 의전을 책임지는 사복시 제조를 겸하고 있었다. 선조의 의중이 점차 행동으로 나타났고, 곧 확인되었다. 도승지 이항복이 손바닥에 "영강문 안에 말을 세웠다"는 여섯 글자를 유성룡에게 써 보여 파천이 임박한 사실을 귀띔했다. 소문이 퍼지면서 대간들이 들고 일어선다. 영의정 이산해가 나랏일을 그르치니 파직하라고 일제히 탄핵했고, 종친들은 편전 앞문에 몰려들었다.

"도성을 버리지 마옵소서."

편전이 울음소리로 가득 찼다. 일부 분노한 신료들은 선조를 찾아 직소했다.

영중추부사 김귀영은 "도성을 버리자는 망언을 주장하는 자는 소인배에 불과하다"고 선조에게 윽박지르다시피 언성을 높인다. 선조가 "종묘와 사직이 한양에 있는데 내가 장차 어디로 가겠느냐"는 교서를 내려 일시 사태를 진정시킨다. 그러나 충주성에서 한양까지는 사나흘 거리에 불과했고, 한양성 방비는 골격조차 갖추지 못했다. 백성들의 피란 행렬이 줄을 이었고, 7천여 명 남짓한 한양성 군사 또한 성벽에 대한 방어보다는 삼삼오오 떼를 지어 도주길을 논의하는 실정이다. 한양성 성가퀴만 3만 개가 넘고 활을 쏘는 사수의 활터도 7천 2백여 개에 이른다는 사실로 미루어 볼 때, 한 사람이 서너 개 성가퀴와 살터를 동시에 방어해야한다. 성벽이라기보다 허점투성이의 울타리에 불과하다. 당장 지방 원군이 모이지 않으면 한양성 방어는 불가능했다. 더구나 지방에서 뽑혀온 병사들의 마음은 일찌감치 고향의 가족에게 가 있었다. 벼슬아치들에게 뇌물을 주고 하나 둘 빠져나가, 아전들은 군사들과 병부의 명단을 대조할 엄두조차 내지 못한다. 병영체제가 걷잡을 수 없이 무너져 유성룡은 도대체 어디부터 손을 써야 할지 막막했다.

동지중추부사 이덕형(李德馨·32세)이 왜군 진영에 사자로 파견되었다. 상주 패전 당시, 이일의 군영에서 포로로 잡힌 통역관 경응순이 뜻밖에 고니시의 전갈을 가져왔다. 고니시는 애초 동래로 진군해 울산 군수 이언함을 생포해 도요토미의 서신을 보냈는데, 아무런 회답이 없어 다시 보낸다고 알렸다. 처벌이 두려운 이언함은 왜군에게 잡힌 사실을 숨겼다. 고니시는 서신에서 28일 충주에서 조선과 강화 협상을 하기 바란다고 전해왔다. 왜국 사신을 맞아 선위사로 접대한 이덕형의 높은 학문과 절제된 예법이 고니시의 주목을 끌었다. 자칫 죽음의 길이 될 수 있었지만 이덕형은 왜군의 진군을 조금이라도 지체시킬 수 있다면 기꺼이 협상에 응하겠다면서 몸을 사리지 않았다. 하지만 경응순과 동행한 이덕형은 충주를 함락시킨 뒤, 한양으로 향하던 가토의 부대와 맞닥뜨리면서 생사의 기로에 섰다. 경응순은 살해되고, 이덕형은 겨우 빠져나와 협상은 좌초된다. 협상에 대한 가토와 고니시의 온도차를 엿볼 수 있는 대목이었다.

전란의 먹구름이 시시각각 다가오면서 한양 백성들은 하얗게 질려갔다. 경기, 강원, 황해, 평안, 함경 등지에 원병을 보내라는 파발이 끊임없이 사대문을 빠져나갔다. 이조판서 이원익(李元翼·46세)이 평안도 순찰사로, 지중추부사 최흥원이 황해도 도순찰사로 임명되어 한양을 떠났다. 이원익과 최흥원은 각각 안주목사와 황해감사 시절, 민심을 얻은 수령들이었다. 행장마저 손수 지고 다닐 정도로 수수한 이원익은 학정(虐政)이나 수탈과는 거리가 멀었다. 이어 행동이 신중하고 학문에 뜻이 깊은 광해군(李琿·이혼·18세)이 29일 세자로 책봉된다. 기질이 포악한 맏아들 임해군 이진(21세)은 숱한 기행으로 백성들의 원망을 한 몸에 받아, 일찌감치 배제되었다. 책봉례는 선조의 교명이 낭독되는 동시에 끝났다. 피란 짐을 싸느라 궁궐이 온통 아수라장이다.

신립의 승전보를 애타게 기다리던 한양 백성들은 이날 저녁 신립의 노복(奴僕) 세 명이 말을 달려, 숭인문에 들어오면서 위기를 실감했다. 이들은 신립과 조선 군사가 전멸했으며, 자신들은 신립의 가족을 피란시키기 위해 왔다고 전했고, 소문은 삽시간에 도성에 퍼졌다. 해가 저물어 어둠이 깔리자 도성 곳곳에 횃불이 켜지고, 저잣거리는 대낮처럼 소란스러웠다. 선조는 편전에서 나와 동쪽 마루에 자리 잡고, 삼정승이 뒤를 따랐다. 곧바로 촛불이 선조의 주위를 밝힌다. 종실 하원군과 하릉군이 그 옆을 지킨다.

"형세가 급박하옵니다. 일단 몸을 평양으로 피해, 다시 군사를 모아 한양성을 수복하시옵소서."

어둠속에 누군지 알 수 없는 정승의 고언, 이 때 장령 권협이 달려들어 선조의 무릎까지 다가가서 울부짖는다.

"한양성을 지키시옵소서."

정 4품은 당하관의 직책, 임금의 앞에서 직언을 할 수 없는 벼슬이다.

유성룡이 나선다.

"위급하고 혼란스러울수록 군신의 예를 지키는 것이 법도일 것이오. 장계를 올려 의견을 알리라."

권협은 물러나지 않았다.

"좌상께서도 그리 말씀을 하시니, 한양은 버린 것입니까."

젊은 의기와 충절이었다.

"권협의 말은 충성되지만 형세가 우선입니다. 왕자들을 여러 도로 보내, 군병을 소집토록 하고, 세자는 어가를 수행해 후일을 도모해야 합니다."

유성룡이 권협을 물리친다.

대신들이 편전 앞문에 서서 즉석 교지를 받았다. 선조의 피란에 대비한 신료들의 진영이 짜여졌다. 우의정 이양원이 선조가 자리를 비운 한양을 방어하는 유도대장으로 임명되었고, 영의정 이산해가 정3품 이상의 신료를 이끌고 선조의 피란행렬을 수행키로 결정된다. 선조는 좌의정 유성룡의 거취에 대해서는 입을 다문다. 전란 발발이후, 유성룡과 선조는 대책의 수립과정에서 잦은 충돌을 빚었다. 선조는 형세가 급하니 수군을 모두 폐지하고 이들을 육지로 불러올리라고 전교를 내렸지만 유성룡이 막아 전라좌우수영, 충청 수영이 유지되었다. 또 유성룡은 신립보다는 김여물의 장수 자질에 신뢰를 보였고, 이것도 선조의 신경을 건드렸다.

세자 책봉과정에도 유성룡은 선조가 총애하는 인빈 김씨의 아들 신성군을 지지하지 않아 동인 이산해와 다른 행보를 보였다. 승정원에서 유성룡이 빠진 사실을 선조에게 일깨우자, 비로소 생각난 듯 유성룡의 호종을 허락했다.

함경도로 가는 임해군은 영부사 김귀영과 칠계군 윤탁연이 수행하고, 강원도로 길을 잡은 순화군(13세)은 장계군 황정욱과 호군 황혁, 동지중추부사 이기가 따르기로 한다. 황혁의 딸이 순화군의 처이며, 이기는 원주 사람이라는 사실이 배려되었다. 이 상황에서 내의 조영선과 승정원 관리들이 한양에서 죽음으로 항전할 것을 간언했다. 좀처럼 물러서지 않을 기세였다. 궁궐을 지키는 위사(衛士)들은 벌써 도망쳤고, 시각을 알리는 경루조차 담당 관원들이 사라져 초경 이후 울리지 않았다. 이 때 도착한 이일의 장계를 선조가 횃불에 의지해 읽는다.

'신립의 패전으로 왜군이 하루 이틀 사이에 도성에 임박할 것으로 사료됨'

어렴풋하던 비극이 분명한 실체로 다가온다. 결사 항전을 주청하던 승정원 신료들이 살 길을 찾아 제각각 흩어진다.

30일 새벽, 선조의 피란 행렬이 도성을 빠져나왔다. 임금을 호위하는 내금위의 금관마저 보이지 않는다. 어가는 어둠속에서 행렬과 부딪쳐 마구 뒤흔들릴 정도로 파천길은 질서를 잃었다. 유성룡은 승문원의 서원 이수겸에게 승문원 문서 중 중요한 것만 수습해서 뒤쫓아 오라고 지시한 뒤, 어가를 따른다. 어가가 경복궁 앞을 빠져 나가면서 길가에 엎드린 백성들의 울음소리가 들려왔다. 적지 않은 백성들은 손에 무기가 될 만한 것을 들고, 우두커니 서서 어가를 노려보았다. 평소에는 상상조차 할 수 없는 사태가 버젓이 일어나, 위태로운 분위기마저 감지된다. 선조의 피란길이 돈의문을 나와 사현에 이르자 동쪽 하늘이 붉게 물든다. 남대문 안에서 불꽃이 넘실대고, 연기가 하늘을 덮었다. 선조에 대한 백성들의 분노가 도성을 불태우는 폭동으로 이어졌다. 어가행렬은 무기력한 군주와 무능한 벼슬아치의 도망길이라는 사실을 백성들이 분명하게 일깨워준다. 빗발이 서서히 들이친다. 경기 감사 권징이 합류해서 다소나마 위로가 되었지만 빗발이 굵어지며 어가를 잔뜩 적시자 벽제역에서 잠시 길을 멈추고 비를 피한다. 도성의 화재는 선조의 권위마저 불사르며 수행하던 관원들의 마음을 흔들었다. 조금씩 남몰래 뒤처지던 시종과 대간들이 하나 둘 자취를 감춘다. 가솔을 돌보는 가장의 책임에, 왜군의 집중 표적이 될 선조를 따라가서는 살아남기 어렵다는 위기감이 더해졌다. 평소 직언을 일삼던 대간들조차 막상 위기가 닥치자, 선조를 곧바로 떠났다. 해음령을 지나면서 철 이른 장대비가 쏟아 붓기 시작해 한치 앞을 보기 어려울 정도였다. 오갈데 없는 궁녀와 내관들만이 부담마 옆에 서서 물건으로 얼굴을 가린 채 흙투성이가 된 어가를 뒤따른다. 눈가는 눈물과 빗물로 퉁퉁 부어, 때로 통곡소리마저 어가를 침범한다. 마산역을 지나자 소문을 듣고 온 한 무리의 백성들이 어가를 맞는다.

"사직이 나라를 버리니, 우리는 무엇에 의지해 살 수 있습니까."

조금씩 잦아든 비는 임진강에 이를 때까지 멈추지 않았다. 해가 지면서 날은 어둑어둑했으나, 횃불마저 밝히기 어려운 상황, 유성룡은 남측에 세운 임진강 나루터 승청 안에 불을 놓아 길을 밝힌다. 왜군이 승청을 헐어 그 재목으로 뗏목을 만들어 강을 건널 수 있다는 우려였다. 불길이 마침내 승청 지붕을 꿰뚫고 타오르며 한 줄기 불빛이 강을 넘어 북쪽의 피란길을 흐릿흐릿 비추었다. 피란 행렬은 어둠 속 동파역에 당도한다. 파주 목사 허진과 장단 부사 구효연이 임금의 음식을 장만해 놓고 기다렸다. 하지만 선조를 호위하던 병사들이 창검을 내세워 부엌에서 음식을 허겁지겁 먹어치웠다. 허진과 구효연이 슬며시 자리를 피하고, 선조는 병사들이 남긴 대궁밥으로 허기를 채운다.

이 시각 고니시와 가토 부대의 1번대와 2번대는 한양을 향해 부지런히 행군을 재촉했다.

2

임진년(1592년) 여름,
벼랑 끝 조정

- 전라좌수사 이순신, 해로(海路)를 틀어막다

* ∞∞∞∞∞∞∞∞∞∞∞∞∞∞∞∞∞∞∞ * ∞∞∞∞∞∞∞∞∞∞∞∞∞∞∞∞∞∞∞ *

선조의 피란행렬이 임진강을 건너 5월 1일 저녁 개성에 도착했다.

다음날 오전, 영의정 이산해가 파천을 주도했다는 이유로 탄핵 받아 파직되고, 유성룡이 영의정에 오른다. 이날 고니시 부대가 한양을 점령한다. 선조는 오후에는 영의정이자 도체찰사인 유성룡을 다시 파직, 전란을 방비하지 못한 책임을 추궁한다. 한양성이 함락되자 선조의 어가는 3일 개성부를 떠나 평양성으로 향한다. 7일 선조가 평양성에 꾸린 행재소로 전라좌수사 이순신이 옥포에서 거둔 승전보가 날아든다. 첫 승리를 거둔 조선 수군이 서해 바닷길을 통한 왜군의 수륙병진 전략에 제동을 건다. 이순신은 이어 합포와 적진포의 왜선을 동시에 소탕, 남해안 일대로 작전 수역을 확장한다. 육지에서는 부원수 신각이 양주 해유령에서 가토의 선발대 70여명을 섬멸하는 전과를 올렸으나, 선조는 도원수 김명원의 거짓 보고에 따라 17일 신각의 목을 벤다. 이날 신각의 승전보가 왜병의 수급과 함께 행재소에 도착한다. 18일 임진강 방어선이 무너지고, 고니시의 1번대는 27일 개성을 점령한다. 북방 전선이 한없이 밀리는 가운데, 이순신이 사천, 당포, 당항포 일대의 왜선을 소탕, 거제도 일대의 제해권을 장악해 나간다. 5월 들어 곽재우는 정암진에서 전라도로 향하는 왜군의 발목을 잡고, 고경명도 29일 의병을 일으켜 대규모 왜군을 소수 병력이 산발적으로 기습하는 유격전을 선보인다.

6월 1일 선조는 유성룡에게 풍원부원군을 제수, 명나라에서 파견된 차관 임세록(林世祿)을 통해 명나라 군사의 참전을 이끌어내는 외교전을 맡긴다. 이어 전라도관찰사 이광과 나주 목사 이경록, 광주 목사 권율 등이 이끄는 8만여 명이 용인에 집결, 한양 수복의 기대감으로 한 순간 평양성이 술렁인다. 하지만 일본 수군장수 와키자카 야스하루(脇坂安治·협판안치·39세)가 1천 5백여 정예병을 이끌고 기습전을 벌여, 6일 조선군을 무너트린다. 마침내 8일 고니시 부대가 대동강변에 모습을 드러내자, 선조는 11일 평양성을 버리고 영변을 향해 피란길에 나선다. 고니시는 14일 대동강을 건너 이튿날 평양성에 진주, 이곳에 비축된 10만 석의 곡식을 군량미로 확보한다. 선조의 어가는 16일 가산에 도착한 뒤, 정주를 거쳐 의주로 향해 요동 망명 단계로 몰린다. 왕세자 광해군은 임시 조정인 분조를 이끌고 강원도 최전선으로 향한다. 22일 의주에 도착한 선조는 벼랑 끝에서 명나라 유격장군 사유 등을 만나, 전란은 새로운 변수를 맞이한다.

고니시가 북진을 미루고 있는 가운데 7월 8일 권율이 이치에서 승리를 거둬 왜군의 전주성 공략을 차단한다. 이날 전라좌수사 이순신은 한산도 일대에서 왜선 60여척을 수장시키면서 왜군은 육로와 수로에서 전라도로 가는 길을 모두 잃는다. 군사 개입에 나선 명나라 요동 부총병 조승훈과 유격장 사유는 3천여 군대를 이끌고, 17일 평양성 인근에 진주한다. 암담하던 전황은 수군의 승리와 의병의 거병, 그리고 명나라 참전으로 한줄기 서광을 보인다. 하지만 19일 평양성으로 진군한 조승훈은 막대한 사상자를 낸 채, 요동으로 퇴각한다. 이어 왕자 임해군과 순화군이 23일 회령에서 가토에게 사로잡혀 절망을 더한다. 다만 의병이 주축이 된 관민연합군이 27일 적극적인 공세를 벌여 영천성을 수복, 경상좌도의 숨통을 트게 한다. 이어 승려 휴정 등 각지에서 일어나는 의병 소식이 한여름 무더위를 다소 식혀준다.

*∞∞∞∞∞∞∞∞∞∞∞∞∞∞∞∞∞∞∞∞∞∞∞∞∞∞   *   ∞∞∞∞∞∞∞∞∞∞∞∞∞∞∞∞∞∞∞∞∞∞∞∞∞∞∞*

임진년 5월 1일, 동파역 동파관에서 머문 선조는 초췌한 몰골로 이산해와 유성룡을 부른다. 손으로 가슴을 두드리며 괴로운 표정을 노골적으로 드러낸다.

"이모(李某)야, 유모(柳某)야, 일이 이 지경이 되었으니, 내가 어디로 가야 하는가? 꺼리거나 숨기지 말고 마음속의 생각을 털어놓아라."

자신의 답답하고 고통스런 심경을 여과 없이 드러내며, 격의 없는 호칭으로 신료들을 부른다. 경계를 허물어뜨려, 내면에 감춘 본심을 조심스레 떠본다.

이어 윤두수(尹斗壽·60세)를 부른다. 신하들은 엎드려 눈물만 흘릴 뿐이다.

"승지의 뜻은 어떠한가?"

선조가 이항복을 돌아보며 묻는다.

"전하의 수레가 의주에 머물 만합니다. 형세와 힘이 궁하여 팔도가 모두 함락된다면 바로 명나라에 호소할 수 있습니다."

가슴을 치던 손을 내리고, 선조가 고개를 끄덕이며 반색한다.

"북도는 군사와 말이 날래고 굳세며 함흥과 경성 모두 천연의 요새로 믿을 만하니 재를 넘어 북쪽으로 가는 것이 좋습니다."

윤두수가 끼어들어 함경도로 어가의 방향을 돌리려고 시도한다.

"승지의 말이 어떠한가?"

선조가 윤두수의 말을 무시하고 짐짓 내심을 드러낸다.

"안 됩니다. 임금의 수레가 국토 밖으로 한 걸음만 떠나면 조선은 더 이상 우리 땅이 될 수 없습니다."

유성룡이 나서서 선조의 의중을 정면으로 거스른다.

"요동으로 잠시 몸을 피하는 것이 내 뜻이다."

선조가 결국 속내를 드러낸다. 이른바 내부(內附), 명나라 망명을 염두에 두었다.

"전란이 터진 지 20여 일도 지나지 않았고, 호남을 비롯해서 왜군이 닿지 못한 조선 땅이 여전한데, 벌써부터 명나라로 피신한다면 사직을 망령되이 하는 것입니다."

좁은 동파관에 유성룡의 목소리가 쩌렁쩌렁 울린다. 보기 드물게 흥분한 목소리다.

"신이 말한 것은 곧장 압록강을 건너자는 것이 아니라 극단의 경우를 두고 한 말입니다."

이항복이 상황을 알아채고, 목소리를 낮추었다.

"지금 관동과 관북이 아직 무사하고, 호남에서 충의로운 선비와 백성들이 곧 벌떼처럼 일어날 것인데 어찌 이런 말로 전하의 심기를 어지럽히는가."

유성룡이 이항복을 노려보며 쐐기를 박는다. 말은 이항복에게 건넸지만 선조에게 들으라는 소리였다.

이산해는 끝내 아무런 말도 하지 않았다.

유성룡은 물러나와 이항복을 붙잡아 세워놓고 다시 책망한다.

"어떻게 나라를 버리자는 의논을 경솔하게 내놓는가. 자네가 비록 길가에서 임금을 따라 죽더라도 궁녀나 내시의 충성밖에 되지 못할 것이다. 이 말이 한번 퍼지면 인심이 한꺼번에 무너질 것이니 누가 수습할 수 있겠는가."

이항복이 머리 숙여 사과하면서 요동내부 논쟁은 수면 아래로 가라앉았다.

어가는 이날 오후 늦게 황해감사 조인득이 병력을 충원하면 개성을 향해 출발할 예정이었다. 전날 음식을 훔쳐 먹은 군사들이 도주하면서 호위 병력은 거의 남아 있지 않았다. 하지만 서흥부사 남의가 군사 수백 명을 데리고 먼저 도착하자, 말 60여 필이 보충되어 어가 행렬이 어렵사리 꾸려졌다. 출발에 앞서 사약 최언준이 궁중 사람들이 이틀 동안 굶어 시장기를 면해야 몸을 추스를 수 있다고 아뢴다. 남의가 군량미로 챙겨온 쌀과 좁쌀을 내어놓자 비로소 밥 짓는 연기가 동파역에 오른다. 신료들은 여전히 굶주린 상태였다.

이날 낮 행렬이 초현참에 이르자, 장막을 치고 기다리던 황해감사 조인득이 군사와 함께 임금을 맞이한다. 관원들은 그제야 허기를 채우고, 개성부에 이르러 선조의 거처가 남문에 마련되었다. 이때부터 이산해를 탄핵하는 양사 대간의 상소가 시작된다. 표면상 파천을 주도, 임금과 백성을 곤경에 빠뜨린 이산해를 벌하자는 내용이지만 여기에는 광해군과 신성군을 둘러싼 서인과 동인의 오랜 암투가 자리 잡고 있었다. 기축옥사를 통해 동인을 대대적으로 숙청한 서인 정철은 지난해 윤 3월 광해군을 세자로 책봉하려 시도하는 과정에서 실각했다.

전란으로 정치적 상황이 급변, 광해군이 세자에 오르자 이번에는 서인들이 공세의 주도권을 쥔 것이다. 사실상 파천을 주도했던 선조는, 이산해를 파직해 스스로에게 면죄부를 주고 사태를 봉합한다. 서인과 다시 '정치적 동맹'을 맺은 셈이다. 정치적 명분과 전란이 교묘하게 결합되면서 전란에 대처하는 해법도 서로 다른 공식을 통해 그때그때 산출되었다.

2일 오전 선조는 이산해를 파직하고 유성룡을 영의정에 임명한다. 최흥원이 좌의정으로, 윤두수(尹斗壽·60세)가 우의정이 되었다. 이제 정철의 복귀는 당연한 수순, 선조가 강계로 귀양 간 정철을 행재소로 부른다. 영의정에 오른 유성룡은 우선 신립의 동생으로 용력이 뛰어난 함경북도 병사 신할을 불러 부랴부랴 임진강 방어선 구축에 나선다. 하지만 의주행을 염두에 둔 선조는 개성에서 항전할 태세인 유성룡이 마뜩찮았다. 요동 망명의 최대 걸림돌을 제거하는 작업에 착수한다. 이날 오후 파천 책임론을 다시 제기, 유성룡을 도마에 올린다. 문득 헤아려보니 파천을 결정하는 날, 유성룡이 말리지 않고 파천 논의에 찬성해 이산해와 같은 죄를 저질렀다며 사헌부도 거치지 않고 몸소 탄핵한다. 그런데 선조의 의중과는 달리 이산해는 박살내자던 신료들이 처음부터 우물쭈물 미온적이었다가, 아예 유성룡을 지지하고 나선다. 그는 당쟁의 소용돌이에서 한 발쯤 빗겨나 있었고, 전란을 수습해 나갈 현실적인 대안이었다.

"이산해가 빚은 물의입니다. 유성룡에 대한 전하의 문책은 애석할 뿐입니다."

대사간 이헌국의 주청, 오히려 이산해에 대한 공박에 나선다.

"이산해에게 사적인 은혜를 입고 입을 다물어, 자신의 직무를 다하지 못하는 자가 있습니다."

병조정랑 구성이 침묵하는 사간원 정언 황붕을 공개적으로 꾸짖는다. 황붕은 이산해와 인척지간이었다.

"저잣거리 백성 중 그 누구도 유성룡을 책망하지 않으니 벌 줄 수 없습니다."

신잡이 여론을 들어 유성룡을 지원한다.

"죄를 줄 수 없다? 천지신이 굽어보고 있는데, 누구는 죄주고, 누구는 보호하다니 이럴 수 있는가?"

선조가 고집을 부린다.

"죄를 균등하게 주는 것은 타당하오나, 이산해는 오랫동안 인심을 잃었고, 유성룡은 사람마다 촉망하고 있습니다. 같이 벌을 주면 인심이 반드시 놀랄 것입니다."

이산해가 김공량과 결탁해 벌인 부정부패를 우회적으로 언급하며 이충원이 지원에 나선다. 이에 비해 유성룡은 수탈은커녕 백성의 광범위한 지지를 얻고 있는 중앙 신료였다.

"군사의 일을 게을리 해서 실패한 책임은 성룡이 더 무겁다."

수세에 몰린 선조가 결국 죄목을 다른 쪽으로 돌린다. 유성룡을 영의정에 두고 요동으로 내부하기란 지나치게 버거웠다. 반나절 만에 인사를 번복, 체통을 다소 잃더라도 반드시 관철시키려는 의지가 분명하다.

"신이 듣기로는 파천은 애초 성상께서 뜻을 두었고, 유성룡은 '사람들이 모두 분하게 여기는데 이 무슨 말씀인가'라면서 이산해를 반박했다고 알고 있습니다. 이 때 이산해가 '옛날에도 잠깐 피한 적이 있는데, 어찌하여 이번에는 안 되느냐'고 답한 것으로 아옵니다."

이헌국이 사실 관계를 따져 선조를 공박하고, 사간원 이곽이 유성룡이 죄가 없음을 다시 논의하자, 선조가 말을 끊는다.

"어쨌든 변란에 대응하지 못하고, 적의 칼날을 받게 한 죄는 묻지 않을 수 없다. 왜적이 무인지경의 형세로 우리 땅에 달려들고 있으니, 어떻게 그 죄를 면할 수 있다는 말인가? 내가 이를 미리부터 한없이 우려했는데, 도리어 나를 비웃고, 민폐가 된다면서 방비를 허술하게 한 자가 유성룡이다."

선조가 도무지 굽힐 기세를 보이지 않았다.

"파천은 이산해가 주장했으나, 그 밖의 일에 대해서는 신들이 알 수 없습니다."

홍인상이 마지못해 선조에게 판단을 넘긴다.

"사람들의 의견이 이와 같으니, 유성룡을 파직한다."

영의정은 물론, 도체찰사의 자리까지 거둔다. 영의정에 임명된 지 반나절이 조금 지났을 뿐이었다. 조선의 국방체계는 다시 지휘부가 바뀌는 혼란에 빠졌다. 이날 고니시 부대가 한양성에 무혈입성한 뒤, 다음날 가토의 부대가 밀어 닥친다.

우승지 신잡은 3일 한양성 백성들의 참전을 독려하라는 선조의 교서를 유도대장 이양원과 도원수 김명원, 부원수 신각에게 전하러 가던 중, 파주에서 한양이 함락되었다는 소식을 듣고 말머리를 돌렸다. 이 시간에 이양원, 김명원도 한양성을 버리고 도주하는 중이었다. 행재소에서는 김공량을 효시하고, 이산해를 죽여 민심을 수습하자는 공론이 한창이었다. 이들이 결탁해 관직을 매매하고, 수탈을 자행하는 등 숱한 비리를 저질러 백성들의 원망이 하늘을 찌른다는 고발이다. 하지만 행재소에 도착한 신잡이 한양 소식을 알리자, 논의는 자취를 감추었다. 선조가 부랴부랴 짐을 챙겨 평양성으로 피란 행렬을 이끌었다.

왜군은 동래에서 세 길로 나누어 북상했다. 선봉대격인 고니시의 1번대는 중로를 택했다. 양산, 밀양, 청도, 대구, 인동, 선산을 거쳐 상주에서 이일의 지방군을 깨트리고, 조령을 넘어 충주에서 신립의 기병을 궤멸시킨 뒤, 여주, 양근 용진나루를 거쳐 한양의 동쪽으로 길을 잡았다. 강원도 조방장 원호는 군사 수백 기를 거느리고 여주 북쪽의 귀미포 언덕에 진을 치고 강을 건너려는 고니시의 척후 50여 명의 목을 베는 전과를 거둔다. 때마침 내린 비로 강물이 불고 안개마저 자욱한 마탄에서 배에 사수를 가득 태운 이천 부사 변응성이 협공, 잠시 고니시의 북진을 저지했다. 하지만 강원도 순찰사 유영길이 격문을 보내, 원호를 본진으로 부르면서 방어선은 사라졌다. 왜군은 민가와 관사를 허물어 그 재목으로 뗏목을 만들어 강을 건넜다. 물살이 거세 몇몇 뗏목이 뒤집히는 수난 속에서 어렵사리 강을 건넌 왜군은 주변 백성들에게 보복을 자행, '도살자'라는 악명을 얻는다.

가토의 2번대는 좌로를 통해 북상했다. 장기, 기장을 거쳐 울산과 경주, 영천, 신녕, 의흥, 군위, 비안을 함락시키고, 용궁의 하풍진을 건너 문경으로 나와 충주에서 고니시 부대와 잠시 교차한 뒤, 죽산, 용인을 거쳐 한강 남쪽을 향했다.

구로다의 3번대는 우로를 감당했다. 김해, 성주, 무계현을 거쳐 강을 건너고, 지례, 금산을 지나 충청도 영동으로 나와 청주를 함락시켰다. 구로다는 경기로 향하면서 험준한 곳을 골라 지형에 따라 4km, 혹은 20km 간격으로 영루를 세워 군사를 배치했다. 깃발과 칼, 창, 조총 소리가 경기도 일대를 덮었고, 밤에는 왜군 망루에서 피어오른 불꽃과 연기가 뱀의 혀처럼 너울대며 끝도 없이 이어졌다.

한강 방어를 맡았던 도원수 김명원은 제천정에서 왜 선봉 기마병 서너 명이 강기슭에 모습을 드러내자 사색이 되었다. 기마병은 말발굽으로 한강물을 튀기며 도하하는 흉내를 냈다. 김명원은 곧바로 병기와 화포, 병장기를 모두 강물에 버린 뒤, 갑옷을 벗고 평복으로 서둘러 갈아입었다. 종사관 심우정이 일전을 촉구했지만 대꾸조차 없이 말에 안장을 얹고 홀로 도주했다. 어처구니없는 병사들의 심정에 공포감이 번지면서 연쇄 반응을 일으켰다. 한강 이북의 병사들이 황망히 흩어지고, 한강 방어선은 맥없이 사라졌다. 한양성 방비를 맡은 유도대장 이양원은 이 말을 듣자마자 양주로 달아난다.

도읍 한양성이 무주공산(無主空山) 상태에 놓였다. 왜군조차 예상하지 못한 일이다. 피란길을 놓친 백성들이 건국 이래 2백년 만에, 저잣거리를 행군하는 외국 점령군을 꿈처럼 바라본다. 최소한의 저항조차 없는 백기 항복이었다. 고니시는 흥인문이 활짝 열린 사실에 놀란 기색이다. 시전은 모두 문이 닫혔다. 백성들은 이제, 적지로 변한 한양에서 제각각 목숨을 이어갈 방도를 찾아야한다. 왜군은 수십 명 단위로 척후대를 연이어 파견, 한참 동안 한양성을 샅샅이 뒤졌다. 종루에 이르기까지 저항하는 군대를 찾아볼 수 없자 마침내 진입한 본진은, 대오를 가지런히 유지했지만 발을 끌며 지친 기색도 적지 않았다. 조선군과의 전투보다는 연이은 강행군의 결과였다. 타버린 궁궐을 한 바퀴 유유히 돌고난 고니시가 저잣거리로 말을 달려 아직 성한 종묘를 사령부로 정한다. 다음날인 3일 한발 늦게 한양성에 도착한 가토의 2번대는 고니시와 달리 사나운 독기를 부렸다. 눈에 보이는 대로 백성을 살육해 한양성 입성에 늦은 분풀이를 했다.

이날 선조는 개성을 떠나 금교역으로 향했다. 파직된 유성룡이 평복을 입고 묵묵히 행렬의 뒤를 따른다. 선조는 흥의, 금암, 평산부를 지나 4일 보산역에 머물렀다. 이때서야 비로소 종묘 신주를 개성의 목청전에 두고 온 사실을 깨닫고, 종친 한 사람이 다시 달려가 가져오는 소동을 빚는다. 왕실의 조상신을 왜 소굴에 두고 올 만큼 경황이 없었다. 무질서하고 두서없던 피란 행렬은 안성을 지나 봉산군에 이른 뒤, 6일에는 황주에 머물렀다. 7일 중화군을 지나 평양성에 들어선 선조가 다소나마 안도감을 느낀다. 치밀한 임진강 방어 전략은 애초부터 기대할 수 없었다.

평양성에서 한숨 돌린 양사 간원들이 '김공량을 참하라'며 미루었던 현안을 다시 끄집어내었다. 인빈을 등에 업은 그의 수탈이 어지간히 백성을 괴롭혀왔던 것이다. 난처한 선조는 "이미 가두었으니, 스스로 뉘우칠 것이다. 초목 한 그루도 함부로 죽이지 않아야 하는데 하물며 사람을 말해 무엇 하겠느냐. 내가 평소 심장병이 있어 지금에 와서는 뼈만 남아 부지하고 있는데, 어찌 천인 한 명을 두고 참혹한 논의를 이토록 서두르는가"라며 방어한다. 유성룡의 파직을 논할 때와는 전혀 다른 관용이었다.

한강에서 도주한 김명원에게 다시 임진강 방어책임이 맡겨진다. 잘잘못을 따질 시기가 아니었다. 김명원은 임진강 북쪽에 방어선을 구축, 강여울에 병사를 배치하고 강가의 배는 모두 거두어 북쪽 언덕에 정박시켰다. 임진강 남쪽에 진을 친 왜군은 마땅한 도강 수단이 없어 잠시 전열을 가다듬는다. 왜군의 저격병이 폭이 좁은 강기슭에서 간헐적으로 조총을 발사하면 조선 사수가 응사하는 대치상태가 지속되었다.

김명원은 군사의 절대 부족을 메우고자 사방에 파발을 보냈다. 한강에서 패주한 부원수 신각(申恪)이 양주에 주둔했다는 소식에 합류를 지시했으나, 신각은 군령을 거부한다. 한강 방어선에서 왜군의 말머리만 보고 놀라 도망치는 추태를 보인 김명원이 임진강을 지킨다고 나서자 좀처럼 신뢰할 수 없었다. 신각은 독자적인 군사행동을 전개했다.

무참해진 김명원은 장계를 통해 전시에 군령을 어긴 신각을 성토했다.

"신각 같이 사사로이 군령을 어기는 장수들 탓에 한강에서 패주했고, 이제 임진강 방어조차 기약할 수 없는 형편입니다. 죄를 엄히 물어 군사의 기강을 바로 잡아야, 후일의 승리를 도모할 것입니다."

김명원은 신각의 목을 베어 잃어버린 권위를 되찾으려 시도한다.

신각은 한강이 무너지자, 이양원을 따라 군사를 양주로 물렸다. 마침 함경 병사 이혼의 척후병이 도착, 한양에서 나온 가토의 선발대가 민가를 노략질 한 뒤, 양주 해유령을 넘고 있다고 보고한다. 그동안의 승리에 취한 왜군은 조선군의 기습은 상상조차 못했다. 노략질한 물건을 말에 얼키설키 싣고, 대오조차 유지하지 않은 채 해유령을 유람하듯이 넘어간다. 매복한 사수의 화살과 편전이 왜군의 기선을 제압했다. 조총은 숲속 기습전에 무력했고, 근거리에서 발사된 편전은 왜군 가슴을 관통하는 위력을 보였다. 화살과 편전을 나눠맞고 허둥대는 왜군을 덮쳐 수급 60여 개를 얻는다. 사실상 조선 육군의 첫 승전보, 왜병의 머리와 무기를 노획하고 노략질한 곡식과 재물을 되찾았다. 신각은 수급과 전리품을 수레에 실어, 승전 장계와 함께 평양성에 보냈다.

한 발 앞서 행재소에 도착한 도원수 김명원의 장계에 조정 신료들은 흥분했다. 군영을 이탈한 신각이 여전히 명을 어겨 임진강 방어선이 위태롭다는 보고가 특히 집단적인 공분을 자아냈다. 인간은 자신이 지은 잘못을 다른 이가 지었다고 하면, 유독 가혹하게 굴어 자신의 결백을 증명하고 차별화를 시도한다. 신료들은 이렇게나마 한양성을 버린 수치심을 덮고, 선조는 자신이 엄격하고 공정한 군주임을 증명하려 했다. 스스로를 돌이켜 제 발등에 떨어진 불을 끄기보다, 분풀이 대상을 찾는데 혈안이 된 선조와 신료들에게 신각이 걸려들었다. 당파를 떠나 만장일치로 참수를 결정해 양주로 선전관을 파견한다. 유성룡은 군사 업무를 파악하고 이를 정치적으로 조율하는 체찰사에서 파직된 상태, 한 번쯤 사실을 먼저 살피고, 냉철하게 스스로를 돌아보자는 의견은 없었다. 선전관과 길이 엇갈리며 신각이 취한 왜병의 수급과 전리품, 장계가 행재소에 도착했다. 머쓱해진 조정이 한참을 머뭇거리다 신각을 살린다며 다시 선전관을 파견한다. 신각의 목은 그 사이에 선전관이 동행시킨 군관의 칼자루에 떨어지고 만다. 아무런 변명도 없었다. 충직한 신하였다. 이렇게 김공량이 살아남고, 신각이 죽는다.

행재소 인근 피란민 거처에서 소식을 들은 유성룡은 맥이 풀린다. 신각은 용맹하면서 조심스러웠고, 호탕한 수령이었지만 청렴했다. 연안 부사 시절 읍성의 방비책을 마련하라는 유성룡의 지시를 따라, 성과 해자를 보수하고, 마름쇠, 활과 편전 등 수성에 필요한 전투 장비를 충실하게 채워놓았다. 백성에 대한 수탈이 없었기에 가능한 일이었다. 제 허물을 덮으려는 참소로 아까운 무장을 잃었다. 전란의 와중에서도 조정은 장계의 진위보다, 장계를 올린 이가 누구인지를 따져 그에 대한 친소관계로 가치를 결정지었다. 자신의 이해관계가 진리로 둔갑한다. 90세 된 신각의 늙은 어미는 참수된 아들의 시신을 수습해야 했다.

김명원에 대한 신뢰가 연거푸 사라지자, 선조는 임진강 방어선의 지휘권을 이원화한다. '용서한 것인지, 아닌지' 애매한 방침이 오히려 지휘체계의 분열을 초래한다. 선조는 동지사 한응인에게 평안도 강변에서 정병 3천여 명을 이끌고 임진강에서 적을 막되, 김명원의 지휘를 받지 말고 독자적으로 행동하라고 명을 내렸다. 한응인이 요동에 구원병을 요청하고 막 돌아온 직후였다. 그는 정여립 모반을 알려 공신으로 책정된 인물, 당파가 같은 서인 윤두수가 선조에게 덕담을 아뢴다. 한응인은 얼굴에 복을 누릴 기상이 있으니, 반드시 왜군을 막아낼 것이라는 밑도 끝도 없는 칭찬이었다.

권위가 바닥에 떨어진 김명원은 조정 신료들에게 '동네북'이 되었다. 선조와 신료들은 연일 김명원을 닦달해, 대치상태를 어떻게든 돌파하라는 주문을 내놓았다. 임진강 전선의 현실을 제대로 들여다보려는 노력은 없었다. 비변사가 "도원수가 대병력을 가지고 강가에서 시간을 소비하니, 스스로 군사의 예기를 꺾고 있다"면서 '김명원은 한 명의 왜구도 없어야 비로소 움직이는 장수'라고 맹비난하고 나섰다. 이어 "김명원 휘하 별장 유극량(劉克良)이 경험이 풍부하고, 담이 커서 지략이 높으니 군사를 내주어 신할과 함께 왜군을 치게 하자"는 상소를 올린다. 후방에서 일선의 지휘부를 사분오열 시켜 김명원 홀로 지휘할 때보다 야전 사령부는 더 혼란스러웠다.

5월 18일, 임진강에 주둔한 왜군이 마침내 강가 군막을 철수했다. 화포 등 군기물을 수레에 실어 나르며, 불필요한 물건을 보란 듯이 불사른다. 분명 퇴각을 준비하는 조짐이나, 김명원은 의심쩍은 눈초리를 거두지 않는다. 신립의 동생으로 복수심에 불탄 신할이 김명원에게 추격을 강하게 요구한다. 신할 역시 뛰어난 용력과 거친 성격이 신립을 닮았다. 경기감사 권징이 신할에 가세한다. 이어 북방 군사를 이끌고 임진강에 도착한 한응인은 퇴각하는 왜군을 보자 몸이 달아, 머뭇거리는 김명원을 거칠게 몰아세운다.

북방에서 오랜 실전을 치른 무인들은 판단을 달리했다. 몇몇 군관이 나서 "군사들이 피로하고, 병기와 전열을 갖추지 못했으며, 후군이 아직 다다르지 못했으니, 잠시 적군의 동태를 살피자"며 "적군의 움직임이 진짜인지 가짜인지 알아야 비로소 제대로 된 싸움이 시작된다"고 한응인을 만류했다. 한응인은 그 자리에서 비겁하고 나약한 자를 참해 군기를 다잡는다면서 군관 서너 명의 목을 벤다. 이번에는 전쟁터에서 잔뼈가 굵은 별장 유극량이 나선다.

"전쟁터의 경솔한 처사는 생사를 가르는 법입니다."

신할이 칼을 빼내 김명원을 바라보며, 더 이상 출전을 거부하면 참하겠다는 의지를 보인다. 김명원은 안색이 질려, 아무런 말도 하지 못했다.

유극량이 상관의 난처한 처지를 구해준다.

"성년 이후 제 삶은 전쟁터를 떠난 적이 없습니다. 어찌 죽기를 피하겠습니까. 다만 일을 그르칠까 그리하였습니다."

북방 군사를 이끈 유극량이 선봉에서 강을 건넜다. 신할이 뒤따른다. 김명원과 막상 전투를 고집한 한응인은 멀찌감치 강북 기슭에서 팔짱을 끼고 이를 지켜보았다. 병사들이 강을 건너 협로에 들어서자 총성이 임진강 기슭을 흔들고, 화약 연기가 걷히면서 숲 속 나무들이 일제히 왜군으로 돌변했다. 조선군의 대오는 한 순간에 흩어지며, 지휘체계가 순식간에 붕괴된다. 유극량이 말에서 내려 군사를 정돈시키면서 활을 쏘고 독전했으나, 왜병의 기세를 감당하지 못하고 온 몸에 왜병 서너 명의 장검을 동시에 받았다. 신할도 낙마하며 목이 잘린다. 협로에서 아귀다툼 끝에 빠져나온 병사들이 강으로 뛰어 들었고, 뒤처진 병사들은 강가에 웅크리며 손을 머리에 얹어 투항할 의사를 보였지만 왜군이 칼로 내리 찍었다. 일방적인 학살의 현장이었다. 김명원과 한응인은 우두커니 이를 지켜보았고, 병사를 독려하려 나온 상산군 박충간이 먼저 김명원의 말을 타고 도주했다. 조선군영이 삽시간에 무너진다.

"도원수가 도주한다."

한 병사가 김명원의 말을 보고 외치자 공포가 강여울을 따라 물결친다. 이번에는 군사들이 먼저 도주했다. 머뭇거리던 김명원과 한응인이 사령부를 떠나자, 경기감사 권징도 가평군으로 서둘러 군사를 물렸다. 한강 방어선의 악몽이 고스란히 재현된다. 왜군은 도강한 조선군을 전멸시키고, 아무 저항 없이 임진강을 건너 27일 개성을 접수했다. 고니시는 지혜로운 장수였고, 가토는 용맹했다. 이들은 개성에서 군사를 재정비한 뒤, 안성까지 어깨를 나란히 한 채 진군했다. 이어 제비를 뽑아 고니시는 평안도로, 가토는 함경도로 각각 점령지를 나누어 출발한다.

연이은 패전으로 무력감에 빠진 행재소에 한줄기 서광이 비춘다. 남해안에서 전라좌수사 이순신의 승첩 장계, '옥포파왜병장'이 올라오자 조정은 흥분했다. 좌수사는 함선을 이끌고 경상 수영으로 깊숙이 항진해 옥포, 합포, 적진포에서 3차례 교전을 벌여 40여 척의 왜선을 깨뜨리고 불살랐다고 전했다. 서해 수로를 통한, 일본 수군과 육군의 공조가 일단 차단되었다. 육상의 왜군은 후방을 파고드는 조선 수군에게 껄끄러움을 느낄 수밖에 없다. 선조는 이순신에게 종2품 가선대부의 품계를 내린다.

충주에서 패전한 뒤, 한강을 건너 강원도를 헤매던 이일이 패잔병 수십 명을 이끌고 평복차림으로 행재소에 나타났다. 이일은 천민이 쓰는 패랭이를 깊게 눌러 쓰고 흰 베적삼을 입은 채 짚신을 신고 있었다. 그마저 적삼은 숲속의 가시덤불에 긁혀 누더기가 되었다. 얼굴은 파리해서 장수의 풍모는 오간데 없이, 영락없는 유랑민의 행색에 패전과 도주의 죄의식으로 고개를 들지 못한다. 몇몇 신료들이 혀를 찼지만 패전의 책임을 물을 겨를이 없었다. 끝없이 내몰리던 대부분 조정 신료들은 이일의 무사귀환만으로 반가움을 감추지 못한다. 임진강 방어선이 무너진 뒤, 어가를 호송할 장수조차 없는 곤궁한 처지였다.

유성룡이 먼저 행장을 풀어 남빛 철릭을 그에게 건넨다. 이어 신료들이 말총으로 만든 갓과 은정자를 보태고, 채색된 갓끈을 달아 겨우 장수의 풍모를 찾는다. 하지만 신발은 여유가 없어 짚신 그대로였다.

"비단 옷에 짚신이니, 장부가 잠시 짚방석에 의지하오."

유성룡이 농을 건네, 어색한 분위기를 풀어주자 신료들이 따라 웃는다. 그제야 이일의 얼굴에서 긴장이 풀린다. 사실 참형을 면치 못할 장수의 행적이었다.

왜군은 파죽지세로 몰려들었다. 벽동에 있던 지방군 임욱경이, 왜군 선봉이 봉산에 이르렀다는 전갈을 알린다. 대동강 인근의 지형을 파악해 둔 유성룡이 좌의정 윤두수를 만나, 방비를 서두르자고 건의한다.

"고니시는 이미 대동강 건너에 척후를 보냈을 것입니다. 대동강 서북의 영귀루 앞 강물은 두 줄기로 흩어져 물길이 얕아 걸어서 건널 수 있습니다. 왜군이 우리 백성을 길잡이로 내세웠다면, 분명 여기를 노릴 것입니다. 지금 방어할 군사를 보내야 할 것이오."

놀란 윤두수가 서둘러 군령을 내렸다. 이일에게 강원도 병사와 한양성 수비군을 이끌고 출전하라는 명령이 떨어진다. 남문 함구문에서 병사들의 인원을 점검하며 시간을 끌던 이일은 '곧바로 출전하라'는 유성룡의 성화에, 윤두수의 재촉마저 가세하자 출정에 나섰다. 평양성 지리에 생소한 이일은 강 서쪽으로 내달리다, 평양 좌수 김내윤을 만나 서북으로 길을 바로 잡아 평양성에서 겨우 4km 남짓 떨어진 만경대 아래에서 막 도강중인 왜군을 발견했다. 강 남쪽 언덕에는 본진 수백 명이 진을 쳤고, 강 가운데 작은 섬에 남았던 백성들은 놀라 소리치며 수심이 얕은 강북 연안으로 뿔뿔이 도망친다. 간발의 차이로 이일의 군대가 선제공격에 나선다. 이일은 과감하게 섬 가운데로 내달려 도강하는 왜군에게 화살을 퍼붓는다.

공포에 질려 사색이 된 병사들에게 이일이 칼을 빼들어 여차하면 내리칠 기세로 목에 들이댄다. 병사들의 공포가 이일의 서슬에 전의(戰意)로 변한다. 화살이 도강하는 왜군에게 우박처럼 쏟아진다. 왜병 10여 명이 화살에 꽂혀 강물 위에서 균형을 잃고 흘러갔다. 왜군이 강가에서 군사를 물리고, 이일이 나루와 섬에 교두보를 마련하면서 가까스로 위기를 넘겼다.

6월 1일, 선조가 대동관에서 유성룡을 불러 풍원부원군을 제수했다. 명나라가 조선의 전황을 파악하라며 보낸 요동 진무사 임세록을 맞아, 원병을 이끌어내는 접반의 임무였다. 임세록은 전선이 일방적으로 밀리는데 짙은 의구심을 품었다. 왜군이 침략한지 한 달도 지나지 않아 임금이 피란길에 오르고, 개성을 거쳐 평양에 이른 사실을 석연치 않게 여겼다. 피란이 아니라, 명나라로 가는 왜군의 길잡이라는 의혹이다. 유성룡은 임세록과 함께 대동강가의 연광정에 오른다. 강 건너 숲에서 나온 왜병 한 명이 다시 숲속으로 사라진 뒤, 서너 명이 떼를 지어 강가를 배회했다. 한가롭게 길을 거니는 행인과 다를 바 없었다.

"왜군 척후입니다."

유성룡이 손가락으로 왜군을 가리킨다.

"왜군의 수가 어떻게 저리 적을 수 있소."

연광정 누각 기둥에 반쯤 몸을 숨긴 임세록이 여전히 의심을 거두지 않는다.

"선발대입니다. 짐짓 허술해 보이지만 강가 뒤편 숲에는 조총의 기운과 검기가 도사리고 있습니다. 임진강에서도 왜군의 저러한 간계에 속아 군사들이 강을 건넜다가 방어선이 모두 흩어지고 말았습니다."

유성룡은 이어 임진강 전투의 상세한 내막을 설명한다. 전투의 양상과 조선군 사상자 등에 대한 설명이 구체적이고, 생생해 설득력을 더한다. 임세록 또한 숲속에 가득 찬 살기를 느끼지 못할 리 없다. 서둘러 공식 문서를 작성해 달라고 요구,

부랴부랴 요동으로 말을 몰았다.

6월 들어 조정은 수군의 승전보와 더불어 고경명이 일으킨 의병, 그리고 용인에서 들리는 대규모 병력집결 소식에 한 가닥 희망을 이어갔다. 전란이 터지자 군사를 이끌고 한양으로 향하던 전라도 순찰사 이광은, 선조가 피란을 떠나고 한양이 이미 함락되었다는 소식에 전주로 회군한 뒤, 비겁하다는 주변의 손가락질과 선조의 파천에 통분한 유생들에게 한껏 시달렸다. 결국 군사를 다시 이끌고 북상하던 중 충청도 순찰사 윤국형, 경상도 순찰사 김수의 부대가 합류, 병력이 5만을 넘어섰다. 전란이후 처음으로 대규모 병력이 용인의 북문산을 바라보며 진영을 펼친다. 이른바 삼도근왕군(三道勤王軍)의 기치를 내건 각도의 연합군이었다. 이광이 이끌고, 윤국형, 김수가 보좌했으며, 나주 목사 이경록, 광주 목사 권율 등 수령들이 지원했으나 지휘부가 대부분 문관이고, 급조된 탓에 중간 지휘체계가 허약했다. 평야에 진을 치고 방어 목책을 두르는 방법조차 모르는, '농어민 집합군'의 성격이 짙었다. 사령부의 작전회의가 원활하게 진행될 리 없다.

군사 기동을 두고, 권율은 신중론을 펼쳤다. 왜군이 험하고 높은 곳에 웅크리고 있으니 공격하기 어렵고, 국가의 존망이 이번 싸움에 걸린 만큼 곧장 조강을 건너 임진을 막고 서쪽 길을 차단해 군세를 다듬자는 주장이다. 이후 보급로를 확보해서 조정과 협력, 지휘체계를 단일화 시키자는 것. 이와 함께 수원 독산성에 방어기지를 마련해 한양의 왜군을 유인하자는 의견도 적지 않았다. 하지만 전주로 회군한 이래 받은 수모가 뇌리를 떠나지 않던 이광은 전면전을 밀어붙여, 선봉을 편성한다. 조방장 백광언, 이지시, 용맹이 뛰어난 이지례 등이 1천여 명을 이끌고 산위로 진군했다. 산자락 입구에서 몇몇 왜군이 맞섰으나, 곧바로 섬멸되자 사기는 높아졌다. 이어 왜 진영의 턱 밑까지 압박해 화살을 쏟아 부었다. 왜군은 이따금 조총을 발사할 뿐, 침묵으로 일관했다. 땅거미가 기울면서 조선 병사들은 수적 열세인 왜군이 싸울 의지를 잃었다고 판단, 방심 상태에 빠져 활시위를 내리고 아예 잡담마저 주고받았다. 잠시 후, 조선 진영에 조총 수백여 발이 폭음을 내며 쏟아졌다. 대부분 전장에 처음 서보는 병사들이 화들짝 놀라며, 병장기를 버리고 혼비백산해서 도주한다. 왜군의 진격 나팔이 조선군에게 퇴각 명령이 되었다. 앞 다투어 산 밑으로 달렸고, 이들을 저지하던 백광언, 이지시, 이지례, 이광인 등 선봉장 대부분이 밀어닥친 장검에 도륙된다. 먼발치 본진에서 전투 현장을 생생히 목격한 농민군들이 잔뜩 겁을 집어 먹었다. 진중으로 살아 도주한 병사들의 공포가 스멀스멀 옮아가며 집단적 두려움으로 확산된다.

이튿날인 6일 이른 아침, 군영에서 밥 짓는 연기가 막 오르는 시각에 맞추어 흰 말을 타고 쇠 가면을 쓰고 금빛 갑옷으로 치장한 왜장이 기병 수십 기만을 이끌고 골짜기를 내달린다. 이어 왜군 본진이 골짜기에서 쏟아져 내려왔다. 조선 군영의 허술함을 간파한 왜군이 1천 5백 남짓한 군사만을 이끌고, 5만여 조선군에게 전면전을 걸어왔다. 충청 병사 신익이 골짜기 입구에서 왜병과 마주치자 말을 집어타고 도주한다. 골짜기를 시작으로 조선군영이 마치 장마철의 흙 담처럼 차곡차곡 줄지어 무너져 내렸다. 이광은 전라도로, 윤국형은 공주로, 김수는 경상우도로 제 한 몸을 겨우 빼내 군영에서 자취를 감추었다. 병사들은 삼삼오오 떼를 지어 고향으로 향했다. 1천여 조선군이 용인일대에서 목숨을 잃었다. 병력이 미약한 왜군도 거센 추격은 자제한다. 용인 평야에는 5만 병사가 남긴 병장기와 갑옷, 마초와 양식 등 군수품이 산을 이루고, 길을 메웠다. 조선군 사령부 군막마저 고스란히 남았다. 왜장 와키자카 야스하루(脇坂安治·협판안치·39세)는 이를 모아 당장 불필요한 물건은 불사른 뒤, 요긴한 물품만 따로 갈무리해서 포로로 잡은 조선 병사 2백 명에게 남해안까지 운송토록 했다. 곳곳에서 잡힌 조선 백성과 여인, 어린아이조차 군수품을 나르는데 동원된다. 수군 장수 와키자카는 남해안 지원 출정에 나설 예정이다. 뜻밖에도 왜 수군이 강력한 조선 함대에 걸려 서진을 멈추고 곤경에 빠졌다. 조선 수군 장수는 이순신이었다.

평양성에서 소식을 접한 유성룡은 "군사 행동을 봄놀이처럼 하였으니, 어찌 패하지 않겠는가"라고 되뇌며 한탄했다. 이제 전라도의 지원은 당분간 기대할 수 없다. 북진한 왜군이 평양성을 압박하면서 성안 민심도 요동쳤다. 좌의정 윤두수가 도원수 김명원, 순찰사 이원익 등과 함께 평양성을 지키는 수성장이 되었다. 하지만 평양성 곳곳의 민가는 이미 텅 비어버린 상황, 선조가 다시 피란길에 나선다는 소문이 돌았기 때문이다. 세자 광해가 대동관 문에 나가 평양성의 늙은 유지(有志)들에게 평양성 사수를 거듭 약속했지만 관민들의 반응은 싸늘했다. 동궁의 말만으로는 신뢰할 수 없으니, 임금이 나와서 다짐을 두라고 맞섰다. 이튿날 선조가 승지를 통해 재차 약속을 한 후에야 수십 명 평양성 유지들이 움직인다. 이들은 산골에 숨어있던 늙은이, 젊은 남녀, 어린 아이까지 성안으로 불러 모았다. 성안이 인파로 북적이며, 성가퀴와 살터에 비로소 수성에 나설 인력이 배치되었다.

백성들에게 신망이 높은 유성룡과 이원익이 나서 촌로들을 만나 민심을 다독이며 수성 태세에 부심하던 시기, 왜 본진이 대동강 기슭에 모습을 보이자 조정이 앞장서서 겨우 진정시킨 민심을 흔들어 놓았다. 사헌부와 사간원, 홍문관 간관들이 대동관 앞에 엎드려 초조해진 선조에게 피란을 주청한 것이다. 반색하는 선조에게 새로 복귀한 인성부원군 정철이 '평양성을 떠나 당장은 사직을 온전히 보존하는 편이 순리'라는 의견을 강하게 주청하면서 선조의 마음은 이미 기울었다. 성벽을 보수하던 유성룡이 서둘러 회의에 끼어들어 사태 수습에 나선다.

"평양성의 형세는 한양과 다릅니다. 한양에서는 백성과 군사가 모두 무너져, 방비할 도리가 없었지만 평양성은 앞으로 강물이 둘러싸고 민심이 안정되고 있습니다. 또 나루 어귀마다 병력이 배치되어 왜군이 함부로 강물을 건너기 어렵습니다.

중원과도 가까워 며칠만 버티면 명나라 군사가 합류해서 왜적을 함께 막아낼 마지막 기회입니다. 평양성을 버리면 의주에 이르기까지 군사적으로 기댈만한 지형이 없습니다. 왜군이 거친 형세로 밀어붙이면 필시 나라가 망할 것입니다.”

의주를 통해 요동으로 망명하려는 선조를 다시 가로막는다.

“평양성을 버리면 나라가 백척간두에 설 것입니다.”

좌의정 윤두수가 유성룡과 뜻을 같이하며, 정철과 대립각을 세운다.

“공은 평소에 의기가 높아 어렵거나 쉽거나 피하지 않고 맞서는 인물이었는데, 차마 이런 계책을 내놓을지 몰랐습니다.”

유성룡이 선조 앞에서 정철을 질책한다.

“칼을 들어 내가 간신의 목을 베려한다.”

뜻밖에 윤두수가 남송 말기의 충신, 문산의 시를 인용해 정철을 거칠게 공박했다.

얼굴이 붉어진 정철이 주위의 만류에도 불구하고 옷소매를 뿌리치며, 자리를 박차고 일어나 회의는 결론을 내지 못한 채 끝이 났다. 조정의 이러한 움직임에 평양성 군민들은 촉각을 곤두세웠다.

그리고 재신(宰臣) 노직이 관원들과 함께 종묘사직의 위패를 든 궁인을 호위하며, 평양성을 빠져나가다 백성들의 눈에 띠면서 사달이 났다. 임금이 도망친다는 소리에 평양성 아전과 백성들이 칼과 몽둥이를 들고 나와, 이들을 에워싼다. 노직과 관리, 그리고 궁인들은 포위되어 얼굴이 새파랗게 질렸고, 위패는 땅바닥에 나뒹굴었다. 폭동 직전의 위태로운 형국이다.

“너희들은 평소 나라의 녹만 도둑질하다가, 이제 나랏일을 그르치니 백성을 속여 네 놈들 살기만 원하는가?”

“성을 버리고 도망치려는 놈들이 무엇 하려고 우리를 성안으로 끌어들였느냐.”

"왜적 손에 어육이 되기 전에, 너희에게 원한을 먼저 갚고 갈 것이다."

성난 고함이 터지고, 제지하던 군관에게 매타작이 내린다. 사나운 기세였다. 무리는 점점 불어가면서 선조를 비롯한 신료들은 장승처럼 성곽에 우두커니 서서 바라볼 뿐이다. 천천히 성문을 나선 유성룡이 성곽을 보수하며 안면이 익은 늙은 아전에게 향했다. 몽둥이를 든 젊은 장정이 유성룡에게 향하자, 촌로가 가로 막고 '유성룡 대감'이라고 소리쳤다. 평양성 보수에 직접 나섰던 유성룡의 의지는 성내에 널리 퍼져 인심을 얻었다. 소요가 잠시 진정될 기미를 보였다.

"나라를 구하려는 그대들의 충심이 지극하오. 조정에서도 이미 평양성을 굳게 지키기로 했고, 성상께서도 윤허하셨는데, 이런 소동이 누구를 이롭게 할지 생각해 보시오. 지금 물러서면 없던 일이 될 것이고, 더 나서면 용서받지 못할 역도가 될 것이오."

유성룡이 목소리는 높이면서 어조는 낮추어 차분하게 설득한다.

"소민(小民)들이 우매해 성을 버린다는 그릇된 소문만 듣고, 분을 이기지 못해 용렬한 짓을 벌였습니다. 확고한 약속을 주시니 가슴속이 후련해집니다. 무엇을 더 원하겠습니까."

아전이 중재에 나섰다. 결국 앞장선 장정들이 몽둥이를 내리고 돌아서 소요는 폭동으로 번지기 직전에 가까스로 끝이 났다. 하지만 분을 이기지 못한 선조는 저녁에 평안도 관찰사 송언신을 불러 불미스런 사태를 막지 못한 책임을 추궁했다. 결국 송언신이 앞장섰던 장정 세 명을 붙잡아 대동문 앞에서 목을 베었다. 선조의 보복이 두려운 백성들은 미련 없이 성을 빠져 나갔고, 조정과 군민이 합심해 왜적에 맞서자는 유성룡의 계획은 뿌리째 흔들린다. 다시 선조의 피란길이 논의된다.

유성룡은 성벽이 견고하고, 식량이 충분히 비축된 평양성을 반드시 수호해야 한다는 의지를 굽히지 않았다. 대동강을 사이에 두고 교착상태가 잠시 이어졌다.

왜병 한 명이 종이를 맨 장대를 강 건너 기슭의 모래 바닥에 꽂고 돌아가는 모습이 연광정에서 보였다. 유성룡이 화포장 김생려에게 강을 건너 가져오라고 지시한다. 김생려가 작은 배에서 내리자 왜군이 숲에서 나와, 두 손을 맞잡아 예를 갖추고 서신을 건넨다. 윤두수가 왜구의 서신 따위를 볼 이유가 무엇이냐고 외면하자, 유성룡은 이를 본다고 의기를 저버린 것은 아니라며 펼쳐 들었다.

"조선국 예조판서 이덕형 합하에게 올린다."

고니시가 겐소를 통해 이덕형에게 다시 강화협상을 요구했다. 전란이후 왜군과의 첫 협상이 시작된다. 작은 배를 강 가운데로 띄워, 이덕형이 겐소를 만난다.

"일본이 길을 빌어 중국에 이르고자 하는데, 조선이 가로 막아 일이 이 지경이 되었다. 지금이라도 한 가닥 길을 빌려 달라."

겐소가 동래성에서 했던 말을 되풀이한다. 평양성을 열면 안전을 보장하겠다는 다짐을 둔다.

"군사를 모두 물리고 다시 협상한다면, 일본이 명나라에 조공하는 길을 열도록 조선이 협력하겠다."

상호간에 합의 가능한 교섭의 접점은 없었다. 일본이 중국에 조공하는 길만을 얻기 위해 대규모 병력을 동원할리는 없다. 조선 또한 평양성을 열면 왕과 신료, 백성의 목숨을 고니시 처분에 맡겨야하고, 명나라와는 등을 지게 된다. 협상은 곧바로 결렬된다. 이날 저녁, 왜군 수천 명이 강가에 진을 치며 본격적인 전투를 예고했다.

선조는 왜 본진이 모습을 드러내자 대신들을 불러 부랴부랴 피란길을 확정했다. 함경도로 의견이 모아졌다. 지역이 궁벽하고 길이 험해 왜군을 피하기에 적당하다는 생각이었다. 평양성이 함락되면 의주도 위태롭다. 선조는 일단 북방 끝으로 피란한 뒤, 명나라 군사가 참전하면 어가를 되돌릴 심산이다. 이 무렵 함경도 깊숙이 진격한 가토의 군대에게 함경도 백성들이 오히려 협력하고 있다는 사실을 조정은 까마득하게 몰랐다. 어가는 함경도로 향하면 풍전등화의 처지에 놓인다. 영흥 부사 재임 중 그나마 인심을 얻은 동지사 이희득을 함경도 순검사로 파견해 먼저 민심을 수습키로 한다. 병조정랑 김의원이 종사관으로 정해지고, 중전 의인 왕후 박 씨를 비롯해 비빈들이 먼저 평양성을 떠나기로 의논했다.

유성룡이 어가의 방향이라도 돌리기 위해 다시 나섰다. 파천이 기정사실이라면, 그나마 의주행이 차선책이다. 함경도에 고립되면, 명나라와의 외교 접촉마저 단절된다. 더구나 백성들이 항쟁의 구심점을 잃을 수 있다는 사실에 주목한다.

"일단 평양성을 떠나면 남은 희망은 아직 왜적의 손이 닿지 않은 남쪽 지역의 군사들과 명나라 군사가 될 것이옵니다. 왜적이 사방으로 군사를 진격시켜 함경도에만 왜적이 없다는 보장이 없습니다. 그런데 전하의 행렬이 북쪽 깊숙하게 들어가 남쪽이나 명나라 원병과 소식이 끊어지면 북방 오랑캐 땅으로 몰릴 것이고, 사직은 더 이상 보존할 수 없습니다. 대부분 신료들은 가솔들이 함경도로 피란 간 까닭에 이를 마음에 두고 함경도를 고집하고 있사옵니다. 신의 늙은 노모도 강원도와 함경도에 머물 것으로 사료되어, 북방으로 가고 싶은 마음이 없지 않습니다. 하지만 국사를 논함에 사사로운 정을 두어서는 안 됩니다."

유성룡은 늙은 노모를 일컫는 대목에서 기어코 눈물을 보이며, 목메어 흐느낀다. 선조의 피란은 이미 막을 수 없다. 유성룡은 어가를 보호할 수 있는 유일한 희망이 그나마 명나라인 만큼 차라리 서쪽으로 길을 권한다. 게다가 오랜 핍박에 시달린 함경도 지방은 조정에 대한 반감이 유독 깊어 적대감마저 심상치 않았다.

유성룡이 물러나온 뒤, 지사 한준이 선조를 만나 함경도 피란길을 고집했다. 마침내 중전의 행렬이 먼저 함경도로 향했으나 백성들이 평양성 곳곳의 길목을 지켰다. 이들은 왕비의 시종을 몽둥이로 쳐 말에서 떨어뜨리고, 호조판서 홍여순에게도 몽둥이찜질을 놓았다. 다행히 중전과 비빈의 가마는 손대지 않아 길을 떠났고, 홍여순은 수행하던 병사들에게 업혀 돌아왔다. 군관들은 절뚝거리며 성안으로 되돌아왔다. 칼과 창을 든 백성들이 성안 골목골목을 지키며, 고함소리가 끊이지 않는다. 선조는 활을 차고 뜰 안을 초조히 맴돌며 가마가 준비되었다는 소식을 기다렸다. 하지만 홍여순 등이 무참히 돌아오자, 이날은 피란길을 미룬다. 유성룡이 선조를 찾아 "이곳에 머물러 계시고, 북방으로 가지 말라"고 울며 마지막 호소를 한다. 선조가 함경도를 포기하고 다시 서쪽으로 길을 잡아도, 명군이 오지 않아 어가 행렬이 요동을 넘어서면, 더 이상 전란을 지탱할 명분이 사라진다. 유성룡을 외면한 선조가 대답을 미루자, 차라리 의주행을 다시 청한다. 그리고 이튿날인 11일 날이 새기 무섭게 백성의 경비가 허술한 곳을 찾아 영변으로 길을 잡았다. 영변을 지나 의주를 지나면 명나라 땅이다. 선조는 좌의정 윤두수와 순찰사를 겸하고 있는 이조판서 이원익에게 평양성을 사수하라는 당부를 잊지 않았다. 최흥원, 유홍, 정철이 어가를 따랐고, 유성룡은 명나라 군대를 끌어들여야 전란의 흐름을 뒤집을 수 있다는 실오라기 같은 희망을 품고, 평양성에 남았다. 선조는 입맛마저 잃었는지, 피란길에 궁인들이 음식을 올리자 이를 수행한 신하와 궁녀들에게 다시 내렸다.

이날 소규모 접전이 벌어진다. 좌의정 윤두수와 도원수 김명원, 순찰사 이원익이 연광정을 지휘하고, 평안감사 송언신은 대동성 문루를, 병사 이윤덕은 부벽루 뒤쪽 강여울을, 자산 군수 윤유후 등은 장경문 수성의 책임을 맡았다. 성안의 군사와 백성은 모두 합해 3~4천명 정도, 성가퀴에 배치되었으나, 살받이터를 모두 채우지는 못했다. 을밀대 근처 소나무 가지에는 옷을 여기저기 걸어서 병사처럼 보이도록 위장했다. 군사편제가 짜지지 않은 상태에서 백성과 병사들은 우왕좌왕 제자리를 잡지 못했다. 군사 조직이 단기간에 완성될 수 없는 농민들의 집합체와 같은 군대, 좀처럼 정병으로 거듭나지 못한다. 게다가 중심을 잃은 선조는 실망스러웠고, 가족들의 안위는 당면한 현실이다. 도주하는 병사도 끊이지 않았다.

동대원 언덕에 강을 바라보며 활처럼 진영을 꾸린 왜군도 아직 시위를 팽팽하게 당긴 긴장감을 보이지는 않았다. 검은색, 붉은 색, 그리고 흰 색 깃발이 진영별로 나뉘어져 펄럭인다. 흰 깃발에는 군데군데 꺾어진 삼(三)문자 문양이 뚜렷했고, 네 개의 사각이 그려진 붉은 기, 세 개의 점이 찍힌 흰색 기가 좌우익에 포진했다. 사령부로 보이는 중앙의 화려한 군영에는 나팔꽃 문양이 뱀처럼 얼키설키 엮인 장대가 세워졌다. 고니시의 막사일 것이다. 마파람에 널름거리는 붉고, 검은 깃발이 언제라도 대동강을 넘을 듯한 위기감을 준다.

왜군은 산발적인 공세를 통해 평양성의 방어 수준을 가늠한다. 기병 10여 명이 대동강 가운데의 양각도를 향해 동시에 뛰어든다. 강물이 말의 배까지 차오르자 병사들이 내려 말고삐를 잡고 건너올 듯한 자세만을 취할 뿐, 막상 건너지는 못한다. 강가에는 서너 명 단위로 구성된 왜병이 장검을 차고 배회했는데, 칼을 뽑아 햇빛에 비추자 번쩍번쩍 섬광을 일으켰다. 쇠라기보다는 백랍이 빛을 반사하는 듯, 예리한 거울이 순백색을 뿜어내는 인상이다.

이어 6~7명의 왜군이 강가에서 도열한 뒤, 일제히 사격을 개시했다. 조총소리가 대동강 기슭에서 혼탁하게 메아리치며, 이따금 죽음의 공포를 문득문득 일깨운다. 곡사된 철환은 포물선을 그리며 실제 사정거리를 훨씬 넘어 5백여 m 떨어진 대동관의 기왓장을 깨뜨렸다. 연기 속에서 직사된 철환은 곧바로 성벽과 성루의 기둥을 파고들어 그 깊이가 10cm나 되는 탄흔을 남겼다.

붉은 갑옷으로 치장한 왜병이 병사 서넛을 거느리고 연광정에 서 있는 대신들을 향해 조총을 겨누었다. 거리가 멀어 방심한 사이에 철환이 바람을 가르며 군관 2명을 스치며 상처를 냈다. 유성룡이 활솜씨가 빼어난 군관 강사익과 병사를 불러 주위를 방패로 에워싸라고 명한다. 강사익은 사거리가 긴 편전을 붉은 옷을 입은 왜장에게 날렸다. 화살이 나선처럼 휘돌아 얕은 포물선을 그리며, 왜병을 지나 모래밭에 박혔다. 주춤하던 왜병이 위협사격을 멈추고 물러간다. 유성룡은 강사익 옆에 서서 왜군 진영을 쏘아본다. 문관답지 않은 배포였다. 이어 조선군은 배를 띄워 강 가운데의 왜병을 향해 나아갔다. 왜군이 서둘러 강기슭으로 몸을 피하고, 조선군이 이번에는 현자총통으로 위협사격을 가했다. 조총과 비교할 수 없는 벼락 같은 포성을 동반하고 대형 철환과 대장군전이 왜군 군영에 내리꽂힌다. 왜병이 삽시간에 흩어졌다가, 철환의 주변에 다시 몰려들었다. 이날 포격전은 조선군의 승리였다.

오랫동안 비가 오지 않아, 강물이 하루가 다르게 줄어들었다. 지금의 조선 군세로는 왜군이 도강하면, 승산이 없다. 북쪽 강변에 매어둔 병선 한 척을 하구로 흘려보낸 아전의 목이 잘린다. 유성룡이 다시 윤두수를 찾았다. 실질적인 군사 지휘권은 없는 지위, 윤두수를 통해 군사 작전에 부분적인 조언을 하는 처지다.

"평양성 앞은 강물이 깊고, 배가 없어 왜군이 넘어올 수 없습니다. 다만 상류는 얕은 여울이 많아 방비하지 않으면, 위태롭습니다."

"이윤덕이 이미 지키고 있는데, 우려할 것이 무엇입니까."

도원수 김명원은 전선이 소강상태를 보이면서 다소 느긋하다.

"이윤덕 같은 이를 무엇을 믿고 방비를 맡긴단 말이오. 순찰사는 어찌 한가하게 모여 잔치에 온 사람처럼 잡담만 주고받는지 모르겠소."

유성룡이 주변에 서 있던 순찰사 이원익에게 공연히 역정을 낸다.

"공이 화급히 나서, 상류를 살펴보시오."

김명원이 유성룡의 성화에 놀라며, 비로소 군령을 내렸다.

평양성 방비 논의가 재개되면서 모두들 명나라 지원 여부에 안절부절 못했다.

김명원이 유성룡에게 명나라 군사의 참전을 독촉해 달라고 청한다. 어두워질 무렵, 종사관 홍종록, 신경진과 함께 성을 나선 유성룡은 한밤중에 순안에 도착했다. 회양으로 통하는 길목에서 만난 이양원의 종사관 김정목은 왜군이 철령까지 이르렀다고 알린다. 다행히 비빈 행렬은 박천으로 되돌렸다는 전언이다. 선조의 행렬이 함경도에 들어갔다면, 죽거나 포로가 될 운명이었다. 숙천을 지나 안주에서 임세록을 만나 원병을 다짐받은 유성룡은, 이튿날 영변을 거쳐 선조가 있는 박천으로 말을 달린다. 유성룡이 당도하자 선조가 뜰로 내려왔다.

"평양성은 지킬 수 있겠는가?"

먼저 성을 버린 민망함과 반가움이 표정에 교차한다.

"민심은 안정되었사오나, 병사가 부족합니다. 명나라 구원병을 청하려 달려왔으나, 아직 그들을 보지 못해 답답할 따름입니다."

선조가 윤두수의 장계를 가져오라 명한다.

"이미 늙은이와 어린 아이들이 성 밖으로 나서 민심이 동요할 것인데, 성을 지킬 수 있겠는가?"

평양성을 떠난 것이 불가피했다는 어투다.

"성상의 걱정하는 말씀처럼 위태롭습니다. 왜군이 얕은 여울로 건너올 것이니, 강바닥에 마름쇠를 깔아 저지하는 것이 당장 시급하옵니다."

수성을 포기할 수 없다는 의지를 내비친다.

선조의 명으로, 주변의 마름쇠가 평양성으로 보내진다. 모두 수천 개에 이르렀다.

유성룡이 일을 마치자 다시 선조를 찾았다.

"평양 서쪽 강서, 용강, 증산, 함종 고을에는 곡식이 수천 석에 이릅니다. 왜군이 다가서면, 모두 흩어져 그들 수중에 들 것입니다. 시종을 보내 민심을 다독이고 군량을 갈무리 하시옵소서."

유성룡은 부단히 현실에 귀 기울여, 당면한 문제를 해소하는데 주력한다. 다른 신료들이 쉽사리 탄핵하지 못하는 이유일 것이다. 선조가 누구를 보내느냐고 묻자 유성룡은 병조정랑 이유징을 추천한다. 유성룡이 명나라 장수들을 만나기 위해 바삐 말고삐를 잡는 순간, 이유징이 유성룡에게 다가선다.

"재상께서 무슨 원한이 있어, 저를 왜적의 소굴로 보내고자 하십니까."

유성룡이 불같이 화를 낸다.

"네가 나라의 녹을 먹고 있다면 위험을 마다하지 않고 끓는 물과 뜨거운 불속에라도 뛰어드는 법인데, 어찌 한 걸음 움직이는 것을 두려워하느냐."

추상같은 분노가 서리자, 이유징이 낯을 붉힌다.

이 시각, 평양성을 결국 왜군이 점령했다. 왜군은 강가에 주둔하며, 풀로 엮은 10여개의 막사만을 쳐놓고 좀처럼 도강할 기색을 보이지 않았다. 왜병과 조선군이 모두 방심한 상황을 틈타 김명원이 강기슭 왜병에 대한 기습을 시도한다. 고언백에게 병사 수백 명을 붙여 부벽루 아래 능라도 나루에서 한밤중에 출병해 강가를 우회해서 공격하도록 군령을 내린다. 조선군은 먼동이 틀 무렵 방심한 왜군 진영에 화살을 비처럼 쏟아 부은 뒤, 창병이 대오를 이루어 진군해 갔다. 전방에서 군사를 이끌던 토병 임욱경이 조총에 맞아 전사했지만 왜군도 갈피를 잡지 못해 진영이 무너진다. 강기슭까지 왜군을 몰면서 노획한 말 3백여 필을 가지고 대동강가에 이르자, 숲속에서 왜군의 뿔 나팔 소리와 함성이 동시에 터져 나왔다. 강 복판에 정박한 조선 배들이 겁에 질려 강기슭에 배를 대지 못해, 강가로 달린 병사들이 창검을 휘두르며 발만 동동 구른다. 강에 뛰어든 조선군은 헤엄치거나 물에 휩쓸렸고, 기슭에서는 무참히 죽어갔다. 일부 평안도 토병이 강을 거슬러 달렸다. 그리고 왕성탄 인근에 이르자 첨벙첨벙 대동강을 뛰어서 건너는 모습이 왜군에게 목격된다. 왜군이 마침내 수심이 얕은 대동강 상류를 확인했다.

이날 저녁, 왜군의 본진 수천여 명이 꼬리를 물고 왕성탄을 건넜다. 강가를 지키던 조선군은 아예 기가 질려 제대로 화살 한 대 날리지 못했다, 이들은 대동강을 건넌 뒤에도 혹시 모를 조선군의 함정을 경계, 곧바로 평양성을 에워싸지 않고 척후를 사방에 보냈다. 명나라 원군은 요원한 상태에서 왜군이 대동강을 건넜다는 소식이 전해지자 윤두수와 김명원이 평양 성문을 열어 백성을 모두 내보낸다. 이어 병기와 화포를 풍월루 연못에 가라앉히고, 윤두수 등 지휘부는 평양성을 버렸다. 종사관 김신원은 홀로 대동문을 나서 배를 타고 물길을 따라 서쪽으로 향한다. 평양성이 텅 비었다.

15일 새벽, 고니시는 한양성 진군 때와 마찬가지로 척후를 평양성 일대에 깔아 주변은 물론, 평양성을 내다보는 모란봉까지 수색한다. 신중한 고니시는 성안 병력이 모두 철수했다는 확신이 서자 본진의 이동을 명령한다. 성안에는 곡식 10만여 섬이 그대로 쌓여 있어 고니시가 다시 놀란다.

유성룡은 선조를 만난 뒤, 날이 저물 무렵 대정강가에서 광통원 들판에 흩어진 조선군을 통해 설마 했던 평양성 함락을 확인했다. 군관들이 흩어진 병사 몇몇을 데려오면서 상황은 파악되었다. 의주, 용천 고을의 병사로, 강여울 수비병이었다. 왕성탄을 건너는 왜병 군세에 놀란 영변절도사 이윤덕이 속절없이 달아나자, 병사들도 제각각 살길을 찾아 병장기를 버리고 도주했다고 시큰둥하게 답한다. 유성룡은 길가에서 지필묵을 들어 박천의 선조에게, 병사들에게 보고 들은 바를 소상히 적어 장계를 올린다. 평양성이 함락되었다면 더 이상 수성에 마땅한 전략 지역이 없다. 명나라 군대를 끌어들이기 전까지, 고니시가 모든 결정권을 갖는 셈이다.

평양성이 함락되었다는 장계가 박천에 다다르기 무섭게 순찰사 이원익과 종사관 이호민이 도착, 평양성 패전을 알린다. 한밤중에 조정의 피란 행렬이 둘로 나뉜다. 선조는 정주를 거쳐 의주로 피란, 압록강을 건널 심산이다. 앞서 선조는 광해가 이끄는 임시 조정인 분조를 만들어 자신이 요동으로 망명할 경우 발생하는 통치 공백을 메울 장치를 마련했다. 선조는 세자에게 "국사를 임시로 다스려 관작을 내리고, 상벌을 처결하는 일을 모두 편의에 따라 스스로 처결하라"며 군사 및 인사권을 위임했다. 편의종사권과 더불어 벼슬을 임명하는 권차까지 넘긴다. 민심을 수습해 의병을 일으키는 최전선 지휘 책임이 18세 나이인 광해에게 지워졌다. 신료들의 반발이 거셌지만 선조는 "대신들의 반대로 내가 죽고 싶어도 죽을 수가 없다. 천자의 나라에서 죽을지언정, 왜적의 손에 죽을 수는 없다"면서 망명의지를 굽히지 않았다.

광해는 선대 왕과 왕비의 신주 20여 개를 거적에 둘둘 말아 말 잔등에 걸치고, 강원도 이천으로 향했다. 사방에 왜군이 들끓었지만 한양성을 견제할 수 있는 요충지였다. 요동 망명을 반대한 영의정 최홍원, 좌찬성 정탁 등 적지 않은 신료들이 세자를 수행한다. 이어 우의정 유홍까지 세자를 따른다고 나서자 정치적 고립감에 빠진 선조는 유홍의 하직 인사조차 받지 않은 채, 정주로 길을 잡았다. 좌의정 윤두수는 평양성에서 행방이 묘연해 선조를 따르는 대신은 한 명도 없었다. 정철만이 과거 정승의 신분으로 선조를 수행한다.

피란 행렬이 청천강을 건너 가산에 이르자, 유성룡은 선조에게 '청천강을 사이에 두고 시간을 끌며 결전을 벌여 명군을 기다리자'며 피란 행렬을 다시 잡아두려 시도한다. 가산군수 심신겸이 1천여 섬의 군량을 비축해 놓아, 며칠만 버티면 명군과 합류할 수 있다고 거듭 요청했지만 선조는 이를 묵살하고 다시 정주로 향했다. 북상하는 선조의 피란 행렬 이남(以南) 마을 백성들도 난민으로 돌변했다. 순안, 숙천, 안주, 영변, 박천 고을의 관아 창고는 차례로 약탈당했다. 가산도 선조가 떠나면서 민란 상태에 빠져, 통제력을 상실한 군수 심신겸이 유성룡에게 마을을 안정시켜 달라고 요청한다. 난민들은 무리지어 양반가와 관아를 습격, 재물을 약취하며 소요는 폭동으로 번질 조짐이다. 평양성에서 패퇴한 뒤 대정강가에서 합류한 군관 6명과 병사 19명이 유성룡을 따랐지만 선조의 지시 없이 병사를 움직일 수는 없다. 잠시 갈등하던 유성룡이 해가 기울어 가자 결국 가산을 떠나 어가를 따랐다. 효성령 고갯길에 오르자 가산 관아를 비롯해 사방에서 불길이 타오르며 가산은 쑥대밭이 되고 있었다.

이튿날 정주를 떠나 선천으로 향한 선조는, 정주에 머물며 민심을 살피라고 유성룡에게 지시한다. 선천을 거쳐 의주로 가면 곧바로 망명을 결정하는 수순에 접어든다. 유성룡이 찬성할 리 없었다. 늙은 아전 백학송 등 몇몇이 관아를 지킬 뿐 정주성에는 적막감이 감돌았다. 엎드려 임금의 행차를 전송한 유성룡이 연훈루에 앉아 눈물을 보인다. 조선 땅에서 마지막으로 보는 선조의 모습이 될 지도 모른다는 상념에 젖었다. 군관과 병사들은 버드나무에 말을 매고 유성룡 곁을 지킨다. 날이 저물자 고요했던 정주성 관아에 백성들이 삼삼오오 모여들어 비축된 식량에 대한 약탈이 시작될 조짐이다. 창고 주변으로 십여 명이, 성과 주변에는 수백 명의 백성들이 몽둥이를 들고 서성인다. 군사를 동원한 유성룡이 아홉 명을 사로잡아, 머리를 풀어 헤치고, 두 손을 뒤로 결박시킨 뒤 웃옷을 벗겨 창고 앞 한 길에서 조리돌림을 시켰다. 병사들이 "관아의 창고를 약탈하는 도적은 목을 베어 효시한다"고 엄포를 놓자 백성들이 서서히 흩어진다. 유성룡은 평양성에서 도주한 정주 판관 김영을 붙잡아 곤장 60대를 친다. 바닷가로 피란 간 가솔들에게 창고 곡식을 훔쳐 보낸 죄를 엄히 묻는다.

"무장의 몸으로 싸움에서 도망친 것만 해도 목을 베어야하는데, 관청 곡식을 훔쳤으니 살아남기 어렵다"는 불호령이 떨어진다. 유성룡은 난민의 목은 베지 않고,

오히려 벼슬아치들을 곤장으로 다스려서 민심을 추스른다. 정주성 인근의 용천, 선천, 철산 등지의 소요가 점차 진정될 기미를 보였다.

평양성에서 패퇴한 좌의정 윤두수와, 도원수 김명원, 무장 이빈 등이 정주에 도착하자, 유성룡은 김명원과 이빈에게 정주성을 맡기고, 선조가 향한 용천으로 말을 달린다. 기필코 선조의 어가가 압록강을 넘기 전에 막을 요량이다. 평양성 함락 이후, 백성들이 산속으로 피신해 길가는 적막했고, 텅 빈 저잣거리가 오히려 묘지보다 더한 음산한 기운을 품고 있다. 유성룡이 곽산산성 아래 귀성으로 가는 갈림길에서 말을 세운다. 종사관 홍종록이 기축년 옥사에 연루되어 귀성에서 귀양살이를 한 탓에 이곳 지리에 밝았다. 유성룡은 홍종록에게 '귀성으로 들어가 산골 백성들을 모은 뒤, 곳곳의 식량을 민심이 안돈된 정주성으로 옮기라'고 지시한다. 명나라 군대가 도착하면, 식량운반에 공을 세운 자에게 신분에 상관없이 후한 상을 내린다는 사실을 공표하라고 충고한다. 우직한 종사관 홍종록이 곧바로 귀성으로 말을 달렸다. 왜군의 형세가 궁금했던 백성들이 하나둘 산에서 내려와 홍종록을 찾았고, 그는 이들을 설득해 식량 운반에 박차를 가했다.

22일 의주에 당도한 선조 일행은 일제히 안도의 한숨을 내쉰다. 명나라 장수 참장 대조변과 유격장군 사유가 선발대를 이끌고 선조 일행을 맞았다. 평양성으로 향하는 임반역에서 성이 함락되었다는 소식을 듣고, 의주에 주둔해 명나라 본진을 기다리고 있었다. 불과 네댓새 차이로 명나라 군대와 함께 평양성을 지킬 기회를 놓치고 말았다. 선조에게 명나라 황제가 보낸 은 2만 냥이 전해져 식량은 물론 땔감마저 부족해서 허덕거리던 조정도 한 시름을 놓는다. 앞서 명나라 조정도 한바탕 홍역을 치렀다. 우선 왜군의 가파른 북진 소식에 놀란 명나라 조정은 조선과 왜군이 내통했다는 의심을 거두지 않았다. 하지만 평양성에서 유성룡이 차관 임세록을 통해 보낸 문서를 시작으로, 거듭되는 조선 사신들의 절박한 하소연에 명나라 조정 여론이 변해갔다. 마침내 병부상서 석성(石星·55세)이 구원병 파견을 주장, 변곡점을 맞았다. 명나라 옥하관에 머물던 조선 사신 신점은 밤낮으로 곡을 멈추지 않아, 명나라 신료들의 동정심을 자극했다. 마침내 평양성이 함락되고, 피란길의 선조가 망명 의사마저 타진하자 명나라가 의심을 말끔히 거둔다. 평양성에서 의주까지는 2백 km 남짓한 거리로, 기병이 빨리 달리면 하루, 이틀만에도 당도할 수 있다. 유성룡은 '왜군 형세가 높은 곳에서 병을 세워 물을 쏟아 붓는 것과 같아 하루아침에 압록강에 이를 것'이라며 공문을 통해 조만간 전장이 명나라로 옮겨갈 것임을 부단히 자극했다.

24일 선조가 요동 망명을 마지못해 접었다. 이날 선조의 재촉이 오히려 신료들의 거센 저항을 자초했다. 선조는 명나라 참전에도 불구하고 잠시 요동에 머물러 관망하겠다는 의중을 다시 내보였다.

"갈팡질팡 의논만 하지 말고 요동으로 가는 구체적 일정과 방법을 빠르게 마련하라"고 신료들을 질책했다. 신료들이 우물거리자 유성룡이 나서 쐐기를 박는다.

"당초에 요동으로 가자는 생각에 경악하였으나 달리 방도가 없어 허둥대면서 민심이 연일 시끄러웠습니다. 왜적이 비록 코앞에 있다한들 하삼도가 무사하고, 강원, 함경도 역시 아직 큰 병화를 입지 않았습니다. 전하께서는 수많은 신민들을 어디에 맡기시고 굳이 필부(匹夫)의 행동을 하려고 하십니까"

선조에게 '필부'라고 무참하게 쏘아 붙인다. 이어 요동의 풍습이 험하고, 풍토와 음식은 거칠어 신들이 어찌 대처해야할지 모르겠다면서 외면해 버린다. '가려면 혼자 떠나라'는 어투였다. 유성룡의 과격한 언사에, 다른 신료들이 아예 입을 다물자 선조가 얼굴을 붉히면서 요동행 논의는 중단되었다. 더구나 명나라는 사신을 통해 보낸 답서에서 "관전보의 빈 관아를 내어줄테니 거처하라."고 통보, 선조는 맥이 풀렸다. 관전보는 여진과 마주한 위태로운 땅, 명나라조차 포기한 허허벌판 요동 땅에서 홀로 갇힐 처지였다. 명나라 군사의 군량은 조선에서 해결하라는 단서도 덧붙였다.

요동 부총병 조승훈이 곧 명군 3천 명을 이끌고 압록강을 건너, 유격장 사유와 합류해서 평양성 공략에 나선다는 전갈이 행재소에 도착, 이들에 대한 군량미 지원이 현안으로 떠오른다. 선조는 유성룡을 염두에 두었지만 치질로 자리에 누워 있자, 좌의정 윤두수에게 이 일을 맡겼다. 소식을 들은 유성룡이 앓던 몸을 추스른다. 의주에 있는 유일한 정승 윤두수마저 조승훈에게 보낼 수는 없었다. 7월 7일 선조에게 하직하고 길을 나서자 내의원 하인 용운이 행장에 웅담과 소합원, 청심원 등을 챙겨 준다. 용운은 퉁퉁 부은 눈으로 성문 밖 2km까지 견마를 잡아, 엉거주춤 말을 모는 유성룡을 배웅했다.

유성룡은 조명연합군 5천여 명에 대한 구체적인 군량 조달 계획을 신속하게 실천에 옮겼다. 우선 소곳에서 정주, 가산에 이르는 남행길 이틀 동안의 군량은 정주성에 비축된 식량으로 해결키로 하고, 이후 안주, 숙천, 순안의 세 고을을 지나는 사흘 동안의 보급 방안을 모색한다. 연합군이 평양성을 곧바로 함락하면 성안에 비축된 식량으로 해결되지만 장기전에 접어들면 평양 서쪽의 세 고을 강서, 용강, 함종에서 이를 조달해야 한다. 이들 마을로 파발을 띄우고, 늦은 저녁 소곳에 도착한 유성룡은 아전과 군사가 모두 도망쳐 적막한 역사에 불을 지피고, 군관을 시켜 촌락의 몇몇 백성을 불러낸다. 매질을 당할까 벌벌 떠는 백성들에게 유성룡은 극진히 타이르며, 부역을 부탁한다. 중앙 고위 권신이 아니라 국란을 함께 막는 조선 백성의 모습이다.

"명나라 병사들이 곧 평양성 공략에 나선다. 나라가 위태로울 때 돕는다면 이 공을 따로 공로책에 적어 등급에 따라 상을 줄 것이다. 이 기록에 빠진 자들은 훗날 벌을 면치 못한다."

유성룡은 백성을 하나하나 불러, 이름과 사는 곳, 부역을 시작한 날짜 등을 세세히 기록한다. 소문이 돌자 부역에 나서는 백성들이 꼬리를 물었다. 이들은 말먹이 풀을 모으고, 막사를 세우며, 가마와 굴뚝을 만들어 솥을 걸었다. 며칠 동안 명나라 군사들이 머물 군영이 완성된다. 한 사람도 매질을 당하지 않았고, 모든 이가 헌신적으로 일을 도왔다. 유성룡은 장계를 올려 준비 상황을 보고 한 뒤, 난리 때일수록 백성을 험하게 다루지 말고 성심껏 타일러야한다고 당부했다. 또 고공책을 곳곳에 비치해서 백성들의 노역을 자연스럽게 이끌어 내자고 건의했다. 이른바 전란에 공을 세운 이들에게 나라의 직첩을 주는 공명첩의 시작이었다.

　정주의 사정은 훨씬 나았다. 홍종록이 귀성 사람들을 동원해서 말먹이 콩을 비롯해 좁쌀 등 2천여 석을 정주, 가산으로 운반해 놓아 안주에서 평양까지 사나흘 동안의 식량만 해결과제로 남았다. 유성룡은 충청도 아산에서 행재소로 향하던 세미 1천2백 석을 돌려세운다. 의주의 행재소도 굶주려 있었지만 당면한 현실이 우선시된다. 정주 입암에 정박 중이던 세미선에서 곡식을 풀어 2백 석은 정주로, 2백 석은 가산으로, 8백 석은 안주로 분산한다. 모두 명군이 평양으로 향하는 길목이다. 유성룡을 따르는 수문장 강사웅이 정신없이 뛰어다니며 유성룡을 돕는다. 안주에는 왜군이 자주 출현하는 만큼 혹시 모를 사태에 대비해 배를 강 가운데 정박시켜, 군사가 도착하면 곡식을 내리라고 명한다. 평양과 의주 일대의 지형을 머릿속에 꿰뚫고 있었다. 유성룡은 "먼 곳의 곡식이 약속이나 한 듯 날짜를 맞추어 도달했으니, 하늘이 나라의 중흥을 돕습니다. 이 곡식을 모두 군량미에 충원토록 하십시오."라는 장계를 올려 세곡의 전용을 통보한다. 유성룡은 선사포 첨사 장우성과 노강 첨사 민계중에게 각각 대정강과 청천강에 명군이 건널 수 있는 부교를 설치하라고 지시하고, 안주로 말을 달려 마지막 점검에 나선다.

　17일 마침내 조명연합군이 평양성 북방 순안군에 진을 쳤다. 요동에서 여진족을 상대로 풍부한 실전 경험을 쌓은 명나라 총병 조승훈이 지휘를 맡았다. 자신감에 찬 조승훈은 왜군이 아직 평양성에 머문다는 기별에 "하늘이 나에게 큰 공을 세울 기회를 준 것"이라며 기쁨에 겨워 술잔을 들었을 정도다. 이어 조선군 도원수 김명원의 척후장 순안 군수 황원이 '명나라 군사에 놀란 왜군 주력이 한양으로 퇴각하고, 잔여 병력만이 평양성에 주둔하고 있다'고 알리자 화급하게 군령을 세워 출병한다. 19일 새벽 1시, 거센 비로 시야는 한치 앞을 구별하기 어려울 만큼 흐렸다. 명나라 선봉이 활짝 열린 칠성문에 들어서도 아무런 저항이 없다. 대동문을 바라보며 성안 깊숙이 진입한 선봉장 유격 사유가 진군기를 흔들어 중군의 성내 진입을 허용한다. 좁고 구불구불한 평양 내성 길이 진군을 가로막아 군사와 말이 뒤엉켰다. 비에 젖은 길은 질척이고, 사방은 어두워 행군의 질서를 어지럽힌다. 사유가 평양성 누각을 향한 길목에 접어들자 천지를 울리는 조총소리와 함께 쏟아진 불꽃이 날아들어 사유를 실타래처럼 덮었다. 투구가 깨어진 사유가 낙마하고, 울부짖는 비명과 함께 쓰러진 말이 덮친다. 군사를 돌리려는 천총 대조변과 장국충의 고함을 철환이 가르며, 비명이 터진다. 선봉장이 모두 전사, 명나라 선봉이 일거에 무너진다. 중군을 이끌던 조승훈이 가까스로 말머리를 돌려 도주하면서 전열을 잃었다. 말과 군사가 뒤엉키고, 사방에서 날아온 철환은 그 위치조차 가늠하기 어려웠다. 미로처럼 얽힌 진흙탕에 비마저 쏟아 부어 퇴로를 잃고 헤매던 명나라 군사들은, 도처에서 쏟아진 왜군에게 그야말로 '앞뒤 없이' 목숨을 내주었다. 새벽 무렵까지 계속된 빗발로 평양성 길목에는 명나라 군사의 피가 냇물을 이룬다. 조승훈이 패잔병을 이끌고 순안, 순천을 지나 안주에 당도했다. 겨우 정신을 추스른 그는 역관 박의검을 불러 "우리가 오늘 적병을 많이 죽였으나 불행히도 사유격이 죽고, 비마저 내려 잔당들을 소탕하지 못했으니, 군사를 보충해 다시 올 것이다. 동요하지 말고 부교도 철거하지 말라."는 말을 유성룡에게 전한 뒤, 부랴부랴 퇴각했다. 명군은 청천강과 대정강을 건너, 정신없이 공강정에 이르러 이틀을 주둔했다. 유성룡은 세찬 빗속에서도 종사관 신경진을 보내 조승훈을 위로하며, 혹시 모를 철군을 막기 위해 연일 양식과 찬거리를 군영에 실어 보냈다. 빗발이 잠시 주춤한 사이에 조승훈의 군대는 자취를 감추었다. 요동으로 군사를 물린 것이다. 겨우 다독이던 민심은 출렁이고, 병사들 사이에 무력감이 팽배하자 유성룡은 선조에게 안주에 머물겠다고 청한다. 의주 행재소까지 아무런 저지선도 형성하지 못한 무방비상태였다.

명군을 물리친 고니시 부대는 뜻밖에도 평양성에서 기동하지 않았다. 유성룡은 하루하루 피가 마르는 심정이다. 그는 지난 8일 전라좌수사 이순신이 견내량 인근 한산도의 넓은 바다에서 와키자카가 이끄는 왜선 59척을 모조리 수장시킨 사실을 알 리 없었다. 왜군은 부산포 본진을 조선수군에게 드러낸 상태다. 고니시는 평양성을 포위했을 당시, "일본 수군 정예 십만여 명이 서쪽 바다를 거슬러 올라올 것인데, 대왕께서는 항차 어디로 가시렵니까?"라며 조롱했다. 수로가 열리면 한양과 평양은 물론, 의주와 명나라까지 왜군의 작전 구역에 포함되고, 육군의 지상 작전은 날개를 얻게 된다. 그런데 좌수사 이순신에게 일격을 당한 것이다.

잔인한 가토는 전쟁에 천부적 재능마저 타고난 '악귀(惡鬼)'로 손색이 없었다. 가토는 황해도 안성역에서 고니시와 갈라져, 6월초 함경도로 북진했다. 그는 두 명의 안성 사람을 붙잡아 길잡이를 요구했다. "안성에서 나고 자라 함경도 지리는 잘 모른다"고 변명한 자의 목을 더 묻지도 않고, 그 자리에서 베었다. 살아남은 한 명이 적극적으로 가토에게 협력한다. 가토는 그를 앞세워 황해도 곡산에서 노리현을 지나, 강원도 철령 북쪽으로 진군했다. 하루에도 40km 이상 강행군을 이어가, 악귀가 바람과 비를 몰아 강원도와 함경도 지방에 쏟아 붓는 형세와 같았다.

시마즈 요시히로(島津義弘·도진의홍·58세)의 살마군을 지휘하는 4번대 장수 모리 요시나리(毛利吉成·모리길성)가 정병 2천 명을 이끌고 강원도에서 후방을 지원했다. 모리는 회양성을 점령한 뒤, 조선 왕자 2명이 함경도로 피신했다는 정보를 얻는다. 모리는 곧바로 철령을 넘어 안변에서 가토와 합류, 이 정보를 넘겼다. 철령을 수비하던 남병사 이혼의 기병 1천명은 모리의 부대가 철령에 닿기도 전에 방어선을 포기하고 흩어졌다. 가토는 본대를 이끌고 마천령으로 향했고, 모리는 강원도 해안으로 이동, 남진했다. 이 과정에서 환갑의 노장 원호(元豪·60세)도 결국 왜군의 군세에 밀려 전사했다. 지난 5월 여주에서 고니시 부대의 진군을 가로 막았던 원호는 강원도로 진군하는 모리 요시나리 부대에게 분패했다. 강원도 주현(州縣)을 함락시킨 왜군이 금화에 주둔하자, 원호가 춘천으로 진군하던 병력을 이끌고 정면 승부를 걸었으나 무리한 접전이었다. 왜군은 끝까지 저항한 원호의 목을 내다 걸어 본보기를 보였고, 강원도 전체가 무방비 상태에 빠진다. 유성룡은 장수들의 의기와 결기가 무리한 소모전으로 치달으며 가뜩이나 부족한 일선 지휘관의 공백이 더욱 커지는 현실을 아쉬워한다.

쫓기던 임해군과 순화군은 마천령을 넘어 경성에 주둔중인 북병사 한극함에게 왜군의 추격에 맞서라고 당부하고, 회령으로 피신했다. 한극함이 기병 1천여 기를 이끌고 마천령으로 향했으나 왜 선봉은 이미 고개를 넘어 평탄한 해정창까지 진출했다. 기병을 좌우로 나누어, 빠르게 기동하며 화살을 쏟아 부은 조선군은 조총병이 자리 잡기 전에 속도전을 펼쳐 승기를 잡아낸다. 전장에 익숙한 북방군의 강한 기세에 밀린 왜군은 군량을 쌓아 놓은 인근 관아로 퇴각했다. 한극함이 군사를 물려 전열을 가다듬고, 잠시 숨을 돌리는 이 시각이 전세를 뒤집는다. 어깨 높이의 창고 돌담에 은폐한 왜군 조총병이 총렬을 가다듬었다. 날이 저물자 일부 군관들은 재 돌진을 준비 중인 한극함에게, 군사를 돌려 왜군이 다음날 평지로 나올 때 기습전을 벌이자고 제안한다. 승세를 확신한 한극함은 촘촘한 대열을 형성한 기병 1천여기를 무리하게 돌격시켰고, 돌담 사이사이에 곡식 가마니를 쌓아 은폐할 참호를 구축해 놓은 왜군에게 속수무책으로 무너졌다. 무차별적으로 쏟아지는 철환에 1열이 무너지면서 후방이 뒤엉켜 곡식창 관아 앞은 아비규환의 지옥이 되었다. 한극함은 생존한 병사를 수습해 겨우 퇴각한다.

한밤중에 왜군이 퇴각하는 조선군 몰이에 나섰다. 이들은 안개가 짙은 새벽 무렵 잠에 빠진 조선 군영을 포위, 총성을 신호 삼아 일시에 내달렸다. 대부분 잠결에 살해되었고, 빠져 나온 일부 병사마저 산자락 곳곳의 진흙 구덩이가 발목을 잡았다. 군사를 잃은 한극함이 몇몇 군관과 함께 경성으로 도주하면서 두 왕자는 우리에 갇히고 만다. 가토가 손을 뻗기도 전에, 조정에 뿌리 깊은 반감을 지니고 있던 함경도 백성들이 회령에서 두 왕자를 포박해 23일 가토에게 넘겼다. 회령의 토관진무 국경인이 숙부 국세필과 함께 사찰노비, 관노비 등을 규합해 반란을 일으켰다. 반란군은 북병사 한극함마저 사로잡고, 남병사 이혼을 살해했다. 함경도가 한 달여 만에 가토의 손아귀에 떨어졌다. 함께 사로잡힌 유영립이 감시가 소홀한 틈을 타서 도주, 행재소로 돌아오면서 사태의 전모가 낱낱이 보고되었다.

가토는 국경인, 국세필 등에게 함경도 북부 깊숙한 곳의 수령을 맡기고 자신은 안변으로 내려가 본영을 설치, 군대를 정비하며 승자의 여유를 만끽한다. 이제 조선 행재소는 손만 뻗으면 잡힐 수 있는 벼랑 끝에 위태롭게 디디고 섰다. 무더위의 끝자락, 곳곳에서 일어나는 의병과 몇몇 변수가 없었다면 고니시와 가토는 북진을 마감하고 조선 땅에서 승전보를 울렸을 것이다. 여전히 점령하지 못한 전라도와, 이곳을 거점으로 남해 일대를 장악한 조선 수군이 왜군의 배후에서 총통을 겨눈다. 왜군의 신경이 실질적인 조선의 마지막 기맥(氣脈)인 전라도로 향했다.

전란이 터지면서 옥석(玉石)이 가려진다. 평소 의기와 충절을 내세웠던 신하가 도주하고, 용맹을 자랑하던 장수는 도망치기 급급하다. 이에 비해 선조의 미움을

사 유배된 선비가 붓 대신 칼을 들고 전장에 뛰어들었다. 지방에서 일어나는 의병의 양상은 상식과 거리가 멀었다. 천민으로 핍박받던 승려가 전란의 한 축으로 우뚝 섰고, 녹봉을 받던 벼슬아치들은 임금을 버리고 백성을 짓밟으며 살길을 찾아 나선다. 제승방략에 따라 소집된 양민과 노비들이, 훈련된 왜병의 총알받이로 전장에 세워진다. 지방 관아의 수령들은 왜군이 진주하면 인근으로 도주하면서 피란민들을 수탈했다. 왜군이 훑고 간 황폐한 땅에서도 벼슬아치는 용하게도 수탈할 거리를 찾아냈다. 이런 와중에 몇몇 선비들이 주축이 된 의병들은 굳어가는 조선의 혈맥에 회생의 침을 놓기 위해 사력을 다했다. 또 일부 수령들은 죽음으로 왜군의 진군을 막아 사대부의 책임을 다했다.

창원 사람으로 의금부도사를 지낸 조호익은 1576년 평안도 강동으로 유배되었던 인물. 가족 모두 유배지로 거처를 옮겨 20여 년 가까이 유배지에서 학도를 가르치며 곤궁한 살림살이를 꾸려왔으나 왜란이 터지자 군사를 일으켰다. 오랫동안 청렴했던 그의 삶이, 젊은 제자들의 자발적인 호응을 이끌어 내었다. 평양성을 거쳐 의주 행재소로 가던 중 양책역에서 유성룡을 만난다. 유성룡은 조호익을 의주가 아닌 강동으로 돌려세웠다. 강동에서 군사를 더 모은 뒤 명나라 군대가 진주하면 합류하라고 당부했다. 그에게 병사를 일으키는 공문과 남은 병장기를 수습해서 전해준다. 이어 조호익을 방면하라는 상소를 올렸다.

조호익은 강동에서 군사 수백 명을 모아, 상원 등지를 무대로 유격전을 벌여 연승을 거두었다. 무예에 익숙하지 않은 문관출신이었으나, 기민한 전술로 왜군의 허를 찔렀다. 또 병사들과 함께 생활하면서 이들의 신망을 이끌어 내었다. 한양이 아닌, 선조가 있는 북방을 향한 망궐례를 통해 국가적 위기를 병사들과 공유했다.

왜군은 남해를 통한 전라도 장악이 이순신에게 가로막히자, 6월말 금산에 대규모 병력을 집결시켜 전주성으로 향하는 두 개의 고갯길 공략에 나선다. 전라도 정벌을 맡은 고바야카와 다카카게(小早川隆景·소조천륭경·60세)의 6번대 1만 5천여 명은 지난 5월 애초에는 남원을 통해 전주성을 공략할 예정이었으나, 그 길목인 경상도 의령에서 의병장 곽재우(郭再祐·41세)에게 패퇴, 시작부터 전라도 진군로가 막혔다. 의령 동쪽 남강 기슭에 정자를 짓고 은둔하던 곽재우는 전란이 터진지 열흘 만인 22일, 건장한 10여 명의 노비를 이끌고 이웃 양반들을 설득해서 의병을 일으켰다. 갑옷 위에 명나라 붉은 비단을 걸쳐 홍의장군으로 각인된 곽재우는 의병을 모으는 상징적인 불꽃이 되었다. 이어 곽재우는 5월 24일 1백 명에도 미치지 못하는 군사를 이끌고, 의령과 함안 사이 남강 나루인 정암진에서 전라도로 향하는 6번대 선봉을 맞닥뜨린다. 용의주도한 선봉장 안코쿠지 에케이(安國寺惠瓊·안국사혜경·54세)는 본진의 말과 군수품이 쉽게 강을 건너갈 수 있도록 도강이 쉬운 지점에 표지목을 설치했지만 이것이 오히려 덫이 되었다. 오랜 낚시 경력으로 남강 지형을 속속들이 꿰고 있던 곽재우가 이 표지목을 갈대숲이 무성한 늪지 방향으로 밤새 옮겨 놓았다. 25일 새벽, 왜 선봉 2천여 명은 표지목을 따라가다 둔덕 아래 늪지와 모래톱에 갇혀 길을 잃었고, 갈대 숲속에서 불쑥 나타난 조선 사수의 화살을 맨 몸으로 감당해야했다. 왜 선봉 장수와 말이 강기슭에 넘어지고, 기동과 장전이 어려운 습지에서 조총은 '혹 덩이'에 가깝다. 강가에서 신음하는 부상병을 남겨둔 채 왜 선봉은 정암진 나루에서 퇴각했다. 병력이 열세인 조선군이 지형지물을 최대한 이용해 일본 정규군에 기습적으로 맞서는 이른바 유격전의 서막을 알렸다. 낙오된 패잔병은 조선 의병에게 모조리 수급을 내준다.

정암진 일대의 조선 군세를 파악할 수 없었던 고바야카와는 결국 우회로로 금산을 선택, 안코쿠지와 병력을 분산해 각각 웅치(雄峙·곰티재)와 이치(梨峙·배티재)를 동시에 넘어 전주성을 협공키로 정한다. 왜군 주력은 이치에 집중되었고, 조선군과 의병도 속속 두 고갯길에 집결하였다.

안코쿠지가 지휘하는 1만 여명이 완만하게 시작되는 웅치 초입에 이를 무렵, 의병장 황박이 관군의 군관과 함께 다소 가팔라지는 고갯길 아래서 1진을 지휘했다. 2진은 나주 판관 이복남(李福男)이 포진 했고, 김제 군수 정담과 해남현감 변응정 등은 고갯마루에서 최후 방어선을 형성했다. 모두 2천~3천여 명 남짓한 병력, 각 방어선마다 목책을 둘러 백병전에 대비했다. 7월 7일 늦은 오전, 일정한 간격을 유지한 선봉대가 교대로 조총을 쏘면서 돌진을 시도하다 쏟아지는 화살에 퇴각한다. 이튿날 오전부터 왜군이 대대적인 공세에 나섰다. 1선을 지휘하던 군관이 왜장 안코쿠지에게 사살되었고, 이어 이복남이 지휘하던 2선도 뚫리면서 최후 방어선만 남게 되었다. 고개 정상에 포진한 조선군의 화살이 거세게 쏟아지며, 왜병의 진군도 쉽지 않았다. 목책에 막혀 조총이 위력을 잃고, 막바지 고갯길이 험해 창검을 든 보병의 진입도 힘겨운 상황이다. 왜군이 목책을 깨뜨려 방어선이 흔들리면 정담이 지원군을 이끌고 분주하게 뛰어다니며 공백을 채웠다. 저물 무렵, 왜군은 조선군 진영에서 화살 대신 돌멩이가 날아오자 상황을 알아차렸다. 조선군의 위협적인 무기가 고갈된 것이다. 퇴각하려던 왜군이 막바지 전면전을 걸어왔고, 곧바로 백병전 상태로 치닫는다. 웅치 일대에서 한동안 혼전을 벌였지만 중과부적이었다. 정담과 변응정, 종사관 이봉마저 전사, 사령부가 무너졌다. 전투가 막을 내리고 웅치 고갯길과 산등선, 고갯마루까지 왜병과 조선 병사의 시신으로 메워졌다. 이복남이 이끄는 나주관군 일부만이 안덕원까지 퇴각한다.

9일 땅거미가 질 무렵, 왜군이 마침내 전주성 인근에 모습을 드러냈다. 감사 이광은 성 외곽 산자락에 매복했다. 병사를 관리하는 아전까지 성을 나가는 혼란 속에서 정6품 전적 벼슬을 지낸 이정란이 입성해 전주성 백성을 규합, 방비에 나섰다. 전주성 곳곳에 전투 깃발을 삼엄하게 꽂고, 성가퀴를 채운 백성과 옷 입힌 허수아비로 빈약한 군세를 과장했다. 여기에 감사 이광이 숲속 군데군데 깃발을 세우고, 밤새 횃불을 피운 것이 왜군에게 협공의 조짐으로 느껴졌다. 웅치에서 주력부대 상당수가 타격을 입은 왜군은 이치를 넘기로 한 고바야카와 부대와도 소식이 끊어지자, 전주성 공략을 포기한다. 전주성과 전라도가 어렵사리 살아남았다. 퇴각하던 왜군은 웅치에서 전사한 조선군 시신을 모아 집단으로 매장하고 표목의 깃발에 글을 써서 땅에 꽂는다.

'조조선국충간의담(弔朝鮮國忠肝義膽)'
충성스런 조선군의 의로운 담력을 조상한다.

승려 출신인 왜장 안코쿠지가 피로 물든 전장에서 잠시 무상감에 젖었다.

고바야카와가 1만의 주력을 이끌고 진군한 이치의 상황은 웅치와는 사뭇 달랐다. 전라도 절제사 권율이 동복 현감 황진, 비장 위대기, 기병장 권승경 등 1천 5백여 군사를 이끌고 직접 방어망을 구축했다. 고개의 구릉마다 병력을 분산 배치한 권율은 목책을 박고, 그 사이는 대나무 울타리로 촘촘하게 메웠다. 이어 사수가 자리 잡은 살터 바위 주변에 허리까지 돌담을 높여 엄폐물을 최대한 활용한다. 또 왜군 진격로에 쇠못을 깔거나, 함정을 파 창날과 대창을 심는 작업을 마무리했다. 수적 열세를 만회하는 모든 수단을 동원한다.

권율이 이치의 중앙 언덕에 자리를 잡고, 주변에서는 주작, 청룡, 백호 등 오색 기치가 나부껴 위엄을 더했다. 8일 새벽 권율이 장수와 군졸들에게 선언한다.

"오늘 싸움에서 후퇴는 없다. 죽음이 있을 뿐 삶은 없다."

완만하게 펼쳐진 구릉을 따라 형성된 1차 방어선의 지휘는 황진이 맡았다. 전란이 발발하기 전에 무관 자격으로 통신사를 따라 일본을 오갔고, 기마 궁술이 뛰어나 마상에서 나는 새를 맞춘다는 인물, 용력과 기상이 출중한 전형적인 무장이다.

왜군의 선봉을 향해 주저 없이 연거푸 화살을 날리자 포물선의 끝자락에서 여지없이 말에 탄 왜군이 고꾸라진다. 본진에서 함성이 터지고, 화살을 쏟아 붓기 시작했다. 이어 터지는 조총의 굉음이 골짜기를 흔들고 고함과 말울음소리가 천지를 진동했다. 비장 위대기가 이끄는 복병이 언덕에서 불쑥 나타나 적진의 옆구리를 가른다. 왜군의 대오가 흩어지며, 조총병의 총열이 무너지려는 순간에 날카로운 금속성이 울리며 황진의 투구가 깨진다. 황진이 고꾸라지면서 제1방어선이 무너지기 시작했다. 왜군이 쇄도하며 조선진으로 내달린다. 목책을 넘어 접전을 벌이는 혼전의 양상, 일부 사수가 뒤로 주춤주춤 물러난다.

권율이 칼을 뽑아 들고 본진의 중앙에 나선다. 더 이상 후퇴할 수 없는 최후의 보루, 1진에서 도주한 사수 한 명의 목을 베어 군기를 세운다. 본진 병사들이 배수진을 치며 사투를 벌인다. 목책에 접근하는 왜병의 가슴에 서너 개 창검이 동시에 꽂히고, 사수는 날아드는 철환 앞에 우뚝 서서 연거푸 표적을 잡아낸다. 목책에는 이미 왜군 시신이 산을 이루어 피비린내가 진동했다. 문관 출신의 권율이 최전선에서 왜군에게 검을 휘두르자, 병사들은 '오늘 죽음만이 있다'는 권율의 말이 허언이 아니었음을 실감한다. 도무지 기울지 않는 팽팽한 접전, 이치의 목책은 마치 돌성처럼 견고했고, 왜군은 끊임없이 고꾸라졌다. 마침내 멀찌감치 떨어져 전투를 지휘하던 왜군 사령부에서 퇴각기와 함께 뿔 나팔의 낮고, 느린 퇴각음이 뚜렷하게 구릉에 퍼진다. 해질 무렵이었다.

철군하던 왜군은 구릉지를 벗어나기가 무섭게 기병장 권승경에게 기습을 허용, 사기가 완전히 꺾이고 말았다. 이미 땅거미가 기울기 시작할 무렵, 갑자기 나타난 기병이 왜군의 후미를 강타, 일격을 가한 뒤 사라졌다. 왜군은 금산성으로 퇴각해 전라도 공략을 일단 포기한다. 더구나 속속 금산성에 몰려드는 의병과 의승병도 부담거리였다.

전 국토가 왜군의 칼날아래 신음했지만 이치, 웅치 전투 이래 지상전에서도 희망의 불씨가 지펴 오른다. 이어 7월 27일 훈련원 부봉사 권응수와 정대임 등이 포항을 거점으로 거병한 의병들과 함께 영천성을 공격한다. 전란이 터진 이후 조선군이 처음으로 빼앗긴 성을 되찾기 위해 적극적인 군사작전을 도모했다.

　영천을 점령한 가토는 1천여 명을 성안에 두고 진군을 계속했다. 한양, 대구, 부산, 안동, 경주를 잇는 길목이었다. 영천에 주둔한 왜병은 지역의 노비와 결탁, 묘소를 파헤쳐 부장물을 훔치고, 수탈과 노략질, 학살을 멈추지 않았다. 이들은 대나무로 만든 죽패(竹牌)를 발급, 이를 지닌 조선 백성들에게는 쌀을 주는 회유책을 병행했다. 관청 노비 희손이 이들을 이끌고 행패를 부렸다. 여기에 맞서 영산 선비 정세아, 정대임이 의병을 일으키고, 경상좌수영 소속 훈련원 부봉사 권응수가 가세하면서 체계를 갖춘 군제가 편성된다. 초기 전투는 산발적인 소규모 유격전으로 전개되었다. 본대에서 떨어져 나온 왜병 13명을 몰사시키고, 이들에게 부역했던 30여명의 조선인을 참수, 영천의 치안을 의병이 접수한다. 이어 10~20명 단위의 소규모 왜병을 잇달아 기습, 살상한 뒤 마침내 신녕 인근에서 3백여 왜군과 전면전을 벌여 패퇴시키면서 왜군을 영천성에 고립시킨다. 왜군은 급기야 1백 명 가량이 조선 옷을 입고 성 밖으로 슬며시 나오는 위장술까지 썼지만 영천군민에게 발각되어 조선군 첩보망에 걸린다. 기습전을 벌여 전멸시키고 왜장의 말과 무기까지 빼앗는 전과를 올린다. 승전보가 이어지면서 의병들의 사기는 높아졌다. 드디어 27일 전면전을 걸었다. 유리한 지형을 골라 승산이 높은 전투를 선택적으로 전개하며 적군의 긴장과 피로도를 높이고, 그 규모를 키워나가는 전형적인 유격전의 단계를 밟았다. 신녕 현감 한개, 의흥 의병장 홍천뢰가 영천 주남 들판에서 합류하고 의병들이 군세를 보태, 병력이 4천명에 달했다. 의병들은 우선 남천에 병사를 파견, 식수를 구하러 나온 왜병을 척살해 본격적인 전투를 전개한다. 남문과 서문을 동시에 공략했다. 허술한 영천성 성곽은 사다리만으로 쉽사리 도성을 허락해 이번에는 조선군을 도왔다. 의병 기세에 눌린 왜병은 내성으로 도주했으나 성문은 쉽사리 깨졌다. 재 가루를 성안에 날려 조총병 시야를 방해한 조선군은 마른 풀과 나무에 불을 붙여 내성에 집어 던졌다. 불길이 치솟으며 왜군 1천여 명이 독안에 든 쥐의 형세가 되어 타죽거나, 성문 주위에서 창검의 제물이 되었다. 시체 태우는 냄새와 연기, 재 가루가 하루 종일 영천 하늘과 그 일대를 덮는다. 왜군은 전멸했고 조선군은 1백여 명 수준의 사상자를 내고, 영천성을 수복하는 놀라운 전과를 올렸다. 왜군 수급만 6백여 개에 이르렀다. 소문이 꼬리를 물면서 패배감에 젖었던 조선 백성이 공세로 전환하는 물꼬의 역할도 해낸다. 전란의 흐름을 바꾸는 장쾌한 승리였다. 영천성은 왜군이 진주한 상주와 경주를 바라보며, 신녕, 의흥, 의성, 안동 등 경상좌도의 안전망을 구축하는 전진기지가 되었다. 소식을 들은 유성룡은 "영천 싸움이 경상 좌도를 지켰다"면서 기쁨을 감추지 못한다.

3

임진년(1592년) 가을,
백성의 피로 물든 낙엽

- 진주성이 살려낸 조선의 기맥(氣脈)

*∽∽∽∽∽∽∽∽∽∽∽∽∽∽∽∽∽∽∽∽∽∽∽∽ * ∽∽∽∽∽∽∽∽∽∽∽∽∽∽∽∽∽∽∽∽∽∽∽*

낙엽처럼 떨어지던 의병의 희생이 쌓이면서 어느 순간 왜병의 발목을 잡는 늪이 되어 일방적인 전투 양상의 변화를 예고한다.

8월 1일 명나라 지원군이 요동으로 도주한 상황에서 조선군이 독자적으로 평양성 수복을 시도한다. 이어 명나라에서 도착한 유격 심유경이 고니시에게 강화협상을 제의, 전선은 잠시 소강상태에 접어든다.

9월 초하루 전라좌수사 이순신이 왜 수군의 본진이자 보급기지인 부산포를 일방적으로 공격해 남해의 주인은 조선 수군임을 알린다. 왜 수군은 해상 전투를 포기하고 육지에서 방어망을 구축한 채, 부산포에 정박한 함선을 먹잇감으로 내주며 해상 전력의 열세를 자인한다. 이어 박진이 경주성을, 정문부가 경성을 잇달아 회복, 일방적인 수세에 내몰리던 조선군은 조금씩 전장의 균형을 되찾았다. 경주성 전투에서 등장한 비격진천뢰는 수군의 해상 포격전에 이어, 조선 화포술을 한 단계 끌어올린다.

진주목사 김시민이 관민과 협동해 10월 4일부터 이레에 걸친 격전 끝에 진주성을 살려낸다. 이어 정문부가 북방에서 명천성을 수복, 조선은 수세에 몰린 전황을 돌이킬 실마리를 풀어나갔다.

  *∞∞∞∞∞∞∞∞∞∞∞∞∞∞∞∞∞∞∞∞∞∞∞∞∞∞∞∞∞   *   ∞∞∞∞∞∞∞∞∞∞∞∞∞∞∞∞∞∞∞∞∞∞∞∞∞∞∞∞*

   8월 초하루, 조선군이 독자적인 평양성 수복 작전에 나선다. 도원수 김명원과 순찰사 이원익, 순변사 이빈이 수천여 명의 정예를 이끌고 공성 전투의 주력을 맡았다. 방어사 김응서, 별장 박명현 등이 용강, 삼화, 증산, 강서 등 바닷가 여러 고을의 군사 1만여 명을 거느리고 평양 서쪽에 20여개 진영을 펼쳐, 산발적인 소규모 전투를 치르며 왜군이 도성 밖으로 나오도록 압박했다. 별장 김억추는 수군을 거느리고 대동강 입구에 포진했고, 중화 별장 임중량도 2천 명의 군사를 거느리고 보루를 쌓아 군세가 2만여 명에 이르는 대규모 진용을 갖추었다. 1일 오전, 선발대가 평양성 보통문에 이르자 왜군도 선발대 50여 명을 내보냈으나, 조선군이 화살을 퍼부어 20여 명이 죽고, 나머지 병력은 서둘러 성안으로 도주했다. 하지만 조선군만으로 견고하게 지어진 평양성을 수복하기란 쉽지 않았다. 무엇보다 양민으로 급조된 조선군의 전투 경험이 너무 얕아 과감한 도성전은 사실상 무리였다. 성 앞까지 진군하고도 막상 높은 성벽의 공략은 엄두를 내지 못했고, 이 틈을 고니시가 정확하게 찌른다. 성곽에서 울린 조총 소리와 동시에 성문을 열고 일제히 쏟아져 나온 왜군은 조선의 선봉을 여지없이 무너트리고 중군의 전열을 연쇄적으로 흔들어 혼란에 빠뜨린다. 동쪽과 북쪽에서 순변사 이일과 순찰사 이원익의 부대가 먼저 무너지자, 서쪽을 맡았던 김응서 부대는 포위망에 갇혀 대규모 사상자를 내고 퇴각했다. 평양성은 쉽게 내주었지만 되찾기는 어려운 철옹성이었다. 패퇴한 조선군은 군사를 물려 순안에 주둔한다. 전면전을 걸 정도로 조선군은 분명 전열을 가다듬었으나, 아직 이를 수행할 능력은 부족했다.

조승훈이 패전한 이래 명나라는 구체적인 군사적 움직임을 보이지 않았다. 고니시 또한 평양성에 웅거, 행재소에 서신을 보내 "많은 양떼가 범 한 마리를 칠 수 없다"고 비아냥거리면서도 대치상태를 유지했다. 의주에는 왜군이 진군한다는 소문이 하루에도 몇 차례나 퍼져 피란민은 물론, 행재소조차 짐을 꾸려 놓고 선잠을 자는 형편이었다. 초조해진 선조가 연일 사신을 보내자, 명나라는 곧 도착할 명나라 군대를 맞을 비용으로 은 2만 냥을 다시 보냈고, 명나라 유격 장기공이 은을 풀어 말 풀과 양식을 부지런히 의주에 비축했다. 또 명나라 참장 낙상지(駱尙志)가 남병을 거느리고 북안에 주둔, 행재소에 다소나마 온기가 돌았다. 낙상지는 1천 근무기를 휘두른다고 해서 낙천근(駱千斤)으로 불리며 요동에서 위명을 떨친 용장이었다.

황량한 의주에서 임진년 한가위를 보낸 이틀 뒤, 명나라 유격 심유경(沈惟敬)이 의주에 도착했다. 중국 남부 절강성 가흥 사람으로 왜구의 침략 및 각종 교역과정에서 접촉하면서 일본어에 능숙했고, 그들의 풍습과 문화에 대한 이해도 밝았다. 조선 조정에서는 생경한 인물이었지만 명나라 병부상서 석성이 유격으로 발탁한만큼 전폭적인 신뢰와 함께, 강화 협상의 유일한 창구로 의지할 수밖에 없었다. 심유경은 도착 직후, '명나라에서 징발중인 대군이 곧 요동을 넘어 당도한다'며 조바심을 내는 선조를 안심시킨다. 그는 "요동 군대가 막 전투를 치른 탓에 병력과 무기 정비가 아직 필요하다"면서 "남군(南軍) 정예 3천 명은 이미 산해관 외곽에 진주했다"고 전했다.

심유경은 달변이었고, 조선 조정을 무시하는 투의 언사를 삼가며 겸손하게 처신했다. 황제가 보낸 은을 저울질해서 그 무게를 정확히 재어보라는 요구를 할 만큼 사심 없는 태도를 보여 신료들의 신임을 얻었다. 선조가 '이것만은 차마 민망하다'며 거부한다. 심유경에 대한 환송 연회는 간단한 다례로 대체되었다. 연회를 준비할 형편이 도저히 되지 않을 만큼 조정의 살림살이가 빈궁했기 때문이다. 심유경은 '난리 중에 합당한 예법을 서로 갖출 수는 없다'며 조선이 더 이상 사신을 보내지 않아도 명나라 군사가 출정하리라고 확언했다. 그는 조선에서 답례로 건넨 예물조차 몇 차례에 걸쳐 거절하고, 군관 두 명과 수행원 몇몇을 데리고 평양성으로 향했다. 진지하면서도 담대한 느낌이다. 선조가 지푸라기라도 잡는 심정으로 심유격의 뒷모습을 하염없이 바라본다.

심유경은 순안에 이르자, 명나라 황제의 칙서를 고니시에게 보내 협상 의사를 타진한다. '조선이 일본에게 어떤 잘못을 했기에, 이유 없이 함부로 군사를 일으켰느냐'며 상국이 번국에게 타이르는 어투였다. 이어 평양성 외곽에 당도한 심유경은 협상의사와 장소 등을 묻는 서신을 노란 비단 보자기에 싸서, 노비 등에 백기와 함께 짊어지게 한 뒤 말을 태워 평양성 보통문으로 들여보낸다. 잠시 적막이 흐른다. 왜군은 평양성 주변에 백성들의 접근을 아예 통제했다. 평양성은 외성과 내성이 모두 목책으로 빙빙 가려져 마치 '비밀스런 뱀'이 감춰진 요새처럼 탈바꿈했다. 성안 내부 움직임을 거의 볼 수 없었다. 성 주변에는 참수된 백성의 머리와 시신이 통째로 장대에 걸려 사방에 널렸다. 성곽 주변은 귀기가 감도는 살풍경을 넘어 '지옥성'을 연상시켰다.

고니시의 답서에 따라 회담은 곧바로 성사된다. 장소는 왜군이 진영을 펼쳐놓은 성북쪽 4km 지점의 강복산 아래, 고니시 가문의 문양이 내걸린 중앙의 군막 주위는 칼과 창이 일제히 기울어가는 태양빛을 다시 뿜어내 눈이 부실 정도였다.

왜병이 두 겹 세 겹으로 둘러싼 가운데 사방에 높게 쌓은 엄폐호에서 조총병이 총구를 겨눈다.

조선의 호위 무관들은 멀찌감치 고니시 진영이 보이자, 심유경과 갈라져 맞은편 대흥산 꼭대기로 자리를 옮겨 심유경의 행보를 지켜본다. 심유경과 그를 따르는 노비 서너 명이 흙먼지를 일으키며 왜군 진영으로 달린다. 군막 입구에 멈춘 심유경 주위를 왜군이 새까맣게 에워싸면서 잠시 긴장이 스쳤으나, 길을 트고 호사스런 군막으로 심유경이 들어섰다. 뒤따르던 노비들은 군막 뒤편으로 사라진다.

중년을 앞둔 고니시는 억센 무장이었으며, 십자가와 묵주를 품에 품고 도요토미에게 충직한 가톨릭 신도였다. 전투에 충실했으나, 전쟁에 대해 보이는 이중적 태도는 종교에서 비롯되었을 것이다. 조선과 명나라를 일본이 동시에 감당할 수 있을지에 대해서는 현실적인 회의가 깊었고, 이제 막 통일한 일본 내에서 도요토미를 통해 자신의 실익을 확보하는데 관심이 높았다. 더구나 타 민족을 대량 학살하면서 자신은 반드시 종교적 구원을 받아야한다는 '세속 종교의 이기적 모순' 속에서 얼마간 내적 분열을 겪고 있었다. 또 평양성 함락 이후, 곳곳에서 일어나는 조선 의병의 본격적인 저항이 만만치 않아 갈수록 고립감이 깊어졌다. 영주가 항복하거나 할복하면 백성들이 점령군에게 절대 복종하는 일본과는 전혀 딴 판이다. 조선 왕은 치욕스런 불명예를 감수하면서까지 도주했는데도, 백성들은 여전히 그를 따르며 왜군 보급로를 끊어대는 유격전을 그치지 않았다. 조선에서 수탈할 수 있는 식량과 군수품은 한계가 분명했고, 찬바람이 거세지면 사정이 더욱 악화될 수밖에 없다. 여기에 해상 전투가 결정적인 압박이 되었다. 믿었던 서해 수로를 통한 보급망이 이순신에게 차단되어 이를 통한 군수 및 병력 지원은 기대하기 어려웠다.

일본 사정에 밝은 심유경이 이 틈을 파고들며, 협상의 교섭 범위가 조성된다.

"일본 군대와 무기의 우수성을 잘 알고 있습니다. 그래서 명나라도 일본과 다투기를 원치 않지만 반드시 그래야한다면 전력을 쏟아 섬멸할 것입니다. 그 많은 북방 정예병을 왜군이 모두 당해낼 수 없을 것입니다."

"마음만 먹으면 이길 수 있는 명나라가 왜 우리와 강화 협상을 시도하려 하십니까?"

고니시가 반문한다.

"지난 평양성 전투에서 왜군의 위력을 잘 알았기 때문입니다. 용맹한 명나라 북방 기마병이 장군이 없는 틈에 기습을 했는데도 결국 실패한 것을 보면서 우리에게도 쉽지 않은 과제라는 사실을 알았기 때문입니다."

고니시를 치켜세운다.

"명과 조선은 오랜 수교로 의리를 맺어왔는데, 명이 조선을 버리고 우리와 강화 협상을 맺어 화친을 하고, 교역을 성사시킬 수 있겠습니까?"

협상 내용이 다소 구체화되었다.

"중국인들은 고대부터 당 태종시절을 거쳐 지금에 이르기까지 조선인들을 그다지 좋게 보고 있지 않습니다. 따라서 조선 땅을 일본이 가지든, 조선인이 가지든, 명나라와 일본이 나누어 가지든 아무런 상관이 없습니다. 이번 전쟁을 통해 조선의 명운을 우리가 정해보자는 것입니다."

고니시가 협상에 바싹 다가들어 구체적 협상안을 제시한다. 명나라가 도요토미에게 왕위를 책봉해서 일본을 동반자로 인정하고, 조공을 통한 명나라와의 무역을 활발히 재개할 것, 그리고 조선 영토에 대한 일본의 점령 권리를 인정해 달라는 내용으로 압축된다.

"제가 지금 당장 결정할 수 있는 사안은 당연히 아닙니다. 시일을 주시면 연경에서 황상의 허락을 받아 조선 왕을 명군이 사로잡아 관백에게 포로로 보낼 수도 있습니다."

이어 심유경은 "여진(女眞)과 비록 지금은 다투고 있으나, 건주의 족장 공이와 마삼비 등이 '조선 땅이 왜노에게 침탈되면 우리들도 위태롭다'며 싸움에는 이골이 난 마병 3~4만과 보병 4~5만의 정병을 강이 얼면 조선으로 보내 왜노를 살육하고 이 공을 황상에게 바친다는 뜻도 전해왔습니다"라면서 은근히 고니시를 위협한다.

왜군이 중국 땅에 들어서면 명나라는 물론, 조선과 여진의 협공을 피하기 어려울 것이라는 귀띔이었다. 고니시가 결국 심유경의 제안에 응하면서 초기 협상이 마무리된다. 심유경은 일본 무기의 우수성을 중국에 알리는 것이 협상에 유리하다고 고니시를 설득해 조총과 창, 일본도와 갑옷도 수레에 가득 챙긴다. 고니시 또한 조선을 할양받고, 명나라의 번국이라는 지위를 확보할 수 있다면 도요토미를 설득할 수 있다고 확신한다. 강화 기간 내 전투를 중지키로 약속했다.

협상은 해질 무렵까지 이어졌다. 땅거미가 기울면서 심유경이 고니시의 군막을 빠져나온다. 몇몇 왜군이 따라 나와 군례를 표하는 것으로 보아, 회담 분위기는 나쁘지 않은 것으로 파악된다. 심유경이 가져온 회담 결과는 당장 벼랑 끝에 선 조선군에게도 더 이상 불리할 이유가 없다. 심유경이 명나라로 돌아가, 황제의 명을 다시 받아오는 50일 동안 일종의 완충지대를 두는 일시적 휴전이 성사된다. 왜군은 평양성 서북쪽 4km 이상 진출하지 않으며 조선군도 4km 간격을 두고, 전투를 멈추기로 한다. 이튿날 고니시가 의례적인 서신을 보내 심유경을 칭송한다.

"대인께서 칼날 속에서도 얼굴빛이 변치 않았으니, 비록 일본 사람이라도 이보다 담대할 수는 없을 것입니다."

"당나라 곽영공은 홀로 오랑캐 소굴로 들어가 조금도 두려움이 없었는데, 나라고 어찌 왜군을 두렵게만 여기겠습니까."

심유경이 내심 자랑스런 표정을 감추지 못한 채 답서를 보낸다. 이어 양군의 경계선에 전투를 금하는 나무 표지를 세우고 명나라로 향했다. 놀라운 외교력인지, 허황된 공상가인지, 객기에 찬 술객인지 정체가 애매한 사신이었다. 협상에서 소외된 조선 조정은 구체적인 회담 내용을 알 수 없었다. 심유경은 명나라와 일본의 조공 및 도요토미의 책봉 문제 등을 타결하기 위해 연경에 다녀오겠다고 얼버무릴 뿐이다. 조선을 나누고, 왕을 포로로 보낸다는 이야기는 없었다. 도요토미가 단지 이것만을 받아 들고 군대를 되돌릴 이유는 없어 보였다. 유성룡은 협상의 내막에 촉각을 곤두세웠다.

문신들의 강직한 의분과 충절은 양면성을 지닌다. 백성의 사기를 높이고, 전란에 맞서는 힘을 결집하는 구심점도 되었지만 때로 현실을 무시한 자기도취에 빠져 왜군에게 손쉬운 먹잇감을 제공했다. 현실성과 합리성을 중시하는 유성룡이 늘 경계하는 부분이었다.

부승지 심대(沈岱·47세)는 왜란이 터지자 각지 병사를 끌어 모으며 선조의 신임을 얻었다. 물불을 가리지 않고 적지를 오가는 성격이, 먼발치에서라도 왜병을 보기 싫어하던 선조에게는 경이롭게 보였다. 심대는 마침내 왜군의 소굴인 경기 감사를 자원한다. 임진강 방어선이 뚫리면서 그 책임을 추궁당해 권징이 파직된 자리였다. 그는 의주에서 안주를 거치면서 유성룡이 있는 백상루를 찾았다. 심대는 붕당의 와중에서 쉽사리 누구의 편도 들지 않고 그 폐해를 직간했던 충직한 유학자였다. 유성룡은 심대의 그런 면을 높이 평가하면서도, 결기어린 표정에서 느껴지는 물불을 가리지 않는 무모성을 제지해 본다. 혼자서라도 적진에 뛰어들어 싸울 기세였다.

"옛말에 밭가는 일은 종에게 맡겨야 한다고 했습니다. 그대는 서생으로 싸움에 익숙하지 못하다고 조금도 부끄러운 일이 아닙니다. 양주 목사 고언백이 용력이 강하고, 싸움에 익숙하니 그를 도와 군사를 모아주고, 함께 일을 도모한다면 나라에 큰 공을 세울 수 있을 것입니다.”

심대는 “명심하겠다”면서도 마음은 이미 전쟁터로 향한다. 서둘러 길 떠날 채비를 한 탓에 주변에는 호위군관이 한 명도 없어 유성룡이 활솜씨가 뛰어난 의주 출신 군관 한 명을 딸려 보낸다.

심대는 이후 경기도에서 의주로 장계를 보낼 때마다 안주의 유성룡에게도 서신이나 사람을 보냈다. 유성룡은 이를 통해 심대의 근황을 파악했는데, 여전히 위태롭기 그지없다.

이미 온전한 땅이 한 군데도 없던 경기도에서는, 왜병과 백성이 뒤섞여 수령과 관원들은 산골로 숨거나, 평복으로 갈아입고 목숨을 부지하는데 급급했다. 간혹 군사를 모으러 고을을 다닐 때도 몸을 사렸지만 심대만은 공공연히 깃발을 세우고 나팔을 불면서 행차를 했다. 공문과 격문을 사방에 보내고, 적지를 다니면서 한양성을 회복하자고 백성들을 규합했다. 이 때문에 1백, 혹은 1천여 명이 한꺼번에 지원하고, 무리지어 병기를 옮기는데 거리낌이 없어 이후 한양성 공략에 자못 의지가 될 거점을 군데군데 마련했다. 유성룡은 ‘백성들 중 왜군 편에서 조선군 동향을 엿보는 자가 적지 않으니 옥석을 가리라’는 서신을 꾸준히 보냈다.

결국 우려하던 일이 터졌다. 9월 중순 삭령에서 군사를 모집하던 심대의 동향을 조선인이 왜군에게 알려, 왜병들이 별동대를 조직해 대탄을 건너 한밤중에 급습한 것이다. 심대가 몸을 피하고, 유성룡이 보낸 군관과 병사들이 잠시 길을 막아 시간을 벌었지만 역부족이었다. 심대와 그를 따르던 병사들이 전멸했다. 삭령 주민들이 심대의 시신을 수습, 관속에 임시 보관하던 중 왜군이 돌아와 이번에는 심대의 목을 베어 종루 거리에 매달았다. 백성들은 그 얼굴빛이 마치 산 사람 같았다면서 애통해했다. 아마 충의를 기리는 마음의 표현일 것이다. 한양의 백성 몇몇이 재물을 모아 왜군에게 뇌물을 주고 심대의 머리를 거두어, 관에 넣어 고향으로 보내 비로소 장례를 치를 수 있었다. 심대의 기백은 널리 회자되면서 전란을 버티는 밑거름이 될 것이다. 하지만 당장 왜군의 칼날을 막아내는 현실적인 지모를 갖춘 수령이 절실했던 유성룡은 슬픔 속에서도 사안의 양면성을 기록한다.

경상 좌병사 이각이 개전이후 끊임없이 도주하다 참수된 경우라면, 그 뒤를 이어받은 박진은 일진일퇴를 거듭하며 항전의 기틀을 부단히 모색해온 장수였다. 그는 동래성이 무너진 직후에도 유일하게 조선군의 진영을 꾸렸고, 그가 좌병사를 맡으면서 소문을 들은 군관과 백성들이 결집해 경상 좌군의 군세가 점차 확장되는 발판이 되었다. 박진은 지난 7월 영천성 전투 당시 경주 안강에 본진을 두고, 권응수를 통해 군기와 화약류를 지원하는 적극성을 보였다. 이어 8월 20일, 박진이 영천성 승리의 기세를 몰아 1차 경주성 탈환에 나섰다. 그는 권응수와 경주 판관 박의장을 선봉으로 내세우고 1만 여명의 군세로 경주성을 도모했다. 하지만 북문에서 나와 골짜기에 매복했던 왜군에게 후미를 허용, 전열을 잃고 5백여 군사만 잃은 채 퇴각한다. 경주읍성은 제법 높고 견고하게 지어져, 성벽을 넘는 도성에는 무리가 따랐다. 김대해, 김연, 최인제, 이호인, 이순복, 류복흥 등 수 많은 관군과 의병이 숨을 거둔다. 영천군내에서 수백 가구가 한순간에 아버지와 자식을 잃는 안타까운 전투였다.

9월 6일, 박진은 보다 주도면밀하게 2차 경주성 전투를 준비한다. 먼저 야음을 틈타 경주읍성 주변의 왜군을 척살한다. 소수로 편성된 유격부대를 곳곳에 보내 초저녁부터 읍성을 함부로 노략질하던 왜군을 제압했다. 그리고 새로운 개념의 신무기가 실험대에 올랐다. 유성룡이 병조판서 시절, 군기시 화포장 이장손에게 지시해 개발해온 비격진천뢰(飛擊震天雷)가 투입된다. 총통에 진천뢰를 장전하고 발사하면 5백~6백 보를 날아가, 지상에서 다시 폭발하는 포탄 방식의 신무기가 왜군 진영을 경악시켰다. 적진에 떨어진 진천뢰가 우레 소리와 함께 성내에서 터져나가는 순간, 철환과 철환 속 마름쇠 모양의 쇳조각마저 한꺼번에 별처럼 사방으로 튀어 날았다. 폭발하는 진천뢰를 중심으로 20여 m 둘레의 왜병들이 파편에 치명상을 입고 온 몸이 피투성이가 되어 나뒹굴었다. 내부의 대나무 통에, 나선형의 홈이 파인 나무토막을 심어 여기에 심지를 감는 방식으로 폭발 시간을 조절했다. 박진은 경주성 외곽에 화포를 설치하고, 천자총통으로 비격진천뢰를 수십 발씩 쏘아 올리며 개전을 알렸다. 포성에 이어 잠시 정적이 흐르고, 굉음과 동시에 성안에서 왜병들의 비명이 터져 나온다. 호기심을 품고 주변에서 구경하던 왜병들이 허공에서 스스로 춤추는 칼날에 난도질 되었다. 왜군 수십 명이 온 몸으로 칼날을 받아내고 동시에 고꾸라져 신음했다. 박진은 밤새 비격진천뢰를 간헐적으로 쏘아 올렸고, 꽁꽁 숨어버린 왜군은 한밤 내내 공포에 떨었다. 조총의 응사조차 없이 조선군의 포성만이 줄기차게 이어지는 밤이었다. 성벽을 넘어간 시커먼 비격진천뢰는 성가퀴 사이사이로 붉은 불꽃과 칼날을 번득번득 토해냈다.

이튿날 새벽 박진이 전면적인 도성 전투를 위해 공성 장비를 몰아가던 중 '왜군이 모두 도주했다'는 척후의 보고가 들어온다. 경주읍성에 군량 1만여 석을 고스란히 남겨둔 채, 상주, 서생포 등지로 빠져나간 것이다. 이 전투로 조선군은 경주성을 중심으로 경상좌도의 거점 읍성 수십 개를 지켜낸다. 경상좌도의 육상 보급로를 차단, 경주와 영천이 호응하면서 안동으로 통하게 되었다. 언양과 울산 간 연락망이 무너진 왜군을 자연스럽게 해안으로 몰아붙이는 놀라운 전과였다.

전란 이후, 유성룡이 각지에 보낸 격서에 대해 지방에서 답서를 보내면서 의병의 군사 동향이 집중된다. 전라좌수사 이순신의 서신처럼 왜군의 동향과 군사 작전을 논의하는 경우도 많았지만 의병들은 무엇보다 자신들의 존재를 중앙에서 확인받고, 전반적인 전황 정보를 얻는데 목말라 했다. 유성룡이 자연스레 의병과 소

통하는 중심에 선다. 의병들을 관할하고, 군사적 조언을 하는 '의병 체찰사'인 셈이다. 고질병인 치질이 도져 앉기조차 힘든 상황에서도 의병들에게 격려와 전공을 치하하는 답서를 쓰고, 이들의 공로를 기록한다. 서신을 주고받는 일은 평양성부터 정주, 의주에 이르는 기간 내내 유성룡의 일상적인 업무였다. 몇몇 노비만을 데리고 왜군에 맞선 시골 유생의 투박한 서신에도 정성스레 답한다. 하찮아 보이지만 의병들의 고립감을 달래주고, 이들에게 소속감을 주면서 그물처럼 연결하는 작업이다. 서신은 의병을 일으킨 일부터 의병과 의병장의 죽음까지, 피로 물든 최전선의 모습이었다. 이러한 피들이 모여 왜군의 발목을 필사적으로 잡고, 선조의 피란길을 도왔다.

판결사를 지낸 김천일은 수원성을 거쳐 선조가 있는 평안도를 향해 가던 중, 강화도에서 군세를 확장했다. 이후 조정의 군사 전략에 따라 움직이겠다고 전한다. 첨지 고경명(高敬命·60세)은 용인전투에서 조선군이 어이없이 패하자 담양에서 의병을 모아 북상, 웅치와 이치를 통한 왜군의 전라도 공략 거점인 금산에서 왜 본진을 상대로 전투를 벌여, 둘째 아들 고인후와 함께 전사했다. 아버지와 동생을 한꺼번에 잃은 고종후는 의병의 이름을 '복수군'이라 정하고, 전란 통에 가족을 잃은 장정들을 규합해 활약한다. 전적 벼슬을 지낸 유종개는 백성을 모아 남하하던 중 경북 봉화에서 모리 요시나리(毛利吉成·모리길성)가 이끄는 4번대와 접전을 벌이다 전사했다. 이중 곽재우는 왜군의 진출을 분명하게 막아낸 전공을 알렸다. 정암나루에서 왜군이 의령에 진출하지 못하도록 선봉대를 저지, 이로 인해 왜군이 우회로를 택했다는 사실을 유성룡은 이해하게 되었다. 이어 좌랑을 지낸 고령사람 김면은 거창, 고령에서 의병을 일으켜 금산에서 왜병과 대치하다, 진주 목사 김시민에게 합류했다. 군위 향교의 교생이었던 장사진은 전란이 터지자 곧바로 마을 의병을 조직했으나, 왜군에게 포위되어 분전하다 전사했다. 장사진은 화살이 떨어져, 고을 어귀로 왜병이 들이치자 장검을 들고 나섰지만 무관이 아닌 탓에 장검을 든 손을 왜병이 내리쳐 한 팔을 잃었다. 남은 팔로 검을 집으려다 목이 떨어졌다는 서신이 전해진다. 이들은 군사작전의 지침이나, 군수품의 지원, 그리고 중앙 정부와의 소통을 절실히 원했다. 선조가 요동으로 망명하면 의병의 구심점 또한 일시에 소멸될 것이다.

휴정(서산대사) 문하에서 수행하던 의승병장 영규(靈圭)의 소식도 전해진다. 그는 관군과 연합해서 8월 초 청주성을 수복한 뒤, 의병장 조헌과 함께 전라도로 향하는 왜군의 길목을 막기 위해 나섰다. 이후 조헌과 함께 웅치, 이치의 왜군 배후 기지인 금산에서 전투를 벌이던 중 전사했다. 의병장 고경명이 지난달 분사한 곳이었다. 청주성 수복 소식을 들은 선조는 의주 피란길에 영규에게 벼슬을 내렸지만 선전관이 금산으로 향하는 시각에, 영규는 이 세상 사람이 아니었다. 이 전투에서 동인과 대척점에 서 있던 '과격 상소의 주역' 조헌도 승려 영규와 함께 전사했다. 의병들도 왜군의 전라도 진출을 필사적으로 막았다. 웅치, 이치에서 고전을 면치 못한 왜군은 금산성에 대한 의병 공략에 지쳐 경상도로 군사를 물린다.

선전관을 지낸 조웅은 청주에서 의병을 일으켜 한양성으로 향하던 중 충주에서 왜군과 격전을 벌여 분쇄했다. 나라가 위태롭다면서 상복을 입고 깃발도 조기를 달아, 백의 장군으로 일컬어졌으나 8월 안개 속에 포위망을 좁혀온 왜군에게 결국 생포되었다. 그는 투항을 거부하다 사지(四肢)가 왜군 칼날에 잘린 뒤, 마지막으로 머리가 잘리는 보복을 당했다. 가족들은 4일 여섯 조각으로 잘린 그의 시신을 수습해 장례를 치른다. 안성에서 아버지 홍언수를 따라 의병을 일으킨 서얼 홍계남은 왜군 진영에서 전사한 아버지 시신을 홀로 뛰어들어 되찾고, 이후 의병을 지휘했다.

의병은 부모와 자식들이 뿌린 피를 자양분 삼아, 맹독을 품은 독버섯처럼 조선

산야에 번져갔다. 전시가 아니라면, 아름다운 들꽃 향기를 품고 살아갔을 것이다. 영해 군수를 지낸 최경희는 금산 전투 이후, 유격전을 거듭하며 진주성과 연합작전을 수행한다. 이밖에 수많은 의병들이 조선 땅을 지켜내기 위해 분전중이거나, 혹은 시시각각 짧은 생을 마감하고 있었다. 유성룡은, 고령 사람 전좌랑 김면, 합천 사람 전 장령 정인홍, 예안 사람 전 한림 김해, 초계 사람 이대기, 전 청주 목사 김홍민, 서얼 이산겸, 사인 박춘무, 충주사람 조덕공, 내금위 조응, 청주 사람 이봉, 경기도 사람 전 사간원 우성전, 전 정랑 정숙하, 수원사람 최흘, 고양 사람 진사 이로와 이산휘, 전 목사 남언경, 유학 김탁, 전 정랑 유대진, 충의위 이일, 사인 왕옥 등을 역사에 기록한다. 이어 유성룡은 의병을 자처하며 민폐만을 끼치는 경우도 경고했다. 전투는 꺼리면서 이리저리 백성만을 수탈하는 '거짓 의병'은 의병과 백성 모두에게 병폐를 끼치는 독소였다.

함경도에서는 북평사 정문부(鄭文孚·28세)가 관군과 의병을 규합, 길주성 이북의 땅을 수복하면서 북방인의 거친 기질을 증명했다. 오랜 차별과 학정에 시달려 왜군에게 협력했던 함경도 백성들이 가토가 주둔시킨 왜군의 학살과 노략질에 진저리치기까지는 그리 오래 걸리지 않았다. 또 명나라 참전이 임박했고, 각지에서 날아드는 의병 소식에 민심이 돌아선다. 개전 초기 가토에 맞서다 조총에 맞은 정문부는 경성 바닷가에 숨어 한동안 사경을 헤맸다. 이후 가토가 두 왕자를 포로로 잡고 안변부로 내려가자 훈융첨사 고경민 등과 더불어 병력을 일으킨다. 산속에 숨어 있던 관군들이 합류하면서 병력은 3천여 명에 이르렀다. 이들은 9월 경성부를 장악, 가토에게 수령으로 임명된 국세필 등을 모두 참살했다. 동시에 함경도 의병들은 회령에서 국경인의 목을 베고, 10월 명천까지 장악해 가토의 파견병이 지키는 길주성을 압박했다. 길주성 이북을 모두 되찾는 개가를 올린다.

매서운 북방 날씨가 추위에 익숙하지 않은 왜군을 이국의 겨울 속에 가두며 초조감에 빠뜨린다. 의병들의 기습이 점차 조직적으로 변하면서 10월 30일 왜군 1천여 명이 진영을 갖추어 식량과 땔감, 의복을 구하기 위해 성문을 나섰다. 정문부는 요소요소에 병력을 배치, 유격전을 감행한다. 오후에 이들이 약탈한 물건을 소와 말, 수레에 가득 싣고 돌고개(長坪石峴·장평석현)에 이르자 1차 급습을 감행, 장덕산 방향으로 몰았다. 질서가 무너진 왜군이 산기슭으로 퇴각하자 첨사 고경민의 병사가 비탈에서 쏟아져 내려왔다. 사방이 막힌 산골짜기 오솔길에서 전의를 잃은 왜군 1천여 명이 도륙된다. 2백여 명도 채 못 되는 병사만 길주성으로 살아 돌아간 뒤, 이후 성문을 꽁꽁 걸어 잠갔다. 정문부는 8백여 수급을 베어 이들의 왼쪽 귀를 행재소에 보낸다. 길주성에 잔류한 왜군들은 이때부터 항전을 포기, 수성에만 몰두했다. 유성룡은 함경도 북부의 수복 소식에 머리끝까지 차오른 파고가 턱 밑으로 가라앉은 안도감을 느꼈다.

승병의 조직적인 움직임도 확연하게 감지된다. 승적에 따라 체계적으로 관리되는 승려들은 유사시 군제로 전환되는 예비군의 성격도 지녔다. 전라좌수사 이순신은 승병을 좌수영 전투의 별동대로 삼아 육전과 해전, 외곽의 첩보전에 활용했다. 이어 금강산 표훈사에서 수행 중이던 유정(48세·사명당)의 군사적 움직임이 보고된다. 조선의 8대 천민, 고리백정, 소백정, 광대, 기생 등과 더불어 오갈 데 없는 처지였지만 일부는 승과에도 합격한 지식인이었고 오랜 종교적 수행으로 단련된 굳센 심성이 전란에 맞서는 발판이 되었다. 비록 전투에 서툴지만 계율에 따라 움직이는 조직력을 갖추고, 관군이 결진을 풀고 도주해도 끝까지 진을 풀지 않아 든든한 방어선으로 부각된다. 유정은 왜군이 금강산 표훈사에 난입할 당시, 홀로 사찰을 지켰다. 다른 승려들은 모두 달아난 쓸쓸한 대웅전에서 향불을 지펴 불경을 올린다. 적막한 산사에 울리는 외로운 승려의 담담한 목탁소리가 왜군의 칼날을 무디게 했다. 일본 또한 오랜 불교의 전통을 지닌 나라, 왜병들은 대웅전에 합장하는 것으로 이날의 난입을 사죄한다. 그들 또한 이날만큼은 칼끝의 피를 씻어내고 자신들의 무사 귀환과 죽은 동료의 극락왕생을 빌었을 것이다.

왜군이 물러가자 유정이 몸을 일으킨다. 유성룡이 안주에서 보낸 공문을 들고, 각지의 사찰을 돌며 승병들을 불러 모은다. 승과에 합격, 사대부와 견주는 높은 학식과 왜군에 홀로 맞서는 배포, 유정이 순식간에 승병의 중심축으로 자리매김한다. 그는 불탁위에 유성룡의 편지를 놓고, 염주를 대신하는 '칼의 수행'을 설파한다. 스승 휴정(73세·서산대사)의 격문도 함께 도착해 있었다. 선조는 의주 피란길에 부랴부랴 승통을 설치해 묘향산의 옛 승관 휴정에게 의승군의 사령장을 주었다. 금강산 일대에서 의승병은 1천명을 넘어 섰다. 이들과 함께 서쪽으로 말을 달린 유정은 평양성 동쪽에 진을 쳤다. 순안의 본진과 호응, 고니시의 평양성을 압박하는 우측 날개를 맡았다.

강원도 이천에서 항거중인 분조는 7월 들어 뚜렷하게 제 기능을 발휘했다. 행재소와 달리 적진 깊숙이 침투한 분조는 백성들의 마음을 돌려 세우기에 적합했다. 광해를 수행한 영의정 최흥원과 좌찬성 정탁을 비롯한 10여명의 신료들은 빈집과 길거리에서 잠을 자며, 이천에 도착한 직후부터 사방에 격문을 보내 의병을 모집했다. 선조의 어가가 피란한 곳조차 알 수 없었던 백성들은 적지에 내려온 세자의 용기에 감동하고, 기꺼이 동참했다. 도망친 수령들이 복귀해 분조와 연결되면서 서서히 군사력을 확충하는 거점으로 성장한다. 봉기한 의병들은 광해를 통해 군사 전력으로 변모했다. 분조는 왜군의 수급을 베거나, 곡식과 철 등 군수 물자를 가져온 양민들에게 공명첩을 발급해 벼슬을 주고, 천민 신분에서 벗어나는 허통(許通)의 자격을 부여, 백성들의 자발적인 참여를 이끌어 냈다.

무엇보다 황해도 연안, 평산 부사를 지내면서 백성들에게 신망을 얻었던 이정암(52세)을 황해도 초토사로 삼아, 그가 의병과 연합해서 해주와 개성의 중간에 자리한 연안부성을 지켜낸 전과는, 곡창지대인 연백평야의 파수꾼을 살려낸 분조의 혁혁한 성과이다. 개성이 함락된 이후 개성 유수였던 이정형과 함께 황해도로 들어간 이정암은 의병을 모집했다. 이정암이 입성하자 황해도 일대 의병들이 연안성에 속속 집결, 군세는 의병과 군민을 합해 3천여 명에 육박했다. 다행히 연안성에는 군비가 착실하게 쌓여 있었다. 전란이 터지기 전 유성룡의 당부에 따라 당시 연안 부사였던 신각이 성벽을 수리하고 무기와 군량을 든든하게 비축해, 의병의 기세를 북돋았다. 신각은 전란 초기 왜군과 접전을 벌여 첫 승리를 거두고도 참소로 목숨을 잃어, 유성룡은 그의 죽음에 통탄했다. 연안성 수성장으로 추대된 이정암은, "내가 비로소 죽을 자리를 찾았다"며 결전 의지를 다졌다.

8월 28일 구로다 휘하의 3번대 선봉 1천여 명이 연안에 접근, 성안이 긴장한다. 항복을 권유하는 왜장 사신에게 "너희는 병(兵)으로 싸우지만 우리는 의(義)로써 싸운다"는 답서를 보냈다. 이날 오후 수문장 장응기는 백마를 타고 성 주변을 정찰하던 왜장의 가슴에 화살을 날려 낙마 시킨다. 과감하게 성문을 열고 나간 병사가 목을 베어 칼끝에 꿰어 흔들면서, 백성들의 긴장은 환호로 뒤바뀐다. 사다리차를 타고 한밤중에 화공을 시도한 왜군에게 때마침 불어온 역풍을 이용해 백성들이 나서 기름을 붓고, 불붙은 짚단과 장작더미를 집어 던져 성벽에 붙은 사다리차를 모두 불사르는 전과로 이어졌다.

29일, 전면전을 시도한 왜군이 거센 바람에 좀처럼 사다리를 성벽에 붙이지 못했다. 화살과 편전이 바람을 타고 휘어져 날면서 허공을 갈랐고, 장작과 펄펄 끓는 물은 왜군에게 달라붙듯 쏟아져 내렸다. 30일 이정암은 화살을 아껴 사수를 잠시 물리고 백성을 다시 동원한다. 성벽에서 떨어지는 판자와 나무기둥, 그리고 돌덩이에 왜군이 수없이 압사한다.

9월 1일, 구로다가 마침내 본진 5천여 명을 이끌고 북쪽 산기슭에 진을 치면서 백성들이 동요했다. 마른 장작위로 지휘소를 옮긴 이정암은, 아들 이준에게 "성이 함락되면 여기에 불을 질러라. 적에게 모욕을 당하느니 산 채로 타 죽을 것"이라고 약속했다. 죽음을 공유한 이정암과 군사, 그리고 성민들이 초인적인 사력을 발휘한다. 갈수록 드세지는 연안성 기세에, 희생이 지나치게 막대하다고 판단한 구로다가 먼저 움츠러들었다. 2일 새벽부터 은밀히 군사를 물렸다. 오전에 북쪽 산기슭이 텅 빈 사실을 관측한 이정암은 의병장 이대춘에게 추격을 지시, 왜군의 후미를 잡아 말과 소 90여 필과 곡식 1백 30여 석을 노획했다. 전투가 끝난 후 이정암은 조정에 장계를 올렸다.

"적이 28일 성을 포위했다가 2일 포위를 풀고 돌아갔다."

한 줄짜리였다.

고니시가 주둔한 평양성 주변에 조선 군세가 집중되면서 두 개의 권력기관인 행재소와 분조 사이에서 알력이 생긴다. 먼저 행재소가 분조에 있던 순변사 이일을 순안으로 소환했다. 대동강 전선이 무너지고 평양성이 함락되자 강을 건너 황해도로 들어가 안악을 거쳐 해주로 간 이일은 강원도 이천에서 분조와 합류했다. 상주에서 탄금대, 평양성, 이천에 이르는 고된 패전의 행보였지만 이일은 이천에서도 의병 수백여 명을 모아 꾸준히 항전을 지속했다. 지략은 어떨지 모르지만 충직하고 용맹한 장수였다. 지휘관에 목마른 조정에서 버릴 수 없는 선택지였다. 어쩌면 제승방략에 따라 급조된 조선군을 지휘하는 장수의 어쩔 수 없는 한계일 수 있었다. 이런저런 상황이 고려되어 이일이 명나라 군사와 연합, 평양성을 치는 조선 장수로 앞장서게 되었다. 이일은 의병장 고충경과 함께 평양성 동북쪽 4km 지점 임원평에 진을 치고, 꾸준히 유격전을 벌여 인근 왜군을 소탕했다. 고니시의 신경을 부단히 건드렸다.

이빈이 지휘하는 조선 주력군은 순안에 주둔했지만 뚜렷한 전공을 세우지 못한 채, 군영 질서도 흐트러져 있었다. 광해가 지휘하는 분조의 사령부, 분비변사의 무군사에서 이일의 그간 전공을 내세워 사령탑의 교체를 공론화한다. 표면상 이일에 대한 승차지만 내막에는 무력한 행재소에 대한 질타가 깔렸다. 이빈은 어쨌든 행재소를 대표하는 장수였다. 도원수 김명원은 이빈의 손을 들어준다.

선조는 자신의 비변사와 광해의 분비변사가 다툴 조짐을 보이자, 신료들의 신망을 얻은 유성룡에게 판단을 넘긴다. 정치적 이해관계를 뛰어넘는 합리적 조율에 대한 믿음이다. 유성룡은 이빈의 용맹과 지략이 명나라 군사와 연합하기에는 미약하다고 진단, 교체를 원했다. 이일이 순안 주력군을 지휘하고, 이빈이 행재소로 소환된다. 이일이 지휘하던 군사와 의병들은 박명현이 맡았다. 전란 기간 중 끊임없이 요동 망명을 구상한 선조와 분조를 이끈 광해가 대비되면서 선조의 자격지심(自激之心)을 건드린 사건이었다.

임진년 10월, 진주성 전투가 지상전의 흐름을 결정적으로 뒤집는다. 해상에서는 전라좌수사가 연일 승전을 거듭하며 제해권을 장악했다. 7월 한산도, 9월 부산포 해전이후 왜군은 '수군전투 금지령'을 내렸다. 간헐적으로 척후선이 남해를 떠돌았으나, 좌수영의 복선에 요격되거나 도주한다. 해상 전면전은 사실상 불가능할 정도로 왜 수군은 붕괴했다. 조선 수군이 왜 수군의 본진, 부산포에 이를 동안에 이를 저지할 최소한의 해상 전투력도 남아 있지 않아 육지에 숨어 조선 함대에 총포를 쏘아댈 뿐이었다. 부산포 앞바다가 조선 수군이 불사른 왜 함선의 불길과 연기로 가득 메워진다. 의주의 행재소에서도 수군에 대한 굳은 믿음이 생겼다. 한산 해전의 승첩 장계를 가지고 왜군 포위망을 헤쳐 의주에 도착한 녹도 군관 송여종(宋汝悰·40세)을 통해, 조선 조정은 고니시가 호언하던 서해를 통한 왜군의 상륙작전이 무산된 것을 비로소 확신할 수 있었다. 남해에서 북방 끝까지 장계를 가져간 군관 송여종이 행재소에서 만호로 승차한 사실은 조정의 감격을 잘 보여준다.

그리고 육지에서 전라도의 명운을 건 한판 승부가 또다시 다가 왔다.

왜군은 해로에 이어 웅치, 이치를 통한 전주성 공략마저 좌절되자, 진주성을 무너뜨려 남해안 일대의 육로를 장악하려는 시도에 나선다. 진주성에 광양, 순천으로 이어지는 호남의 해안일대를 장악하는 교두보를 확보하고, 동시에 불가항력(不可抗力)인 조선 수군을 고사(枯死)시키겠다는 우회 전략이었다.

10월 4일, 3만여 명의 왜군이 진주성을 포위한다. 진주목사 김시민(金時敏·39세)이 4천여 관군과 백성을 동원해 수성에 나섰다. 성 외곽에서는 곽재우 등 의병 수천여 명이 곳곳에 진을 치고, 깃발을 흔들며 왜군의 신경을 분산시킨다. 진주성은 자연조건과 인위적인 노력이 합쳐져 철옹성과 같은 수비 태세를 갖추고 있었다. 남쪽으로는 남강이 둘러싸고, 서측은 깎아 세운 듯한 가파른 절벽이 수성을 돕는다. 완만한 동북측에는 외성을 따라 넓고 깊게 파인 해자에 물이 가득 차 도성을 막았다.

왜군은 4일 전면적인 도성을 시도했다. 하루종일 왜군이 진드기처럼 성벽에 달라붙었지만 성벽은 높았고 준비는 철저했다. 무엇보다 백성들은 도성을 허락하는 순간, 몰살된다는 사실을 경험을 통해 잘 알고 있다. 막다른 길, 죽기를 쉽게 각오하고 처절한 전투에 나섰다. 사다리와 화살, 총통과 조총, 불 짚더미와 장작, 바위를 깨뜨린 돌, 끓는 물이 진주성을 뒤덮어 온통 가마솥이 펄펄 불꽃에 삶아지고 여기에 부나방이 달려들어 종일 불타는 형상이다. 왜군의 소모와 충원이 이어지면서 진주성은 위태롭게 허물어질 듯 다시 세워진다. 왜군의 도성이 급박하게 전개되면, 곽재우가 이끄는 의병들이 본진의 허리에 달려들며 흐름을 끊어준다. 진주성 안팎이 마치 군신의 몸부림처럼 살아서 움직인다. 한계에 이른 왜군은 한때 군사를 퇴각시키는 유인책까지 동원했지만 진주성은 요지부동이었다.

9일 진주목사 김시민의 가슴에 철환이 박힌다. 검을 움켜쥐고 혼절한다. 병사와 백성들이 오히려 사기를 잃지 않고 함께 죽기를 원했다. 생사를 뛰어 넘어 신들린 듯 군민이 혼연일체(渾然一體)가 되어 전투에 몰입한다. 전선의 깊은 동료애가 위태롭던 진주성에 생명을 불어넣고, 왜군은 지칠 줄 모르는 조선군 항전에 질려간다. 성 밑에 수북이 쌓여 하얗게 변해가는 주검에서, 헤어날 수 없는 깊은 수렁을 맛본다. 왜군은 점차 진주 성벽이 난공불락이라는 두려움에 젖었다. 전란이후 육전에서 처음 쓰라리게 맛보는 대규모 패전, 1만여 왜군 시신이 진주성 인근을 가득 메워 시체를 밟으면서 해자를 건널 지경이다.

10일 왜군이 퇴각기를 올린다. 전투 7일째, 지친 나팔 소리와 힘없는 퇴각기가 진주성에서 도망치고, 촉석루에는 붉은 승전기가 가득 나부낀다. 진주성을 지켜낸 이날, 김시민이 숨을 거둔다. 진주성을 지키는 무거운 짐을 비로소 내려놓고, 편히 길을 떠났을 것이다. 향년 39세. 세상일에 미혹되지 않는다는 '불혹'을 한 해 앞두었지만, 이미 그는 흔들리지 않는 충절로 하늘의 소임을 다했다. 조선군 사상자는 1천여 명 남짓한 완벽한 승리다.

전라도가 살아남았다. 지상전에서 왜군이 마침내 처절한 패배를 맛보았다. 공세의 예기가 확연히 꺾인다. 공세가 수세로 바뀌고, 전쟁에 대해 이중적이었던 고니시가 수렁에 빠지면서 의주의 행재소가 기사회생할 시간을 벌었다. 함경도 북방 백성의 거친 기질이 가토의 발목을 잡았고, 의병들은 평양성 주위를 에워쌌으며, 경상좌도에서는 육로의 관문인 영천성을 장악했다. 제해권은 개전 초기부터 조선 수군이 쥐고있어, 이를 일본 수군이 넘보기는 불가능해 보였다. 그리고 명나라 군사의 움직임이 본격화된다. 날은 추워지고, 군량은 위태로운 상황에서 아무런 후방 지원도 기대할 수 없는 고니시가 고립감에 빠져든다. 심유경의 그럴 듯한 제안에, 평양성에 웅거하던 고니시는 명나라와 강화 협상을 통한 막연한 종전의 꿈에 젖어 있었다.

3부

3국 전쟁, 한양성 수복

1

1592년(임진년 겨울) ~
1593년(계사년 초), 평양성 수복

- 일진일퇴의 공방전

*◇◇◇◇◇◇◇◇◇◇◇◇◇◇◇◇◇◇◇◇◇◇◇◇ * ◇◇◇◇◇◇◇◇◇◇◇◇◇◇◇◇◇◇◇◇◇◇◇◇◇◇◇◇◇◇*

명나라 군대의 출전이 임박한 임진년 11월, 유격 심유경이 17일 다시 조선을 찾았다. 심유경은 평양성에서 고니시와 겐소를 만나 협상을 이어갔지만 사실상 기만책에 불과했다.

유성룡은 12월 초, 평안도 도체찰사로 임명되면서 새롭게 구성될 조명 연합사령부를 조율하는 책무를 맡는다. 그는 임명과 동시에 조선군내에서 암약하던 왜군 간첩단 김순량 등 40여 명을 소탕, 조명연합군에 대한 왜군 정보를 차단한다. 명나라 제독 이여송이 4만여 병력을 이끌고 23일 압록강을 건너, 전란은 3국간 국제전으로 비화된다. 명나라 군대는 28일 의주에서 출병, 평양성 수복전투에 나선다.

계사년 정월, 조선군과 의병, 의승병, 그리고 명나라 군사 등 5만여 명이 평양성을 포위, 전란이후 처음으로 조명연합군이 대대적인 반격을 펼친다. 연합군이 6일 평양에 대한 전면 공세를 감행하자, 이튿날 평양성을 포기한 고니시는 파주를 거쳐 벽제관에서 한양성으로 퇴각할 준비를 서두른다. 선조는 평양성이 수복되자 '왕위를 광해에게 물려준다'는 '선위 파동'을 일으킨다. 정국을 수습하기 위해 신료들의 무게중심은 선조에게 옮겨갔고, 결국 광해가 이끄는 분조가 사실상 소멸된다. 광해는 20일 정주로 귀환, 7개월에 걸쳐 최전선을 지휘하던 임시 조정의 역할도 막을 내린다. 선조는 전선이 남하할 경우에 대비, 이달 말 유성룡에게 충청, 전라, 경상의 군사 업무를 총괄하는 삼도 도체찰사를 제수한다.

1월 27일 한양성으로 향하는 최대 관문인 벽제관에서 막바지 공세에 나선 조명연합군은 오히려 왜군 포위망에 걸려 패주한다. 사기가 저하된 제독 이여송이 파주를 거쳐 개성으로 군대를 퇴각시킨다. 28일 함경도에서 정문부가 길주성을 수복, 남하하던 가토의 군대가 평양성을 다시 공략한다는 소문이 돌면서 연합군은 긴장한다.

*∞∞∞∞∞∞∞∞∞∞∞∞∞∞∞∞∞∞∞∞∞∞∞   *   ∞∞∞∞∞∞∞∞∞∞∞∞∞∞∞∞∞∞∞∞∞*

임진년 11월 17일 의주를 다시 찾은 유격 심유경은 용만관에서 선조를 만나 명나라 군대의 출병을 거듭 확인해 주었다. 그렇지만 심유경이 조선 조정과 고니시, 그리고 명나라 조정에 전하는 말은 조금씩 달랐다. 심유경은 이날 선조에게 "조선의 군세가 아직 미약하니 당장은 왜군을 달래 시간을 벌어야한다"면서 "조선의 두 왕자와 포로들, 그리고 평양성을 온전히 돌려받는 것이 협상의 목적"이라고 밝혔다. 이에 선조는 "명나라와 왜국이 서로 강화한다는 차마 믿을 수 없는 소문이 떠돌고 있다"며 초조감을 드러냈다. 양국 간의 강화는 사실상 조선이 영토의 전체, 혹은 일부분을 상실한다는 의미와도 직결된다. 심유경은 '왜군과 50일 동안 휴전을 맺은 이유는 그들의 북상을 저지하기 위한 위계에 불과하고, 7만의 명나라 군사가 집결중인데, 선봉 1만 2천여 명이 조만간 도착할 예정'이라고 선조를 안심시켰다.

12월 3일 심유경이 평양성에서 고니시, 겐소와 주고받았다는 회담 내용이 일부 알려지자 조선 조정은 촉각을 곤두세웠다. 명나라 조정에서도 조선 땅을 대동강을 기준으로, 명과 일본이 분할하는 방안까지 협의 중이라는 것이다. 왜군이 군대를 철수해 평양성을 명나라에 양보하고, 대동강이남 지역은 왜군이 갖는다는 뒷얘기가 흘러나왔다.

예조판서 윤근수가 심유경에게 소문의 진위를 캐묻자, 심유경은 벌컥 화를 내며 조선이 공연히 끼어들어 일을 망치지 말라고 일축했다. 심유경은 고니시의 정예 부대를 깨뜨리기 위해 시간과 공을 들이는 자신의 노력을 조선이 너무 몰라준다고 푸념한다.

"정히 의심스러우면 조선군이 단독으로 나가 싸우십시오. 그런데 대동강 변에서 수백의 군사를 희생시키고 왜병 수급은 고작 3개 밖에 얻지 못했으니, 고니시를 당해낼지 우려가 클 뿐입니다."

심유경이 비아냥거리자 윤근수가 입을 다문다. 강화 협상을 위해 조선을 찾았던 초기 심유경의 겸손하고 의젓한 모습이 아니었다. 초조한 기색이 역력했고, 사태를 서둘러 봉합하려는 인상이 짙었다. 협상안을 둘러싸고 명나라 조정과 무엇인가 불협화음을 빚고 있다는 의심이 들었지만 어쩔 수 없는 현실의 무게 탓에 항변할 도리가 없다. 심유경의 의도는, 이어 도착한 명나라 군대를 총괄하는 경략 병부우시랑 송응창(宋應昌·58세)의 서신을 통해 한층 뚜렷해진다. 송응창은 서신에서

'조선이 중화(中華)의 동쪽 바다를 지키는 번국이 되어, 대대로 예법을 서로 나누었는데, 하루아침에 왜적의 침입을 받았다고 해서 그 의리를 저버릴 수는 없다. 평양은 조선 땅인데 어찌 명나라가 이웃의 위기를 이용해서 땅을 빼앗는 불의에 빠지겠느냐. 황상의 군대가 곧 압록강을 건너니, 국왕은 허튼 소문에 속지 말고 이간질을 경계하라'고 알렸다. 송응창이 말하는 이간질의 주체는 심유경이 분명했다.

비로소 심유경의 강화 내용이 뚜렷해진다. 조선을 도마 위에 올려놓고, 고니시와 칼질을 한 것이다. 그는 연경으로 돌아가 조선 분할을 한 가지 협상 대안으로 명나라 조정에 제안했지만 당장은 현실적인 지지를 얻지 못했다고 볼 수 있다. 그렇지만 전황에 따라 언제든 다시 논의될 수 있는 만큼 결국 칼자루는 명나라 조정이 쥐고 있다고 해도 과언이 아니었다. 이는 적당히 실리를 취해 철군하려는 고니시의 의도와도 부합했다.

12월 4일 유성룡이 명나라 군사를 맞아 연합사령부를 꾸릴 평안도 체찰사로 임명된다. 지난 5월 파직된 뒤 7개월여 만에 군권과 군사 업무를 위임받은 유성룡은 그동안 감지했던 조선군내 간첩단 소탕에 나선다. 사건의 발단은 지난 2일 안주에서 군관 성남을 통해 수군장 김억추에게 회신용 밀서를 보냈는데, 이 밀서가 답신과 함께 되돌아오지 않아 시작됐다. 6일간의 시한을 정했는데도 소식이 없었다. 유성룡은 성남을 불러 들여 사유를 캐묻는다. 성남은 "강서군인 김순량에게 이미 답서를 보냈다"면서 "김순량이 돌아올 때 소를 한 마리 가지고 돌아와 무리들과 잔치를 벌인 점이 석연치 않다"고 고개를 갸우뚱한다. 친척 집에 맡겨 놓았던 소라고 해서 별 의심을 하지 않았다는 해명이다. 전란 중에 소 한 마리는 흔치 않은 재물이다. 유성룡은 군관을 파견해 김순량을 잡아들인다. 김순량은 애초에는 답서를 잃어 버려 그냥 되돌아 왔다고 잡아떼었으나, 결국 소의 출처를 추궁하자 '답서를 평양성 왜군 장수에게 넘기고 소를 사례로 받았다'고 내막을 실토한다. 간첩 사건이었다.

유성룡의 국문이 거칠어졌다. 평소 백성들에게 매 한번 대지 않고 타이르던 온화한 표정이 오간데 없다. 직접 국문에 나서 여차하면 검을 내려칠 기세다. 김순량의 동료 서한룡이 앞서 명주 다섯 필을 받은 사실이 탄로 난다. 서한룡이 포박되고, 왜군 간첩망이 고구마 넝쿨처럼 줄지어 드러난다. 순안, 강서 등 진중에만 40여 간첩 명단이 확보된다. 숙천, 안주, 의주를 비롯한 조선 군영의 동태를 고니시가 속속들이 파악하고 있었다. 간첩단 사건으로 비화되며, 비밀리에 대대적인 검거가 벌어진다. 이들은 살아남을 수 없었다. 관아를 습격한 난민은 용서해도, 왜병의 간첩은 관용의 대상이 될 수 없다. 이들이 얻은 재물은 조선군이 뿌린 피의 대가이다. 김순량의 목은 의주성 밖에 한동안 매달려 있었다.

12월 23일 제독 이여송(李如松·45세)이 압록강을 건너, 이틀 후 의주에 나타났다. 애타게 기다리던 선조가 남문 밖에서 영접해서 다례와 주례의 자리를 마련한다. 술 두 잔을 받아 마신 이여송은 '화급한 국난 시기에 주연은 어울리지 않는다'며 상을 물린다. 선조의 예단마저 사양했으나, 환도는 예를 갖추어 받아든다. 무인 가문의 후손답게 기품 있고, 절제된 행동이었다. 이여송은 "심유경의 계획에 찬동하는 무리들이 일부 있지만 모두 허튼 소리에 불과하니 믿지 말라"고 잘라 말한다. 자신이 대군을 이끌고 조선 땅에 온 사실이, 조선이 의심을 거두어도 되는 증거라고 강변한다. 그리고 심유경은 자신이 그를 이용해 도모할 일이 있어 함께 데려왔을 뿐이라고 귀띔한다. 심유경의 이름으로 왜장을 끌어내리려는 반간계였다. 그렇지만 조선을 놓고 명나라 내부에서 의견이 대립하고 있다는 것 또한 사실이었다.

경략으로 임명된 송응창은 요동에 머물면서 군사 업무를 총괄했다. 이여송은 삼영장인 이여백, 장세작, 양원을 비롯, 남방장수 낙상지, 오유충, 왕필적 등과 남하했다. 요동 출신 낙상지는 조선군과 자주 교류하면서 조선 문물에 익숙했다. 4

만이 넘는 명나라 군대가 안주에 잇달아 도착, 남쪽 일대에 진영을 펼친다. 깃발과 병기가 들판을 덮고, 군사편제가 잘 갖춰져 가지런한 진영이 수 km에 걸쳐 꼬리를 물고 전개된다. 날은 맑아도 겨울추위로 의주 일대가 꽁꽁 얼어붙은 가운데 된새바람에 펄럭이는 명군 깃발이 위용을 더했다. 선조와 조선백성이 전란의 종결을 믿어 의심치 않을 만큼 위풍당당했다.

유성룡이 이여송 사령부를 찾는다. 동헌에 버티고 앉은 이여송은 화려한 명나라 조복을 입고 맞이한다. 적당한 풍채에, 절제된 군인의 모습이지만 기상은 그리 억세 보이지 않았다. 유성룡은 선조의 예물조차 거절하는 의기를 보인 이여송의 태도를 염두에 두고, 별도의 선물은 챙기지 않았다. 유성룡 또한 명나라 조정에 학식과 덕망이 널리 알려져, 이여송이 지기(知己)를 맞이하듯 손수 의자를 내주며 앉기를 청한다. 예를 표시한 유성룡이 두루마기 속에서 평양 지도를 꺼내자, 이여송이 반색한다. 유성룡은 산과 구릉, 시내와 길, 군사로의 폭과 길이, 평양성 외성과 내성의 구조, 의주에서 평양에 이르는 주요 지형지물에 대한 설명을 한동안 이어갔다. 이여송은 유성룡이 지적하는 군사 기동로에 붉은 먹물로 점을 찍어가며 행군로와 야영지, 전투 구역을 가늠한다. 이어 유성룡은 왜의 군세와, 조총의 장단점을 전한다. 조승훈이 지난 전투에서 패퇴한 이유와 왜군의 기만전술도 덧붙였다.

"왜병의 조총은 우리의 대포로 감당해 낼 것입니다. 사거리가 2km를 넘어, 조총보다 월등합니다. 일단 평양 외성을 무너뜨리는데 적지 않은 역할을 할 것입니다."

대장군포, 위원포, 자모포, 연주포, 불랑기포 등을 일컫는 말이었다. 화약과 물자, 실전 경험이 풍부한 명나라 포병은 철환 크기에 따라 포대를 운용했고, 불화살을 비롯해 비격진천뢰와 같은 산탄을 연사하는 화력을 갖췄다. 해질 무렵 유성룡이 동헌을 나서자 이여송이 급히 부채 하나를 보낸다. 앞면에 자신의 시를 적어,

유성룡과의 이날 만남이 흡족했다는 마음을 표현한다.

"군사를 거느리고 밤을 도와 강을 건너니, 조선이 편치 못한 탓이다.
황제가 승전보를 기다리니, 미약한 신하는 밤에도 술잔을 들지 못한다.
봄철의 북두성 기운에 기상이 강해져, 왜적의 뼈는 벌써부터 저릴 것이다.
'승산 없다'는 말은 입 밖에 꺼낼 수 없어, 꿈속에서도 말 타고 싸움터를 달린다."

이여송은 명나라 군관을 백상루에 머문 유성룡에게 보내, 유격 심유경과 고니시의 친분을 이용한 첫 군사 작전을 알린다. 심유경과 협상을 갖자고 서한을 보내 끌어낸 왜장을 회담장에서 척살하겠다는 것. 밀서에는 두 가지 의미가 담겨 있다. 우선 심유경이 벌여온 그동안의 협상에서 명나라는 강경책을 구사하기로 내부 방침을 정했다는 것이고, 다음으로 유성룡에 대한 이여송의 호감이었다.
부총병 사대수가 왜군 진영에 강화 협상 문서를 보냈다.
'명나라 조정에서도 심유경의 화친 방안에 동의, 곧 심유경이 답서를 들고 올 것이다. 순안에서 함께 만나 협상을 마무리하자.'
겐소가 화답시를 보낸다.

'해 뜨는 나라, 일본의 전쟁이 그치고, 중화마저 복종했으니,
온 세상이 마침내 한 집안이 되었다.
밝은 기운이 온 세상의 눈을 녹였으니,
철 이른 봄이 와서, 태평을 노래한다.'

고니시 진영은 분명하게 고무된 반응을 보인다. 일본이 명나라 승인을 얻어 조선을 함께 나눈다면, 대륙과의 교역로를 마련하면서 섬나라 오랑캐로 소외되었던 일본의 위상은 높아질 것이다. 이것이 도요토미의 명분과 실리라면, 이번 전란에서 가장 뚜렷한 공을 세운 고니시는 전쟁을 마치고 영지를 넓히는 실익을 얻는다. 하지만 척후와 첩보에 민감했던 고니시도 조선군 내부의 간첩이 소탕된 이후, 대규모 명나라 군대가 이미 평양성 인근에 진주했다는 사실은 알지 못했다.

계사년 새해, 고니시의 젊은 부장 다케노우치 기치베(竹內吉兵衛·죽내길병위)가 무장한 20여 명의 병사를 이끌고 협상장을 찾았다. 사대수가 이들을 맞아, 다케노우치를 장막 안 협상장으로 안내하고, 뒤따르던 군사들은 따로 연회를 즐기라며 분리한다. 화려한 연회석에 방심한 다케노우치는 술이 몇 순배 돌기도 전에, 포박되어 포로 신세로 전락한다. 모진 고문과 명나라 압송이 기다리고 있었다. 호위 무사들은 허겁지겁 음식을 삼키던 중, 들이닥친 장창에 절반가량이 절명하고, 사투 끝에 퇴로를 연 몇몇이 피투성이가 되어 평양성에 당도했다. 고니시의 하룻밤 꿈이 신기루처럼 사라졌다. 심유경은 협상의 신뢰를 송두리째 상실한 순간이었다. 막다른 길목에 내몰린 고니시가 즉각 전투태세에 돌입한다. 그나마 항전을 준비할 시간 여유는 벌었다.

숙천에서 야영하던 이여송은 왜군을 놓친 부총병 이영의 곤장을 친 뒤, 군사 이동을 서둘렀다. 빈 깍지를 살 끝에 달아 '호르륵' 소리를 내는 적시(鏑矢)를 쏘아, 선발 기병대를 비상소집, 순안으로 향한다. 하지만 군사들이 평양성 외곽에 포진한 이후에도 총포와 화차를 비롯한 공성장비의 운송이 늦어져 전투는 잠시 미루어진다. 그리고 6일 새벽부터 치열한 평양성 전투가 개시되었다.

평양성 외성과 내성 곳곳에는 청색과 흰색기가 펄럭이며 긴장감을 여지없이 드러낸다. 왜군 2만여 명이 평양성을 둘러싼 목책 사이사이에 빼곡하게 들어차 요새를 구축했다. 고도가 높은 모란봉을 중심으로 조총병 수천 여명이 총구를 겨눈다. 겨울 햇살을 받은 총열은 차가운 빛을 반사했고, 목책 사이사이 창검은 살기로 잔뜩 날을 세웠다.

명나라 군대 4만여 명, 조선군 1만 여명, 여기에 휴정과 유정이 이끄는 의승군 2천여 명도 합세해 공성의 한 축을 맡았다. 도원수 김명원을 중심으로 김응서, 정희현이 좌우 날개에 배치된다. 공성전에 앞서 명나라의 대장군포가 천지를 울리는 폭음과 함께 대형 철환을 평양성벽에 쏟아 둔탁한 파괴음을 울릴 때마다, 왜병들이 무의식적인 신음을 토해낸다. 평양성을 지켜보던 산들이 진저리치며 사방에 메아리로 튕겨내자 한동안 양군의 귀가 먹먹해 진다. 철환은 성가퀴를 허물어뜨리고, 목책을 날리며 평양성을 할퀴어 댄다. 이어 총통에서 발사된 화전이 공중에서 마치 베옷을 펼쳐 붉은 그물을 던지듯 평양성을 덮친다. 연기가 일제히 하늘을 덮은 뒤, 잠시 후 유황불이 평양성에서 피어올랐다. 수목에 붙은 불을 피해 모란봉에 포진한 조총수의 전열이 좌우로 일제히 갈라진다. 불붙은 붉은 그물이 서너 차례 평양성을 덮고 난 후, 마침내 공성을 알리는 호각과 북, 꽹과리 소리가 사방에서 울린다. 주력군이 모란봉, 칠성문, 보통문에 집중되고, 이일과 김응서는 함구문을 공략한다. 연합군이 왜군의 칼과 창이 고슴도치 털처럼 채운 외성의 목책 사이를 미친 듯이 달려들었다. 고니시는 남쪽 함구문 외곽에 복병을 배치, 급박하게 진행되는 도성의 흐름을 끊기 위해 측면에서 조선군의 허리를 찌른다. 모란봉은 연기와 불꽃 속에서 쉴 새 없이 조총의 철환을 쏟아냈고, 그 때마다 연합군 병사들은 제자리에서 나뒹굴었다. 의승군과 명나라 부총병 오유충 부대가 무너진 성벽의 빈틈을 파고들었으나, 조총이 집중되자 견디지 못하고 잠시 군대를 물린다.

창검을 든 왜병이 성벽을 넘어 역공을 취한다. 퇴각하던 의승군이 방향을 돌리면서 포위망을 구축해 치열한 백병전을 전개했다. 외성 벽에 다시 기어오르던 왜병의 등에 창과 칼이 무더기로 꽂혀 피칠갑을 한다. 전란이후 본격적인 첫 번째 전면전을 치르는 연합군과 일본은 팽팽히 맞섰다. 화약과 철환, 화살 등 명나라 군수 물자는 끊이지 않았고, 전투병과 보급병은 기계처럼 자신의 역할을 수행했다. 도성을 명령 받은 순간부터, 북방에서 단련된 군사들은 운제를 들이밀어 마치 기계충처럼 사다리를 타고 성벽에 달라붙었다. 명나라 군사들에게 도주는 곧 참수로 직결되었다.

이날 밤, 고니시가 일부 병력을 보내 명군 오유충의 부대에 야습을 시도한다. 오유충은 척후를 통해 왜군의 부산한 움직임을 간파했고, 군막을 비워 미끼를 던졌다. 왜군이 성문을 나서 오유충 진영의 남쪽에 자리 잡자, 동쪽과 서쪽에서 일제히 화전이 날아올랐다. 왜군은 절반 이상의 사상자를 길거리에 놓아둔 채 성안으로 도주했다.

7일 오전 9시, 왜군이 다시 기병을 앞세워 명나라 본진을 향해 정면 돌파를 시도한다. 좌익과 우익에서 날아드는 총포와 화살, 편전의 강력한 저항에 곧 퇴각기를 올렸다. 이여송이 호각을 불고, 깃발을 높이 들어 본진의 전진을 명한다. 평양성 보통문을 사이에 둔 대치상태에서 왜군이 과감하게 성문을 열고 전면적인 접전을 벌였으나, 제 1전투선이 점점 밀려나자, 2선과 후방 군사를 모두 거두어들이고 황급하게 성문을 내린다. 최전선 왜병들은 순식간에 명나라 군대에게 둘러싸여 참살된다.

8일, 제독이 총력전을 펼친다. 조선군은 남쪽 성곽을 맡았다. 이여송은 흑갈색 말을 평양성 외곽으로 활처럼 달리며, 군사들을 격려한다. 성곽에 전진 배치된 대장군포의 포성소리가 끊이지 않으면서 내성으로 철환이 날아들었다. 낮 12시, 짙은 먹구름이 어둠을 깔자, 동쪽에서 북서쪽으로 방향을 바꾼 된하늬바람이 불길을 외성 깊숙하게 옮긴다. 왜군은 외성의 군데군데 목책과, 토벽을 쌓고 참호를 구축해 작은 창틈에서 조총을 끊임없이 쏘아댄다. 마치 벌집에서 벌들이 한꺼번에 날아드는 형상이다. 이여송이 겁을 집어 먹고 후퇴하는 창병의 목을 베어 말안장 위에서 높이 치켜든다.

"먼저 성에 오르는 자에게 은 50냥을 상으로 주겠다."

철환 사이를 누비던 이여송 말의 목 줄기에 철환이 박혀 다리가 휘청 꺾인다. 수행하던 군관의 말고삐를 잡아, 이여송이 다시 안장에 뛰어 오르자, 명군에서 함성이 터진다. 피 묻은 장창을 거머쥔 낙상지가 외성을 오르면서 절강 군사의 사기가 치솟는다. 일제히 포효하며, 결국 명나라 선발대가 외성을 타고 들어 왜군의 청색 기를 뽑아 던지고, 붉은 명나라 승전기를 세웠다. 마침내 평양 외성이 무너졌다. 조선군도 잇따라 도성에 성공한다. 화약과 화포의 장전, 공격 진영의 유지, 궁수의 공격 등 명나라 전투는 질서 정연했다. 전장을 이탈하면 목을 베어 군기를 세웠다.

칠성문앞 대장군포 수십여 기가 지근거리에서 직사로 놓여 일제히 철환을 토해 낸다. 마침내 성문이 둔탁한 파괴음과 함께 넘어갔다. 내성이 처음 속살을 드러낸 다. 명나라 군사와 조선군, 의승군이 병사를 정돈시켜, 이여백은 함구문을, 양원은 보통문을 통해 성안으로 진입한다. 1천여 명 이상의 왜군이 도살되고, 불에 타들 어 가는 몸을 벽에 비비며 살점이 떨어진 왜병이 온몸을 바닥에 뒹굴면서 죽어갔 다. 불기운과 시체의 탄 냄새로 한겨울의 평양성이 후덥지근할 지경이다. 왜군에 게 포로로 잡혀 노비로 살던 절강 사람 장대선이, 이번에는 명나라 군사에게 사로 잡혔다. 조선인 포로 1천여 명도 허겁지겁 성에서 도망친다. 왜군의 말 사체와 군 장비가 산처럼 쌓였다.

고니시가 내성으로 병사를 물려, 마지막 항전을 준비한다. 왜병의 조총부대가 바늘 꽃을 틈조차 없이 촘촘하게 밀집된다. 철환이 장마철 세찬 빗발만큼 거세게 쏟아진다. 명나라 선봉대가 반파된 칠성문을 비집고 내성의 계단에 이르기도 전에 한꺼번에 나뒹굴었다. 이여송은 적의 화망이 지나치게 강하다고 판단, 병사를 물리고 왜군 포로였던 장대선을 통해 고니시에게 서신을 보냈다.

"비록 전장이라도 인명은 귀하니 살길을 연다. 장수들은 언약을 믿어라."

얼마 후, 고니시의 답서가 도착한다.

"퇴로를 열어 주면, 성문이 열린다."

명나라 진영에서 초요기를 세우고, 이여송이 장수들을 불러 전시 중 작전회의를 열었다. 이대로 밀어붙여 고니시를 잡으면 왜군은 주축이 부러진다는 주전파에 비해, 궁지에 몰린 짐승을 잡기 위해 한 팔을 잃을 수도 있다는 신중론이 우세했다. 명나라 군사에게는 이역만리 떨어진 타국의 전쟁터, 조선군에게 매복과 기습을 금지시킨 뒤, 전투를 종료한다. 고니시는 이날 밤, 군장과 군량을 모두 버린 채 얼어붙은 대동강을 건넜다. 제 한 몸을 살피기도 벅찬 한겨울의 후퇴 길, 얼음판의 숨구멍을 잘못 디뎌 빠져죽는 왜군의 가쁜 호흡이 대동강변의 한밤중 적막을 깨뜨린다. 다음날 오전, 평양성 곳곳에 포진했던 왜군도 모두 거짓말처럼 퇴각했다. 군데군데 동사한 왜군 시신이 이들의 행군로를 가리킨다.

9일, 평양성이 탈환되었다. 유성룡은 평양성 탈환 이후에 대비, 명군이 평양성 포위진을 펼칠 때, 황해도 방어사 이시언과 김경로에게 밀서를 보내 도주하는 왜군의 퇴각로를 차단해 섬멸하라고 지시한다. 굶주리고 지친 왜군의 목덜미는 적은 병력으로도 충분히 잡아낼 수 있다는 계산이었다. 이 때 황해도 순찰사 유영경이 해주에서 병력을 보내달라고 요구하자, 김경로는 주력군을 빼내 유영경에게 달려갔다. 사실상 전투를 꺼린 도주였다. 잔여 병력을 이끈 이시언이, 황주 판관 정엽과 더불어 굶주리고 병든 고니시 부대의 낙오병 2백여 명의 목을 벤다. 주력이 가세했다면, 고니시 본진을 무너뜨릴 결정적인 기회가 허무하게 사라졌다. 개성의 왜군도 한양으로 황급히 퇴각, 평안도 왜군이 질서를 잃고 썰물처럼 빠져나가던 시기였다. 한양에는 도요토미의 총애로, 그의 양녀와 결혼한 우키타 히데이에(宇喜多秀家·우희다수가·22세)가 최고 사령부를 꾸렸지만 왜군 전체의 전술과 전략을 수립할 만한 재목은 아니었다. 풍부한 실전 경험을 갖춘 고니시와 가토가 실질적인 사령탑이었다. 이 무렵 가토는 함경도에 있었다. 중앙 주력군 고니시와 소요시토시가 무너지면, 가토는 고립되고 우키타는 갈팡질팡할 것이라고 유성룡은 확신했다. 실제로 황해도 봉산성에서 고니시의 후방을 지원하던 오토모 요시무네(大友義統·36세)는 평양성 함락 소식에 6천여 병력을 모두 빼내 개성을 거쳐 한양으로 부랴부랴 도주했다. 고니시를 따라 가톨릭으로 개종할 만큼 충실한 심복이었지만 고니시의 지원 요청을 모른 척 했다. 왜군의 지휘체계도 마비되었다. 천신만고 끝에 봉산성에 이른 고니시는, 믿었던 오토모의 후방군이 증발하면서 다시 한양으로 철군 행로를 잡을 수밖에 없었다.

유성룡이 김경로의 목을 베자는 장계를 선조에게 청한다. 연일 패주했던 이일에게조차 비단옷을 내주던 유성룡이, 분노를 참지 못한다. 일을 어그러뜨려, 전란에 쐐기를 박을 수 있는 결정적인 군사작전을 놓치고 말았다. 유성룡은 평안도 체찰사의 신분, 김경로가 함경도가 아닌 평안도 장수였다면 곧바로 목이 달아났을 것이다. 선조가 유성룡의 분노에 당황해 선전관 이순일을 보내 참하도록 명한다. 소식을 들은 이여송이 중재에 나선다. 왜군이 섬멸되지 않았으니 한 명의 무사라도 아끼라는 충고였다. 평양선 전투 막바지에 자신이 보인 소극성에 대한 죄책감이 드러난다. 선전관 이순일은 김경로를 백의종군에 처한다는 교지를 들고 개성부로 향했다.

이여송은 평양에 주둔한 지 8일 만에 체찰사 유성룡, 호조 판서 이성중에게 먼저 꼴과 양식을 마련하고 대동강을 건널 방안을 모색하라고 뒤늦게 부산을 피운다. 명나라 부총병 장세작(張世爵)이 선봉을 이끌고 청석계곡에 이르자 낙오한 왜군 수백 명이 피란민과 다름없는 지지부진한 행군을 이어갔다. 장세작은 이들을 기습해 수급만 30여개를 얻는 뜻하지 않은 전공을 세운다. 굶주림과 추위에 시달려 난민 같은 형상의 왜군은 조명연합군을 보는 순간, 도주하거나 항복하기에 급급했다. '사냥물을 얻고도 이를 거두는 수순을 접어 숨통이 살아났다'는 유성룡의 지적은 사실이었다. 고니시는 6천명을 다소 웃도는 병력을 이끌고 힘겹게 남하했다. 요소요소에 배치되었던 읍성의 왜군들은 고니시의 명령도 없이 이미 도주해, 왜군은 겨울 벌판 속에서 죽음의 행군을 지속해야 했다.

　장수가 지략과 용맹을 함께 갖추기란 쉽지 않다. 타고난 지혜와 용력에 부단한 노력이 더해져야할 것이다. 순변사 이일이 파직되고, 그 자리를 이빈이 채우는 순환 인사가 조선 지휘부의 현실을 잘 보여준다. 성 외곽에서 주둔하던 이일은 이여송의 명령에 따라 영문도 모른 채, 우직하게 병력을 물리면서 고니시의 퇴로를 열어주었다. 이일 또한 연합사령부의 명령을 어기고 독자적인 군사 작전을 전개할 만큼 지략이 뛰어나거나 배포가 큰 장수는 아니다. 이여송은 조선군이 경비를 소홀히 해서 사태가 이 지경에 이르렀다면서 조선군에게 도리어 허물을 돌렸다. 이일에 대한 탄핵이 지난 잘못과 겹치면서 확산된다. 양사 간원들은 전장에 설 용기는 없었지만 글을 쓰는 재주는 넘쳐났다. 선조는 좌상 윤두수를 파견, 사안에 따라 목을 베도록 허락한다. 윤두수는 사태의 전말을 꼼꼼하게 따져본다. 이일은 퇴로를 여는 과정에서 왜군을 포위망에 가두어 소탕하는 추가 작전을 기대했다고 항변했다. 상황에 탄력적으로 대처하는 지혜는 모자랐지만 우직한 용력과 무력만은 나무랄 데 없어 유성룡은 이를 인정하고, 활용했다. 윤두수가 유성룡과 상의한 뒤, 이일을 석방하고 이빈에게 빈 자리를 맡긴다. 기병 3천여 명을 뽑은 이빈은 사라진 고니시 군대의 흔적을 찾아 생색내기 추격전을 벌인다. 그는 조정의 기대를 얻어내는 데는 능했지만 그 기대에 실질적인 부응을 한 적은 거의 없는 허울뿐인 장수였다.

평양성 수복 후, 선조가 그동안 실추된 정치력의 회복을 노리는 승부수를 던졌다. 13일 선조는 승정원에 왕위를 동궁에게 물린다는 선위 교서를 내린다. '평양성을 탈환해 나라가 다시 부흥할 수 있는 상황을 맞았으나, 추위 속에서 중국 관원을 접대하면서 날이 갈수록 몸이 상하고 한질이 극심해졌다'며 힘겨운 처지를 호소한다. 승지에게 분조를 꾸리는 광해에게 모든 결정권을 맡기는 어보(御寶)를 보내라고 지시한 뒤, 자신은 안주로 간다고 고집을 피웠다. 청천벽력이었다. 조정의 업무가 중지되고 정국은 소용돌이친다. 평양성 수복 이후 산적한 군사 및 행정 업무도 마비된다. 좌의정 윤두수, 예조 판서 윤근수, 익성군 홍성민, 대사헌 김응남, 아천군 이증, 병조 판서 이항복, 이조 판서 이산보, 이조 참판 구사맹, 우참찬 성혼, 형조 참판 이희득, 좌윤 정언지, 예조 참판 이충원, 병조 참의 신점, 대사간 이해수 등 모든 신료가 동원되어 밤낮으로 선조를 말리는데 힘을 쏟았다. 선조는 때를 가리는 정치적 안목을 가졌다. 비변사와 광해의 분비변사가 의견 충돌을 보일 때, 중립을 지키며 정치적 양보를 했지만 마지막 패를 던져 판 뒤집기를 시도한다. 별수 없이 '선조 달래기'에 나선 신료들이 전란이후 끊임없이 요동으로 향하던 선조의 피란길을 나라의 존망 위기를 넘긴 놀라운 혜안과 결단의 파천과정으로 둔갑시킨다.

"도성의 왜적을 소탕하는 일이 눈앞으로 다가왔고, 그동안 전하의 거동과 결단은 탄복해 마지않을 수 없습니다. 이번 명나라 참전은 전하에 대한 각별한 기대를 보여준 것이니, 이를 저버릴 수 없습니다"라고 입을 모았다. 선조는 신료들의 필사적인 만류에도 불구하고 20일 임반을 출발해 운흥관에 머문 뒤, 저녁에 정주에 도착한다. 선위의 급보를 들은 광해는 분조를 버리고, 영변을 거쳐 정주 외곽에서 선조를 맞는다. 오랜 분조활동에 대한 격려는커녕 싸늘한 선조의 눈빛이 광해를 맞이했다. 충과 효가 동시에 얽혀 부왕(父王)과의 정치적 힘겨루기는 불가능한 유교사회의 왕권 구조, 광해는 몸 둘 바를 모르며 무조건 사죄를 청한다.

선조의 고집이 꺾이지 않는다. 25일 승정원에 재차 전교를 내린다. '병세가 하루를 넘기기 힘들 정도로 나빠져 부지할 기력이 없고, 지금까지 너희들의 주청을 허락하는 것 이외에는 가타부타 따지지 못하는 나무인형에 불과해서 더 이상 이 자리에 있을 필요가 없다'며 '즉시 선위할 수 없다면 세자에게 임시로 국사를 맡겨 처리하라'고 알린다. 이후 선조는 양사와 옥당에서 빗발치는 상소를 아예 쌓아두고 읽지도 않았다.

28일 선조가 비망기를 내려 사태를 매듭짓는 수순에 들어선다. '이미 죽기만을 기다리지만 평양성을 함락시켰는데도 앞으로의 대책을 논의하는 자가 없으니, 큰 환란을 겪으면서도 사익을 버리고 나라를 위하는 자가 하나도 없어 죽으려 해도 나라 걱정에 죽을 수가 없다'며 슬그머니 복귀 의사를 전한다. 이어 선조는 명나라 군대를 잘 보살펴 한양으로 진군하고, 적의 화포에 맞서 총포를 단련하는 제도가 필요하고, 이런저런 인재의 활용이 필요한데도 너희들은 마냥 손을 놓고 있다고 꾸짖는다. 사태는 정점을 넘어 그럭저럭 수습국면으로 접어든다.

29일 마침내 선조가 마음을 풀었다. 사헌부와 사간원, 옥당에서 잇따라 선위를 거두어달라는 상소를 올린 뒤, 영의정 최흥원이 신료와 함께 엎드려 편전에서 물러나지 않았다.

'심병이 도진 병든 사람이 종묘사직을 지키는데 무슨 도움이 되겠는가. 세자는 총명하며 학문에 통달하고 나이 이미 스무 살이 되었으니, 나의 일을 성취하기에 충분하다. 너희들의 덕을 입어 내가 자리에서 물러날 수 있기를 바란다'는 전교를 내려 한 번 더 줄다리기를 한다.

나머지 신료들마저 편전에 가세해 재차 선위의 명을 거두어 달라고 일제히 아뢴다.

　결국 선조가 못 이기는 척, 태도를 바꾼다.

　"우선 왜적이 모두 물러나기를 기다렸다가 이후 물러나도록 경들이 허락한다면 그 동안 죽음을 무릅쓰고 기다리겠다. 마땅히 죽는 힘을 다해 병든 몸을 이끌고 종묘사직을 지키겠다."

　보름에 걸친 선위 파동을 거둔다. 이후 선조는 '관병과 의병을 규합해 명나라와 함께 협공을 하고, 삼도의 수군은 모든 함선을 거느려 왜군을 해상에서 요격해 섬멸하라'고 지시했다. 뻔한 작전 지시에 신료들이 일제히 '비책'이라고 화답해 선조에게 무게를 실어준다. 선위 파동이 매듭 되는 동시에 광해의 분조는 소멸했다. 전란 이후 적지에서 7개월에 걸쳐 고단하게 세운 공훈은 수면 밑으로 가라앉고, 선조의 행적과 혜안이 조선을 지킨 공으로 공식화된다.

　선조는 1월 25일 유홍을 경질하고, 유성룡에게 충청, 전라, 경상도의 군사 업무를 총괄하는 삼도 도체찰사의 직위를 맡긴다. 전선이 남하할 것에 대비한 조치였다. 평양성 수복 이후 한양으로 향하는 조명 연합군의 식량과 마초를 지원하는 일이 시급한 현안이다. 명나라 군대 선봉은 이미 대동강을 건넜다. 대동강이남 지역에는 왜군이 버리고 간 군기물만 남아 한 때 주둔지였음을 알렸다. 명나라 선봉을 따라 잡기 위해 거세게 말을 달리던 유성룡은 연합군 대열이 길을 가로막자 샛길로 빠져 몇몇 호위군관과 시종만 대동한 채, 쉬지 않고 채찍을 가해 아예 선두에 나선다. 자정 무렵, 중화를 거쳐 황주에서 명나라 군대를 따라 잡았으나, 피란길에 오른 백성들이 돌아오지 못한 고을은 황폐했다. 유성룡은 황해 감사 유영경과, 평안 감사 이원익에게 공문을 띄워, 전투가 어려운 병사를 일부 가려 뽑아, 백성들과 함께 군량을 실어 보내라고 지시한다. 청룡포를 거쳐 황주에 이르는 수로에 군량을 대라는 세부 지침도 잊지 않는다.

명나라 본진의 도착이 임박했다는 파발이 연이어 유성룡을 찾았다. 애가 바짝 바짝 타들어가는 유성룡에게 다행히 유영경을 시작으로 군량미가 연이어 도착한다. 왜군의 약탈을 피해 산골짜기에 쌓아두었던 군량이 각지에서 도착하는 대로, 유성룡은 연합군 수효에 맞춰 길가의 들판에 화덕과 가마솥을 준비하고, 연일 대병에게 병참을 지원한다. 조명연합군 진군 속도보다 한 발 앞선 '움직이는 병참 기지'가 유성룡의 그날그날 임기응변에 따라 무사히 개성까지 옮겨갔다.

임진강이 조명연합군의 행로를 가로막았다. 유성룡이 군관 몇몇을 이끌고 금교로 말을 달렸다. 명나라 군사에게 숙소와 식사를 제공하기 위해 소집된 황해도 수령과 아전, 백성들이 들판을 가득 메웠다. 유성룡은 우봉 현령 이희원을 불러 "고을사람 수백 명을 데리고 산에 올라 굵은 칡을 캐내어 내일 아침 임진나루 어귀에 모이라"고 군령을 내린다. 개성부에서 쪽잠을 청한 뒤, 동이 트기도 전에 덕진당으로 향한다. 강가는 여전히 얼음에 덮였고, 한가운데에는 돌덩이만한 얼음 조각이 드문드문 물살에 떠내려 왔다. 하류에서 배를 끌어 모아 무거운 화포와 공성 장비를 실어 강을 건너기에는 시일이 너무 지체된다. 경기도 순찰사 권징, 수사 이빈, 장단 부사 한덕원 등과 더불어 인근에서 합류한 의병 1천여 명이 강변에서 길이 막혀, 이런저런 공론을 내며 초조한 모습이다. 유성룡이 도착한 직후, 우봉 사람 수백여 명이 지게에 칡덩굴을 지고 당도했다. 쌓아놓은 양이 '칡산'을 이루었다. 유성룡이 그 자리에서 동아줄을 꼬라고 지시하자 백성과 의병들이 잠시 전란을 잊은 농부로 돌아간다.

"이리 칭칭, 저리 칭칭, 이놈은 이리 가라 칭칭, 저놈은 저리 간다 칭칭, 칭칭 뒤틀린 이 내 몸이..."

제법 한가로운 농가 가락도 흘러나왔다. 이 사이 강의 남쪽과 북쪽 언덕에 아름드리 기둥 두 개씩이 세워지고, 기둥에 의지해서 가로지른 나무를 눕혔다. 임진강 강폭을 걸칠만한 길이의 동아줄이 수북하게 쌓이면서 그 높이만도 서너 아름에 이른다. 백성들이 동아줄 15가닥의 양 쪽 끝을 남과 북쪽의 가로지른 기둥에 붙들어 매었으나 축 늘어진 동아줄 허리는 강심에 푹 잠겨 있다. 잠시 허사라는 탄식이 퍼진다. 유성룡이 기둥에 맨 동아줄 사이사이에 1m 가량의 막대기를 수없이 걸라고 지시하자 백성들은 그 속내를 알아차린다. 기운 센 수백 장정이 막대기에 달라붙어 일제히 힘을 써서 막대기를 당기며, 기둥을 굴린다. 나머지 백성들은 동아줄에 매달려 강가로 끌어당긴다. '영차, 영차' 소리와 함께 기둥이 구를 때마다 동아줄이 끌려오고, 가로목이 서너 바퀴를 구르자 마침내 강심의 동아줄이 수면 위로 팽팽하게 떠오르며 강물을 털어낸다. 환호성이 터진다. 가로지른 나무가 기둥에 단단히 결박되면서 부교가 골격을 갖추었다. 버들을 베어 동아줄을 그물처럼 이어붙인 뒤, 풀과 거적으로 덮고 말굽이 채이지 않도록 빈틈은 흙으로 메웠다. 유성룡은 여울이 얕고 강폭이 좁은 도강 지점을 따로 찾아내 표지한다. 선봉의 기마병이 부교위에서 채찍을 휘두르며 내달려도 부교는 든든하게 버텼다.

연합군이 강가에 도착, 포대와 병기를 실은 수레가 지났다. 유성룡은 병력을 나누어 보병의 경우, 얕은 여울을 건너도록 지시한다. 군대가 모두 건넌 뒤, 동아줄은 다소 늘어졌지만 여전히 수면위에서 빛났다. 유성룡은 동아줄 가닥이 조금 더 굵었더라면, 대군이 차가운 여울물을 피해 일제히 강을 건넜을 것이라고 다소 아쉬움을 드러낸다.

한양성에 도착한 왜군이 평양성 패전에 대한 무차별적인 보복에 나섰다는 전갈이 24일 도착했다. 닥치는 대로 백성들을 도륙하고, 민가는 모두 불살랐으며, 산 채로 사람을 태워 죽이는 화형장에는 하루 종일 불꽃이 꺼지지 않는다는 전언이다. 패주한 고니시와 황해도를 점령했던 구로다의 3번대가 한양을 '생지옥'으로 만들었다.

유성룡이 이여송의 군막에 살다시피 하면서 진군을 요청한다. 26일 마침내 4만을 웃돈 연합군 본진 병력이 파주에 진을 친다. 일본은 고바야카와가 개성에서 퇴각시킨 6번대 2만 병력으로 맞선다. 고바야카와는 1만여 병력을 벽제역 남쪽 여석현 여석령(礪石嶺·숯돌고개)에 포진시켜 1차 방어선을 구축한다.

27일 경기방어사 고언백과 명나라 부총병 사대수가 이끄는 선봉 3천여 병력이 벽제역에 진출, 여석령 초입에 주둔한 왜군과 첫 교전을 벌였다. 왜군은 조명연합군의 기세에 밀려 수백여 사상자를 남겨둔 채 고갯길로 도주, 연합군의 사기를 높여 놓았다. 선봉이 초기 접전을 벌여 승기를 잡았다는 소식에 이여송이 흥분한다. 그는 시종 몇 명과 부관, 그리고 북방 기병 1천여 기를 이끌고 여석령으로 달렸다. 기병을 지원하는 절강성 포병은 아직 도착하지 못한 상황이었다. 지나치게 서두르던 이여송이 혜음령길 고랑에서 말이 헛발을 내디뎌 낙마한다. 얼굴에 팬 생채기를 아랑곳하지 않고, 다시 말을 잡아탔다. 이여송이 이미 도착한 본진과 기병을 좌우로 나누어 진군을 명했다. 고갯길 초입에서 허망하게 밀리던 왜군은, 중턱을 넘어서자 강력하게 저항한다. 왜군 본진 1만여 명이 고갯길 중턱에 서너 겹의 방어망을 치고, 선봉을 보내 미끼로 삼았다. 조명연합군은 여석령 고개와 산자락, 능선을 온통 뒤흔들어대는 조총소리와 함께 쏟아지는 철환을 받아야 했다. 기동성을 위해 가볍게 무장한데다, 총포의 지원을 받지 못한 북방 기병이 우르르 무너진다. 말을 쏘아 전열을 무너뜨린 왜병은 예리한 장검을 휘두르며 사방에서 달려든다. 짧은 칼로만 무장한 명나라 기병들이 허물어진 마상에서 장검과 장창 세례를 정신없이 받았다. 좌우익을 오가며 전투를 독려하던 이여송은 왜병이 중앙 전선을 뚫고 구축한 포위망 한 가운데 놓인다. 시종과 부관들이 몸을 방패삼아 필사적으로 이여송의 퇴각을 돕는다. 분투 끝에 퇴로를 연 군관 이유승이 옆구리를 찌르는 창날에 낙마하고 만다. 가쁜 숨을 허덕거리며 혜음령에 이른 이여송은 부총병 양원이 이끈 명나라 총포병 진영에 몸을 숨긴다. 명나라 총포가 불을 뿜기 시작하자, 혜음령 입구까지 추격하던 왜군이 물러나, 벽제관 전투가 막을 내렸다.

저물 무렵 파주의 이여송 군막에서 통곡소리가 새어 나왔다. 이여송이 수족처럼 함께 했던 시종과 군관의 전사 소식을 듣고 넋을 놓고 울음보를 터뜨린다. 근엄하고 절제 있던 무관이, 나약한 귀공자의 풍모로 돌아갔다. 바람 한 점 불지 않아 명나라 신군(神軍)의 노란 깃발이 사령부의 군막위에 축 처져, 마치 조기(弔旗)를 방불케 한다. 이튿날 이여송이 동파로 군대를 물리라는 군령을 내리자, 유성룡이 부랴부랴 찾았다. 추적추적 대지를 적시는 때 이른 봄비를 맞으며 우의정 유홍, 도원수 김명원, 순변사 이빈이 뒤를 따른다. 김명원은 전날 전투에서 왜군의 선봉이 미끼라고 판단, 무리한 진군을 막아 병력을 고스란히 지켰다. 늘 신중한 그의 처신이 어쨌든 병력의 소모를 막았다. 숱한 실전 경험이 그의 지모를 키우고 있을지도 모를 일이다.

이여송은 빗발 속에서 장막 밖으로 나와 좌우의 제장들에게 철군을 지시한다. 유성룡이 다가서자 잠시 외면한 뒤, 고개를 돌려 시선을 어깨 너머로 돌린다. 유성룡이 찾아온 이유를 잘 알고 있다.

"이기고 지는 일은 싸움에 흔한 일인데, 대인께서 어떠한 일로 군사를 경솔히 움직이십니까. 적의 형세를 보아가며 뒷일을 도모하시지요."

완곡하고 간절한 어투였다. 한양 백성이 하루가 멀다 하고 씨가 말라가는 실정이다. 빗물인지, 눈물인지 알 수 없는 물기가 유성룡의 눈가에 흐른다.

"우리 군사가 어제 왜군을 숱하게 죽였으니, 따로 전세가 불리하지는 않습니다. 다만 비가 와서 진창이 되면 군사를 주둔키 어려워 잠시 동파에서 정비한 연후에 진군할 따름입니다."

이여송이 딴청을 늘어놓는다.

"장군의 용맹에 개와 쥐처럼 숨어있던 왜군들이 어제 모두 흩어졌습니다. 한 번 군마를 달리면 왜구를 낙엽처럼 헤칠 수 있습니다."

김명원과 이빈 등이 철군령을 거두면 선봉에 서겠다고 간청한다. 이여송이 본국에 이미 파발을 띄워 기별을 알렸다면서 공문 초안을 유성룡에게 내밀었다.

한 번에 훑어 읽어가던 유성룡의 시선이 멈춘다.

'이제껏 승전을 거듭했으나, 한양성에는 왜군 20여만 명이 도사리고 있어, 병력 충원이 절실하며.......신(臣)의 병이 심해 다른 사람으로 막중한 임무를 대체해서, 황제의 위명을 마저 떨쳐주시기 바랍니다.'

유성룡이 문서 중간을 손가락으로 짚고 이여송을 쏘아본다.

"왜병이 어찌 20만에 이른다고 하십니까?"

"군중으로 도망친 조선 백성들의 말을 참고했을 뿐이오, 난들 그 실상을 어찌 알겠소."

이여송이 버럭 역정을 내면서 분위기가 험해졌다. 순변사 이빈이 무릎을 꿇고 고개를 숙인 채 다시 한 번 출전을 요청한다. 부총병 장세작이 이빈의 어깨를 발로 차서 넘어뜨리고, 명나라 부관들이 칼집에 손을 바싹 움켜쥔다. 부총병 사대수가 급하게 이들을 뜯어 말렸다. 군령은 번복되지 않았고, 퇴각 길은 비참했다. 거세진 빗발은 한파를 동반했지만 왜군이 모두 불사른 민둥산에서는 땔감 한 조각 구하기 어려웠다. 민가가 텅 비어 마초를 구하지 못해 굶주린 말들에게 전염병마저 돌았다. 군마 1만 2천 여필이 죽거나 병들어 길목마다 산처럼 쌓였다. 기어코 임진강을 건넌 이여송은 동파에 임시 군영을 꾸렸으나 명나라 군대의 사기는 땅에 떨어지고, 군영은 무질서했으며, 병기와 군마 등 군세는 형편없이 푹 꺼져 버렸다.

이튿날인 29일, 이여송이 사령부를 동파에서 개성으로 옮길 태세다. 유성룡이 지푸라기라도 잡는 심정으로 홀로 이여송에게 향했다.

"대군이 물러나면, 적군은 더욱 교만해지고, 이제 겨우 추슬러 놓은 가깝고 먼 지방의 민심이 흩어질 것입니다. 임진강 북쪽 형세가 사나워질 수 있으니, 잠시만이라도 동파에서 왜군의 틈을 살피고 천군을 움직이지 마시옵소서."

전날 횡포가 마음에 걸린 이여송이 선선히 알았다고 답한다. 유성룡이 물러가자, 진영별로 철군 일자를 정해준 뒤 자신이 가장 먼저 몇몇 참모를 이끌고 개성으로 퇴각했다. 연합군이 속속 떠나면서 임진강변이 다시 비고 말았다. 유성룡만이 고집스레 동파에 머물면서 이여송에게 꾸준히 서신을 보내 압박한다. 부총병 사대수와 유격 관승선이 군사 수백을 데리고, 유성룡 곁에 머물며 이러지도 저러지도 못한다. 이여송도 마지못해 유성룡에게 답서를 보내. '날이 개고 길이 마르면 당연히 진군할 것이니 염려할 것 없다'고 변명했다. 이어 이여송은 '개성 군량이 부족한데 이를 해결하려는 조선 신하가 한 명도 보이지 않는다'면서 유성룡을 개성으로 불러들인다. 전란이 없더라도 부족한 조선의 식량, 여기에 명군과 왜군이 뛰어들었으니 그 사정은 말할 필요조차 없다. 더구나 조선 백성이 저승으로 넘어간다는 보릿고개가 다가왔다. 의기로만 가득한 조정의 신료들이 당장의 군량을 해결할 리 없고, 선조는 현실 문제에 대해서는 애초부터 유성룡에게 떠맡겨 왔다. 유성룡이 임진강을 떠나 개성으로 향한다. 견마잡이 조차 없이 낡은 투구를 쓰고 진창을 내달리는 유성룡의 모습은 문관이 아닌, 이미 숱한 전장을 떠돈 무관이었다.

이달 말 함경도에서 희소식이 전해진다. 함경도의 반군을 토벌하고 오랫동안 길주성을 압박하던 북평사 정문부가 마침내 성을 수복했다. 길주성에 고립된 왜군은 이달 중순 퇴로를 뚫기 위해 결사대를 내보냈으나 성을 에워싼 조선군의 봉쇄에 타격만 입고 도로 성안에 갇혔다. 길주성과 통신이 두절된 채, 단천에 주둔했던 왜병도 기병 2백여 명이 휩쓸면서 길주성은 철저히 고립된다. 가토는 명나라가 개입해 평양성을 빼앗기고, 왜군이 한양에 집결한다는 소식에 마침내 2만 병력을 모두 이끌고 함경도에서 철군했다. 가토는 먼저 길주성에 갇힌 왜군을 구출하기 위해 마천령을 넘었다. 정문부는 단천 기병을 철수시켜 28일, 길주 북쪽 백탑교에서 기습전을 감행한다. 가토의 본진은 일부 병력을 방패막이로 내어 놓고, 서둘러 길주성까지 길을 뚫어 잔류병과 합류한 뒤 그날 밤 안변으로 즉각 병력을 이동시켰다. 가토는 뛰어난 무장이자 전략가였다. 철군 와중에 평양성을 공략한다는 거짓 선전을 퍼뜨려 조선 병력을 분산시키고, 정작 본진은 곧바로 한양성으로 퇴각했다. 그렇지만 용맹하고 잔인한 가토의 패퇴로 전란의 흐름을 뒤집을 수 있다는 확고한 믿음이 조선군 내부에 뿌리 내렸다.

2

1593년(계사년 봄), 폐허가 된 한양성

- 명나라 군대의 양면성, 시산혈해(屍山血海)의 산하

✳︎∽∽∽∽∽∽∽∽∽∽∽∽∽∽∽∽∽∽∽∽∽∽   ✳︎   ∽∽∽∽∽∽∽∽∽∽∽∽∽∽∽∽∽∽∽∽∽∽∽∽✳︎

계사년 2월 봄의 초입, 도원수 권율이 행주산성에서 왜군의 파상 공세를 꺾었다.

평양성 수복 이후, 벽제관 전투에서 주춤하던 조명 연합군은 행주산성의 승리로, 일방적으로 밀리던 초기 전황을, 백중세를 넘어 공세로 전환하게 된다. 좌수사 이순신은 2월 초, 웅포에서 왜 수군의 숨통을 짓누르는 대대적인 소탕 작전을 전개한다. 본국과 부산포를 잇는 항로만을 근근이 유지한 일본 수군은 포구 깊숙이 보급 및 수송선을 숨기고 해상전투는 포기했다. 함경도에 진주했던 가토의 2번대가 2월 29일 한양으로 회군, 함경도, 강원도가 수복된다.

4월 들어 심유경은 고니시와 회담을 재개한다. 왜군이 한양성에서 철수하고, 명나라 군대는 이를 추격하지 않는 신뢰 회복 방안이 우선 마련된다. 왜군은 잇따른 패전으로 약화된 전력을 보강하고, 명나라는 전면전보다는 조선과 일본의 중재자 역할을 자처하는 군사 전략에 무게를 둔다. 철군 이후, 양국의 실질적인 협상 내용은 여전히 안개에 쌓여 조선 조정은 애를 태운다.

4월 18일 한양을 빠져나간 왜군은 남해안으로 향하고, 20일 도성이 수복된다. 조명연합군 선봉과 함께 한양에 돌아온 유성룡은 1년여 만에 폐허로 변한 도읍지에서 통곡한다. 시신이 산을 이루고, 해골이 들판을 메우고, 시냇물은 말라붙은 핏자국 사이로 흘렀다. 궁궐과 종묘는 모두 불타고, 선대 왕릉이 파헤쳐지고, 민가는 사라졌다. 시신 썩는 악취가 장안을 덮어 '이승의 지옥'을 연상케 한다. 유성룡은 조명연합군을 정비해 후퇴하는 왜군을 추격, 전란의 종지부를 찍기 위해 연일 명나라 사령부를 찾아 출전을 독촉한다.

*◇◇◇◇◇◇◇◇◇◇◇◇◇◇◇◇◇◇◇◇◇◇◇◇◇◇ * ◇◇◇◇◇◇◇◇◇◇◇◇◇◇◇◇◇◇◇◇◇◇◇◇◇◇◇◇◇◇*

명나라 군대가 개성에 진을 치면서 유성룡은 하루하루가 위기의 연속이다. 강화도 나루를 통해 조와 말먹이 풀을, 양곡은 충청, 전라도의 조세로 충당한다. 그렇지만 전날 저녁 도착한 미곡을 아침에 소모하고, 오후에는 나루에 나가 세곡선을 기다리는 초조함의 연속이다. 오늘 미곡이 도달하지 못하면, 내일 군사들이 굶어야하는 실오라기 같은 보급선을 연일 이어가야 했다. 하루 두 끼의 식사, 이것을 감당하기에는 조선 산야가 너무나 황폐했다.

조선군은 배고픔을 참았다. 군량미가 아내와 자식들이 굶주린 대가라는 사실을 잘 알고 있다. 하지만 명군은 그럴 이유가 없다. 군사를 돌이키자는 푸념이 한계를 넘어 군사들의 집단행동으로 이어진다.

이여송이 조선군 병참 사령부의 지휘관을 모두 소집했다. 호조판서 이성중, 경기도 관찰사 이정형을 동헌의 뜰아래 불러 '목을 베어 군령의 엄격함을 보이겠다'고 호통 친다. 위태롭던 보급선이 다시 끊긴 것이다. 변명의 여지가 없다. 함께 자리했던 유성룡이 눈물을 보인다. 자신도 모르게 나온 눈물이었다. 그래도 이들에게 의지해야한다는 어쩔 수 없는 무력감이 유성룡의 눈물로 응어리졌다.

벽제관 전투이후 소극적인 군사작전에 내심 가책을 느낀 이여송이, 말없이 고개를 외면하고 눈물을 숨기는 유성룡에게 묵은 빚을 갚는다. 명나라 장수들을 불러 세운다.

"너희들이 나를 따라 몽고 벌판을 누빌 때, 여러 날을 굶었어도 감히 돌아가자는 말을 하지 못했다. 주린 배를 움켜쥐고, 마침내 승리를 일구어 황상의 은혜에 보답했다. 이제 잠시 양식이 없다고 어찌 철군을 말할 수 있는가. 너희들은 고향으로 돌아가라. 나 홀로 남아 적들을 칠 것이다. 내 시체는 말가죽에 싸여 고향에 돌아가면 그뿐이다."

진중의 분위기가 숙연해진다. 명나라 장수들이 무릎 꿇고 이여송에게 고개 숙여 사죄를 청하면서 이날 사태가 어렵사리 마무리된다. 유성룡이 제독에게 예를 갖추고 나왔지만 위기가 잠시 봉합된 것에 불과했다. 개성 경력 심예겸을 불러 군량을 제대로 보급하지 못한 죄를 물어 가벼운 곤장을 친다. 심예겸인들 남아나는 군량을 일부러 감춘 것도 아니다.

나루터에서 달려온 파발이 유성룡을 급하게 찾았다. 군량을 실은 세곡선 수십 척이 강화에서 서강 뒤편에 연이어 닻을 내린다는 전갈이다. 이어 이여송이 부총병 장세작을 시켜 유성룡을 부른다. 위로와 사과를 겸한 자리에서 군사 전략을 숙의했지만 이여송은 여전히 전면전을 꺼렸다. 함경도의 가토가 평양성을 공략하기 위해 남하하고 있다는 첩보에 따라 명나라 군사를 평양으로 물린다는 통보이다. 가토가 함흥에서 양덕, 맹산을 거쳐 진군하는 만큼 평양이 위태롭고, 자칫하면 조명연합군의 중심 기지가 허물어진다고 우려한다. 개성 방어는 유격 왕필적에게 맡기고, 이여송은 이미 회군 준비에 착수했다. 동석한 이덕형에게 '조선은 여전히 위태롭고 험한 처지'라며 '조선군을 모두 임진강 북쪽으로 집결시키라'고 당부한다. 전선이 한 걸음 후퇴할 조짐이다. 하지만 유성룡에게 당도하는 조선군 척후의 보고는 달랐다. 왜군은 분명 한양성을 집결지로 선택했고, 가토 또한 연막작전을 벌인다는 의견이 지배적이다. 이에 따라 유성룡은 임진나루 동파에 사령부를 마련하고 권율을 행주에, 이빈을 파주에, 고언백, 이시언을 해유령에, 김명원을 임진강 남쪽 일대에 포진토록 지시했다. 명나라 군대가 평양으로 퇴각하면 조선군이 철저히 고립되고, 개성까지 방어선이 허물어질 위기였다.

  시시각각 철수 준비에 분주한 명나라 군대를 지켜보는 유성룡이 밤잠을 이루지 못한다. 다음날 새벽, 종사관 신경진을 통해 이여송에게 장문의 서신을 전달한다. 군사를 물리면 안 되는 다섯 가지 이유였다. 하나, 선왕 분묘가 있는 경기를 버린다면, 충과 효를 버팀목으로 살아가는 조선 백성의 마음까지 버리는 것이다. 하나, 백성들은 명나라 군대에 희망을 두고 헌신을 다하면서도 마음은 여전히 저울질하고 있는데, 다시 그 마음이 왜군에게 기울 수 있다. 하나, 조선 땅은 한 자 한 치도, 오랑캐가 아닌 충과 효를 믿는 백성의 땅이라는 굳은 믿음이 무너질 것이다. 하나, 비록 힘은 미약해도 명나라 군사와 더불어 죽기로 싸우고자 하는 조선 장수와 군사들의 사기를 꺾어 지금까지 승리마저 물거품으로 만들 것이다. 하나, 명군이 떠나면 임진강 북방이 위협을 받고, 전란을 버티던 커다란 언덕이 허물어져 전황이 다시 뒤집힐 수 있다.

  요컨대 백성들에게 미칠 심리적인 충격과 더불어 임진강 방어선의 전략적 중요성을 강조하고 나선 것이다. 그렇지만 이미 전장에서 마음이 떠난 이여송을 붙잡아 둘 수는 없었다. 명나라 군영이 텅 비면서 개성은 다시 무방비로 노출된다. 더구나 임진강 이남의 조선 군사 또한 고립되었다. 왜군의 척후가 이를 놓치지 않고, 조선군을 붕괴시킬 타격점으로 도원수 권율의 부대를 지목한다. 권율이 행주산성에서 한양을 굽어보는 현실도 왜군에게는 '목에 걸린 가시'처럼 불편하고 불안했다. 최고 사령관 우키타가 직접 기동을 시작한다.

전라도 순찰사 권율은 2월초 수원 독성산성에서 병력을 이동시켜 행주에 진을 쳤다. 명나라 군사가 개성에 진입, 한양성 수복 전투가 임박한 만큼 조명연합 본진과 합류하기 위한 군사 작전이었다. 지난해 용인전투 당시 광주목사였던 권율은 병력을 고스란히 보존해 퇴각한 뒤, 7월 이치에서 왜군의 전주성 진입을 차단하는 결정적인 무훈을 세워, 이광을 대신해 전라도의 주장이 된다. 평양성 수복이후 조선의 각 지방에서도 군사들이 한양 인근으로 몰려들며, 왜군과 속속 대치했다. 권율은 군사 절반을 전라 병사 선거이에게 맡겨 양천강 언덕에 진을 치게 하고, 자신은 정예병 2천 3백 명을 거느리고 전략적 요충지인 행주에 주둔했다. 그런데 벽제관 전투이후 조명연합군의 공세가 수세로 전환되면서 이들이 임진강 이남에서 고립된 것이다.

한강과 접하고, 해발 120m 남짓한 높이에서 한양과 파주를 동시에 바라보는 행주는 성벽이 견고한 산성이라기보다는 가파른 능선에 이중 목책을 세운 임시 방어선에 불과, 지형상 이치와 닮았다. 권율은 이치의 경험을 살려, 목책을 둘러 1, 2차 방어선을 마련하고 총통 및 화포, 비격진천뢰 등 결사적인 수성 준비에 골몰했다.

왜군은 권율을 잡아내면 임진강 이남에서 취약한 조선군을 일거에 무너트릴 수 있다고 판단, 대대적인 선공에 나섰다. 우키타는 벽제관 전투에서 공을 세운 이시다 미츠나리(石田三成·석전삼성·34세)를 부장으로 삼아, 2월 12일 새벽 3만여 병력을 이끌고 한강변을 제외한 나머지 행주산성 일대를 둘러싼다. 먼동이 트기도 전에 조선 척후의 보고가 당도한다. 2km 전방 들판에 홍군과 백군으로 나뉜 좌익과 우익 부대가 산성 외곽을 가득 메운 채, 선봉에 선 조총병을 기병과 보병이 떠받치며 파도처럼 밀려들었다.

반시각도 지나지 않아 왜 본진이 뚜렷하게 확대된다. 목책의 조선 사수와 왜병 조총수가 상호 사거리에 접어들었다. 조총이 불을 뿜는 동시에 산성 최후 방어선 뒷자락에 자리 잡은 조선 포대에서 능선을 채우는 폭음과 함께 철환과 비격진천뢰를 쏟아낸다. 이어 제1 방어선에서 일제히 날아오른 화살이 촘촘한 그물을 짜내며 왜 선봉에 떨어진다. 목책의 방어선 사이사이에, 수십 개씩 무리지은 긴 창검이 생사를 다투는 날카로운 이빨을 드러냈다. 가파른 산성 길에 겹겹이 쌓은 목책과, 엄폐물에 몸을 숨긴 살터의 사수들이 왜군 조총 부대를 무력화시킨다. 산 능선 전투에서 활은 조총보다 상대적인 강점이 많았다. 쉴 새 없이 연사된 화살이 왜군의 진영을 흩어내듯 무너뜨렸다. 가까스로 목책에 도달한 왜 선봉도 다닥다닥 붙은 '장창의 방패망'을 넘지 못한다. 도원수 권율은 이치와 마찬가지로 방책을 오가며 군사를 격려했다. 장수가 도망치면 삽시간에 진영이 무너지던 전란 발발 초기의 전투 양상과 판이하게 다르다. 농민의 집합 부대가 아닌, 생사를 오가는 숱한 실전 속에 다져진 전투 병력으로 거듭났다. 구로다의 3번대가 누각이 실린 공성무기를 끌고 와 완만한 구릉에 배치한다. 층루에는 조총병이 가득 타고 있다. 조선군 머리가 노출되려는 순간, 천자총통이 잇따라 불을 뿜었다. 전라좌수사 이순신이 파견한 수군 포수들은 놀랄 만큼 정확하게 사거리를 측정했다. 흔들리는 판옥선에서 갈고 닦은 전투력이 여지없이 발휘된다. 망루가 검은 연기 속에서 깨져나가고, 왜병이 낙엽처럼 우수수 곤두박질치면서 순식간에 기둥만 남았다. 1번대를 비롯해 2,3번대 마저 뚜렷하게 승세를 잡지 못하고 소모전이 이어지자 우키타가 4번대를 직접 이끌고 공략에 나선다. 대규모 공세에 결국 제1방어선 목책이 군데군데 허물어졌다. 경사가 낮은 지역의 목책에 왜병 군마가 들이닥쳐, 창검을 든 병사와 사수가 동요하며 후퇴할 조짐을 보인다. 권율이 포대에 올라 모든 포구를 우키타의 백마에게 겨누라고 지시한다. 총포의 머리가 높여지고 일순간에 몰아친 낙뢰에 우키타가 낙마한다. 조선 군영에 일제히 함성이 터진다. 부관 서너 명이 황급하게 우키타를 부축, 퇴각하면서 위기를 넘겼다.

잠시 소강상태, 일부 외곽 목책을 점령한 왜병이 2차 방어선인 내책에 일제히 유황 섞인 장작더미를 집어던지는 화공을 시도, 전투가 다시 불붙는다. 목책 주변에는 이미 항아리마다 물이 가득 준비되어, 왜군의 화공은 불길을 일으키기 전에 진화된다.

전열을 가다듬은 왜군이 오후에는 전력을 한 곳에 집중한다. 경사가 완만한 서북쪽의 자성을 뚫는데 전력한다. 의승군이 지키는 자성으로 쇄도한 일부 왜병이 목책을 허물어 군데군데에서 백병전이 전개되자, 권율이 지원대를 이끌고 전장의 한복판에 뛰어든다. 도성한 왜병이 척살되고 다시 포수의 철환이 자성 앞 구릉지로 빗발치자 견디지 못한 왜군이 철수한다. 권율이 핏물 섞인 항아리 물을 투구로 떠서 목책을 지키던 의승군에게 건넨다. 담력이 크고 배려심이 깊었다.

화살이 소모된 조선 사수들이 서서히 투석으로 맞선다. 웅치전투에서 왜군은 조선군의 화살이 떨어지자 전면적인 공세를 벌여 결국 고갯길을 점령했다. 왜군에게 조선군의 투석은 화살이 떨어져 막다른 골목에 몰렸다는 반가운 의미였다. 이 때 성 외곽에서 북소리와 함성이 일었다. 온통 백발인 충청수사 정걸(丁傑·80세)이 세곡선 두 척에 화살을 가득 싣고 한강을 거슬러 왔다. 다시 화살이 빗발치자 왜군이 급격하게 전의를 잃고 퇴각한다. 일제히 목책을 뛰어넘어 추적에 나선 조선군이 산성 일대에서 신음하는 부상병 및 낙오병 1백 30여 명의 목을 그 자리에서 베었다. 왜군 시신을 태우는 **연기와 냄새**가 산성 일대를 저녁 내내 덮었다. 권율은 왜병의 수급과 팔다리를 잘라낸 몸통을 나뭇가지에 꽂아 승전보를 알렸다. 해가 저물면서 행주산성은 **떨어지는** 핏물과 피비린내로 일대가 도살장을 방불케 했다.

이튿날 왜군이 보복전을 시도했으나 행주산성의 목책은 불살라졌다. 권율은 허술한 목책에 의지해서 대규모 **왜군과 접전**을 이어가기보다 군데군데 깎아지른 절벽이 성벽을 대신하는 험준한 파주산성으로 밤새 회군한다. 임진강을 바라보는 요충지였고, 주변 지형이 험준해 산성 돌벽이 가파르게 솟았으며, 무엇보다 고립을 피할 수 있었다. 권율은 임진강에 **방어선**을 치고 있는 도원수 김명원의 본진과 연락망을 구축, 군대를 사지에서 온전히 **빼냈다.** 또 왜 본진에 일격을 가해 벽제관 전투 이후 수세에 빠진 전황을 돌려 세웠다.

삼도 체찰사 유성룡이 위기를 넘긴 전황에 감사한다. 허방에 **빠진** 조선군 편제를 온전히 지켜낸 권율이 임진강 **방어선** 핵심으로 부각된다. 유성룡이 최전선인 파주산성으로 달려갔다. 권율에게 순변사 이빈과 함께 산성 서쪽을 통해 개성으로 가는 길목을 차단해 달라고 당부한다. 그리고 산성을 중심으로 군사를 배치, 파주산성과 연락망을 갖춘 유격전을 준비한다. 명나라 군대가 후퇴한 이상, 당분간 전면전은 불리할 수밖에 없다. 매복과 기습을 통해 왜군을 묶어두고, 식량과 땔감 등을 구하는 소규모 보급병을 노려, 돌발 지형에서 산발적인 전투를 치르도록 했다. 방어사 고언백, 이시언과 조방장 정희현, 박명현은 해유령 길목에 매복지를 정한다. 의병장 박유인, 윤선정, 이산휘는 산성 오른편을 돌아 창릉, 경릉 사이의 인가 외곽 요소요소에 복병을 심었다. 노략질한 왜군이 자주 오가는 길목이다. 왜군을 도성에 가두어, 주변 물자의 보급을 최대한 차단하려는 시도였다.

이어 동파역에 체찰사 사령부를 마련했다. 의병장 김천일, 경기수사 이빈, 충청

수사 정걸에게는 배를 타고 용산 서강으로 나가, 교란작전을 펴도록 지시한다. 정걸이 밤새 한강에서 쏘아대는 함포는 후방이 따로 없다는 불안감을 선사했다. 또 양성에 머물던 충청도 순찰사 허욱에게는 충청도 본영으로 돌아가 왜군의 남하에 대비토록 했다. 경기, 충청, 경상 각도의 관군과 의병에게도 부지런히 공문과 격문을 보냈다. 양근 군수 이여양은 용진에 배치한다. 삼도를 총괄하는 도체찰사의 역량을 유감없이 발휘했고, 실무적이고 종합적인 전술 판단에 몰입했다. 군더더기 없는 전략적 선택이었고, 명령은 아무런 반발 없이 지체 없이 시행된다.

유성룡은 유격전에서 거둔 왜병 수급을 개성부 남문에 모아 매달았다. 10여개씩 모이던 수급이 어느덧 산을 이룬다. 조선군의 자신감을 높이고, 벽제관 전투 이후 평양성에 머물며 눈치를 살피는 이여송에 대한 시위였다. 개성에 들른 이여송의 참군 여응종은 "조선군은 이제 왜군 머리 베기를 과일 쪼개듯 한다"고 찬탄했다.

척후병을 통해, 산길을 타고 양주, 적성을 지난 왜군이 대탄에까지 이른다는 첩보가 수집된다. 대탄에서 동파는 하룻밤에도 야습이 가능하다. 긴장한 명나라 부총병 사대수가 유성룡의 신변을 염려한다.

"왜군이 저와 유체찰을 잡기 위해 정예를 뽑아 동파를 노린다고 합니다. 잠시 개성으로 몸을 피하는 것이 어떻습니까?"

"여러 정황을 살펴보건대 이치에 맞지 않습니다. 왜군은 지금 우리 본진이 개성 주변에 있다고 생각할 것입니다. 경솔히 강을 건널 수 없습니다. 또 우리가 동파를 비운다면 민심이 흔들리고, 다른 장수들과의 연락도 멀어지기 마련입니다."

유성룡이 태연하게 대꾸한다.

"옳습니다. 저는 대인과 생사를 같이하는데, 혼자 개성으로 피할 수는 없지요."

사총병은 웃으며 답했지만 불안감을 아주 떨친 기색은 아니다. 그는 명군 수십 명을 선발해서 동파역 인근에 배치, 자신과 유성룡의 거처를 호위토록 했다. 경계는 한밤까지 교대로 이어졌고, 비가 쏟아져도 지속되었다. 대탄 인근에 머물던 왜병이 철수한 사실을 확인하자 비로소 호위병을 거두었다. 명나라 장수 사대수는 유성룡에게 인간적 호감을 감추지 않았다.

팽팽한 소강상태가 이어진 와중에서 왜병이 가끔 대규모 병력을 동원해 무력시위를 벌였다. 가토가 파주 산성으로 향하는 광탄까지 2번대를 끌고 나와 불과 수 km 앞까지 진군, 종일 산성 주변에 척후를 보내 샅샅이 정찰한 이후, 오후에 퇴각기를 올린다. 행주와는 비교할 수도 없는 파주 산성의 기세에 눌려, 권율에 대한 보복전을 포기한다. 더구나 전면의 공격로도 좁아 승산이 희박했고, 산성을 지나쳐 북진하면 꼬리가 잡힌다. 조선군을 얕잡아보며 거칠 것 없던 가토가 신중해졌다.

유성룡이 왜군과의 전면전이 어렵다면, 후방을 교란시켜 한강으로 내몰자며 명나라 유격 왕필적에게 이여송의 본진을 배제한 군사 행동을 제안한다. 우선 명나라 주력은 동파와 파주로 진군, 왜군을 견제하고 남방 군사 1만 명을 강화를 통해 한강 남쪽으로 우회시켜 왜군 외곽 진영을 때리자는 계획이다. 한양의 왜군들이 퇴로가 끊겼다고 생각해서 반드시 용진으로 향할 것이라는 예측이었다. 정걸이 지휘하는 조선 수군과 연합, 용진 나루에서 왜군을 격멸하는 복안이 수립된다. 유성룡은 평양의 명나라 군사를 한양으로 끌어내기 위해 안간힘을 썼다. 왕필적이 기발한 계책이라면서 정찰병 36명을 뽑아, 의병장 이산겸의 진영에 보냈다. 이산겸이 이들을 이끌고 왜군 진영을 살핀다. 외곽에 주둔한 왜군은 눈에 띄게 초췌했다. 쇠약하고 병든 병사가 군데군데 눈에 띄고, 군장마저 흐트러져 패잔병을 방불케 한다. 개전 초기 점령군의 화려함은 사라지고, 겨울 추위와 오랜 굶주림, 고달픈 도주길이 왜병에게도 악몽이었다. 일본에서의 보급은 지지부진해 군수물자는 바닥을 드러냈다. 수로가 끊기고, 육상 보급로는 의병들의 잦은 기습으로 위태롭기 그지없다. 부산포에서 한양에 이르는 왜군 기동은 사실상 마비되었다. 정찰병은 3천여 병력만 동원하면 충분히 왜군 외곽을 칠 수 있다고 진단한다. 하지만 이미 강화협상에 솔깃해진 이여송이 전면전을 다시 거부한다. 더구나 남방군이 해상을 통해 전투의 중심에 선다는 전략에 민감하게 반응했다. 승전으로 이어지면, 벽제관 패배와 선명하게 대비될 수밖에 없다.

3월 들어 무르익은 봄볕이 따사롭다. 이 봄기운이 전란중의 백성들에게 잔인한 보릿고개의 서막을 알린다. 전란 없는 평화시절에도, 지난해 추수한 곡식이 떨어지면 백성들은 유랑민으로 전락, 초근목피와 구걸한 음식으로 연명했다. 파종조차 못하고 버려진 논밭에는 잡초만 군데군데 머리를 내민다. 군량미를 확보하기 위한 공출과 부역은 그칠 새 없어 굶주림과 죽음이 일상을 지배한다. 산 자의 낯빛과 죽은 자의 그것을 구분할 수 없을 지경이다. 오늘 붙은 숨이 내일을 기약할 수 없는 '하루살이'에게 내일은 미지의 공포에 불과하다. 누더기 같은 상복 차림의 피란민들이 우르르 떼를 지어 유성룡이 사령부를 꾸린 동파역 인근에 모여든다. 퀭한 눈빛으로 혹시 모를 한 줌 곡식을 애처롭게 구걸한다. 부총병 사대수가 파주 역마 길가에서 말을 멈추고, 갓난아이를 가슴에 품어 군영에 들어온다. 죽은 어미의 빈 젖을 빨고 있었다. 요행히 연민의 눈을 가진 사대수에게 띄면서 전란의 처절한 고통에서 한 아이가 살아남았다. 군중에 맡겨 미음을 먹이라고 지시한다. 명나라 진중에서 조선 아이의 울음소리가 들리는 이유였다. 유성룡이 고개를 숙인다. 담대하던 얼굴이 일그러지며 굵은 눈물이 뚝뚝 떨어진다. 한양성에 도사린 왜적은 날을 세우며 백성들을 도륙한다. 삶과 죽음의 거리가 좁혀질 대로 좁혀져 '백지 한 장'에 불과했다.

"하늘도 근심하고, 땅도 슬퍼할 것입니다."

사대수가 유성룡을 위로한다. 어금니를 깨문 유성룡이 도무지 눈물을 그치지 못한다.

명나라 본진이 언젠가 개성에 당도할 것에 대비, 충청, 호남에서 군량을 싣고 온 배가 강기슭에 열을 지어 정박해 있었다. 이것을 헐어서 백성을 먹일 수는 없다. 전란을 끝내는 것이 최우선 과제이다. 이 때 전라도 소모관 안민학이 겉곡식 1천 석을 거두어 배에 싣고 왔다는 기별이 도착했다. 뛸 듯이 기뻐한 유성룡은 이 곡식을 굶주린 백성에게 나누어 먹이자는 장계를 급히 올리고, 군사들을 풀어 솔잎을 훑어 가루로 빻는다. 솔잎가루 십 분에, 쌀가루 한 홉의 비율로 섞어 물에 타도록 지시한다. 전 군수 남궁제를 불러 공평하게 나누는 감진관에 임명한다. 옅은 쌀가루 물을 얻기 위한 마른 뼈마디가 임진강변을 가득 메웠다. 줄어드는 쌀가루를 바라보며 유성룡은 애를 태운다. 장계가 선조에게 닿기도 전에 어렵사리 마련한 구휼미는 떨어져갔다. 부총병 사대수는 유성룡을 신뢰하고 존중했다. 이국의 전쟁터지만 피부에 와 닿는 유성룡의 아픔과 전란민의 고통을 공감하며, 자신의 마음을 전한다. 명나라 군량에서 30석을 빼내 유성룡에게 전했다. 인간만이 느낄 수 있는 타자의 고통에 대한 순수한 연민과 공감일 것이다.

거센 봄비가 3월의 마지막 날에 내리 붓는다. 나무는커녕 볏짚을 세워 길가에서 겨우 한 몸을 뉘었던 피란민의 신음소리가 빗발을 헤치고 유성룡의 군막에 여과 없이 들려온다. 밤새 잠을 이룰 수 없지만 손 쓸 도리가 없다. 새벽녘에 봄 아지랑이가 뿌옇게 올랐다. 군데군데 무너진 짚단 속에는 여지없이 시신이 덮여있다. 군막 주위가 하룻밤 사이에 공동묘지로 돌변했다. 봄비를 뿌려댄 하늘이 오후 무렵부터 투명한 햇살을 비춘다.

유성룡은 임진강 전선이나 평양 뿐 아니라 전국의 군사 전략과 전시 행정, 식량 사정을 고루 살피는 체찰사이다. 경상우도 감사 김성일이 전적벼슬을 지낸 이로를 보내, 전라도사 최철견에게 굶주린 백성을 먹이고, 종자로 쓰기 위해 곡식을 빌려달라고 청했지만 거절당했다며 도와달라고 하소연한다. 전라도 역시 궁핍하기는 매양 한가지일 것이다. 그래도 이틀을 굶은 자는, 사흘을 굶은 자에게 마지막 밥 한술을 나누어야 한다. 대부분 경상도 수령이 도주한 상황에서 자리를 굳건히 지킨 김성일은 청렴과 절의로 관군과 의병의 구심점 역할을 해내고 있었다. 유성룡이 충청도 체찰 부사 김찬에게 서신을 보낸다. 전라도로 내려가서 왜군의 손이 닿지 않은 남원 등지의 곡식 1만여 석을 고루 추렴해 영남 백성을 구제하라고 지시한다. 다른 이에게 맡기지 말고 직접 감독하라는 당부도 잊지 않는다. 전란중이라고 해서 비리와 수탈은 없어지지 않는다. 김찬은 믿을 만한 청백리였다.

4월, 길어진 햇살이 서서히 여름을 준비한다. 백성들은 산골짜기에 숨어 굶주린 배를 움켜잡고 있다. 들판에는 겨울보리가 한 줌도 심어지지 않은 채, 듬성듬성 봄보리만이 겨우 자리 잡았다. 유성룡은 지난 2월 군관을 경기도 해변과 충청도 내포 등에 파견, 보리종자 수천 석을 실려 보냈다. 군사 업무가 급하다고 백성의 구제를 외면할 수는 없다. 시급하지 않다고 때를 놓치면, 그 시기는 되돌릴 수 없다. 난민으로 전락한 백성들이 농기구와 소가 없다는 사실도 골칫거리였다. 각 관영에 농사 도구를 비치하고, 종자씨를 무상으로 나눠주도록 공문을 보낸다. 이와 함께 왜군이 출몰하는 경작지를 포기하고, 말을 키우는 목장에 난민들을 정착시키자고 제안했다. 지난해부터 전라좌수사 이순신은 둔전을 적극 개발하고, 남해 돌산도 등 군마를 기르는 지역에 난민을 이주시켰다. 유성룡은 목장이 아무리 중요해도 전란기에 원칙만을 고집할 수 없다면서, 공평무사한 감독관을 세워 피란민의 정착을 돕자고 장계를 올린다.

4월 7일, 이여송이 마침내 본진을 이끌고 평양에서 나와 개성에 진을 친다. 이여송이 군사를 움직이기에 앞서 심유경과 왜군의 물밑 협상이 지난달 말부터 지속되었다. 김천일의 진중에 있는 역관 이진충이 한양성에 포로로 잡혀 있는 두 왕자와 장계군 황정욱을 만나고 돌아와, "왜군이 다시 강화 의사를 알려왔다"고 전하면서 협상이 재개된다. 이후 왜군은 용산에 정박한 수군에게 공문을 보냈다. 유성룡이 사대수를 통해 평양에 공문을 보내자, 유격 심유경이 내려왔다.

김명원이 한양으로 향하는 심유경에게 우려를 표시한다. 평양성에서 거짓 화친을 내세우며 왜장을 포로로 잡은 일을 문제 삼지 않겠느냐는 의문이다.

심유경은 태평하게 답한다.

"이 제독이 나도 모르게 꾸민 일이고, 이제는 패전한 왜군들이 아쉬운 상황인데, 제가 무슨 화를 입겠습니까."

자신이 고니시의 유일한 협상 창구라는 자신감이 깃들었다. 실제로 고니시는 심유경에게 거칠게 항의했지만 심유경의 사과와 변명에 분노를 누그러트린다.

"다시 거듭해서 사죄의 말을 드립니다. 연경에 억류된 다케우치는 4~5개월 내에 석방되어 황상의 은혜를 입고 돌아올 것입니다. 지금 경략 송응창과 제독 이여송은 제가 장군과 맺은 협상안을 불신하고 있습니다. 우리 조정에서도 화친과 강경파가 서로 날을 세우고 있습니다. 일본이 조선에서 철군하는 분명한 움직임을 보인다면, 우리 조정에서도 화친파가 힘을 얻을 것이고, 일본은 황제의 책봉, 조공을 통한 무역을 허락받을 것입니다. 이후 일본이 조선과 문제를 마무리하는 방안이 가장 현실적입니다."

"조선과 어떻게 관계를 마무리해야 관백이 철수를 허락할지 그것이 가장 큰 걱정입니다."

고니시가 조심스레 핵심 쟁점을 끄집어냈다.

"조선 분할을 우리 조정이 허락하기란 쉽지 않습니다. 이번에 조선을 명과 일본이 나누는 방법이 있지만 조정에 조선을 지지하는 세력이 적지 않습니다. 다음으로 조선의 두 왕자를 일본에 볼모로 잡아두고 이들을 전라, 경상의 영주로 봉한다면, 일본은 조선에게 공물을 보내라 요구할 수 있습니다. 끝으로 조선과 쓰시마의 교역을 크게 늘리고, 매년 조선이 약간의 공물을 바쳐 일본의 번국임을 인정해도, 관백이 체모를 잃지 않고 전쟁을 마칠 수 있지요."

심유경이 수위에 따른 단계별 세 가지 협상 방안을 훈수한다.

"일단 명나라 황상이 관백에게 왕위를 책봉하면서 일본과 화친한다면, 조선과 일본의 다툼은 번국과 번국의 문제인 만큼 아무래도 명나라가 한발 물러설 가능성이 있겠습니까?"

고니시가 우선 손쉬운 타결이 예상되는 책봉 문제로 실마리를 풀어간다.

"제가 조정으로 돌아가면, 화친파를 움직여서 이후 명나라의 군사 개입을 최대한 막아볼 요량입니다."

심유경이 향후 자신이 명나라 조정에서 맡을 역할에 대한 다짐을 둔다.

"우리가 한양성을 조선에 내주고, 경상 전라의 해안으로 내려간다면, 화친의 증거로 충분할 것입니다. 이후 관백을 설득해서 적당한 수준에서 조선과 협상할 수 있는 방안을 마련하겠습니다."

고니시 또한 식량과 군수 물자가 나날이 고갈되는 상황에서 한양에 더 이상 주둔하기를 꺼렸다. 육상과 해상 보급로는 차단되었고, 지난 겨울 평양성의 악몽도 고니시의 전의를 거두어 갔다. 그렇다고 도요토미의 허락 없이 철군할 수도 없는 난처한 처지에서 결국 심유경과 '적당한 수준'이라는 애매한 협상안의 가닥을 잡아간다. 먼저 책봉을 받아 명과 일본이 화친하고, 이후 명의 중재로 조선과 '적당한 선'에서 휴전안을 마련해 실리는 얻는다는 복안이다. 명이 빠진다면 군사력이 절대적인 우위를 보이는 만큼 유리한 강화 협상이 가능하리라는 믿음이다. 결국 명나라의 태도와 도요토미의 복심이 무엇인지에 따라 성사 여부가 결정되는 불투

명한 논의였지만, 고니시와 심유경은 밑도 끝도 없는 낙관론에 매달려 조선의 입장은 아무런 변수나 고려 대상에 넣지 않았다.

심유경은 고니시 진영에서 사나흘씩 머물렀고, 이를 둘러싼 의혹은 연일 증폭된다. 무엇보다 경략 송응창이 심유경을 못마땅하게 여겼다. 심유경을 불러, "그동안 줄곧 왜군과의 화의를 주장했으니, 이번에 일본으로 건너가서 도요토미의 항복 문서를 먼저 받아와야 할 것이다. 이것을 분명히 지킨다면 도요토미를 왕으로 봉하고, 그가 조공할 수 있도록 황상께 주청을 올릴 것이다. 나는 우리 조정은 물론, 조선 조정도 속일 의사가 없다"고 선을 그었다.

'조선 조정을 속인다'는 말은 강화 과정에서 조선 영토의 분할 방식을 두고 벌이는 이면 협상이 분명했다. 이여송은 왜군이 조선 땅에서 완전히 철수해야 한다는 입장을 견지했지만, 군사력보다는 협상에 내심 우선순위를 둔다. 조선의 처지를 이해한다면서도 실질적인 군사 기동은 최대한 회피했다. 전쟁에 대한 피로도가 누적된 것이다. 모두 막연한 기대에 치우쳐, 투명하게 실상을 들여다보려는 노력을 기울이지 않았다.

유성룡이 연일 이여송을 찾아 설득과 하소연을 반복하다 급기야 초강수를 둔다. 유성룡은 그동안 "왜적과의 화친은 애초부터 불가능하다"면서 "연합군의 전면적인 군사작전을 통해 지리멸렬한 왜구를 이번 기회에 소탕해 전란의 종지부를 찍자"는 입장을 고수했다. 이여송은 "자신의 생각도 늘 그러하다"고 답하면서도, 왜군 진영으로 꾸준히 공문을 보냈다. 명나라 유격 주홍모가 왜군 진영을 향하던 중 파주의 권율 진영에서 유성룡, 도원수 김명원과 마주쳤다. 황제의 명령을 전하는 기패가, 펄럭이는 황상기 옆에 놓여 모두 무릎을 꿇는다. 유성룡이 혼자 꼿꼿하게 버티고 서서 주홍모를 노려본다.

"그대의 눈에는 황상의 기패가 보이지 않는가."

"왜군 진영으로 들어가는 기패에 절할 수 없다. 더구나 왜군을 죽이지 말라는 송경략의 패문도 있으니 도저히 예를 갖출 수 없다."

유성룡이 대놓고 선조조차 무릎 꿇는 기패를 무시한다. 주홍모가 서너 차례 강요하다 말에서 내려 분통을 터트리자, 유성룡은 말을 집어타고 동파로 가버린다. 보란 듯이 말채찍을 내갈긴다.

마침내 이여송이 껄끄러운 유성룡의 꼬투리를 잡았다. 진중이 떠나갈 듯 화를 낸다.

"기패는 황제의 명령이니, 북방 오랑캐도 이를 보면 절하는 법이다. 내 이 자에게 반드시 군법을 시행하고 군사를 모두 거두어 돌아갈 것이다."

사태의 전모를 전해들은 접반사 이덕형이 유성룡에게 사람을 보냈다. 내일 반드시 이여송에게 사과하라는 충고였다. 유성룡이 개성의 제독을 찾는다. 문 앞에서 만나기를 청하지만 한동안 기별이 없자, 김명원이 돌아가자고 유성룡의 소매를 이끈다.

"이들이 나를 시험하고 있습니다. 나에게는 아무런 수모가 되지 않습니다."

유성룡은 오후부터 저녁 어스름이 짙어질 무렵까지 장승처럼 서 있다. 부슬비를 맞으며, 두 손을 앞으로 모아 예를 갖춰 정성을 기울인다. 한 몸의 안위를 위한 정성이 아니다. 지금도 한양 백성들은 죽어 가고 있다. 군문(軍門)이 빼꼼 열려 동정을 살피는 눈길이 서너 번 이어진다. 눈을 지그시 감고 상념에 젖은 유성룡은 아예 밤을 지새울 각오다. 어떠한 수단이든 동원해 이여송을 자극하는 것이 목표였다. 결국 한밤중에 이여송이 대청에 서서 이들을 맞았다. 민망하고 떳떳치 못한 표정이, 사과를 받는 당당함과는 거리가 멀었다.

"소인이 어리석지만 어찌 기패에 예를 갖추는 신하의 법도를 모르겠습니까. 다만 기패 옆에 '왜적을 죽이지 말라'는 패문이 있어 원통한 마음이 앞선 탓에 감히 참배할 수 없었습니다. 죄를 면할 수 없어 스스로 찾았습니다.”

군사작전을 접은 군인 이여송의 약점을 차분한 말투로 찌른다.

“그 패문은 송시랑이 내린 명령일 뿐이고, 나는 그대의 말이 옳다고 생각하고 있습니다. 기패를 외면한 그대에게 아무런 문책도 하지 않으면, 나에게도 책망이 미칠 수 있어 문 밖에 오래 세워두는 결례를 범했습니다. 그대는 변명하는 문서를 만들어 주시오. 송시랑이 묻는다면 이를 전해 해명하고, 그냥 지나치면 나도 묻어 두겠습니다.”

이여송은 여전히 유성룡을 꺼리면서도 모질게 대하지는 못했다. 사태는 유성룡이 간단하게 사과문을 전달하면서 수습되지만 명나라 협상파에게 유성룡은 부담스런 존재였다. 독자적인 군사력이 미약한 힘없는 조정의 신료, 그런데도 도무지 자신의 뜻을 굽히지 않았다. 돌아오는 길에 유성룡은 “명나라 장수들에게 수치를 느낀다면 진정한 수치심을 모르는 자가 될 것입니다”라고 김명원에게 토로한다.

명나라와 일본 군영에서 연일 사신이 드나들고, 유성룡도 줄기차게 명나라 진영을 찾아 문전 박대를 당한다. 개성에서 다시 동파로 향하던 천수정 앞길에서, 개성으로 달리던 사대수의 측근 이경이 유성룡을 알아보고 마상 군례를 올린다. 유성룡이 초현리를 지날 무렵 거칠게 달려오던 명나라 기병이 유성룡 일행에 바싹 따라 붙었다. 마상에서 급하게 체찰사를 찾는다. 유성룡이 답하며 뒤를 돌아보자, 앞길을 가로막고 다짜고짜 쇠사슬이 달린 채찍을 말 엉덩이에 내리친다. 말머리를 개성으로 되돌리게 한 뒤, 샛길로 빠져 사납게 에워싸며 몰아친다. 시종은 모두 뒤처지고, 놀란 군관 김제와 종사관 신경진이 필사적으로 따라 붙는다. 정교역을 지나, 토성의 모퉁이에 이르러 말이 헐떡이며 속도를 늦추자 명나라 기병을 이끌던 군관이 말고삐를 잡아 세운다. 유성룡은 마지막이라고 생각했을 것이다. 그런데 뜻밖에 이들은 마상에서 “이제 천천히 갈 길을 가십시오”라고 고개를 숙여 군례를 올린 뒤, 사라졌다. 자신을 질시하는 명나라 자객으로 생각했던 유성룡은 도무지 영문을 알 수 없었다. 이튿날 이덕형이 서신을 보내 사태의 전말을 알려준다.

유성룡이 동파를 향하던 시각, 이여송이 보낸 군관들도 유성룡을 체포하기 위해 동파로 달려갔다. 이여송의 노비가, '체찰사가 강화를 원치 않아 임진강 배를 모두 거두는 바람에 강화 협상단이 왜군에게 패문도 전달하지 못할 지경'이라고 모함한 것이다. 이여송이 앞뒤 없이 흥분하면서 "오늘, 유성룡 이자를 기필코 박살낸다"며 형틀을 마련하고 체포령을 내렸다. 개성으로 향하다 유성룡을 만났던 이경이 위기를 직감하고, 날랜 기병을 보내 유성룡의 파주길을 지연시킨다. 그 사이 사대수는 임진강에 배가 있는지 파악하라고 사람을 보냈다. 임진강을 살핀 이경이 아무런 지장 없이 배가 오간다고 알려 사태가 진정된다. 이여송은 동파로 보낸 군관들을 돌려 세우고, 거짓 보고를 한 노비에게 혼절할 지경까지 곤장을 내리쳐 자신의 마음을 들킨 민망함을 엉뚱하게 노비에게 풀었다. 철군을 원하는 명나라 군영 곳곳에서 유성룡은 견제 대상이라는 사실이 분명했다.

협상이 막바지 국면에 접어들자 유성룡과 명나라 장수의 충돌도 거세진다. 유격 척금과 전세정 등이 부지런히 동파를 오가면서 기패를 내세워 유성룡을 압박했다. 때로는 도원수 김명원이나 관찰사 이정형을 회유하며 유성룡을 고립시킨다. 일본이 포로로 잡힌 두 왕자와 신하를 풀어주고 한양에서 조용히 물러간다고 요청하고 있으니, 일단 협상을 받아들인 뒤에 한양성 밖에서 그들을 섬멸하자고 부추긴다. 협상이 성사되면, 명군이 왜군을 추격한다는 보장은 없다. 유성룡이 완강하게 반대한다. 결국 전세정이 "그토록 싸우기를 원하면서 너희 국왕은 어찌 그리 쉽게 도성을 버리고 도주했느냐"며 빈정대다, 스스로 흥분을 참지 못했는지 욕설을 퍼부었다. 유성룡이 "위태로운 상황에서 일단 수도를 옮기고 회복을 도모하는 것도 한 가지 방안"이라고 맞받아 친다. 유성룡과 교분이 있는 척금이 억지 미소를 지으며 전세정을 뜯어말려 자리를 떠났다. 유성룡은 허탈한 표정이었다.

19일 이여송이 대군을 이끌고 동파에 진주, 부총병 사대수의 거처에 머물렀다. 협상이 첫 번째 이행 단계로 진전되었다. 유성룡이 문안인사를 핑계로 새벽부터 이여송을 찾았으나, 이여송은 문 앞에 세워두고 만나 주지 않았다. 통역을 통해 "체찰사는 나를 불쾌하게 여길 터인데, 아침부터 그런 안부는 받을 수 없다"는 매몰찬 답변만 전해왔다. 한식경 넘게 서성이던 유성룡이 결국 발걸음을 돌린다.

계사년 4월 20일 명나라 군대가 한양성으로 진주했다. 유성룡이 이들과 말머리를 나란히 하고, 조선 신료 중 처음으로 수복된 도성에 들어선다. 전란이 터진지 1년이 막 넘었다. 한양성은 폐허가 되었다. 왜군이 막사로 사용한 숭례문에서부터 동쪽 남산 아래 일부에만 가옥이 남았고, 불타고 무너진 관청과 민가의 잔해가 주인 없는 그림자처럼 허전하다. 거리는 텅 비어 한 때 사람이 북적이던 도읍지였는지조차 의심스럽다. 움막에서 기어 나온 사람들은 굶주리다 못해 해골의 뼈마디가 천 조각을 걸치고 묘지를 걷는 착각을 부른다. 명나라 군대를 보자 다시 묘지 속을 파고든다. 걸친 옷가지는 누더기를 졸라맨 듯 맨몸과 다를 바 없다. 머리는 산발한 채 어깨를 덮었다. 늦봄의 무더위가 고개를 들면서 유령 도시의 악취가 흐물흐물 피어오른다. 말과 시체 썩는 냄새가 가득 차서 입과 코를 막지 않고는 한 걸음도 뗄 수 없다. 한 때 외국 사신을 맞이하던 화려한 모화관은 제법 형태를 유지하고 있었지만 내부는 참혹했다. 가득 쌓인 백골이 무참한 살육의 현장이었음을 희미하게 호소했다. 이여송이 그나마 왜군이 사령부로 사용해 온전하게 남은 소공주택을 숙소로 정한다. 유성룡은 먼저 종묘 터에 숙배한 뒤, 통곡을 그치지 못한다. 종묘와 경복궁, 창덕궁, 창경궁은 타다만 기둥과 재만 남았고, 성균관과 그 부속건물도 흔적조차 없었다. 지난해 4월 30일 선조가 새벽부터 피란길에 오르자 백성들의 분노가 평생 넘을 수 없던 궁궐 문턱을 짓밟았다. 흥분한 백성들은 가장 먼저 공노비와 사노비의 문서를 관리하던 장례원과 형조에 불을 질렀다. 백성들의 한이 집중된 상징적인 장소인 것이다. 이들의 마음을 추스르지 못한다면 다시 힘을 모아 전란을 극복하기란 불가능했다. 또 왕실의 금과 비단을 관리하던 내탕고를 털고, 불을 놓았다. 경복궁, 창덕궁, 창경궁이 모두 화마에 휩싸였고, 역대 왕조의 유물 등 각종 보물과 홍문관 서적, 춘추관 실록도 잿더미가 됐다. 고려의 사초와 승정원 일기도 사라졌다. 백성들은 임해군과 병조판서 홍여순의 저택에도 불을 질렀다. 괴팍한 성격의 임해군은 각종 기행으로 악명을 떨쳤다. 나아가 지긋지긋한 군역으로 고혈을 짜내고도 허망하게 도성을 내준 병조를 심판했다. 그래도 종묘나 다른 대신들의 집, 관청에 불을 지르지는 않았다. 순박하고 뿌리 깊은 유교전통이 이를 막았다.

한양에 자리 잡은 왜군은 강온 양면책을 구사했다. 협력하는 백성에게 증서를 주어 상거래 활동을 허락했다. 하지만 모반을 시도하거나, 조선군 및 수령과 내통한 자는 종루나 숭례문의 화형장에서 산채로 불태웠다. 화형장은 시커멓게 그을린 해골이 산을 쌓았고, 주변에 흩어져 밭을 이루었다. 왜군은 점령 초기 민가와 저잣거리 상점은 대부분 건드리지 않았다. 다만 우키타는 호기롭게 종묘에 사령부를 구축했으나, 결국 종묘의 음산한 기운에 전장의 을씨년스러움까지 더해지자, 버티지 못하고 거처를 소공주댁으로 옮겼다. 우키타는 종묘를 불사르라고 명령한다. 고니시가 평양성에서 패퇴하고, 가토가 함경도에서 한양으로 합류한 뒤, 방심하던 한양 백성은 집단 학살의 대상이 되었다. 유성룡이 이여송에게 연일 눈물로 출전을 요청하던 시기였다. 성안 민가가 모조리 불탔고, 남산 일대 왜군들의 거처만 남았다. 살아남은 백성들은 도성 밖으로 도망쳤지만 전염병과 굶주림으로 한양 백성 열에 아홉은 이 세상 사람이 아니었다.

이에 못지않게 조정에서 충격을 받은 또 다른 사건의 실체도 드러났다. 선왕 성종과 중종의 묘, 선릉과 정릉이 지난 임진년 가을 파헤쳐져 그대로 방치되었다. 당시 능에서 부장품이 거의 나오지 않자, 왜군은 더 이상은 도굴하지 않았다. 관은 불태워져 백색과 흑색 잿가루, 뼈마디가 능 안 석실에 희미하게 남았고, 정릉에는 형체를 알아볼 수 없을 정도로 훼손된 시신 한 구가 덩그러니 놓여 있었다. 선조 입장에서 왜군은 조상을 두 번 죽인 불구대천의 원수였다. 지난 4월초, 한양 인근에 집결한 의병장 김천일이 현장을 그대로 보존한 채, 도굴된 사실을 평안도에 있던 선조에게 알려 수습방안을 기다렸다. 종묘에서 목 놓아 통곡한 유성룡의 설움과 아픔이 어떠했을지 짐작조차 어렵다.

유성룡이 이여송을 찾는다. 이여송도 한양의 황폐함에 한동안 충격을 받았는지 유성룡을 위로한다. 유성룡은 지친 몸을 일으켜 경기 우감사 성영과 수사 이빈에게 '강가와 상, 하류 크고 작은 배를 모두 징발해서 한강에 집결하라'는 공문을 작성한다. 파발은 한밤중에 유성룡의 숙소를 나는 듯이 떠났다.

이튿날 유성룡은 이여송에게 추격을 종용한다. 표정에는 분노를 넘어 결기가 확연하다. 출병하지 않으면 물러설 수 없다는 의지를 구태여 말을 건네지 않아도 알 수 있었다. 이여송이 난처한 상황을 피하기 위해 '진실로 추격하고 싶지만 한강에 배가 없어 이러지도 저러지도 못한다'는 핑계를 댄다. 유성룡이 이여송에게 미끼를 던진다.

"강가에 배만 정박시키면 장군께서는 추격하실 것입니까?"

"당연한 일이고, 바라던 바입니다."

유성룡이 군문을 나서 한강으로 말을 달렸다. 파발은 신속했고, 경기 감사와 수사는 밤을 새워 배를 끌어 모았다. 소, 중, 대선 80여 척이 가지런히 놓여 있다. 총통과 군마를 넉넉하게 탑재하고, 대군이 도강할 수 있는 채비가 신속하게 마무리된다. 유성룡이 이여송에게 '도강 준비가 끝났다.'고 파발을 띄운다. 한참을 지나자 명나라 장수 이여백이 한 무리의 군대를 이끌고 강변에 나타나, 유성룡이 한달음에 달려 나가 맞았다. 이여송은 보이지 않는다. 명나라 병력 절반가량이 질서를 유지하며 강을 건너자, 이여백이 병탈을 하면서 강둑 나무 아래 배를 움켜쥐고, 이마를 짚으며 누웠다. 당장 성안으로 돌아가 치료해야 하는 위중한 지경이라 알린다. 말도 타지 않은 채 가마에 누워 도성으로 향했다. 가마가 출발하면서 명군 진영에서 일제히 퇴각기가 오르고, 강을 건넌 군사들조차 앞 다투어 배에 몸을 다시 싣는다. 얼굴이 창백해진 유성룡은 서 있기조차 힘겨워 보인다. 이여송의 군문 앞에 돌아가, 날이 저물 때까지 기다리자, 한 심부름꾼이 서신을 들고 나왔다. "경략 송응창이 따로 공문을 보내, '사신과 왕자, 그리고 포로들이 함께 행군하고 있어 아군이 내습하면 모두 변을 당할 수밖에 없으니 교전을 잠시 미루라'고 지시했다"는 변명이다. 유성룡은 이에 대해 '왜군은 교활하고 포악해 이번 기회에 그 기세를 반드시 꺾어야 이후 사신의 강화 협상도 원활해질 것이다. 일단 왜군이 영남과 호남 깊숙이 둥지를 틀면 싸움도 힘들고, 협상도 지지부진할 것'이라고 탄원했다. 서신은 수차례 군영 안으로 들어갔지만 이여송은 묵묵부답이다.

　한강 상황은 점점 위태롭게 전개되었다. 유성룡은 앞서 고언백, 이시언, 김응서에게 강을 건너 동쪽의 이천 부사 변응성과 합류하고, 권율, 이빈 등은 서쪽의 전라병사 선거이 및 의병과 협공하라고 지시를 내렸다. 또 전라도와 경상도 곳곳에 전투 지침을 보냈지만 명나라 병력이 철수하면서 모두 공염불이 되었다. 명나라 군대는 회군한 뒤, 한강변에 줄지어 파수를 세워놓고 선박을 억류했다. 군관과 기병을 보내 한강을 건넌 전라감사 권율을 강제로 압송, 부대를 되돌렸고, 이빈의 선봉장 변양준은 목에 칼을 씌워 감옥에 가두었다. 이빈은 명나라 병사에게 질질 끌려가면서 철릭이 피로 흥건했다. 또 고언백 부대는 명군이 가로막아 역시 강가에서 억류당했다. 퇴각하는 왜병에 대한 군사 작전은 백지화되었다. 낯빛이 파랗게 변한 유성룡이 숙소로 돌아와 자리에 눕는다. 고열과 통증에 시달리다 결국 인사불성이 된다.

이달 29일 학봉 김성일의 부음이 한양성에 당도했다. 굶주린 백성들 사이에 전염병이 창궐하자 직접 진휼에 나섰다가, 병에 옮아 사망했다. 향년 56세, 경상좌도 순찰사를 맡고 있었다. 강인하고 기개 넘친 선비가 전란을 뒤로 두고 세상을 버렸다. 일본에 통신사로 파견된 뒤, 향후 정세에 대한 오판으로 지워진 정치적 부담을, 왜군에 대한 결사 항전으로 떨쳐내던 의로운 선비였다. 통신사 시절 그가 보인 의기와 청렴은 위선이 아니었음을 유감없이 증명했다. 전란이 터지자 문관이었지만 한 치의 물러섬도 없었고, 지난해 진주성 전투에서 성내 백성들을 규합하는 구심점이 되었다. 한효순이 그 자리를 채웠지만 경상도의 정신적 지주가 사라진 공허감을 채우기에는 한계가 따른다.

이 시기 선조는 평양의 영유 행궁에 머물렀다. 대신들이 한양성 시신을 치우고, 도성을 정비하는 일이 산더미 같은데 거리가 너무 멀어 일이 제대로 이루어지지 않는다면서 한양으로 환궁하자는 장계를 잇달아 올린다. 하지만 선조는 "평양과 의주에서 주선할 일이 많아 쉽게 나아갈 수 없다"며 시기를 저울질한다. 왜군 철수가 아직 미덥지 않은 눈치다. 피폐한 한양성 재건과 군사 업무가 신료들에게 떠넘겨진 상황에서 유성룡 마저 몸져누웠다.

3

(계사년 여름),
진주 남강의 장례식

- 남녘땅을 동여맨 뱀의 똬리

*∞∞∞∞∞∞∞∞∞∞∞∞∞∞∞∞∞∞∞∞∞∞∞ * ∞∞∞∞∞∞∞∞∞∞∞∞∞∞∞∞∞∞∞∞∞∞∞*

한양을 떠난 왜군이 전란 후 최대 규모의 집단 학살을 자행한다. 이에 명나라 군대는 사태를 관망하는 소극적인 자세로 일관한다.

5월 23일에는 명나라 사신이 도요토미와 만나면서 협상 분위기가 무르익고, 도요토미는 협상의 주도권을 노린다.

6월 말, 왜군은 진주성에 대한 보복전을 감행, 성을 함락하고 5만 이상의 군민을 살해한다. 왜군은 전라도로 가는 교두보를 확보하고도 병력을 도로 해안가로 거둔다. 도성과정에서 막대한 타격을 입어 전라도로 진군할 동력을 상실, 향후 강화 협상의 추이를 지켜보는 소강기를 갖는다. 이들은 부산, 웅천, 김해 등에 왜성을 구축, 곳곳에 둥지를 틀고 농성에 돌입한다. 조선 땅

남쪽을 마치 거대한 뱀이 칭칭 동여맨 형상이다.

전라좌수사 이순신은 진주성이 함락되자 7월초 수군 본진을 한산도로 옮긴다. 한산도는 협수로인 견내량을 바라보며, 부산을 제외한 남해 제해권을 장악하는 전란의 화점(花點)으로 부각된다. 일본은 한산도 공략을 포기, 수군의 역할을 본국과의 수송선 운영 등으로 국한시킨다. 무더위가 기승을 부리던 7월 하순, 왜군이 함경도에서 포로로 잡은 임해군과 순화군을 석방, 길고 지루한 강화 협상의 서막이 오른다.

*∞∞∞∞∞∞∞∞∞∞∞∞∞∞∞∞∞∞   *   ∞∞∞∞∞∞∞∞∞∞∞∞∞∞∞∞∞∞∞*

5월 들어 명나라 군대가 종종 한양성을 나서 왜군을 추격했지만 마치 늦봄의 야유회를 즐기는 듯한 진군이었고, 전투를 앞둔 긴장감은 찾아 볼 수 없었다. 한 때 이여송은 문경까지 군사를 몰아갔다. 그리고 임진년 전란 초기에 천혜의 요새인 조령을 버리고 평야에서 대규모 전투를 벌인 신립의 어리석음에 대해 부관들에게 일장연설을 늘어놓고 정작 자신은 고스란히 회군했다. 중순을 넘어 송응창이 이여송에게 패문을 보내 교전을 독려한다. 훗날 떠넘겨질 책임을 우려한 형식상 문건이었다. 송응창은 교전을 명령했다고 빠져나갈 소지를 마련하고, 이여송은 패문이 늦게 도착해 왜군을 놓쳤다고 응수하면 그만이다. 유유히 중부지방을 휩쓸고 간 왜군은 군사 기동에서 가장 위태로운 퇴각 길에서 온전히 병력을 유지했다. 조선의 지방군 또한 멀찌감치 떨어져 멀뚱히 바라볼 뿐, 교전할 엄두를 내지 못한다. 명나라 사령부가 교전을 금했고, 한양에서 파견된 병력은 눈을 씻고 보아도 없었기 때문이다. 체찰사 유성룡이 구상한 중앙과 좌우를 통한 조명연합군의 대규모 추격과 협공은 애초부터 좌절되었다. 이시언, 정희언, 변응성 등이 소규모 병력을 샛길로 빼내, 국지전인 기습전을 벌여 왜군 잔당을 소탕할 뿐이다.

평양성에 머문 선조는 환궁을 차일피일 미루면서 왜군 동태를 관망했다. 명나라 지휘부가 조선군마저 사지를 묶어버린 상태에서, 왜군은 남해안에 광범위한 방어 진지를 구축한다. 왜성의 신축과 증축이 일사천리로 진전된다. 울산 서생포를 비롯해 동래, 김해, 웅천, 거제에 이르는 왜성 16개가 겨울잠을 준비하는 뱀의 땅굴처럼 조선 땅 구석구석을 연결하며 둥지를 틀었다. 산을 의지하고 바다를 내다보며 왜성 간 봉수대를 쌓고, 조선 백성과 농토를 인질 삼아 장기전을 준비한다. 조선 성벽과 누각, 민간 가옥이 헐리고 여기에서 나온 재료가 다시 쓰이면서 삽시간에 왜성으로 탈바꿈했다. 가토는 서생포 만호진성을 헐어 왜성을 쌓는 과정에서 잔혹한 성품을 유감없이 발휘했다. 가토는 자신보다 약자인 타자에 대해서는 어떠한 연민이나 아픔도 공감하지 못하는 인물이다. 작업은 새벽부터, 때로는 밤새 계속되었다. 지쳐 쓰러진 조선 백성은 그 자리에서 베어 성벽의 벽돌을 채우듯 다른 사람으로 갈아 치웠다. 베어진 목은 벽에 꽂아 작업을 독려하는 경고장으로 쓰인다. 몸을 움직일 수 있다면 아이, 어른, 노인, 여자를 가리지 않고 동원했다. 그는 사람의 목숨보다는, 성벽에 생긴 작은 균열에 더 가슴 아파하는 유형의 인간이었다. 할 수만 있다면 수백 명의 목숨을 죽여서라도 그 빈틈을 메운다. 초인적인 속도로 지어진 가토의 왜성이 유난히 견고한 이유일 것이다. 어린아이조차 노역 중에 부상을 당하면 그 자리에서 목을 베어 내다 걸었다. 밥을 짓고, 부역에 시달리던 여인들은 밤에는 왜군 잠자리에 끌려갔다. 젊은 남성의 목에는 두 사람씩 쇠사슬을 매어 혹시 모를 저항에 대비했다. 달군 쇠로 몸을 지져 피부에는 고름이 맺혔고, 늙은 부모는 자식과 이별했고, 그 자식은 부인과 헤어지고, 부인은 이미 아이를 잃었다. 가족이 살아있다는 유일한 증거는 자신의 목숨뿐이었다. 극한에 이른 절망의 심연이 절망을 위로하고, 견딜 수 없는 노역을 버티는 원천이 되었다. 왜성이 골격을 갖춰 작업이 한숨 돌리기 시작하자, 조선인 포로 시장이 들어선다.

일본 상인들이 젊은 여인과 아이들을 마치 조기 두름처럼 새끼로 목을 묶어, 무역선에 실으며 이해관계를 저울질 한다. 네댓 살배기 아이조차 쏟아지는 매타작에 감히 울음소리를 내지 못했다.

왜성 구축이 일제히 마무리 단계에 돌입하자, 명나라 군대가 서서히 기동한다. 마치 군호를 서로 주고받은 느낌이다. 총병 유정이 서촉과 남만 군사 5천여 명을 이끌고 성주와 팔거에 주둔했다. 남방 장수 오유충은 선산과 봉계에 진을 친다. 이영, 조승훈, 갈봉하는 거창에, 낙상지, 왕필적은 경주에 머물면서, 명나라와 일본이 조선 땅에 두는 포석이 완성된다. 멀찌감치 떨어져 상호 견제하는 이방인들의 틈바구니에서 충청, 경상, 전라 백성들이 도탄에 빠진다. 군량 조달과 부역이 발등의 불이었다. 제가 지은 농사를 처자식 입에서 뺏어내 험준한 길을 지고 가서 고스란히 바쳐야한다. 그 끝을 알 수 없어 고통의 무게를 한없이 더한다. 이 시기, 명나라 유격 심유경은 고니시와 핵심은 떼어놓은 협상을 지속했고, 나고야의 도요토미와 명나라 사신 사용재는 상대의 의중을 떠보기 위해 부단히 탐색전을 벌였다.

6월 명나라와 일본이 동상이몽에 빠져 자국 이해를 셈하는 과정에서 진주성이 피바다를 이루며 희생양이 되었다. 도요토미는 진주성을 장악해서 지난해 패전의 설욕을 씻고, 이후 전개될 협상과 조선 4도의 통치를 앞두고 군사력의 우위를 과시하려 했다. 몸을 도사리던 명나라 군대는 조선군을 고립시켜, 조선 길들이기에 나섰다. 어정쩡하게 눈치만 보던 조정은 결국 6만여 목숨을 내어 준다.

지난해 10월 진주성 전투는 일방적인 지상전의 흐름을 되돌리는 쾌거였다. 진주목사 김시민이 왜병을 쓸어버리자 목사를 일컫는 ‘모쿠소’가 왜군 진영에서 ‘저승의 사신(死神)’과 같은 공포의 대명사로 자리 잡았다. 이것이 도요토미의 귀에도 들어간다. 그는 ‘모쿠소’의 목을 가져오지 못하면, 출정한 군사들이 다시는 일본

땅을 밟지 못할 것이라고 공언했다. 도요토미는 복수와 더불어 협상에서 기선을 잡을 승부수를 원했고, 명군은 의도적으로 진주성을 작전 구역에서 배제했다. 지원에 나선 전라, 경상의 조선군은 갈팡질팡 편을 갈랐다. 장마철이 바짝 다가선 가운데 진주성은 철저하게 고립된다.

이달 들어 남하한 왜군을 따라 조선군도 이동했다. 도원수 김명원과, 순찰사 권율은 의령에 병력을 집결시키고 기강을 넘어 함안과 김해에서 왜군의 선봉과 맞서 그 예기를 꺾는다는 전략을 수립했다. 여기에 곽재우와 고언백이 반발했다. 왜군이 한꺼번에 집결해 일전을 준비하는 상황에서 전면전을 벌인다면, 그나마 남은 조선군을 한꺼번에 소모하는 처사라는 지적이다. 이들은 여전히 전격 기동과 기습에 기초한 유격전을 지지했다. 더구나 군량조차 마련하지 못한 현실을 들어 성급하게 의기만으로 전투를 치를 수는 없다는 현실론을 제기한다. 이빈의 종사관 성호선이 분개한다. 검을 풀어 탁자를 내리치며 '장수의 본분은 싸우다 죽는 것'뿐이라고 강변했다. 이치와 행주 전투 이래 왜군과의 전면전에 이력이 붙은 권율이 여기에 찬성, 관군과 의병은 함안성으로 이동했다. 그러나 현실은 가혹했다. 함안성에는 군량이 한 톨도 남아 있지 않았다. 시간이 흐를수록 의기는 배고픔을 이기지 못한다. 군사들이 익지도 않은 풋감을 따먹을 정도로 굶주림에 시달렸다. 이어진 척후의 보고, 김해를 지나 진주로 향하는 왜군 본진 수만 명이 함안성에 임박했다. 함안성 사수 여부를 논의했으나, 주전파들이 이번에는 굳게 입을 다문다.

함안성 철수 명령이 떨어졌다. 왜군의 화포와 조총 소리가 성 안에 뚜렷하게 들린다. 높은 성벽의 참호를 이어주는 조교(弔橋)에서 내려오다 몇몇 병사들이 바닥으로 추락해 사망할 정도로 철수는 뒤죽박죽이었다. 이어 정암 나루를 건너 정암진 일대에서 왜군을 차단한다는 계획도, 육로와 수로를 가득 메운 왜군 본진이 동시에 출현하자 자연스럽게 백지화된다. 권율과 김명원, 이빈, 최원은 군사를 몰고 전라도로 빠져나갔다. 1차 진주성 전투에서 혁혁한 전공을 세운 곽재우마저 군사를 돌린다. 협소한 진주성에 갇혀 퇴로도 잃은 채, 수만의 왜군과 전면전을 벌이는 도박을 할 수 없다는 논리다. 그는 "내가 죽는 것은 아깝지 않으나, 백전을 치른 병사들을 한꺼번에 사지에 몰아넣을 수 없다"고 토로했다.

　이와 달리 의병장 김천일은 군사 3백 명을 거느리고 6월 24일 진주성에 들어갔다. 충청 병사 황진이 7백 명, 경상 우병사 최경회가 5백 명을 이끌고 합류한다. 이어 가족의 복수를 기치로 내 건 복수의병 4백여 명이 진주성에 들어왔다. 고경명의 아들 고종후가 이끌었다. 또 부장 장윤이 3백 명, 의병장 이계련이 1백 명, 의병장 민여운 등 각지에서 모여든 의병들이 5백 명의 군사를 보탠다. 이들은 진주목사 서예원(徐禮元), 거제 현령 김준민, 김해 부사 이종인 등과 더불어 관민연합사령부를 구성, 수성 준비에 박차를 가했다. 1차 진주성 전투 당시 철환에 쓰러진 김시민을 대신해 침착하게 군사를 지휘한 공로로, 김성일의 추천을 받아 진주 판관에 제수된 성수경이 밀양에서 진주성에 들어왔다. 명나라 군사를 지원하기 위해 상주와 밀양 등지를 오가던 성수경은 사지(死地)를 향해 밤낮으로 말을 달렸다. 형식상 지휘관은 목사 서예원이지만 그는 건장한 체구와 강한 용력에 비해 겁이 많은 소심한 무장이었다. 왜병의 군세에 놀라 갈팡질팡하면서 금세 신임을 잃었다. 결국 김천일과 황진 등이 최고 사령부를 구성했다. 19일에는 전라 병사 선거이와 홍계남이 입성했으나, 외곽을 교란시킨다는 이유로 김천일의 반대를 무릅쓰고 철군한다. 수성을 위한 진주성 보수도 대대적으로 진행된다. 성의 남쪽은 촉석과 남강으로 둘러싸여 왜군의 접근이 쉽지 않은 만큼 서북의 거대한 해자를 연일 보수했다. 그리고 주력은 동쪽에 집결시켜 왜군과 맞서기로 한다.

　명나라 총병 유정은 유격 오유충과 함께 대구에 진을 쳤고, 참장 낙상지는 유격

송대빈과 함께 남원에, 유격 왕필적은 상주에 진주했다. 하지만 모두 '강 건너 불구경'하는 태도이다. 제 집에 난 불이 아니기 때문이다. 이 와중에 고니시 진영에 머물던 유격 심유경은 혼란을 부추겼다. 진주성에 서신을 보내 '도요토미가 지난 진주성의 원한을 갚기 위해 출병을 지시한 만큼 성을 비워 백성을 피신시키면 왜군은 예봉을 돌려 즉시 철군할 것'이라고 알려왔다. 진주성 공략을 놓고 고니시와 가토가 첨예하게 맞서, 고니시와 소 요시토시의 군대는 출병하지 않았다고 귀띔했다. 하지만 진주성을 에워싼 10만여 병력 가운데 고니시 부대의 문양이 펄럭였다. 다만 고니시 부대가 비교적 나중에 도착한 것만은 사실이었다. 조선 사령부는 이간계에 불과하다고 간주, 편지를 묵살한다.

명나라 지휘부는 조선군의 지원요청에 대해 생색내기로 일관했다. 고작 가토에게 서신을 보내 "우리가 너희를 치지 않는 것은, 화의를 결정한 황상의 천지 같은 도량이 자못 상처를 입을까 걱정한 때문이었고, 일본국 관백조차 황제를 사모해 조공 바치기를 갈구하는 상황에서, 신의를 저버리고 진주성을 공격하면 1백만 군사를 일으켜 너희를 쓸어버리겠다"는 공염불만 잔뜩 늘어놓았다. 이런저런 복잡한 사정이 최악의 방향으로 얽히면서 조선 관군과 의병 6천여 명을 비롯한 진주 군민 5만여 목숨이 경각에 놓였다.

21일 왜군 기병 2백여 기가 동북 산 정상에 출현했다. 이어 보병이 속속 집결하면서 공병대가 거대한 해자의 물을 빼내는 수로를 파고, 마른 땅이 드러날 때마다 흙을 쏟아 부어 진격로를 개척한다.

22일 새벽부터 왜군 5백여 명이 북산에 진을 치고, 성안 병사를 유인했다. 성안 병력이 미동조차 하지 않자 9시 무렵 본진이 서서히 좁혀 들어온다. 벌판을 메운 수만 병사가 2개의 진영을 펼쳤다. 사방 수십 km가 왜병으로 채워진 진주성은 마치 거센 풍랑 속에 떠있는 조각배를 연상케 했다. 개경원 산허리와, 향교 앞길에 좌우군을 지휘하는 2개의 왜군 사령부가 설치된다. 선거이와 홍계남이 지휘하는 전라병사 병력들은 외곽 교란 작전을 시도할 엄두조차 내지 못한다. 오후 들어 가벼운 탐색전이 시작된다. 왜병 수천여 명이 성을 향해 내달렸으나 성벽에서 곧바로 화살과 편전으로 응사, 왜군 선발대 30여 명이 고꾸라지고 흩어졌다. 퇴각 깃발이 오르는 동시에 나팔 소리가 진주 벌판에 울려 퍼진다. 공격 시기가 조정된다. 초저녁에 왜군 1파가 진주성을 파고든다. 진주성벽은 튼튼했고 해자의 물도 여전해 왜군 공격로는 제한적이었다. 화살이 그물처럼 쏟아지며, 무리지은 왜병을 무더기로 잡아낸다. 한밤중까지 공세가 이어졌지만 그만큼 왜병도 부단히 소모되었다. 밤새 해자 물이 급격히 줄어들며, 진주성이 사방에서 틈을 보인다. 왜 선봉부대에서 철갑을 두른 수레에, 철추가 박힌 귀갑차가 드문드문 보인다. 성벽을 통째로 허물어뜨리려는 귀갑차의 충돌에 진주성이 몸살을 앓기 시작한다.

23일 낮과 밤에 각각 세 차례, 네 차례의 공성전을 전개, 시간이 흐를수록 성벽에 걸어대는 사다리 개수가 늘어났다. 왜군은 소모된 병력을 즉각 충원하고, 공성전을 벌일 때마다 부대를 교체한다. 늘 새로운 깃발을 앞세운 왜병 부대가 지치지 않은 사나운 기세로 성벽을 기어오른다. 진주성 관군들은 긴장과 공포 속에서 뜬 눈으로 밤을 지새우고, 해가 뜨면 왜군이 물결치는 섬 속에서 고립감을 떨쳐낸다.

24일은 잠시 소강상태. 왜군은 물러설 기미가 없다. 증원군 5~6천 명이 마현에 새롭게 진을 쳤다. 이중 5~6백 명이 떨어져 나와 동편에서 공격 대형을 갖춘다. 진주성 장수와 군사, 군민들이 십년 가뭄에 비를 기다리듯 지원병을 갈구했다.

25일 동문 밖에 쌓은 언덕 형태의 왜군 흙성이 뚜렷하게 모습을 드러낸다. 조총병이 대거 배치된다. 진주성 성가퀴를 내려 보는 높이에서 조총의 철환이 수십 발씩 동시에 성안으로 날아든다. 불쑥 솟아오른 왜병 모습이 지척에서 잡힐 듯 선명하다. 왜군은 흙성 언덕에 흙집을 만들고 목책을 두른 엄폐물로, 언덕 아래 조총병을 끊임없이 밀어 올렸다. 쏟아지는 철환에 조선 사수가 쓰러지고, 위축된 사수는 표적을 잡아낼 시야를 놓치면서 성벽을 무너뜨리려는 왜군의 기세가 거세진다. 황진이 초저녁부터 갑옷과 철릭, 투구를 벗어던진 저고리 차림으로 흙을 져 나르며 맞대응할 언덕을 쌓는다. 백성들이 우르르 몰려든다. 여염집 아낙과 사대부의 처자까지 가세해 흙과 돌을 날라 한밤중에 언덕을 완성했다. 황진이 지자, 현자총통의 포대와 포수를 이동시킨다. 붉은 철환이 시원하게 직사로 날아가 왜병의 흙집을 순식간에 박살낸다. 무너진 목책과 흙집더미에서 왜군이 떼를 지어 나뒹굴었다. 흙집을 다시 쌓는 왜병의 속도가 지자, 현자총통의 철환보다 빠를 수는 없다. 날아드는 조총수의 철환이 점차 잦아든다. 낮부터 계속된 일곱 차례 공성전을 모두 막아내었다. 왜군의 시체가 성 밑에서 산을 이룬다. 군민들이 어렴풋하게 승리에 대한 희망을 가져본다. 전투는 중반을 넘어섰다.

26일 왜군이 본격적으로 귀갑차를 동원한다. 생가죽을 덧씌운 나무 궤짝 아래 몸을 숨긴 왜병은 귀갑차를 충돌시켜 성벽을 쉴 틈 없이 헐어댄다. 귀갑차는 성곽의 한 모퉁이를 공격, 이곳을 기어코 무너뜨린 뒤에야 철수했다. 성위에서는 화살보다는 큰 돌을 연일 쏟아내었지만 거머리처럼 들러붙은 귀갑차는 진주성의 돌담을 삼킨다. 진주성이 조금씩, 조금씩 주저앉는다. 이어 왜병은 동문 밖에 거대한 이동 망루 2개를 끌고 와서, 성 주변에서 자른 대나무를 빙 둘러 붙인 방어막을 꼭대기에 만들고, 조총과 불화살을 쏘아댄다. 불이 성안 초가집에 옮겨 붙어 자욱하게 깔린 연기로, 병사와 백성들은 숨 쉬기조차 힘든 지경이다. 겁에 질린 목사 서예원은 군민들과 함께 동요하며, 통제력을 잃는다. 김천일이 의병 부장 장윤을 임시 목사로 세워 화재를 진압하고, 질서를 잡아간다. 먹구름을 잔뜩 품었던 하늘에서 굵은 빗방울이 떨어져 불길이 사그라진다. 그러나 습기에 아교가 풀려 활시위가 장력을 잃어갔다. 지쳐가는 사수 앞에 표적은 걷잡을 수 없이 늘어갔다. 그치지 않는 거칠고 지속적인 대단위 공세였다.

왜군 진영에서 편지를 매단 화살이 날아든다.

'대국의 군대도 항복하였는데 너희 나라가 어찌 감히 항거하는가.'

즉각 답신이 날아간다.

'우리는 죽기로 싸울 뿐, 30만 명나라 대군이 추격하여 너희를 남김없이 섬멸할 것이다.'

화살을 쏜 왜병이 성 밑에서 바지를 벗고 엉덩이를 두드려 조소한다.

산성에 올라 먼발치에서나마 명나라 기병의 흙먼지를 기다리던 김천일이 신음하듯 뱉어냈다.

"이 적들을 물리치고, 언제 명나라 군사의 살점을 씹을 것인가."

깊은 배신감과 외로움이 뒤엉켜있었다. 이날도 밤낮에 걸쳐, 서너 차례 공성전이 전개된다. 귀갑차와 나무 망루가 성벽과 조선군 사수에게 적지 않은 타격을 입힌다.

27일 새벽 동이 트면서 조선군은 눈을 의심한다. 동문과 서문 밖 다섯 군데에 왜군이 쌓아놓은 언덕이 동시에 뿌옇게 모습을 드러낸다. 밤새 대규모 병력을 동원, 진주성 규모의 흙성을 쌓았다고 해도 과언이 아니었다. 왜군은 흙성 꼭대기에 역시 대나무를 엮어 장막을 만들고, 군데군데 빈틈에서 조총을 쏘아댄다. 순식간에 조선 사수 수십 명이 살터에서 나자빠진다. 성가퀴가 비어가도 채울 여력이 없다. 성벽 아래 왜군이 과감하게 몰려들어 사다리를 걸친다. 김해부사 이종인이 지휘소를 버리고 성가퀴로 달려든다. 가까스로 도성에 성공한 다섯 명의 왜군을 성벽을 따라 돌아가며 베어낸다. '와'하는 함성이 일면서 조선군 사수들이 창검을 집어 들고 빗발치는 철환 속에서 백병전에 나선다. 이어 귀갑차 주변에 매달려 철갑을 입고, 철추로 성벽을 찍어내는 왜병들에게 성안 백성들이 기름에 적신 솜을 불붙인 장작에 꽂아 일제히 내던졌다. 빗발은 다소 잦아들었다. 왜병이 덮어쓴 궤짝에 불이 붙고, 진주성 인근이 시신 탄 냄새로 덮이자, 도성을 중단하고 퇴각한다. 해질 무렵, 왜군은 신북문 공세에 나섰지만 이종인이 잠시도 쉬지 않고 군사를 내몰아 봉쇄한다. 용맹한 무장이었다.

28일 동틀 무렵 이종인이 북문 공세가 뜸해지자, 동문으로 되돌아왔으나 성벽은 허물어지기 직전이었다. 동문을 대신 지키던 서예원이 야간전투에서 몸을 사리면서 귀갑차의 접근을 허용했다. 서예원에게 불같이 화를 낸 이종인이 병사들을 다그쳐 횃불과 화살, 돌덩어리를 성 아래로 쏟아 부었다. 왜군 대열이 무너지며, 지휘하던 왜장 한 명이 돌무더기에 깔리자, 왜병들이 시신을 수습해 퇴각한다.

전투를 지휘하던 황진이 동문을 찾아 성 아래를 잠시 내려다본다. 1천여 명 이상의 왜군 시신이 줄지어 누워있었다. 어렴풋이 사상자를 헤아리는 순간, 성벽 바로 밑에서 조총의 날카로운 총성이 울린다. 철수하지 않고 숨어 있던 왜병의 철환이 성가퀴의 목판을 스친 뒤, 황진의 왼쪽 이마에 박힌다. 장윤 등과 더불어 전투를 지휘하던 최고 수뇌 황진이 전사한다. 진주성이 한 팔을 잃었다.

29일 황진을 대신해 서예원에게 순성장 역할이 맡겨진다. 겁을 집어 먹은 서예원은 철릭도 여미지 않은 채, 말을 타고 마지못해 성 외곽을 맴돌았다. 입가는 파리했고, 연신 눈가를 훔치거나 어루만진다. 분기를 누르지 못한 병사 최경회가 "사기를 떨어뜨리는 장수를 베어 군기를 세운다"면서 칼을 뽑아 들었으나, 주변 만류로 칼을 내던진다. 순성장이 장윤으로 교체된다. 한치 앞을 볼 수 없을 정도로 쏟아진 장대비가 조선군에게 잠시 잊힌 희망을 일깨운다. 해자에 물이 차면, 왜군의 서북쪽 진격로가 차단되고 공성 범위가 좁아진다. 하지만 급박하게 도성이 전개되는 동문 쪽을 지원하던 장윤의 가슴에 철환이 박힌다. 희미한 희망이 다시 절망으로 뒤바뀐다. 오후 들어 거세진 장맛비 속에서 결국 귀갑차의 거대한 충돌음에 이어 성벽이 무너지는 소리가 연쇄적으로 들린다. 장맛비는 해자도 메웠지만 동시에 약해진 성벽도 파고 들었다. 왜군이 성벽 틈을 개미떼처럼 파고든다. 이종인이 활을 던지고 사수들을 창과 칼로 무장시켜 백병전에 돌입했다. 막 성벽을 넘은 왜군은 질서 갖춘 장창의 대오에 밀리면서 온몸이 찢겨져 천길 성벽 아래로 추락하고, 이종인의 검이 허공과 왜병을 동시에 가른다. 막바지 혼전 중에 왜군이 동문에 대한 공세를 다소 늦춘다. 왜병의 시신이 무너진 성곽 주변에 구릉처럼 쌓였다. 이어 서북문에서 왜군이 아직 물이 차지 않은 해자를 건너 최후의 도성을 시도한다. 김천일의 군사가 동요한다. 황진과 장윤의 전사로 전황에 따라 각문을 오가며 기동하던 지원병을 기대할 수 없었다. 병사들이 몸을 빼내 촉석루로 퇴각하면서 결국 서북쪽이 먼저 뚫린다. 전사한 황진의 공백이 무너진 성벽 못지않게 컸다. 이어 동문에도 왜군이 밀물처럼 쏟아져 들어오면서 무게중심이 깨지고 진주성이 침몰한다. 진주성을 뒤덮은 험악한 파도가 진주 군민의 숨통을 하나하나 끊어 간다. 진영을 버리고 앙상한 나무 뒤에 숨어있던 서예원은 순식간에 포위되어 목이 사라진다. 왜병이 마침내 '모쿠소'의 수급을 손에 넣었다. 조총 철환에 맞아 이종인이 절명하면서 희미하던 동쪽 방어선마저 궤멸한다.

김준민은 단기로 말을 몰아 장창을 휘두르며 왜군 사이로 뛰어들었다. 말이 달릴 때마다 좌우로 흩어지던 왜군이 장창을 던진다. 말이 앞발을 버팅거리며 신음하다 김준민과 함께 쓰러진다. 주변에 번쩍이는 장검의 피 무지개가 김준민의 운명을 짐작케 했다. 남쪽으로 밀려나던 김천일은 퇴로를 열어 몸을 피하자는 주변 제안을 단번에 거절한다.

"오늘 여기가 내가 죽을 자리다"라고 외친 뒤, 아들 김상건과 함께 남강에 몸을 던졌다. 공성전에서 막대한 피해를 낸 왜군은 진주성 생명체는 모두 없애라는 도요토미의 명령을 악착스럽게 이행했다. 5만여 군민이 한나절 동안 학살된다. 왜군과 조선군의 시신을 합해 8만여 생명이 진주성에서 스러졌다. 시신을 밟지 않고는 한 걸음도 내디딜 수 없는 지옥의 형상이다. 부패한 시신은 벌써 군데군데 백골을 드러낸다.

무너진 진주성은 평지처럼 변했다. 촉석루는 불에 타 앙상하게 기둥만 남았고, 성 안에 쌓인 시체가 무너진 성벽의 높이를 채웠다. 촉석루에서 남강 북쪽 강기슭까지 시체가 겹겹이 쌓여 강물의 흐름을 가로 막는다. 남강이 조심스레 시신을 감싸며 하나둘 이들에 대한 장례를 치른다. 남강 일대의 옥봉리, 천오리까지 떠밀려온 시신들은 이제 비로소 진주성을 벗어난다. 한 달이 넘는 계사년 장맛비가 시신들의 진주성 탈출을 도왔다. 유난히 긴 장마철이었다.

군대를 정비한 왜군은 일부 병력을 단성, 산음으로 출발시켰다. 또 일부는 구례, 광양, 남원, 순천 일대를 돌며 노략질에 몰두했다. 남원에 주둔하던 명군 낙상지는 포수 3백여 명 등을 곳곳에 배치, 취성(鷲城)에 견고한 방어진을 마련한다. 성루 곳곳의 성가퀴를 채우고, 전투 깃발을 내걸어 결전을 알렸다. 남원성도 풍전등화의 처지였다. 남원이 뚫리면 전라도는 남북으로 갈라진다. 진주성 군민이 모두 도륙되었다는 소식에 남원성 고을은 하룻밤 사이에 텅 비었다. 왜군은 곡성에서도 백성을 가두어 무차별 살육했다. 홍계남이 구례, 광양 일대에서 약탈하던 왜군과 교전을 벌이면서 제동을 걸었다. 그런데 이 전투를 마지막으로 왜군은 서진을 멈추고 퇴각했다. 일부는 사천, 고성에서 분탕질을 한 뒤, 포로로 잡힌 조선인 남녀와 어린아이를 끌고 김해로 돌아가 둥지를 틀었다. 또 나머지 부대는 삼가와 의령을 휩쓸면서 가옥을 모두 불태우고, 함안과 창원에 주둔했다. 주력은 부산에 진을 치고, 명나라와의 강화협상에 다시 집중한다. 명나라 총병 유정은 진주성 함락 이후 팔거에서 합천으로 진을 옮긴다. 오유충은 봉계에서 초계로 가서 우도를 견제했다. 남해 일대가 백성의 신음소리로 몸살을 앓았다. 조선 조정은 진주성에 대한 책임을 물어 도원수 김명원을 권율로 교체한다.

유성룡은 지난달 말 한양을 떠나 경상좌도로 달려갔다. 안동에 이른 뒤, 진주성 포위 소식에 밤새 말을 달려 고령에 이를 즈음 진주성 함락소식을 들었다. '죽음을 무릅쓰고 항전했으며, 구차하게 살려는 자는 없었다'고 제독 이여송에게 서신을 보낸다. 관망만 하던 이여송에 대한 원망과 질책이다. 유성룡은 숱한 장수의 죽음과 더불어 병사와 진주성 군민 등 6만여 명이 학살되었다는 소식에 충격을 받아 분루(憤淚)를 그치지 못한다. 왜군은 소, 말, 닭, 개까지 남기지 않고 죽여, 성내에 살아있는 생명은 찾아볼 수 없었다. 성벽을 뭉갠 왜군은 성루를 불살라 폐허로 만든 뒤, 나무를 모조리 베고 참호와 우물까지 메워, 아귀처럼 진주성의 흔적마저 집어 삼키고 철군했다. 왜군은 진주성을 역사의 흔적에서 지우고 싶었을 것이다.

유성룡은 김천일 등이 고집한 전면전에 대해 고뇌한다. 6만여 군민의 희생은 너무 참혹했다. 전력이 집중된 왜군과의 전면전은 여전히 승산이 없다. 그는 일시적으로 진주 군민을 피란시켜, 요충지에서 전개하는 꾸준한 기습전에 무게를 두었다. 물론 진주성 전투는 조선 백성들에게 항쟁의 상징이 되었고, 왜군에게도 극심한 타격을 주었다. 전란의 전 과정에서 보면, 분명 승리한 전투지만 사라진 백성의 목숨은 무엇으로도 대신할 수 없다. 전란이후 일본이 자행한 최대 규모의 집단 학살극은 이렇게 막을 내렸다.

7월초 왜군의 동향에 대한 혼선이 잇따른다. 전라도 복병장으로 두치진을 수비하던 장흥 부사 유희선이 진주성 함락소식을 듣자마자 광양, 순천으로 도주, 대규모 왜병이 몰려온다고 소문을 퍼뜨렸다. 마을 곳곳에서 불길이 치솟았다. 소문에 놀란 백성들이 서둘러 도망치는 와중에 일부 난민이 도적떼로 돌변해 일어난 참변이었다. 유성룡은 유희선을 참수해 민심을 다잡는다.

진주성 함락 소식은 7월 4일 전라좌수사 이순신에게 전해진다. 진주성 전투에 참전했던 강진 사람 황대중이 걸망포에 정박 중인 좌수영 본영에 부상한 두 다리를 끌면서 도착했다. 전라좌수영은 이 무렵 육군의 전황이 걷잡을 수 없이 악화되자, 거제와 견내량 인근의 해상에서 떠다니는 해상 사령부를 구축해 함진을 운용했다. 진주성 함락은 수군에게도 충격이었다. 수군 병사 대부분은 가족들이 인근 전라, 경상도에 거주했고, 이는 이순신도 마찬가지였다. 수군진의 거점, 전라도가 위태롭다. 광양에 왜군이 침범했다는 척후 보고에 수군진이 동요한다. 좌수사 이순신은 7월 10일 한산도의 끝, 세포로 함진을 옮겨 척후선을 띄운다. 이어 순천과 낙안에 왜군이 출몰했다는 첩보에 병사들의 동요가 탈영으로 이어지자 좌수사는 격군의 목을 베어 진화한다. 함진은 견내량을 내다보는 남해의 화점(花點) 한산도 외항을 거쳐 마침내 15일, 개미의 목처럼 움푹 팬 내항 둘포에 정박한다. 좌수사가 한산도에서 말을 달린다. 섬 중앙의 망산은 해발 300m, 사방의 바다를 조망할 수 있다. 둔전을 일굴 평지와 소금을 캐는 염전도 풍부했고, 포구는 넉넉했으며, 시냇물이 흐르고 곳곳에서 샘물이 발견된다. 좌수사가 작전 사령부인 운주당 터를 지정, 수군진이 한산도로 옮겨간다. 육지에서 뱃길로 2km, 남해의 한 점 한산도가 조선 바다를 지키는 최후 거점으로 선택된다.

진주성이 함락된 뒤, 유격 심유경이 고니시의 중군장이자 최측근인 고니시 히(少西飛彈守·소서비탄수)와 함께 7월 8일 한양에 도착, 이여송을 찾으면서 왜군의 진의에 대한 논란이 다시 일었다. 이들은 '조선을 통해 명나라에 조공하기를 원할 뿐, 다른 조건 없이 화의할 수 있다'는 도요토미의 문서를 내밀었다. 명나라의 책봉과 조공 문제만 해결되면 철군하겠다는 의미였다. 다만 '조선을 통해'가 어떤 의미인지는 드러나지 않았다. 이 문서가 명나라에 도착하면, 그동안 미온적이었던 명나라 군대가 아예 전장에서 발을 빼는 명분을 얻을 수 있었다. 전란에 지친 명나라 조정이 조선을 배제한 채, 조선 분할을 협상 범위 안에 암묵적으로 포함시킬 가능성도 배제할 수 없다. 하삼도 체찰사로 진주성 전투 이래 요동치는 민심을 다독이던 유성룡이 친분이 깊은 명나라 유격 척금에게 편지를 띄운다.

'당분간 고니시 히를 한양 외곽에 무조건 구금해 달라'

또 심유경과 고니시가 한강을 경계로 조선을 명과 일본이 나누기로 했다는 소문을 퍼뜨려 달라고 부탁한다. 이 소문에 이여송이 즉각 반응한다. 있을 수 없는 일이며, 왜적을 반드시 조선 땅에서 섬멸한다고 공언했다. 이에 따라 이여송은 조선 분할에 반대한다는 입장을 공식 확인했다.

15일 나고야에서 도요토미를 만난 명나라 장수 사용재와 서일관이 부산 왜성에 도착, 양국 간 교섭이 한층 더 깊숙이 진전된다. 가토에게 사로잡힌 임해군 이진, 순화군 이보, 황정욱, 황혁 등이 석방되었다는 소식이 22일 조정에 당도한다. 일단 조선 왕자가 왜군 진영에 볼모로 잡혀 있는 힘겨운 상황이 해소되었다. 하지만 왜성은 난공불락의 요새로 변해갔고, 인근 백성에 대한 통치기구의 성격을 강화했다. 인근 백성들에게 농토를 나누어 줘, 수확물을 바치도록 하면서 형벌 및 송사에 대한 자치권도 부여했다. 조선 분할에 대비한 사전 예행연습이었다.

4부

교착상태, 이중 협상과
외로운 명의(名醫) 유성룡

1

계사년(1593년) 가을~을미년(1595년), 조선을 살리는 제도의 정비

- 군역과 세제의 개혁

    계사년 10월 1일 선조가 한양으로 환궁했다. 이른 아침 벽제역을 떠나 미륵원을 거쳐 저녁에 정릉동 행궁에 도달한다. 조명연합군이 한양성을 되찾은 지 5개월이 지났으나, 도성을 버린 죄의식과 왜군의 동향에 대한 의심이 환궁을 미루게 했다. 선조는 한양 입성에 앞서 민심을 얻고 있는 유성룡을 행재소로 불러, 대동한다. 진주성 전투 이후 흩어진 민심을 수습하기 위해 진주 일대에 머물던 유성룡은 9월 해주로 말을 달려, 오랜만에 선조와 조우한다. 평양성 수복이후 벽파에 홀로 사령부를 마련, 명나라 진영과 조선군 사이를 오가며 전투를 지휘하고, 한양이 수복되자 산적한 현안을 처리한 뒤, 진주로 내려가 선조와는 오랫동안 떨어져 지냈다. 유성룡은 어가 행렬이 연안에 이르는 동안, 조선의 독자적인 군사력을 배양하기 위해 훈련도감 설치의 필요성을 누누이 역설한다. 전장을 누빈 노신의 충심이 선조를 움직였다. 선조가 유성룡에게 훈련도감의 도제조를 맡기면서 신분제도를 뛰어넘는 중앙의 군사제도, 훈련도감이 마침내 태동한다.

훈련도감에 대한 유성룡의 구상은 지난 초여름 명나라 군대가 한강에서 추격을 멈춘 뒤, 유성룡이 병석에 눕자 명나라 장수 낙상지가 병문안을 오면서 구체화되었다. 유성룡이 병든 이유를 잘 알고 있는 낙상지는 고군분투하는 유성룡을 안쓰러워하면서도 존중했다.

"조선이 아파서 대인마저 병이 들었습니다. 왜군이 조선에 여전히 머물러 있으니 맞서 싸워야하는데, 황상의 군대는 다만 지켜보기만 할 뿐입니다. 이때라도 조선 군사를 일으키십시오."

유성룡이 자리에서 일어나자, 낙상지가 말을 잇는다.

"병사들의 수련과 진법 훈련을 돕겠습니다. 한 사람이 열 사람을 가르치면, 다시 백 명이 배울 수 있습니다. 몇 해 동안 수십만 군사를 얻을 수 있습니다."

마음에서 우러나는 진정어린 조언이다. 유성룡이 거짓말처럼 자리를 털고 일어났다. 곧바로 행재소에 장계를 올린다. 군사 모집을 지시받은 금군 한사립은 70여 명의 백성을 끌어 모았다. 낙상지가 군관 장육삼 등을 보내 훈련을 지원했다. 창술과 검술, 진법, 병법에 이르기까지 낙상지는 지식을 아끼지 않았다.

이 시기 진주성을 둘러싼 왜군 움직임이 심상치 않은 기색을 보이자, 선조가 유성룡에게 남해안을 살피도록 요청한다. 유성룡은 비변사를 동원해 이들을 군관으로 육성할 수 있도록 도감을 설치해 달라고 선조에게 요청하고 길을 떠났다. 선조가 다행히 윤허하면서 좌상 윤두수가 임시로 운영 책임을 맡았다. 유성룡이 선조의 한양 환궁 길에 이 문제를 다시 끄집어내었고, 유성룡에게 많은 빚을 진 선조는 흔쾌히 승낙하며 책임자로 임명했다.

유성룡이 훈련도감의 병사 모집에 박차를 가한다. 아무리 명분이 좋아도, 현실적인 지원이 없으면 실현될 수 없다. 유성룡은 우선 명나라가 보내온 좁쌀 1천 석을 병사들의 녹봉으로 쓰기 위해 용산창에서 차출한다. 전란과 기근이 겹쳐 굶어 죽는 백성들에게, 하루 두되의 녹봉을 지급하는 훈련도감의 방문(榜文)은 폭발적인 호응을 얻었다. 나라를 지키면서 얼마간이라도 식솔의 먹을거리를 해결하는 길이 열렸다. 하루 두 되의 식량에 목숨을 걸겠다는 백성이 넘쳐나, 도감 당상 조경이 인원을 제한하자고 제안한다. 어쩔 수 없는 궁핍한 현실이었다. 유성룡이 큰 돌 하나를 드는 용력 시험장과 10척 높이의 흙 담을 뛰어넘는 담력 시험장을 개설, 이를 통과하는 이들에게 본 시험 과장의 응시 자격을 부여한다. 가장들이 처자식을 살리기 위해 눈물겨운 사투를 벌였다. 급기야 한 굶주린 가장이 흙 담을 뛰어넘다, 다리가 걸려 낙상하면서 머리를 다쳐 숨을 거둔다. 유성룡이 장례비용을 마련해 시신을 가족에게 돌려보냈다. 굶주린 가족은 한 줌 좁쌀을 기대했지만 이제 가장을 잃었다. 응시 행렬은 끊이지 않았고 십여 명 중 한 둘만이 시험에 통과했다.

훈련을 도운 낙상지는 하급과 중견 장교인 초관과 파총을 양성했다. 또 왜병의 조총에 맞설 총기병을 별도로 관리, 실전 훈련에 전념하면서 화약을 만드는 염초가 부족해 골칫거리로 떠올랐다. 평소 백성의 목숨을 신중하게 다루는 유성룡의 처신이 이 문제를 해결한다. 왜군에게 포로로 잡혀 화약을 제조한 부역죄로 하옥되었던 군기시 장인 대풍손을 방면, 훈련도감으로 소환했다. 한양성이 수복된 이후 목을 베자는 주변의 거센 반발을 무마하고, '그 재주를 아껴두면 나중에 크게 쓸 일이 있을 것'이라면서 강화의 옥에 가두었다. 포로로 잡혀 목숨을 위협받는 상황에서 재주를 썼다고 한들 흠이 될지언정, '죽을 죄'는 될 수 없다. 어쩌면 '죽어 마땅한 죄'는 전란을 막지 못한 유성룡과 벼슬아치들이 지었다. 유성룡이 부역죄인 대풍손에게 '이제 조선을 위해 염초를 구워 죄를 씻으라'고 당부한다. 잠조차 자지 않고 염초를 구워댄 대풍손은 하루에만 몇 십 근을 충당, 화약 부족을 말 끔히 해결했다.

훈련과정에 상벌제가 도입되었다. 포상은 가솔들을 먹여 살리는 좁쌀 서너 되에 불과했으나, 병사들이 기량을 쏟아 부었다. 한 달이 지나자 '나는 새도 맞춘다'는 조총이 조선 하늘에서도 위력을 발휘한다. 훈련이 거듭되자, 화약 장전이 번거롭다는 단점에 비해, 활보다 정밀하고 월등하게 높은 파괴력이 뚜렷한 장점으로 부각된다.

유성룡이 직업 군인의 제도적 양성 방안을 병행한다. 1만 명을 단위로 군제를 편성, 2천 명씩 5개 부대로 분리해 일부는 훈련에 열중하고, 절반 가량은 둔전을 경작해서 교대로 녹봉을 충당하는 이원화 방식이었다. 선조가 비변사에서 논의하라고 전교했으나, 심상치 않은 반발에 직면한다. 병력을 충원하는 과정에서 양반 재산인 노비의 차출이 불가피했기 때문이다. 뛰어넘어야 할 조선 제도의 높다란 산이었다.

유성룡은 군사업무를 주관하는 체찰사지만 동시에 재상직을 맡았던 조정 중신이다. 정치 현안에서 자유로울 수 없는 유성룡은 선조의 뜻을 받들어 전시 행정을 이끌고, 군사조직을 개편하며, 명나라와 외교전을 수행하고, 다른 중신들과 정치 논쟁을 이어갔다. 정신없이 보내는 나날이 전란을 막지 못한 자신에 대해 속죄하는 방식이었다.

선조는 계사년 8월 말, 한양성 입성을 저울질하던 시기에 해주에 머물며 비망기를 통해 선위파동을 일으켜 정치적 지위와 정체성을 신료들에게 다시 확인받는다.

"평양에 머물며 몇 달을 먹지 못했고, 한 여름에도 오한이 들어 뼈마디와 관절, 살이 떨리고 아프며, 눈조차 보이지 않는다. 왜구가 물러나고, 한양을 회복한 만큼 장성한 세자에게 자리를 물리겠다"는 전교를 내린다.

사태는 명나라 경략 송응창이 선조와 광해를 두고, 끊임없이 조선 길들이기를 시도한 내정 개입에서 비롯되었다. 송응창은 한양이 수복된 이후에도 평양성에서 전황을 관망하는 선조와, 최전선에 서 있던 광해를 대비시켜 조선의 정치적 결집을 흔들었다. 군왕과 세자의 지위가 전혀 다르다는 사실은 짐짓 무시했다. 광해를 충청, 영남, 호남의 하삼도로 보내, 사실상 분조를 다시 이끌게 하라는 압력을 선조에게 가한다. 사태는 광해가 '지난 피란길에 몸이 상해 거동조차 못한다'며 외부 출입조차 삼가면서 일단 진정되었다. 송응창은 조정을 벌집처럼 쑤셔 놓고, 이여송과 함께 요동으로 철수하는 일에 골몰했다. 남장한 조선 여인 수백여 명이 명나라 군사에게 끌려간다는 소문이 파다하게 나돌아 민심은 흉흉했다. 전란이 터진 이래 한양을 버리고 평양과 의주를 거쳐 요동에 망명하려던 선조는 실추된 정치적 입지를 이런 방식으로나마 회복하려고 안간힘을 썼다. 선위 파동은 9월 8일까지 이어지다, 환궁을 앞둔 선조가 명을 거두면서 일단 유보되지만, 불씨는 여전했다. 도성을 버린 선조의 원죄였으며, 근본적으로는 전란의 한 축을 명나라에 의존하는 조선의 정치적 한계였다. 24일 경략 송응창과 제독 이여송은 유정, 오유충, 왕필적의 군사 1만을 팔거에 주둔시키고 철군했다.

27일 개성에 머문 어가는 동파역과 벽제관을 거쳐 계사년 10월 1일, 황폐해진 한양에 들어섰다. 한양을 비롯해 일본과 명나라가 주둔한 지역은 초토화되었다. 전란은 굶주림에 더해 전염병을 동반한다. 생과 사의 경계가 허물어졌다. 극도로 피폐한 삶은, 생사를 가르는 수십 년 세월을 하룻밤으로 압축시켰다. 동대문 밖에 임시로 수습한 시신이 결국 동대문보다 높이 쌓였다. 부패하는 시신 냄새로 근처에 갈 수도 없는 와중에서 굶주린 백성들은 죽은 사람의 인육을 먹었다. 해체되고 조각난 뼛조각이 사방에 널려있다. 지방도 사정은 다르지 않아, 명나라 주둔지에 군량을 운반하는 길가 도랑과 골짜기에 노인과 어린아이의 시신이 줄줄이 널브러졌다. 해골이 잡초와 뒤엉키고, 죽은 아내를 남편이 자식에게, 죽은 아버지를 누이가 동생에게 몰래 먹였다는 소문이 파다하다. 건장한 사람들은 난민이나 도적으로 돌변해서, 산 자들을 잡아먹는다는 소문까지 돌았다.

조정에서는 일단 시신을 치우는 일에 전념했다. 인력이 부족해 승군을 동원, 시체를 치운 승려들에게 성과에 따라 선과에 합격했다는 도첩을 내려주는 방안이 도입된다. 하루에도 수레 수백 개가 시신을 가득 싣고 도성을 빠져나가, 극락왕생을 기원하는 명복을 빌 틈도 없이 무더기로 웅덩이에 쏟아 부어졌다.

정릉동 행궁에 머문 선조는 용산 등지로 나서 틈틈이 구휼 장을 열었다. 쌀과 콩, 소금이 백성들에게 지급되지만 수레에서 내려 땅에 부리는 순간 동이 난다. 강화, 광주, 아산 등지로 피란을 떠난 선왕의 후궁들조차 조정에 식량을 구걸할 만큼 굶주림이 조선 땅을 지배했다. 왜군이 파헤친 선릉과 정릉이 시신이 사라진 채로 임시로 복구되어 선조가 다시 장례 절차를 올렸다. 조정은 경복궁 후원에 임시 궁궐을 지을 자리를 정하고, 사직과 종묘에 대한 제사를 올리며 권위 회복을 시도했다. 포도대장 이일은 두 능의 도굴에 협력한 석수 박묵성과 야장 홍금 등 10여 명을 잡아들여, 국문도 하기 전에 참형을 집행했다. 행궁 내 홍문관이 임시로 설치되고, 주변 움막에 거처를 마련한 신료들은 전란에 공을 세운 자, 일본에 부역한 자, 도주한 자들에 대한 보상과 처벌 논의를 연일 이어간다. 선조는 좌의정 윤두수를 지방에 보내고 계사년 10월 27일 유성룡에게 영의정을 맡겨 막바지 민심 수습에 몰두한다. 삼도 체찰사와 막 태동한 훈련도감 도제조를 겸한 유성룡은, 국가적인 비상사태 속에서 정치, 군사, 행정, 외교의 사령탑을 맡았다.

유성룡은 우선 명나라와 꼬인 실타래를 푸는데 정치적 역량을 집중했다. 명나라에 약점 잡힌 외교는 선조의 선위파동으로 이어져, 연일 정국을 소용돌이치게 만들었다. 혼란의 와중에 국정이 소모되고, 현안 처리가 끝없이 연기되는 현실을 참기 어려워했다. 윤 11월 12일 명나라의 외교부서 행인사의 행인 사헌이 한양에 도착, 선조에게 칙서를 전달하면서 사태는 다시 위기국면에 들어선다. 사헌은 광해에게 병조, 공조, 호조를 내맡기는 안을 들고 나왔다. 요동으로 떠난 경략 송응창이 그간 조선 조정을 압박하기 위해 줄곧 제기했던 통치권의 이원화 구조이다. '명나라에 깊은 걱정을 끼친 조선을 둘, 셋으로 나누어, 상황에 따라 향후 대책을 세운다.'는 방침은 자칫 조선 분할과도 맥이 닿을 수 있는 내정 간섭이었다. 이는 일본이 원하는 협상안과도 묘한 접점을 이뤄 조정에 파란이 일었다. 선조는 이날 저녁 유성룡을 편전으로 불러, '사태가 이 지경에 이르렀으니 경과 함께 사퇴하겠다'는 뜻을 넌지시 비치며, 명나라와 교분이 두터운 유성룡의 지원을 요청한다.

선조는 16일 공식적으로 선위를 천명한다. 유성룡은 신료들을 잔뜩 대동한 채 사신 사헌을 만났다. 앞서 유성룡은 오랫동안 신뢰를 쌓은 총병 척금을 찾아, "황해도 풍천에서 배를 띄우면 며칠이면 명의 남경에 다다르니 조선과 명나라의 바닷길이 매우 가깝습니다"라며, 일본과의 강화는 명나라에게도 이롭지 못하다는 사실을 암시했다. 척금은 웃으며 "뱃길도 잘 알고, 대인의 뜻은 더 잘 알고 있습니다"고 답했다.

유성룡은 그날 밤 사헌을 연거푸 찾아 "명나라의 어려운 심정을 잘 이해하지만 강화는 있을 수 없다"며 솔직하게 심정을 털어 놓는다.

"송경략은 왜군과 협상을 찬성하고, 예부 등은 반대해 조정 의견이 심하게 엇갈립니다. 이제 전란이 다시 터져도 황상의 군대가 온다는 보장이 없습니다. 조선은 어떻게 왜군을 막아낼 수 있습니까?"

사헌이 유성룡을 떠본다.

유성룡이 붓을 들어, 오랜 시간 공들여 한 자 한 자 눌러쓴 답서를 건넨다.

'살아남은 자를 모아 죽기로 힘껏 싸울 뿐입니다.'

분사력전(分死力戰), 간략한 구절이다. 사헌은 '국사를 맡기기에 나무랄 데 없는 큰 그릇'이라 화답, 사실상 물밑협상은 종료된다. 유성룡과 신료들이 뭉쳐 선조의 선위를 반대하고, 사헌이 유성룡의 편에 서면서 선위 파동이 종료된다. 선조는 19일 광해를 하삼도로 파견, 지방 행정을 맡겼지만 경략 송응창이 요구했던 분할 통치와는 거리가 멀었다. 사헌은 '왜군이 물러가지 않고, 조선 변경에 남아있다'는 공문을 작성해 벽제관에서 유성룡에게 보인 뒤, 그의 배웅을 받으며 떠났다. 이 문서가 명나라 황제에게 도착하면, '왜군이 군사를 일본으로 물려 명나라 군대도 철수했다'는 경략 송응창과 제독 이여송이 위기에 몰린다. 이어 유성룡은 사신 김수를 12월 7일 파견해 공세를 거듭했다. 김수는 형식상의 외교문서를, 수행하는 역관은 조선 실상을 알리는 탄원서를 따로 가지고 명나라로 향해, 마침내 역관의 탄원서가 명 조정에 전해졌다.

'조선에 주둔한 왜군이 진주성에서 6만여 명을 학살했지만 명나라 군대는 이를 지켜보았을 뿐'이라는 전갈에 명나라 조정이 발칵 뒤집혔다. 경략 송응창과 제독 이여송이 궁지에 몰렸다. 경략이 송응창에서, 계요 총독 고양겸으로 교체되었다. 하지만 신임 고양겸이 요동에서 보내온 공문 또한 여전히 고압적이면서 신경질적인 자세로 일관했다.

"일본이 이유 없이 조선을 침범해서 파죽지세로 대부분의 땅을 빼앗고, 왕자와 신하들을 포로로 잡았다. 이에 황상이 분노해서 군사를 일으켜 평양과 개성을 되찾고, 한양에서 도망친 왜적은 왕자를 돌려보내 조선 천지를 거의 회복했다. 그러나 우리도 군비 소모가 크고, 병사와 말을 많이 잃었으니, 황상의 은혜가 이정도면 이미 과분하다. 이제 다시 군량과 병력을 동원하기 어려운 상황에서 왜적이 항복을 청하며, 관백을 왕으로 책봉하면 조공을 바치겠다고 원한다. 이를 받아 왜적이 모두 물러가고, 난리를 수습하면 조선에도 도움이 될 것이다. 지금 조선은 식량이 없어 백성이 서로 잡아먹고, 우리도 군대와 양식을 보내주기에는 형편이 여유롭지 않다. 그런데 왜노의 간청을 외면하면 이들이 전쟁에 나서 조선은 반드시 멸망한다. 하지만 조선이 먼저 왜적에게 왕의 책봉과 조공을 허락받도록 힘쓴다면, 왜노는 우리와 조선을 은혜로이 여길 것이다. 어찌 조선은 스스로 계획을 세우지 못하는가.”

신임 경략의 방침도 전임 송응창과 별반 다르지 않았다. 협상을 통해 전란을 종결하기 원했다. 전란의 중재와 관망자를 자처하며, 여전히 양국의 입장을 조율하는데 무게를 두었다. 그렇지만 고양겸은 조선 내정 개입은 자제했다.

1594년(갑오년) 봄, 비변사에 보고되는 전황은 뚜렷한 소강상태를 보인다. 왜군은 서생포, 동래, 부산, 거제 등에 왜성을 쌓고, 강화 협상의 추이를 지켜본다. 이들 또한 적극적인 군사 행동을 전개할 여력이 없었다. 왜군은 부산과 동래 등지의 깊숙한 포구에 5백여 척의 함선을 숨겨놓고, 조선 수군을 최대한 회피했다. 3월 초, 통제사 이순신이 당항포를 비롯, 영등포, 장문포, 안골포, 가덕 일대를 돌면서 잔적에 대한 소탕전을 전개했지만 명나라 사령부가 전투를 금한다는 패문을 보내, 작전을 접고 회항한다. 이 시기 전염병이 한산도를 덮쳐 이순신마저 생사를 오가는 병마에 시달렸다. 왜군은 국지적인 도발을 멈추지 않았다. 조선 수군의 영향권에서 벗어나 있는 울산과 태화 사이 수로에 함선을 보내 조선군이 대응 출동을 하면, 반대편의 서생포, 임랑포 왜성 왜군들이 경주성 일대에서 노략질을 하는 성동격서(聲東擊西) 전술을 이따금 구사했다. 하지만 조방장 권응수가 경주 일대에 복병을 배치, 왜군을 퇴치했다. 전투 중에 권응수의 말이 철환에 맞아 죽자 선조는 궁중 내구마 한 필을 보낸다. 여전히 전면전의 조짐은 없었다.

왜군은 점령지 통치에 심혈을 기울였다. 해변 일대에 가을보리와 마늘 등의 경작을 장려하고, 신분증을 대신한 죽패를 지닌 순왜(順倭) 백성들을 일정한 둔락에 정착시켰다. 그리고 기올(其兀)이라는 관직을 준 조선인 우두머리에게 둔락 통치를 일임했다. 왜병은 지형에 따라 수십 명, 혹은 수백 명 단위로 나뉘어져 둔락 주변에 진영을 꾸려 이들을 감독하며, 기올에게 붉은 말 꼬리털로 장식한 모자와, 두 마리 말이 끄는 수레를 선물, 군영에 자유롭게 출입할 권리를 부여한다. 왜군이 임명한 현지 수령이었다. 이들은 둔락 백성은 물론, 노략질한 왜병에게도 형벌권을 행사하는 권한을 위임받았다. 조선에 일본식 제도의 접목을 시도, 분할 통치를 사전에 실험했다.

3월 29일, 유성룡이 근본적인 국방과 조세 제도 수술에 나섰다. 지난해 여름 태동한 훈련도감이 궤도에 오르며, 급료를 받는 직업 군인이 속속 배출되었으나 여전히 중앙 군사력은 미약했다. 경제 기반이 취약해 재원 조달에 쩔쩔 매었다. 동전의 양면처럼 맞물린 숙제를 풀기위해 전면적인 정비에 착수한다. 우선 유성룡은 전란이 발생하면서 한계를 보인 제승방략을 진관체제로 되돌렸다.

진관법은 8도의 주요 고을에 진관을 두고, 이들에게 병기 관리와 훈련을 자체적으로 맡겨 지역 단위로 방어 전략을 수립한다. 다만 전란의 규모가 커지면 각 진관이 연합해서 대응 병력의 규모를 신축적으로 조절토록 했다. 지역 실정을 알고 있는 수령이 전투 지휘를 맡고, 군관은 병사들과 호흡을 맞추게 된다. 하지만 진관법은 중앙에서 지방군을 종합적으로 관리하지 못하면 대단위 전투에서 단일한 지휘권을 수립하지 못했다. 이는 명종 10년, 왜적이 60여 척의 배를 몰고 일으킨 을묘왜변에서 분명하게 드러났다. 전란의 규모가 커지자, 지역 진관만으로는 효과적인 대응을 해낼 수 없어 전면적인 군사 기동을 전제로 한 제승방략이 일시적으로 도입된 뒤, 오랜 기간 정착된 것이다.

제승방략은 한 도의 병력을 순변사, 방어사, 조방장과 병사, 수사에게 분속시켜 놓고, 변란이 터지면 일정한 작전 구역에 집결시키는 방식이다. 그러나 막상 실전 상황에서 허리에 해당하는 지휘체계가 혼선을 빚었다. 이들이 도주하면 병사들마저 흩어져 전란이 터진 뒤 한 달여 만에 도성을 왜군에게 내주는 굴욕을 맛보았다. 더구나 중앙 지휘관이 제 때에 현지에 도착하지 못할 경우, 군기가 무너지는 모순을, 상주에 파견된 이일이 실증했다. 농사를 짓던 백성들이 생전 처음 보는 조정의 장수에게 목숨을 맡기기란 어렵다.

유성룡은 최고 지휘관을 중심으로 중간 단계의 지휘체계를 확충하는 방안에 주력했다. 우선 지방 진관 수령들이 군권을 쥐고, 군사 관리와 통솔 및 훈련, 창검과 화포의 검열, 각종 군수 물자의 확충 등에 대한 상벌권을 행사토록 실무 권한을 부여한다. 그러나 수령들도 소속된 중앙 감사나 병사의 지도, 감독을 받도록 했다. 현지 수령에게 권한을 대폭 이양하고, 상위 조직인 각 도와 중앙은 이들을 감독, 감찰한다는데 초점을 맞추었다. 특히 지방 수령은 싸움에 익숙한 군관을 관리해서, 훈련은 물론 전투가 발생하면 지휘체계를 맡는 군사 업무를 부여받았다. 싸움을 병사나 백성에게 맡기고, 자신은 피란 가는 관행을 제도적으로 차단한 것이다. 유성룡은 투명한 상벌제도의 운영을 강조하면서 최전선을 오간 체찰사 경험을 통해 얻은 현장 지휘관의 필요성을 이렇게 역설한다.

"통솔하는 군관은 평소 마음을 다해 병사들을 훈련시켜 두었다가 일단 위급한 일이 터지면 병사들을 징용하는 것이다. 각처 장수들은 이들 군관이 인솔하는 군사를 사전에 약속된 작전 구역에 집결시켜, 신속하게 전장에 나갈 수 있다. 소속된 장수나 군관과 오랫동안 지휘체계를 이어온 군사들은 '처음부터 끝까지 떨어질 수 없는 관계'라는 사실을 알기에, 두려워하면서도 의지하는 마음이 생겨 감히 도주할 생각을 하지 못하게 된다. 비록 끓는 물이나 뜨거운 불에 뛰어들어야 할지라도 어찌 무너져 흩어질 염려가 있겠는가. 그렇지 않고 평상시에 얼굴 한번 보지 못한 한양 장수가 급하게 파견되어 농촌이나 민가 군사들을 지휘한다면, 병사들은 그저 어리둥절해서 소속감을 느낄 수가 없다. 또 한양 장수가 그 지역의 형편을 제대로 알리도 없다. 더구나 부유하거나 권세 있는 자들은 아전에게 뇌물을 주고 전장을 빠져나가고, 징병을 면하지 못한 가난한 백성들만 마지못해 수를 채우는데 어떻게 생사가 오가는 전투를 할 수 있겠는가.”

선조가 윤허하면서 기본 군사제도가 진관법으로 대체된다. 하지만 중앙의 강력한 군대가 없다면, 농민과 어민이 주축인 지방 군사력만으로 국가적 규모의 전면전을 치르기란 어렵다. 유성룡은 훈련도감의 기능을 강화하는 과정에서 가장 민감한 신분과 조세제도를 뜯어고칠 필요성을 제기한다. 그는 “큰 병은 순한 약으로 고칠 수 없으니, 거칠고 큰 약을 써야한다”면서 제도적 모순의 순환 고리를 끊어내는 작업에 착수했다.

우선 임진년 경험을 토대로, 서류상으로만 군제가 갖추어진 한양 수비의 모순을 지적한다. 당시 도성에는 군역 순번에 따라 민병 수천여 명이 ‘상번’으로 주둔했으나, 아무런 훈련도 받지 못한 시골 농사꾼에 불과했다. 게다가 부유한 사람은 빠져나갔고, 벼슬아치들은 면포를 뇌물로 받아 가로챘다. 오랜 태평성대가 전란에 대한 현실 감각을 무디게 만들었다. 전란이 터지자 부랴부랴 각지에서 모병했지만 이미 군적은 기강을 잃었다. 지방 각도의 제색군(諸色軍)조차 백에 한 사람도 소집되지 않았으니, 예비대격인 잡색군(雜色軍)은 말할 필요조차 없었다. 성가퀴를 채울 병사조차 구하지 못하는 참담한 결과로 이어졌다.

유성룡은 따라서 주기적으로 급료를 받는 정예 병력 양성이 절실하다고 보았다. 훈련도감의 운영 경험에서, 일정한 보수만 꾸준히 지불한다면 훈련된 정병을 키울 수 있다는 확신을 가졌다. 문젯거리는 급료를 지불하고, 이들을 무장시킬 재원이다. 유성룡은 유명무실하게 상번하는 한양 군역을 면제하고, 일괄적으로 1인당 곡식 한 섬씩을 받자고 제안한다. 뇌물로 빠져나가는 군역을 공식적인 조세로 돌려, 이 돈으로 병사를 기르겠다는 '모병제'의 접목이었다. 연일 보고된 자료를 집계하고, 설계를 종합하는 능숙한 행정 수완을 발휘, 수치적 근거를 마련한다. 유성룡은 대략적인 '상번 군사'의 현황과 관련해 ▲ 평상시 상번하는 기병 2만 3천 7백여 명에 각각 이를 보조하는 보인(保人) 3명 등 모두 9만여 명 ▲ 상번하는 보병 1만 6천 2백여 명에 이를 각각 보조하는 보인 1명 등 모두 3만 2천여 명을 간추린다. 모두 합해 12만 2천 명이다. 이어 ▲ 상번하는 갑사 4천 6백 40명에 각각 보인 2명 등 1만 3천 9백 20명 ▲ 상번하는 정로위 2천 1백 61명에 각각 봉족 2명 등 6천 4백여 명 ▲상번하는 별시위 1천 1백 19명에 각각 봉족 2명 등 3천 3백여 명을 제시했다. 이는 지방에서 한양으로 상번하는 숫자로, 지방 정규군에 편제된 이들을 제외한 수치였다.

여기에 한양성내 관청 노비 3만 7천여 명이 포함된다. 또 관청의 아전 밑에서 일하는 실무자들의 숫자가 합해진다. ▲ 각사의 제원이 2천 1백 77호와 각각 봉족 2명 ▲조례(皁隷) 3천 6백 28명과 각각 봉족 1명 ▲ 장악원 악공 7백 명과 악생 3백명에 각각 봉족 2명 등 3천명, 이들 모두 군역 대상이었으나 재물이 있는 자들은 가난한 농민에게 군역 의무를 헐값으로 떠넘겼다.

유성룡은 이를 합해 지방에서 한양으로 번을 서는 숫자를 최소 10만여 명 이상으로 추산한다. 전란이 터져 많이 비었지만 아직 온전한 전라, 충청도 및 경상좌·우도의 군읍과 강원, 황해, 경기 등의 형편을 샅샅이 헤아려 내린 결론이었다. 이들에게 도성 군역을 면제해주고 1인당 곡식 한 섬씩 받아 국방 재원으로 삼자고 제안한다. 아무리 적게 잡아도 그 수량이 10만여 석에 이른다면 1만여 중앙 정병을 키우는데 무리가 없다. 곡물은 쌀, 좁쌀, 보리, 콩, 팥 등을 막론하고 수량을 기준으로 납부토록 해 부담을 덜어주기로 한다. 훈련도감에서 군사를 모집하면서 신분 제한은 조금씩 사라졌다. 날래고 용감한 군사가 우선일 뿐, 신분의 귀천은 전장에서 무의미하다. 따라서 사대부 출신을 비롯해 서얼과 공노비, 사노비, 천민 등을 아울러 선발한 1만 명을 한양과 경기 일대 다섯 개 군영에 2천 명씩 분산 배치, 실정에 따라 조련하는 방안을 추진한다.

유성룡은 이와 함께 지난 계사년부터 황해도 일대에서 부분적으로 도입했던 노비의 무과 시험도 공식적으로 밀어붙인다. 무과에 합격한 노비에게 양인 지위를 부여해, 지방의 훈련도감 격인 '속오군'에 편입시켜, 군사 훈련 등을 책임지는 군관으로 삼았다. 병역을 통한 신분제도의 혁파였고, 사대부의 재산을 국가에서 부분적으로 환수하는 조치였다. 한 가구에 많게는 수 백, 수 천의 노비를 두고, 토지와 더불어 문벌의 부를 지탱하던 사대부들이 일제히 들고 일어났다. 유성룡은 다만 노비의 주인이 서얼이면 이를 면해주고, 유생이면 벼슬을 내린다는 타협안을 제시한다. 재산을 고스란히 빼앗길 위기에 처한 양반들이 형식상 벼슬에 만족할 리 없었다. 조선의 근간을 흔든다는 빗발치는 상소 속에서 유성룡은 훈련도감 도제조의 권한으로 이를 관철한다. 상급, 중급, 초급 장교에 해당하는 초관, 기총, 대총을 선발하는 시험에서 노비 출신들이 성적에 따라 대거 포함되었다. 훈련도감에서는 양반 자제가, 노비의 지휘를 받는 신분 질서의 붕괴가 가시화되었다. 사대부들에게 집중적으로 미운털이 박힌 시기였다.

직업 정병의 1년 양식은 어림잡아 4만 4천 석, 여기에 가족을 위해 매일 1인당 3승(升)씩 급료를 지급토록 한다. 남는 곡식은 무기 및 군수품 충당에 활용했다. 여기에 다시 보완장치를 마련한다. 전란이 없는 평화시에는 1만 명의 군사를 두 개의 번으로 나누어, 5천 명만 한양에 주둔시키고 나머지는 경기 지방의 비옥한 둔토에서 경작하도록 했다. 소를 포함해서 농기구와 종자 등은 관청에 구비해 놓고, 공동으로 활용키로 한다. 제승방략이 농민을 군인으로 급조하는 제도라면, 훈련도감은 군인이 평화 시에 농사를 짓는 개념으로 뒤바뀐다.

제도 개혁은 최종적으로 조세제도를 겨눈다. 기어코 가장 민감한 영역에 칼을 들이 댄 것이다. 일은 질서가 있어야 힘이 적게 들고, 민심은 군역과 세금이 가벼워야 회복된다는 전제에서 출발했다. 일단 국가에서 받아들이는 전세(田稅)는 십일세 보다 가벼워서 백성들이 큰 부담이 되지 않는다고 간주한다. 하지만 전세 이외의 지역 특산물인 공물이나, 절기 때마다 바치는 방물(方物)등 공납(貢納)의 경우 온갖 비리가 집중되어 그 폐해가 극심하다고 진단한다.

공납의 양을 결정하면서 경작지의 크기를 고려하지 않고 고을 단위로 부과, 그 편차가 고을에 따라 7~8배, 심하게는 10여 배에 이르는 주먹구구식이었다. 여기에 도로와 뱃길을 왕래하는 통행세와, 아전들의 농간이 더해져 당초 수량보다 수십 배가 징수되지만 열 가지에 두서넛 몫만 국고에 들어갔다. 나머지는 관리들의 탐욕을 채우는 치부의 수단으로 둔갑했다. 이 과정에서 방납(防納)업자의 농간이 결정적으로 개입된다. 장인들이 직접 만들거나 농어민들이 바치는 계절, 지역별 특산물에 대해 관청에서 '품질이 낮다'고 시비를 걸어 수납을 거부하면, 백성들은 멀쩡한 제 물건을 두고, 시세의 서너 배 이상 값을 치르고 방납업자의 물건을 '울며 겨자 먹기 식'으로 구입해야 했다. 나중에는 형식적인 절차마저 사라지고, 방납업자의 공납 징수가 공식화되는 편법이 제도화된다. 이들이 정하는 공물 시세가 절대적 기준으로, 시세는 늘 터무니없이 높았다. 공납이, 정상적인 납세를 방해하는 '방납'으로 변질되면서 국고는 비고 백성들은 신음했다. 수령과 아전, 방납 업자만 살찌우는 구조로 변모한 것이다. 물론 수익의 상당 부분은 중앙의 고위 권신에게 향한다. 지방부터 중앙까지 치밀하게 짜인 체계적인 비리 구조였다. 제 살을 도려내는 용기가 없다면 누구도 손 댈 수 없는 '암 덩어리'를 제거한다고 나섰다.

제도의 개혁 방안은 의지만 있다면 간단했다. 조정에서 공물이나 방물 시세에 따라 화폐의 기능을 대신하고 있는 쌀이나 콩 등 곡식으로 공납을 받아, 필요가 발생하면 백성에게 되사는 작미법(作米法)이 중앙과 지방이 온통 반발하는 가운데 힘겹게 시행된다. 또 각 지역의 인구 및 경작지 형편을 균등하게 파악, 세액을 다시 산출하는 작업도 병행된다. 유성룡은 쌀이나 콩으로 받은 공납은 군산 법성창, 충청도 가흥창, 강원 흥원창, 황해 금곡 조읍창, 경상, 함경, 평안 및 경성에 저장토록 했다. 수시 매매가 가능한 상거래의 요충지였다. 그리고 관청에서 필요한 물품은 그때그때 곡물을 풀어 모시, 베를 사듯 사서 나누어 주었다. 상공업을 발달시키는 유통망의 확장과도 직결되는 제안이었지만 이후 사간원과 사헌부는 걸핏하면 '종이가 없어 업무를 볼 수 없다.'는 상소를 주기적으로 올려 작미법을 흔들었다.

유성룡은 조정 신료들의 집중 포화를 받으면서도, '백성들은 지금 진흙탕에서, 그것도 거꾸로 매달려 하루하루를 살아가는 형편'이라며 '이를 바로 세워야 전란도 이길 수 있다'는 입장을 고수한다. '재물이 있어야 군사를 기르고, 군사를 길러야 원수를 갚는다'는 개혁의 명분을 부단히 설파했다. 선조가 받아들여 훈련도감과 속오군, 노비의 면천, 작미법 등이 부분적으로 집행되지만 거센 역풍을 한순간에 잠재우기는 무리였다. 국난을 극복한다는 대원칙에는 누구나 전적으로 공감한다. 다만 자신의 이해관계만은 손상되지 않기를 원했다.

조정 중신들과 더불어, 지방 관아의 반발이 연일 이어진다. 훈련도감에서는 노비의 주인이 훈련 중인 노비를 끌고 사가로 돌아가는 진풍경이 연출되었다. 조정에서는 '노비와 천민들은 애초부터 지모가 부족해, 아무런 쓸모가 없다'는 상소에 사대부들이 고개를 끄덕인다. 지방 현령들은, 공납을 쌀과 콩 등 곡식으로 바꾸면서 혼란에 빠진 백성들이 이를 제때 내지 못해 당분간 공납을 미룬다는 조세 저항 운동을 전개했다. 또 수령과 아전들조차 종이가 없어 공무를 보지 못한다며 어깃장을 놓았다. 방납업자들은 작미법에 따라 공납하는 백성들을 협박, 아예 조세의 씨를 말리는 '조정 골탕 먹이기'에 나선다. 선조는 혼란스러워 했고 개혁에 반대하는 세력이 점차 힘을 얻어갔다. 제도 변혁 과정에서 수반되는 일시적 부작용과, 이익 집단의 조직적 저항을 이른바 '진실'이라고 여긴 탓이다. 유성룡 홀로 감당할 수 없는 오랫동안 누적된 조선 사회의 모순이었다.

　유성룡은 앞서 바다의 백금으로 일컫는 소금을 통한 민생의 안정과 구휼, 군비 확충에도 눈길을 돌렸다. 전란 이듬해인 계사년 8월, 군자부정 윤선민을 불러 구체적인 시행 방안을 마련한다. 황해도 풍천 고을 인근 섬에서 잡목을 땔감으로 베어, 소금 굽는 염한을 모아 생산량의 절반은 염한에게 주고, 나머지 절반은 뱃길을 통해 호남지역에서 곡식으로 바꾸어 한양 백성을 구휼키로 한다. 능숙한 염한은 하루에 한 가마의 소금을 구울 수 있는 생산성을 지녔고, 바닷물은 무한정으로 얻을 수 있다. 유성룡은 소금과 바꾼 보리, 밀, 대두 등의 종자도 각 관청에 전해 봄과 가을에 심도록 하고, 기근이 극심한 충주 등지에 대해서는 소금을 배급해 곡식으로 바꿔 당장 입에 풀칠이라도 할 수 있는 생계비로 지원한다. 경기도 인근은 물론, 남해안 해안가와 각 섬으로 소금 생산을 통한 백성의 구휼을 확대한다. 염한과 관청, 백성 모두에게 도움이 되는 바다의 활용방안이다. 해안가 마을의 군영과 수군진을 중심으로 소금 굽기가 급진전된다. 통제사 이순신은 염한 일에 능한 군사를 뽑고, 소금 굽는 가마솥을 대대적으로 제조, 유성룡의 구상에 적극 호응한다. 중앙 정책이 아무리 그럴듯해도 일선 책임자가 외면하면 공염불에 그친다. 또 집행과정에서 공정성을 잃고 사욕을 채운다면, 오히려 백성 고통만 가중되는 독소로 변질된다. 백성을 구휼하자는 당초 정책 목표의 달성 여부는, 현지 수령이나 현장 지휘관의 자질이 결정하게 마련이다. 을미년 초에 이르러, 한산진의 소금 굽기는 절정에 이른다. 한 달여 만에 수만 섬이 쌓인다. 전란 통에 염한의 생계를 돕고 백성을 살리면서 군비도 마련하는 현실적인 전시 경제 정책으로 자리 잡았다. 통제사는 천민인 염한 강막지와 더불어 손수 소금을 굽는 열성을 보였다.

갑오년 4월 17일, 서생포에서 가토를 만나고 돌아온 승려 유정을 통해 명나라와 일본의 강화 교섭이 지닌 이중성이 드러났다. 13일부터 나흘간 가토 진영에 머문 유정은 고니시와 심유경이 벌이는 협상의 내막을 파악하고, 협상이 최종 성사되기에는 그 내용과 태도가 지나치게 애매하다는 사실을 간파한다. 명나라와 일본 중, 어느 한 나라가 분명하게 선을 긋는 형태가 아니라, '적당히 두고 보면서 해결하자는 식'으로 민감한 부분을 덮어 협상은 겉돌았다. 가토 역시 유정이 있는 자리에서 고니시와 적대 관계에 서 있음을 노골적으로 언급하며, 일본 내부의 의견 다툼을 암시한다.

고니시와 심유경의 협상 과정에서 배재된 채, 정치적으로 소외된 가토는 유정에게 호의적인 태도를 보였다. 이들의 만남은 가토의 부장을 통해 성사되었고, 분위기가 좋아 초저녁부터 술자리가 무르익었다. 한자를 모르는 가토는 왜승을 시켜 필담을 주고받았다. 이 문서를 통해 도요토미가 원하는 표면적인 요구가 분명해진다. 도요토미는, '첫째 명나라 황제의 황녀를 도요토미의 첩으로 보내, 혼약을 맺을 것, 둘째 조선 8도를 갈라 경기, 충청, 호남, 영남 등 4개도를 일본에 귀속시킬 것, 셋째 명나라와 일본이 교역할 것, 넷째 조선 왕자 한 사람을 일본에 볼모로 보낼 것. 마지막으로 조선의 대신 12명을 인질로 왕자와 함께 일본에 보낼 것', 등 5개안을 내밀었다. 이에 비해 고니시와 심유경은 도요토미에 대한 왕위 책봉과, 일본과의 교역만을 현안으로 공개한 상태. 가장 민감한 사안인 조선을 둘러싼 논의가 생략되었다. 가토는 고니시와 심유경의 협상이 불발되리라 확신했고, 또 그렇게 되기를 원했다. 이에 비해 도요토미는 고니시의 보고를 수없이 접하면서도 구체적인 협상 내용에 대해 가타부타 개입하지 않은 채, 내심을 감추었다. 명나라에서 필요한 것을 얻어낸 뒤, '조선 문제는 차후에 자기 방식대로 해결한다'는 이중적인 입장을 보였다. 가토는 유정에게 '금강산 대선사를 만나 한 없이 기쁘다. 이제부터 흉금을 남김없이 터놓고 대화하자. 고금에서 이른 성불하신 승려와 금석 같은 교우 관계를 맺게 되어 한없이 기쁘다'는 서신을 보낸다. 의승장 유정은, 가토의 감화조차 끌어내는 탁월한 외교관이기도 했다.

　도원수 권율을 통해 이 같은 사실이 알려지자, 조정에서는 명나라의 본심에 대해 촉각을 곤두세웠다. 명나라와, 도요토미의 의중에 따라 조선이 분할되거나, 아니면 끝을 알 수 없는 전란에 휘말릴 것이기 때문이다. 자칫 명나라가 일본과 화친을 맺고 도요토미의 조선 분할을 암묵적으로나마 수용하면, 조선은 '죽기로 싸우는 것' 이외의 도리가 없다. 위기를 감지한 조선은 지난해 고니시가 파견한 고니시 히 사절단 일행을 요동에 억류해달라고 명나라에 요청했지만 결국 억류가 풀리며 올 12월 고니시 히가 납관사 자격으로 북경에 도착했다. 그는 '명나라가 관백을 왕으로 책봉하고, 조선을 통한 교역이 성사된다면 무조건 철군한다'는 강화 문서를 내밀었다. 명나라로서는 크게 손해 볼 것이 없는 달콤한 제안이다. 이 때문에 고니시가 도요토미의 묵인 아래, 개인적으로 작성한 '거짓 문서'라는 의혹이 일어 명나라 조정에서도 격론이 오갔다. 결국 고니시 히가 "이 조건만 성사되면, 군사를 모두 퇴각시켜 영원히 조선을 침범하지 않겠다"고 거듭 다짐을 두자, 명나라가 사신단과 책봉사 파견을 결정한다. 심유경과 고니시 히가 먼저 부산 왜영으로 달려갔다.

　1595년(을미년) 봄, 도요토미의 내심을 파악하기 위해 명나라 사신이 북경을 출발, 부산 왜영으로 향하면서 명나라와 일본의 협상은 막바지로 치달았다. 명나라 도지휘사인 이종성(李宗城·36세)과 양방형이 정사와 부사로 임명된다. 개국공신 문충의 후손인 이종성은 명문가 후손답게 기품이 있었으나 유약한 인물이었다. 사신단의 출발소식에 놀란 선조는 2월 11일, 명나라 유격 진금홍을 불러 부랴부랴 대책을 논의했다. 진금홍은 '전쟁에 지친 고니시가 이미 1만 5천여 명을 36척의 배에 실어 일본으로 철수시켰다'면서 '협상이후 왜군이 일단 물러가면 장수를 뽑고 군사를 훈련시켜 훗날에 대비하라'고 조언했다. 이번 전란이 마치 한 판의 바둑과 같으니 이 판은 접고 숨을 가다듬어 새 판을 준비하라는 것이다.

4월 28일, 명나라 사신 일행이 한양에 도착, 선조의 접견을 받는다. 공주의 집이었던 남별궁에 머물던 사신단은 왜군 철수를 기다렸다. 왜군 또한 웅천의 몇몇 진영을 비롯해 장문포, 소진포 등을 비우며 화답했다. 하지만 완전한 철군과는 거리가 멀었다. 고니시는 '지난 평양 협상 때처럼 병력을 모두 거둔 뒤에 협상을 깨는 속임수가 두려워 일부 병력은 남길 수밖에 없다'며 고집을 부렸다. 명나라 사신이 왜군 진영에 들어오면 이들과 동시에 철수를 완료한다는 입장이다. 결국 8월에는 부사 양방형이 먼저 부산에 도착한다. 9월 4일, 철군 소식만을 마냥 기다리던 이종성 또한 조바심을 부리며, 4개월 남짓 머물던 한양을 떠나 왜성으로 향했다. 선조는 숭례문 밖까지 쫓아 나와 전별 연회를 열었다. 조선을 두고 벌이는 명나라와 일본의 협상에서 두 손 놓고 기다리는 애달픈 처지였다.

11월 22일, 이종성이 목격한 부산 왜영의 움직임은 철군과는 거리가 멀었다. 경계와 군기는 삼엄했고, 고니시는 철군을 요구하는 이종성을 의도적으로 피했다. 사실상의 연금 상태, 부유한 명문가에서 곱게 자란 이종성이 잔뜩 겁을 집어 먹었다. 고니시는 군사의 철수는 본국의 관백을 만나 최종 논의를 거친 뒤, 확답을 주겠다며 그 시일을 다시 미룬다. 고니시와 심유경이 먼저 일본으로 갈 차비에 나섰다. 왜 군영에서 오도 가도 못하는 초조감이 서서히 공포로 변한다. 살벌한 부산 왜영에서 겨울을 나야했다. 왜군이 철수하지 않았는데, 일본으로 건너가면 황제의 명을 어긴 것이고, 건너가지 않으면 사신의 책무를 저버린다. 아무런 결정도 할 수 없는 볼모 같은 처지에, 공포까지 겹쳐 이종성의 판단력은 마비되었다.

2

병신년(1596년) 강화 협상의 결렬과 도요토미의 복심

- 조선, 명, 일본의 동상이몽(同床異夢)

1596년(병신년) 정월, 고니시와 심유경이 일본으로 향했다. 심유경은 고니시와 더불어 일본에 들어가서, 명나라 사신을 영접하는 예절을 정하고, 도요토미를 왕으로 책봉하는 절차 등을 논의키로 했다. 심유경은 동시에 조선에게도 왕위 책봉을 축하하는 통신사 파견을 요청한다. 조정에서는 반대 여론이 부글부글 끓어올랐다. 통신사는 양국의 신뢰를 다지는 사절단이다. 하지만 일본과 조선은 신뢰는 커녕, 전란의 한 가운데 서 있었고, 양국의 협상에 끼어들어 협상만 추인하는 들러리라는 지적이 강하게 일었다. 일본이 왕위를 받고, 군사를 물린다면 조선은 오랑캐와 화친해 예법을 나누는 동반자가 된다. 나아가 일본이 화친한 뒤, 명나라의 묵인아래 군사행동을 재개하면 명분과 실리를 모두 잃는다. 유성룡은 사태파악을 우선시했다. 협상 내용을 살펴 향후 일본 움직임에 대비할 수 있는 더없는 기회라는 것이다. 협상이 타결되어 일본이 군사를 거둔다면 다행이지만 그렇지 않더라도 명나라에 실상을 알리기 위해서는 일본에 대한 객관적 정보가 필요했다. 더구나 조선이 통신사를 보내지 않아 협상이 결렬되면 명나라에서 책임을 전가할 우려도 더해졌다. 결국 명나라의 책봉사를 수행하는 형식을 갖추기로 가닥을 잡았다.

심유경은 명나라 비단 관복을 입고, 배의 깃발에는 '조선과 일본을 화해시켜 전쟁을 멈춘다'는 의미의 조즙양국(調戢兩國) 기치와 화려한 색색의 깃발을 뱃머리에 내걸고 고니시와 함께 호기롭게 항해를 떠났다. 고니시와 심유경이 자리를 비우면서 이종성의 초조감이 더해졌다. 더구나 들려오는 도요토미의 의도도 이종성이 알고 있던 내용과 판이했다. 조선을 나누고, 명나라 황녀를 일본에 첩으로 보내라는 강경한 요구 조건을 내걸었다. 급기야 5백여 중국 사신 일행을 인질로 삼아 일본이 자신의 요구를 관철시키려는 의도라는 소문이 돌자, 평복으로 갈아입은 채 몇몇 종만을 데리고 4월 2일 어둠을 틈타 왜군 진영에서 도주한다. 이튿날 왜군이 이종성 숙소가 텅 빈 사실을 파악하고 사방에 군사를 풀어 양산 석교까지 뒤졌으나, 이종성은 좁은 길과 산골짜기를 통해 경주로 향했다. 굶주림 속에서 오로지 고국을 향해 달렸다. 사태를 보고 받은 부사 양방형은 오히려 침착했다. 왜병들에게 사태 수습을 약속하고, 명나라와 조선 조정에 화급하게 서신을 띄운다.

조선으로 돌아오는 길에 이미 보고를 받은 고니시와 심유경은 어처구니없었다. 강화 협상이 통째로 무산될 위기였지만 사태는 조기에 수습된다. 고니시는 서생포와 죽도 등의 왜병 철수를 통해 양방형을 안심시켰다. 부산에 4개 진영이 여전히 주둔했지만 양방형도 혼란의 와중에 완전한 철수를 요구하기에는 부담스러웠다. 왜군은 언제든지 조선에 진주할 수 있는 교두보를 남겼다. 명나라는 제 한 몸 살아남기 위해 도주한 이종성의 보고에 무게를 싣지 않았다. 양방형을 정사로 올리고, 심유경을 부사로 정해 협상을 강행한다. 일본에서 책봉례를 거행할 책봉사의 파견 일정도 정해진다. 심유경이 공식적인 사신 지위를 획득하면서 고니시의 입지는 한층 더 단단해졌다. 심유경은 일본으로 떠나기에 앞서, 조카 심무시를 통해 조선의 축하 사신단 파견을 공식적인 부사 자격으로 요청한다. 이번 협상에서 조선이 적극적으로 용인하는 모양새를 보이면 향후 명나라 강경파와 협력하는데 불리하다고 판단한 유성룡은, 단순히 명나라 책봉사를 수행한다는 의미의 근수 배신을 보내기로 했다. 따라서 애초 무신 이봉춘을 파견키로 했으나, 일본의 정세 파악을 위해 문관이 절실하다는 중론에 따라 황신으로 교체된다. 심유경의 접반사로 일한 황신은 외교 현안에 밝았다. 황신이 근수 상사로, 대구 부사 박홍장이 부사로 정해지고, 역관 박대근 등 격군을 포함해 모두 3백여 명이 판옥선 3척에 나눠 타고 병신년 8월 일본으로 향했다. 사절단은 책봉 선물로 표범가죽과 화문석 등을 싣고, 어쩌면 도요토미의 왕위 책봉을 기점으로 전란이 종식될 수도 있다는 막연한 기대감도 품었다. 명나라 사신 양방형은 지난 5월 이미 일본으로 향했고, 지난 6월에는 도요토미를 왕에 책봉하는 명나라의 고명과 칙서가 한양에도 이른 상태였다.

공식적인 부사의 지위를 얻은 심유경은 자신의 지위를 한껏 활용한다. 거리에 구경을 나온 일본인들에게 '황제가 도요토미를 일본 왕에 임명한다'는 팻말과 호화로운 갖가지 깃발로 행렬을 치장하고, 악공들을 따르게 해 일본 내 분위기를 띄웠다.

9월 2일, 오사카 성에서 도요토미를 일본 국왕으로 임명하는 책봉식이 거행된다. 일본 내 지진으로 다소 일정이 미뤄진 행사였지만 엄숙하고, 화려했으며, 도요토미는 극진한 예를 갖추었다. 명나라 관복을 입고, 환대(環帶)를 찬 도요토미와 측근 다이묘 40여 명이 감격스런 표정으로 관책지례(冠册之禮)를 치른다. 맨발로 뜰에 내려와 명황제의 칙서에 다섯 번 절하고, 세 번 머리를 조아린 도요토미는 소리 높여 만세 삼창을 불렀다. 오배삼고두(五拜三叩頭) 의식을 마치고, 명나라 제복과 하사품을 두 손으로 받아 다시 공손하게 머리를 조아린다. 수백 년 이어온 일본 왕의 전통이 바뀌고, 일본이 고립된 섬나라 야만국에서 벗어나는 순간이었다. 참석자들은 도쿠가와 이에야스(德川家康·덕천가강), 마에다 토시이에(前田利家·전전이가), 우에스기 카게카츠(上杉景勝·상삼경승), 우키타 히데이에(宇喜多秀家·우희다수가), 코바야카와 히데아키(小早川秀秋·소조천수추) 등 내로라하는 영주들이다. 이들에게도 명 황제의 하사품이 줄지어 내려졌다. 서열에 따라 명나라 관직에 임명되고, 머리를 조아리며 책봉문, 금인, 관면을 받는다. 성대한 잔치가 연일 지속되며, 일본은 한동안 축제 분위기에 휩싸였다. 오사카 성 일대가 인파로 북적이고, 거리 곳곳에 폭죽이 터지며 새로운 일본 탄생을 축하했다. 도요토미는 연일 승려들을 보내 명나라 책봉사에게 문안 인사를 올렸다. 그런데 어찌된 일인지 조선 사신단에 대해서는 무관심으로 일관했다.

　도요토미는 전란 초기에 내세운, '명나라 정벌을 위해 조선의 길을 빌린다'는 명분을 포기했다. 명나라 군대가 반격에 나선 평양성 전투가 분수령이 되었다. 광동 등 남부 해안 지역을 노략질 할 때 도주하기 급급했던 명나라 백성과, 여진과 숱한 실전을 치른 북방 정규군은 판이한 전투력의 차이를 보였다. 고니시의 현장 보고를 통해 충분히 실상을 보고받은 도요토미는 명나라와 친선을 유지, 조선을 분할해 적당한 명분과 실리를 챙겨 전란을 매듭짓자는 마음을 굳혔다. 황신은 일본의 차가운 냉대와 따돌림 속에서 전란 재발의 기운을 감지한다.

　축제 분위기가 수그러들자 도요토미가 조선에 대해 트집을 잡는다. 포로가 된 조선 왕자를 관대한 아량으로 풀어주었는데, 조선이 예의를 갖추어 답례하지 않고, 기껏 직위가 낮은 사신만 보냈다고 힐난한다. 처음에는 차일피일 미루던 접견을 급기야 무산시켰다. 왕으로 책봉된 자신에게 예를 갖추지 않아 조선 사신들을 만날 이유가 없다며, 공식적으로 외면했다. 명나라에게 감사 인사를 전하는 '사은 표문'에 이런 불만을 우회적으로 드러낸다. 이제 사이가 틀어진 번국과 번국의 다툼이 있어도, 간섭하지 말아달라는 암묵적인 요청이었다. 도요토미는 조선의 국서는 아예 수령을 거절하고, 사절단을 돌려 세웠다. 이어 명나라 정사와 부사에게 조선과는 화친할 수 없어 전쟁을 할 수 밖에 없다는 입장을 밝힌다. 도요토미가 숨겨진 마음을 드러내면서 강화협상은 최종 결렬되었다. 엄밀하게 말해, '있지도 않았던 조선과 일본의 평화 협상'은 결국 없던 일이 되었다. 다만 명나라와 일본의 강화협상이 결렬된 것인지, 유지될 지는 미지수로 남았다.

애초부터 강화협상은 실무를 맡은 고니시와 심유경이, 모호하고 애매한 문구로, 협상의 실체를 제대로 드러내지 못하면서 질질 끌어왔다. 고니시는 도요토미에게 절대적으로 복종하면서도 전쟁이 지속되는 상황을 원치 않았다. 심유경은 자신이 전란을 종식시켰다는 공명심과 명나라의 국익을 우선시 했다. 결국 고니시는 적당한 수위에서 도요토미가 만족하리라는, 심유경은 가뜩이나 시끄러운 명나라 조정이 조선의 문제를 분리하리라는 기대를 가진 것이다. 그런데 도요토미가 복심을 드러내면서 고니시의 기대는 일단 좌절되었다. 이제 명나라가 다시 터질 전란에 대해 어떤 입장을 취할지는 알 수 없다. 그리고 조선은 군사력이 약하다고 해서 국토의 한 모퉁이라도 오랑캐에게는 내줄 수 없다는 예법의 나라였다. 모두 죽을지언정, 한 점의 섬도 왜구에게 오염시킬 수 없다는 '결벽증'이 전란의 조기 매듭을 가로막았지만 의병들이 나서는 조선 예법의 힘이었다.

황신이 고니시 측근의 도움을 받아, 9월 9일 귀국길에 오른다. 전면적인 전란을 피할 수 없다고 조정에 먼저 알렸다. 이제 조선은 명나라를 또다시 끌어들여야 한다. 그런데 명나라는 일본과 화친을 맺고 도요토미에게 왕위를 책봉, '문자와 문화를 서로 나눈다'고 확약했다. 조선이 절체절명의 위기에 놓였다.

병신년 11월 7일, 선조가 일본의 재침에 대비한 긴급한 어전 회의를 개최한다. 이틀 후, 우의정 이원익이 체찰사로 호남과 영남으로 파견되기에 앞서 열린 자리였다. 낮부터 열린 회의는 해질 무렵까지 이어진다.

선조가 먼저 수군의 지휘권을 원균에게 넘기는 방안을 넌지시 떠본다. 그동안 조정의 군사 작전 및 병력 동원 명령을 수시로 거부한 이순신에 대한 반감이 자리 잡았다.

"원균은 어떠한 사람인가?"

"원균이 제 몸을 잊고 용감히 싸우지만 지친 군졸을 어루만지는 일은 감당할 수 없을 것입니다. 성질이 급하고 일에 착오가 빈번해 원망하고 배반하는 병사가 많아 중책을 맡길 수 없습니다."

유성룡이 지휘관의 자질을 문제 삼는다.

"내가 들으니, 해전에서 원균에게 공이 많고 이순신은 따라갈 뿐이라고 한다. 공을 이룬 것은 실로 원균이라고 한다."

선조가 다시 원균을 밀어본다.

"이순신은 원균이 열다섯 번 부르기를 기다린 뒤에야 전투에 나서 왜선 60척을 잡고, 자신이 먼저 쳐들어간 것으로 공을 부풀린 것으로 알고 있습니다."

이덕열이 선조 편에 선다.

"원균은 패전한 장수입니다. 이순신은 왜적의 수급을 베는데 연연하지 않았습니다. 수급을 벤 것으로 치면, 원균은 따라가지 못합니다."

평소 온화한 성품의 이원익이 딱 부러지게 반대 의사를 밝힌다. 선조가 말머리를 돌린다. 왜군의 재침에 대한 전략 회의로 변했다. 유성룡이 죽령 이하 원주, 여주 경계에서 왜군을 차단하는 방안을 제시한다.

"일본은 내년에 움직여 우선 호남을 치려할 것입니다. 왜군은 공주를 거쳐 북상하는 길을 잡을 것입니다. 또 죽령과 조령도 적이 오는 길목입니다. 군사들에게 군비를 넉넉히 보내 방비해야 합니다. 다시 전란이 터지면 십여 년 이상을 끄는 장기전이 될 수 있습니다. 일본에 변란이 생겨 저희들끼리 내전이 생기지 않는다면 그러할 것입니다. 따라서 명나라에 기댈 수 없을 때는 말할 것도 없고, 기대더라도 조선 스스로 힘을 키워야 할 것입니다."

이어 지지부진한 세제의 개편이 국방 재원의 조달을 가로막는 현실을 일깨운다.

"그런데도 여전히 방납하는 폐단은 이루 말할 수 없으니, 반드시 속히 바로잡아 백성을 보전해야 할 것입니다. 구습만 당연하다며 따르는 것이 몹시 답답합니다."

도요토미가 건재하고, 이미 조선 땅을 밟은 고니시와 가토가 따른다면, 전란이 쉽사리 끝나지 않을 것이라는 예측이었다. 회의를 마치고 나오던 유성룡이 어렵사리 골격을 갖춘 도성을 다시 한 번 바라본다.

지난여름에 터진 이몽학의 난이 불러온 후유증도 적지 않았다. 이몽학이 7월 6일 굶주린 백성을 규합해서 홍산을 기습, 현감을 사로잡으면서 민란은 걷잡을 수 없이 확대되었다. 이몽학은 정산, 대흥을 거쳐 홍주성 공략에 나섰다. 전란에 지치고, 여전한 수령의 횡포에 허덕이던 백성들이 속속 반군에 가입했지만 일시적 분노가 집결되었을 뿐 이것이 체계적인 군사 역량으로 조직화될 수는 없었다. 난민들은 평소라면 선량한 농민이었고, 뭉치면 반군이 될 뿐이다. 홍주성 공략에 실패하자 내부 분열에 빠져 결국 반란군이 이몽학의 목을 베었다. 사태는 조기에 수습되었지만 그 불씨는 엉뚱한 곳으로 날아들었다. 이몽학은 평소 의병장 김덕령이 자신과 호응할 것이라고 진중에서 자랑했는데, 여기에 김덕령, 최담령, 홍계남 등이 얽혀 들었다. 홍계남은 일본에 통신사로 파견된 무관인 만큼 조정 신료들이 거들고 나서, 곧바로 혐의를 벗어났지만 김덕령은 8월 한양으로 압송되어 국문을 이기지 못하고 형틀에서 죽었다. 그는 죽어가면서도 별장 최담령의 무고를 탄원했지만 소용이 없었다. 의병장의 연이은 죽음은 백성들에게 공분을 자아내는 수준에서 그치지 않았다. 마침내, 선조가 의병들의 군사력을 두려워하고 시기한다는 항간의 소문으로 확산된다. 조선 산야 구석구석을 지키던 백성들의 자발적 결속이 와해될 조짐으로 이어졌다. 12월 황신이 한양에 도착했다. 전란의 재발은 피할 수 없는 기정사실이 되었다. 이 시기 도요토미는 10만 이상의 병력을 끌어 모았다.

5부

전란의 재발,
7년 재앙의 막바지

1

1597년(정유년 봄~여름)
이순신과 원균, 선조의 자충수(自充手)

- 조선 수군의 궤멸

정유년 정월, 조정은 한 치 앞을 볼 수 없는 짙은 전운(戰雲) 속을 헤맸다.

이 무렵 명나라 조정은 도요토미가 책봉식에 감격했으며, 전란이 곧 종식될 것이라는 정사 양방형과 부사 심유경의 보고에 따라 한 시름을 놓았다. 경로는 알수 없지만 도요토미의 사은 표문과 예물도 당도한다. 조선에서 근수 사신으로 보낸 황신의 보고와는 배치된다. 황신은 도요토미가 조선의 태도를 트집 잡아 명나라에 마지못해 사은 표문을 보냈으나, 사은 예물은 보내지 않았다고 보고했다. 왕위를 책봉 받은 도요토미가 조선이 무례하다면서 노골적인 적의를 드러냈으며, 단지 왕자를 보내지 않은 탓인지, 왕자를 볼모로 두겠다는 의지인지는 고니시조차 가늠하지 못한다고 황신은 전한다. 또 명나라에 보낸 사은표문에 "조선의 죄가크니, 명나라가 정벌하면 당연한 이치이나, 그렇지 않다면 우리가 섬멸한다"는 문구가 포함되었다는 사실도 덧붙였다. 명나라가 전란의 종결을, 조선은 재발하리라 확신하면서 도요토미의 의중도 뚜렷해졌다. 명나라를 배제하고, 조선에 대해 어떠한 형식으로든 이권을 얻어내 전란을 승리로 매듭짓겠다는 의미였다.

전면전을 기정사실로 받아들인 조선은 안팎으로 대비에 나섰다. 우선 지난해 11월 황신의 장계가 도착한 직후 정기원을 원병을 요청하는 '고급 청병 주문사'로, 유사원을 서장관으로 삼아 명나라에 황급히 보냈다. 선조가 특별히 "사세가 급하니, 밤낮을 가리지 말고 빨리 길을 곱잡아 가라"고 신신당부한다. 선조의 표문은 구구절절했다. 이미 강화가 실패로 끝이 났다는 사실을 알린 뒤, '곧 봄이 다가와 왜적이 다시 침략하는 전화가 눈앞에 이르렀지만 지방이 텅 비어 우리 힘으로 당해낼 수 없으니 황제의 은혜를 입고자 한다'고 읍소했다.

각 지방에서 한양을 지킬 병력이 연일 충원되었다. 의주와 호남 일대에서 도성을 지킬 병사 수천여 명이 모집된다. 그렇지만 왜군과의 전면전은 여전히 승산이 없다. 유성룡은 지방을 순찰중인 체찰사 이원익이 제안한 청야(淸野) 작전을 행동에 옮기도록 힘을 실어준다. 유성룡은 도요토미가 건재하고 고니시와 가토가 그에게 복종하는 한, 전란은 단기간에 끝나지 않고 조선 곳곳에서 불가피한 장기전이 지속되리라고 예상했다. 따라서 견고한 성을 거점 삼아 인근 마을의 백성과 곡물을 모두 말끔히 거둬들인 뒤, 이를 발판삼아 요소요소에 복병을 심는 유격전을 벌인다는 구상이다. 이는 진주성과 행주산성 전투에서 그 효과를 충분히 입증했다. 험준한 파주산성 등의 경우, 왜군이 아예 공성전을 포기하기도 했다. 더구나 왜군은 해로가 막힌 이래, 고질적인 군수 물자 보급 문제를 해결하지 못해 내륙 깊숙이 쉽사리 진격하기 어렵다고 판단한다. 한산도는 여전히 왜군에게 난공불락이었다. 외교 전략은, 명나라에게 의리를 내세워 부단히 도움을 청하고, 도리를 저버린 일본과는 창구를 걸어 닫기로 가닥을 정한다. 유성룡은 선조에게 다시 터질 전란의 대응방안을 간추린다.

"우리의 군사력은 여전히 형편없습니다. 이것이 왜적과 홀로, 서둘러 싸울 수 없는 이유입니다. 명나라 군사의 평양성 출전을 반드시 성사시켜야 합니다. 이것은 포기할 수 없는 외부 대책입니다. 명나라 군대에게 군량을 대기 위해 공물을 쌀로 바꾸어 받는 작미법이 기존의 관행을 깨고 정착되어야 합니다. 이것도 포기할 수 없는 내부 대책의 으뜸입니다. 또 신의 생각으로는 어쩔 수 없이 우선 요해지에 의거하여 성벽을 굳게 지키고 마을은 청야해야 하겠습니다. 앞서 권율은 험준하고 튼튼한 요해지에 웅거해서 적을 크게 이겼고, 이처럼 힘을 저축하고 흩어지지 않는다면 행주 싸움처럼 적의 기세가 먼저 꺾여 우리 군사의 용기는 점차 오를 것입니다. 해로가 막혀 천릿길로 양식을 나를 수밖에 없는 왜적은 사방의 의병들이 나서면 반드시 조금씩 지칠 것입니다. 이때 우리 군사가 그 틈을 노려 크게 칠 수만 있다면 이기지 못할 리 없습니다. 지난 용인 싸움에서 보았듯이, 평원에서 왜적을 만나 대군이 한번 패하면 지붕과 담벼락이 한꺼번에 무너져 다시는 구원할 수 없습니다. 왜군이 호남뿐 아니라 강원, 충청까지 올라와 자리 잡으면 쉽사리 회복하기 어려우니, 각지의 거점을 든든하게 다지는 청야가 당장 시급합니다. 체찰사 이원익이 남쪽에서 아무쪼록 백성들을 불러 모아 한산도, 장문포를 충실하게 지키도록 통제사를 돕고 있습니다. 거제를 지키지 못하면 뱃길을 모조리 내어주니 다시 돌이킬 수 없습니다."

결국 명나라 지원을 요청하면서 청야를 통해 장기적인 유격전을 준비하되, 일본과는 협상하지 않는다. 이를 위해 수군의 제해권 장악이 절대적이라는 내용으로 요약된다.

선조는 전적으로 동의하면서도 조정 명령을 번번이 꺾어버리는 이순신에게 수군의 주장을 맡기고 싶지는 않았다. 전시 작전권은 전투에 임한 일선 장수에게 있다고 하더라도, 이순신은 명나라 사령부마저 종종 거스르며 선조를 궁지로 몰았다. 갑오년 당항포 해전에 독단적으로 출정해 명나라 장수들의 거친 항의를 받았고, 왜 본진 부산포 공략 지시는 번번이 거절했다. 전란이 터지면서 수군진만의 자체적인 무과를 치러 군관을 육성, 선조를 불편케 했다. 조정의 육군 병사 차출에도 비협조적이었다. 지난해 윤 8월에도 수군진 무과 시험이 한산도에서 단독으로 치러졌다. 선조의 눈으로 볼 때, 지나치게 주관이 강한 무장이다. 지난해 말, 통제사의 교체를 잠시 신료회의에서 떠보았으나 유성룡과 이원익이 강하게 반발하자 흐지부지 넘겼다. 단 한 번도 패하지 않은 이순신을 교체할 명분은 미약했다. 그리고 정유년 정월, 마침내 첫 빌미가 제공된다.

새해 첫날, '거제 현령 안위가 부산 왜영을 불태운 공로'를 아뢰는 이순신의 장계가, 곧이어 도착한 체찰사 이원익의 보고와 충돌했다. 이원익은 부산포 왜군 지리에 밝은 정희현에게 부산 침투를 지시, 작전을 전개했다고 알렸다. 그는 온화하고, 전공을 탐하지 않는 인물이었다. 결국 '사실여부를 제대로 파악하지 못한 통제사가 지휘 책임을 태만하게 했다'는 이조좌랑 김신국의 고발장이 접수되면서 빈틈이 생겼다.

이와 함께 고니시가 김응서를 통해 보낸 왜군 동향에 대한 첩보가 혼란을 가중시킨다. 조선조정은 고니시가 전란을 기피하는 장수로 판단했고, 이는 지난해 근수 상사로 일본에 파견되었던 황신 일행도 동의한 대목이다. 가토와 마찬가지로 도요토미에게 충성스런 장수였지만 가토와는 달리, '물불을 가리지 않는 우직한 장수'는 아니었다. 그는 정유년들어 일본의 군사 기밀을 빈번하게 조선에 전했다. 그 정보는 상당 부분 사실과 일치해 신뢰를 쌓았다. 고니시는, 쓰시마에 거주하면서 조선어에 능한 요시라를 경상 우병사 김응서의 군영에 보내, 결정적인 일본의 군사 이동 사항 및 국내 사정을 알렸고, 급기야 '도저히 화해할 수 없는 정적(政敵)

가토가 조선으로 건너갈 때, 수군이 해상에서 요격한다면 이번 전란은 끝이 난다'고 통보했다. 조정은 이 문서의 진위를 두고 격론을 벌인 끝에, '믿을 만한 정보'라고 결론 내린다. 시시각각 부산진 일대에서 피어오르는 전란의 먹구름이 지푸라기라도 잡고 싶은 선조와 신료들의 조바심을 자극했다. 결국 선조는 도원수 권율을 앞세워 이순신을 몰아세웠고, 권율은 14일 손수 한산진에 나타나 통제사에게 출정을 재촉했다. 그런데 이순신은 '내가 알기도 전에, 적이 알린 사지(死地)에 군사를 몰고 갈 수 없다'며 '설령 고니시의 첩보가 사실이더라도 여기에 맞춰 조선군이 출정한다면, 언제 마음이 변할지 모르는 고니시의 처분에 아군을 고스란히 내맡기는 도박'이라고 반발했다. 더구나 이순신은 김응서에 대한 반감이 깊었다. 그가 강화협상을 위해 적진을 오간다는 소식을 듣자, "김응서라는 자가 쓸개라도 있으면 자결해야 마땅하다"고 분노를 터트린 강경파 장수였다. 이순신은 선조와 권율의 어명과 군령을 연거푸 거부한다.

실제로 가토는 왜선 1백 50척을 이끌고 13일 다대포에 상륙했다. 자칫 조선 수군이 가토의 부대에게 기습을 당할 수도 있는 사안이었다. 고니시의 정보는 고의인지, 실수인지는 몰라도 결정적인 부분에서 오류를 보여, 그 속내를 짐작하기 어려웠다. 그런데 경상좌도 방어사 권응수의 장계가 23일 조정에 가토가 상륙했다고 알린 뒤, 연이어 김응서가 "왜장 고니시가 '군사의 움직임을 손바닥처럼 알렸는데, 이를 놓친 조선이 참으로 용렬하다'고 한탄했다"고 조정을 자극한다. 장계에 따르면, 일본 장수 고니시가 조선 수군의 주장 이순신을 탄핵한 셈이다. 권율이 출정을 재촉하던 시기에 가토는 이미 상륙했다. 하지만 선조는 이순신이 자신의 명을, 흉내조차 내지 않고 간단히 무시해버린 사실에 더 격노했다. 이것이 결정적인 명분으로 자리 잡는다. 선조는 누가 싸워도 일본 수군은 조선 함대를 이길 수 없다고 확신한다.

마침내 선조의 분노가 폭발한다. 누구도 말릴 수 없을 지경이다.

"한산도 장수는 편안히 누워 계시니 고니시보다 못하다."

차갑게 내뱉는 어조에, 분노 이상의 어떤 결기가 느껴진다.

통제사와 막역한 관계인 유성룡에게 반감을 가진 서인과 북인 신료들이 벌떼처럼 대든다. 이순신은 설화(舌禍)의 십자 포화 한 가운데 떨어진다. 무조건 상대를 제거하려는 당파의 이기심이, 화려한 수식과 언변으로 포장되어 이순신이 그동안 세운 공로를 순식간에 요행으로 변질시킨다. 남해안의 최전선을 부단히 들여다본 체찰사 이원익은 자리에 없었다.

서인인 판중추부사 윤두수가 아뢴다.

"이순신은 왜구를 두려워해서가 아니라 이제 싸우기에 싫증이 난 모양입니다."

유성룡과 갈라선 북인 영중추부사 이산해가 가세한다.

"겁이 많은 이순신은 정운과 원균에게 싸움을 대신 시켜왔는데 이제 이들이 진영에 없어 스스로는 출전하지 못하고 주저할 뿐입니다."

이산해의 사돈인 좌의정 김응남이 거든다.

"지금까지 해전에서 이긴 것은 대개 정운의 격려 때문입니다. 정운이 부산에서 전사하자, 이순신은 이후 몸을 사릴 뿐이었습니다. 정언신이 항상 정운의 사람됨을 칭찬해 왔습니다."

선조가 마침내 대안을 제시한다.

"원균을 수군의 선봉으로 삼고자 한다."

김응남이 지당하다고 화답하고, 이산해와 윤두수가 거들면서 마침내 선조는 이순신의 지휘권을 박탈한다. 28일 전교를 통해 '원균을 경상우도수군절도사 몇 경상도 통제사로 삼는다'고 명을 내려, 원균을 주장으로 올리고, 이순신을 원균의 부장으로 좌천시킨다. 사태는 이쯤에서 그치지 않았다. 남해안에 머물던 체찰사 이원익이 2월 1일, 장계를 올려 '오직 믿을 수 있는 자는 이순신 뿐인데, 그를 버리면 일을 그르칠까 두렵다'고 탄원하자, 아예 이순신을 제거하려는 움직임이 가시화된다. 4일부터 사헌부와 사간원이 연거푸 탄핵을 주도했고, 서인 남이신이 한몫을 단단히 했다. 선조가 진상 파악을 위해 한산도로 보낸 성균관 사성 남이신은 "가토가 풍랑으로 섬에 7일이나 머물렀으나, 이순신이 머뭇거려 다 잡은 고기를 놓치고 말았다"는 허위 장계를 올렸다. 당시 백성들은 남이신에게 '최근 풍랑은 없었고 대보름 이전에 왜군이 모두 상륙해서 군영을 꾸렸다'고 증언했지만 남이신은 모른 척, 서인의 이해관계에 충실했다. 이순신은 한산도에서 머뭇거리며 부귀영화를 위해 5년을 허송세월한 죄인으로 낙인 찍혔다.

사헌부와 사간원이 현감 벼슬을 지낸 현풍사람 박성을 움직여 이순신의 혐의를 키웠다. 초유사 김성일의 군무를 도왔던 인물인 만큼 그의 장계는 표면상 아무 이해관계도 없는 순수한 현지 실정을 반영한 여론으로 둔갑했다. 박성은 "통제사가 한산도 백성과 군사 일을 모두 팽개치고 있으니, 이순신을 참해 군영의 기강을 세우시라"는 의기에 찬 내용이었다. 여기에 이산해의 사위, 이덕형이 쐐기를 박는다.

"원균은 바르고 통제사는 잡스럽습니다."

6일 이순신을 압송하라면서 신표와 밀부가 선전관에게 내려갔다. 왜군과 전투 중이면 은밀히 때를 살펴 압송하라는 상세한 지침도 덧붙인다. 후임 삼도수군통제사는 원균, 이어 이순신 참모들도 백성들을 수탈한 죄가 한이 없다면서 금부도사와 나장들이 꼬리를 물고 한산진으로 향했다. 이 무렵 이순신은 육군과 연합해서 부산포 왜성에 연일 총통을 쏟아내고 있었다. 26일 이순신은 전장에서 철릭이 벗겨진 채 죄인의 옷으로 갈아입고, 자신이 지휘하던 대장선의 선실에 갇혀 한양으로 압송된다. 사천의 한 포구에서 내린 전임 통제사는 임진년 이래 숱한 전투를 치른 대장선과 작별하고, 죄인을 실은 황소의 함거에 실려 한양으로 향한다. 28일 영의정 유성룡은 사직을 청한다. 마음의 병이 너무 심해 두 눈은 사물을 볼 수 없다는 것. 아마 두 눈이 사물을 보기 싫었을 것이다. 선조는 이 사직은 거절한다.

3월 4일 한양에 압송되어 의금부에 하옥된 이순신에 대한 처벌을 두고, 한동안 논란이 지속되었다. 선조는 13일 비망기를 통해 '이순신이 조정을 속이고 임금을 업신여겨 적을 놓아주고, 남의 공로를 빼앗았으니 형벌로 그 죄를 끝까지 밝혀내라'고 전교한다. 신임 통제사 원균이 20일 장계를 올려, 이순신의 실정과 자신이 올린 혁혁한 전과를 보고하자 선조는 원균에 대한 포상 논의를 서두르라고 비변사를 연일 재촉하면서 이순신에게는 마침내 한 차례 국문을 집행했다. 신체가 부스러지는 혹독한 두 번째 국문을 앞두고, 원로대신 정탁이 '이순신과 더불어 죽을 각오로 구명을 청하는 상소' 신구차(伸救箚)를 올린다. 선조가 이 상소에 마음을 돌려 이순신에게 4월 1일 백의종군을 명하면서 사태는 일단락된다. 이제 원균이 오랜 숙원이던 조선 수군의 지휘권을 잡았다.

이 무렵, 사신 정기원이 명나라에 도착, 황상의 책봉을 받은 도요토미가 도리어 전란을 멈추지 않고, 조선을 기어코 점령하려 한다고 알렸다. 2월 5일이었다. 이후 정기원은 연일 명 조정의 뜨락에 엎드려 울며, 죽기로 구원병을 청했다. 명 조정이 소용돌이친다. 미개한 왜구, 미천한 출신의 도요토미에게 예법을 무시하고 왕위를 내리면서까지 전란을 봉합하려던 명나라가, 도요토미의 속마음과 사태의 진상을 비로소 파악했다. 도요토미가 조선을 분할하면, 명나라 코앞까지 왜구를 끌어들여 요동과 명나라 해안은 안전을 보장받기 어렵다. 더구나 명나라와 조선이 맺어온 의리와 예법의 관계는 결코 한순간에 버릴 만큼 가볍지 않았다. 사대(事大)의 예를 다한 번국을 헌신짝처럼 버린다면, 명나라 외교의 기본 노선이 위협받는다. 강화 협상을 통해 사태를 해결하려던 병부상서 석성(石星·60세) 등 협상파가 대거 실각, 명나라 군대의 참전이 확정된다. 전란이 터진 이래 줄곧 조선에 우호적이던 석성은 결과적으로 도요토미의 농간에 놀아나 뒤통수를 맞았다. 사태가 심상치 않게 돌아가자 심유경은 일본 망명길에 나섰지만 포박된다. 죽음을 면키 어려웠다.

정유년 2월, 병부시랑 형개가 군문총독에, 마귀가 총병에, 요동 포정사 양호(楊鎬)가 군무경리에 임명되었다. 양원(楊元), 유정, 동일원이 잇따라 군사를 이끌고 파병된다. 병력과 군량, 그리고 이를 운송하는 인력이 부단히 차출되면서 명나라 또한 실속 없는 전쟁에 다시 휘말린다. 이 무렵 명나라의 사정도 녹록지 않았다. 산동성 일대에서 대대적인 군사와 군량의 조달이 시작되었다. 또 광동성 수군에게도 징발령이 내려졌고, 전란에 참전하면서 군수물자 조달과 병사들의 급료 등으로 월 20만 냥 가량의 은을 군비로 지출해 왔다. 은 1만 냥은 쌀 1천 5백여 석 가량을 사들일 수 있는 화폐가치를 지녔다. 병부시랑 형개는 '명나라 밖에서 적을 막아낸다'는 어적우외(御敵于外)의 원칙에 따라 군사와 군량을 연일 동원했지만 명나라 백성들도 고통으로 신음하기는 마찬가지였다. 그렇지만 번국에 대한 의리를 지키고, 최전선이 조선 땅이라는 어쩔 수 없는 명분과 현실이 명나라 군대를 마침내 다시 움직였다.

이 와중에 고니시는 조선과의 협상에 대한 미련을 버리지 못했다. 3월 김응서에게 "귀하가 보낸 호랑이 가죽을 민망해서 구슬 같은 땀을 흘리며 염치불구하고 받았다. 그런데 귀국에서 예의만을 고집해 천시를 잃고, 왕자를 일본에 보내지 않아 지금까지 노력이 수포로 돌아갔다. 후회해도 소용없지만 왕자가 오지 않더라도 다른 방식으로 조선이 응답한다면, 여기에 성심으로 응하겠다"고 전해, 협상 수위를 낮출 수 있다고 시사한다. 조선 조정은 대꾸하지 않는다. 끝까지 죽기로 싸운다는 것, 이것이 유성룡이 주도하는 조정 신료들의 중론이었다.

이순신은 백의종군 길에 오르던 4월 13일, 어머니를 여의었다. 전란이 터진 이래, 어머니 상에 오르는 반찬까지 아들과 조카들을 통해 물었고, 집에 화재가 나자 손수 남해안의 젓갈을 꾸려서 보낸 효자였다. 장례조차 치르지 못한 이순신은 깊은 상처와 상실감을 어머니 신위(神位)에 남긴 채, 도원수 권율의 진영을 향해 백의종군 길에 나선다. 이순신을 문상하기 위한 지방 수령과 군관의 하얀 소복 행렬이 길목 길목에서 머리를 조아린다. 몇몇 종과 함께 말에서 내려 걸으며, 길거리 조문객을 맞이하는 이순신의 표정에는 슬픔이 가득 고여 있었다. 체찰사 이원익 또한 소복을 입고 이순신에게 깊은 조의를 표했다. 한산도에 진을 펼치고 5년여 동안 헌신해 온 장수에게 보여주는 자연스런 민심의 한 가닥이다.

5월, 명나라 부총병 양원은 3천여 병력을 이끌고 선발대로 도착, 선조가 버선발로 뛰쳐나가 환대하는 지경이다. 한양에 잠시 머문 양원은 곧 남원으로 향했다. 남원성은 전임 낙상지가 부단히 증축을 해놓아 견고했지만 성벽은 그다지 높지 않았다. 성 외곽 북쪽 하천 너머 교룡산성이 험준한 산세를 끼고 돌며 남원성을 감싸, 잠시 양원의 눈길을 끌었다. 양원은 담을 높이고, 참호를 파고, 사수의 살터를 다지면서 본성의 보강에 전력했다. 백성들은 본능적인 공포 속에서 전란이 다시 임박했음을 느낀다.

도요토미는 전라도 백성에 대한 집단 학살을 지시, 수급은 거추장스러우니 코만 베어 보내라는 '학살 지침'을 장수들에게 명한다. 무자비한 살육으로 조선 조정에 극도의 공포심을 심어 영토 분할 협상의 조기 타결을 원했다. 일본 수군은 전라도와 한양으로 가는 길목에 버티고 서서, 부산포를 견제하는 한산진을 전란 초기의 승부처로 삼는다. 한산진을 무너뜨리면 일본 육군은 날개를 달고, 군사 기동의 범위가 조선 전역으로 확대된다.

요시라를 통한 고시니의 교란작전은 이순신이 파직된 뒤에도 부단히 지속된다. 김응서가 조선 조정이나 도원수부와 연결해주는 창구역할을 맡았다. 조정 또한 이순신을 버리고 일단 요시라의 말에 귀 기울였던 만큼 무게 중심은 점점 기울어, 급기야 비합리적인 집단 편향성을 보였다. 침묵하던 신료들마저 원균의 승전을 믿어 의심치 않는 분위기로 흐른다. 선조는 원균에게 과도하게 후덕했고, 지나치게 기대를 걸었으며, 무리한 주문을 잇달아 보낸다. 이순신이 하옥 중이던 3월 20일에 막 부임한 통제사 원균이 "이순신이 부산과 가덕 일대에서 전투를 벌이다 대장선이 썰물에 갇혀, 무수한 군사를 잃었다"면서 자신은 첫 출정에 나서 왜선 3척을 포획하고, 수급 47개를 거두었다는 장계를 올렸었다. 선조가 기다렸다는 듯이 원균의 공훈을 논하라고 비변사를 닦달한 것도 이 같은 맥락일 것이다.

선조는 원균에게 연일 출정하라고 성화를 부렸다. 원균이 나서면 곧바로 부산포의 왜군을 모두 격멸, 이순신을 파직한 자신이 옳았다는 사실을 증명할 수 있다. 동시에 이유 없이 출전을 미루면 사사로이 용서하지 않겠다고 압력을 넣는다. 애초 원균을 천거하고 이순신의 파직을 주도한 해평군 윤근수가 선조에게 동조하고, 윤근수의 형 판중추부사 윤두수가 거들어, 지휘관이 바뀐 조선 수군이 마침내 오랜 동면에서 깨어나 전란을 종식시킨다는 분위기를 조성했다. 이들 형제는 원균과는 인척지간이기도 했다. 이 시기 유성룡은 경기도와 충청도의 민심을 살피기 위해 도성을 비웠고, 선조와 윤씨 형제가 주도한 무모한 해상 작전 명령이 연달아 원균에게 하달된다.

정작 신임 통제사 원균은 부임 이후, 상황이 만만치 않다는 사실을 깨달았다. 왜군이 해상전투를 아예 꺼리는 상황에서 부산포 공격은 별다른 실익 없이, 함진만 적진에 내놓는 위험천만한 군사 기동이었다. 4월 19일 원균의 장계가 조정에 도착한다. 가덕도, 안골포, 죽도, 부산을 드나드는 왜군이 서로 연합했으나, 안골, 가덕은 아직 왜적의 군세가 3~4천여 명에 불과해서 육군이 몰아치면 해상에서 지원하겠다는 것이다. 조선 정병 30여만 명을 한꺼번에 동원하면 한 번 싸움에 승기를 잡는 기회를 얻는다고, 터무니없는 지상전을 요구한다. 아직 날씨가 가물어 기병이나 보병이 움직이기 원활한 만큼 장마철이 오기 전에 출정하라는 등 이런저런 훈수까지 두었다. '고니시와 요시라는 믿을 수 없는 자'라는 구절을 제외하면, 수군 주장으로 합당치 않은 장계여서 술을 좋아하는 원균이 취중에 두서없이 작성했다는 의혹마저 들 정도이다.

원균은 5월, 6월에도 잇따라 조정에 장계를 올려, 육군이 안골, 가덕을 공격하지 않아 수군이 좀처럼 제대로 된 작전을 펼칠 수 없다면서 도원수 권율을 자극했다. 급기야 비변사는 6월 11일 선조에게 "군사 작전은 체찰사와 도원수가 수립하는데, 원균이 이들을 제쳐 놓고 작전 계획을 독단으로 조정에 올려 지휘 계통을 흔들고 군의 기강에 먹칠을 한다"고 분통을 터뜨렸다. 이어 도체찰사 우의정 이원익과 권율이 새로 건조한 판옥선 37척과, 제석산성의 육군 5천여 명을 종사관 남이공을 시켜 한산도에 들여보냈다. 출전하라는 압박이 최고조에 달한다.

6월 18일 마침내 원균이 수군 병력의 절반만 동원하라는 체찰사의 지시에 따라 판옥선 백여 척을 이끌고 출전에 나선다. 한산진 군세가 높아, 절반만 동원해도 격군을 포함해 1만 명을 훌쩍 넘었다. 하지만 안골, 가덕 일대의 왜군 저항은 만만치 않았다. 더구나 왜군들은 해변에 총포를 배치, 제법 조준이 정밀해진 대형 철환을 판옥선을 향해 날린다. 안골을 지나 가덕에 이르자 시마즈와, 도도 다카도라(藤堂高虎·등당고호)가 매복해 둔 왜수군이 기습전을 전개, 보성군수 안홍국(安弘國·43세)이 전사한다. 또 평산포 만호 김축도 심각한 부상을 입자, 함대는 회항해서 칠천량에 진을 쳤다.

이 시기 합천의 도원수부에서 백의종군하던 이순신에게도 수군의 동향이 연일 도착했다. 이순신의 옛 참모들이 해전의 상황을 주기적으로 알렸으나, 대부분 어두운 소식이었다. 수군진의 척후나 경계가 느슨하고 격군이 탈영하며, 군관 이영남 등 이순신이 아끼던 참모들이 내쫓겼다. 애초 원균의 경상우수영 소속이던 이영남은, 전란 초기 원균이 판옥선을 자침시키고 도주한 뒤 전투 때마다 이미 죽은 왜병의 수급을 수집하는데 골몰하자 아예 등을 돌려 이순신의 참모를 자처했다. 이순신의 작전 사령부인 운주당의 근황도 참담하다. 이순신과 장수, 그리고 군관들이 모여 작전을 수립하고 이를 병사들에게 하달하던 장소에 울타리가 둘러 쳐졌다. 원균이 운주당을 첩의 거처로 내주고 주변을 통제해서 장수는 물론, 잡인의 출입을 모두 막았다. 원균은 첩과 더불어 연일 취해 군기가 해이해진 병졸들과 격군들이 아전에게 뇌물을 주고 한산진을 빠져나갔다. 이순신이 5년 동안 헌신을 다해 일궈온 둔전도 왜병이 몰려올 것이라는 소문에 농민들이 도망쳐 파종 시기를 놓친 허허벌판이 적지 않았다. 이순신의 참모들은 유성룡에게도 서신을 전해 하소연했지만 지방을 순찰중인 유성룡은 뚜렷한 대책을 세울 수 없었다. 전란이 터진 이후 수백여 통의 서신을 교환, 전선의 상황을 공유하고 대책을 논의하며 인간적인 번민을 위로받던 두 사람이 똑같은 시름에 빠져 지낸 시기일 것이다.

7월, 김응서를 통해 도원수부에 도달한 요시라의 첩보는 '일본의 대규모 지원병을 실은 함대가 부산진에 합류할 예정'이라고 알렸다. 권율이 장계를 올리자 이순신을 옭아맨 함정이 원균에게 향한다. 적을 앞에 두고 싸우기를 주저하는 비겁한 장수라고 연일 이순신을 비난했던 원균의 행보가 자기 발등을 찍었다. 군인 원균을 신뢰하지 않던 권율은 조정의 출정 압박을 여과 없이 원균에게 가했다. 수군이 출전하지 못하는 책임을 육군에 미루는 태도에 앙금이 쌓일 대로 내려 앉은 것이다. 4일 원균이 한산진 수군 전 부대에 대한 동원령을 내린다. 판옥선과 거북선 등 2백여 척에 이르는 대규모 선단이었다. 바람 한 점 없는 한여름의 무더위 속에서 격군들은 오로지 노의 힘에만 의지해 동쪽으로 항진을 거듭한다.

함대는 칠천량과 옥포를 거쳐 7일 다대포 해상에서 첫 교전을 벌인다. 왜대선 8

척은 함포사격이 시작되자, 서둘러 정박한 뒤 육지로 도주했다. 요구금을 던져 왜선을 포구에서 끌어낸 조선군이 이를 모두 불태운다. 여전히 강건한 조선 수군이었다. 함대가 부산 절영도로 향하면서 오랜 항해로 격군들이 지쳐 전열이 조금씩 흐트러진다. 13일 저녁 무렵 절영도에 이른 조선 함진 주위를, 왜선은 수십 척 단위로 무리지어 일정한 거리를 두고 빙빙 돌며 부산포 방향으로 유인할 뿐, 본격적인 전투는 꺼린다. 이때부터 조선 함진은 끊임없이 밀려오는 거센 풍랑과 밤새 사투를 벌인다. 격군의 피로도가 한계에 이르러 결국 함대가 기동력을 잃었다. 원균은 전임 통제사 이순신이 5년이 넘도록 기록한 남해안의 기상을 왜 자신에게 넘겨주었는지 비로소 깨달았다. 갈증과 더위, 배고픔에 더해 열흘이 넘는 노 젓기에 함대가 제어력 마저 상실, 풍랑에 이끌려 여기저기로 난파되고 낙오한 6척은 서생포까지 흘러들었다. 육지에 내린 조선 수군에게 매복한 왜군의 조총이 불을 뿜는다. 조선 함대의 동선을 모두 파악하고 있었다. 숲속으로 도망친 노비 세남만이 힘겹게 살아남아 희미한 여명 속에서 이순신이 종군하고 있는 합천으로 달려갔다.

14일 새벽까지 풍랑이 지속되자 함진이 결국 무너지고, 모두 20여 척의 판옥선이 유실되었다. 부산포 공격은 엄두도 내지 못할 상황이다. 더구나 빠르게 기동하는 왜선들은 여전히 조선 수군 주위를 맴돌며 침묵을 지켜 공포감을 조성한다. 대장선에 오른 퇴각기에 따라 두서없이 뒤엉킨 함대가 다대포를 지나 가덕에 이르자, 원균이 일부 함대의 정박을 명령한다. 함대를 정비하고 부족한 식수를 채우려는 조선함대를 높은 능선마다 배치된 왜 척후병이 파악하고, 가덕 포구 인근 시냇가에 조총병 수천여 명을 매복시킨다. 포구에서 내려 시냇물을 찾아 계곡에 내려온 조선 수군에게 조총이 빗발친다. 골짜기 일대가 순식간에 시신으로 덮이고, 시냇물이 붉게 흐른다. 완전한 무방비 상태에서 어이없는 기습을 허용, 5백여 명 중

겨우 1백여 명만이 병장기를 버린 채 골짜기에서 빠져나와 포구에 정박한 판옥선에 승선한다. 판옥선에서 화살과 편전으로 응사하자 왜군이 공세를 접고 퇴각한다. 갑판이 높은 판옥선은 쉽사리 도선을 허락하지 않아 승산이 없었다. 이때까지만 해도 왜 수군은 멀찌감치 척후선만 띄우고 있었다. 14일 저녁, 함대는 칠천도 앞바다에 정박, 견내량을 지나 한산진으로 향하는 회항 길의 중간 기착지로 삼았다. 이때 도원수부에서 보낸 경쾌선이 빠르게 대장선에 접근해 한 군관이 권율의 격서를 보여 원균을 소환해 갔다. 수군전투에 대한 궁금증을 이기지 못하고, 고성 해변에 주둔해 있던 권율은 수군의 무질서한 퇴각을 보고 받으면서 불같이 화를 낸다. 조선 수군이 판옥선 20여 척을 망실하고, 4백여 명이 전사하는 임진년 이래 수군 최초의 패배를 기록했다. 더구나 본진은 칠천량까지 회항, 왜군의 기세를 높여 놓았다.

"국가에서 너에게 높은 벼슬을 준 것이 한낱 너의 부귀를 위한 것이냐?"

원균을 형틀에 묶은 뒤, 곤장을 쳐서 돌려보냈다. 권율은 여전히 분기를 누르지 못한다.

수군진에 돌아온 원균은 곧바로 술을 찾았다. 함진을 한산도로 물리면, 또 한 번 곤욕을 치를 것이고, 그렇다고 왜군을 향해 공격할 엄두도 내지 못할 궁색한 처지에서 함대를 칠천도 깊숙한 외줄포에 가두어 놓은 채, 밤을 지새워 술을 퍼 마시다 인사불성이 되었다. 전라 우수사 이억기, 충청수사 최호, 조방장 김완 등이 잇따라 원균을 찾았지만 만날 수가 없다. 수심이 얕고, 거제 북단에 가로막힌 협수로에 함대의 본진을 놓아둘 수는 없다. 하지만 주장 명령 없이 함진을 움직인다면 항명에 버금간다. 밤새 무방비로 방치된 함대는 일본 수군이 알아채지 못하기를 빌 뿐이었다.

15일 자정 도도와 시마즈가 지휘하는 수백 척의 왜선들이 칠천도 서쪽의 형도와 칠천량 동쪽 일대를 덮었다. 형도로 돌아나간 함선들은 조선 함대가 한산진으로 향하지 못하도록 견내량 입구를 틀어막았다. 동쪽 일대를 뒤덮은 왜선들 사이에서 소형 세키부네인 고바야 부네(小早船·소조선) 수십 척이 빠르게 기동, 판옥선 사이사이에 붙는다. 조선 수군의 척후선은 보이지 않았다. 판옥선 갑판을 향해 불화살과 횃불이 동시에 날아오르며 개전을 알린다. 칠천량 동쪽에 포진한 왜 수군이 일제히 조선 수군의 머리를 압박해 들어온다. 다닥다닥 붙은 조선 수군은 함포의 사격 거리를 잃고 일방적으로 내몰렸다. 왜 수군이 판옥선을 차곡차곡 불태우며 동쪽 진영을 짓눌러, 서쪽으로 내몬다. 조선 함대가 좁은 내해를 빠져나오자, 칠천도 서쪽에 진을 펼친 왜선이 다시 먹잇감을 몰이하듯 막다른 수로인 춘원포 방향으로 몰아간다. 도선을 허락한 판옥선은 잇따라 불타면서 침몰했고, 마침내 거북선의 철갑판을 뚫고 거대한 불기둥이 솟아오른다. 거북선의 용머리가 서서히 물에 잠긴다. 지휘체계를 상실한 조선 수군은 변변한 항전조차 못한 채, 판옥선을 속절없이 내주며 춘원포까지 일방적으로 쫓겼다.

원균은, 주력함대의 전열을 가다듬어 반격에 나서자는 장수들의 제안을 들은 척도 하지 않고, 새벽 무렵 대장선을 버리고 춘원포구에 상륙해 허겁지겁 도주했다. 그나마 항전해 나섰던 조선 수군이 아예 전의를 상실하고 살길을 찾아 나선다. 해안가는 퇴각하는 조선 수군과 이들을 뒤쫓으며 학살하는 왜병으로 가득 메워진다. 수군과 격군이 빠져나간 판옥선은 포구에서 모조리 불타올랐다. 도주하던 원균이 힘이 빠져 소나무 아래에 주저앉았다. 부축하려던 부장과 군관들이 급박하게 밀려드는 창검을 피해, 주춤주춤 원균 곁을 떠났다. 판옥선을 모조리 불태워 승기를 굳힌 왜군은 춘원포에 대거 상륙해 과감한 추격전을 전개했다. 왜군 10여 명이 원균이 주저앉은 소나무를 포위, 창검의 섬뜩한 날이 소나무 주위에 내리꽂힌다.

임진년 6월 당항포 해전 이래로, 이순신을 도와 숱한 공을 세웠던 전라우수사 이억기는 대장선에서 최후까지 항전하다 전사했다. 바다를 새까맣게 덮은 왜군의 도선을 막을 도리가 없었다. 충청 수사 최호도 전사했다. 사천해전에서 단기로 해안에 상륙했던 조선 수군의 맹장 조방장 김완이 포로로 잡혔다. 조선 수군 사령부가 무너졌다. 2만여 명의 수군중 절반가량은 육지로 도주했으나, 나머지는 불타는 판옥선과 함께 칠천량과 춘원포 앞바다에 수장되었다. 조선 수군이 사실상 붕괴한 날이다.

혼전의 와중에서 경상우수사 배설이 12척의 판옥선을 이끌고 춘원포 항로를 버리고, 형도를 중심으로 포진한 왜 서군의 포위망을 가까스로 벗어나 서쪽 견내량으로 빠진 뒤 한산도로 향한다. 배설은 한산진 본영의 양곡과 병기를 불사르고, 백성들을 피란시켰다. 한산진의 함락은 시간문제인 상황에서 나름 합리적인 대처였다. 이어 배설은 한산진을 나와 12척의 배를 노량으로 후퇴시킨다. 조선 수군이 남해안 일대에 대한 제해권을 상실했다. 한양을 중심으로 부챗살처럼 펼쳐진 경상 좌우, 전라 좌우, 충청 수영의 핵심전력이 모두 불살라졌고, 부채는 사북자리조차 남지 않고 불 타버렸다.

18일 합천에서 소식을 들은 이순신은 굵은 눈물을 흘리며 한동안 통곡한다. 뼈를 깎고 살을 에는 고통 속에서 이날 오후 실낱같은 수군의 재기 가능성을 찾아 삼가현으로 길을 잡았다. 원균의 패전에 죄의식을 느낀 권율이 어떻게든 방도를 찾아 달라 청한지 한 시각도 지나지 않아 조촐한 행장을 꾸린다. 소식을 들은 유성룡은 통한에 젖는다. 해양 버팀목이 처음 부러지면서 전란은 지금껏 경험하지 못한 새로운 국면으로 접어들었다.

이 무렵 왜군들은 14만 병력을 좌군과 우군으로 편성한다. 이중 좌군은 고성과 사천, 하동 구례를 거쳐 남원으로 진군키로 한다. 이들은 수로를 타고 올라가는 왜

수군과 협공, 마침내 전라도의 허리를 잘라 차곡차곡 점령하는 전략 수립에 분주했다.

칠천량 패전의 급보를 접한 조선 조정이 충격에 빠졌다. 선조가 비변사에 대책을 물었지만 아무 대답 없다. 남해에서 전라, 충청, 한양까지 뱃길이 열렸다. 당황스러움을 넘어선 공포감이 궁궐과 한양성을 짓누른다. 모두 그 답을 알고 있지만 말문을 열지 못한다. 자신들의 잘못을 자신의 입으로 고백하는 모양새가 될 것이다. 선조가 그 가운데 서 있었다. 수치심과, 민망함과 공포, 그리고 곤욕스런 순간을 넘기고 싶은 복잡한 심경이 여과 없이 선조와 신료들의 얼굴에 서린다. 마침내 이순신을 몰아세운 서인을 대표해서, 병조판서 이항복이 입을 뗀다. 나지막하게 거의 들릴 듯 말 듯 혼잣말처럼 중얼거린다.

"원균의 죄입니다. 마땅히 이순신을 통제사로 삼아야 합니다."

선조가 두 번 묻지도 않고 윤허한다. 선전관이 교지를 들고, 남으로 말을 달린다.

2

정유년(1597년) 가을과 겨울,
남원성 시신을 비추는 한가위 보름달

- 기적처럼 부활한 조선 수군

정유년 7월 15일, 칠천량 해전을 시작으로 전란이 다시 터졌다. 왜 수군은 조선 수군을 사실상 궤멸시키고, 전란 후 처음으로 한산도를 비롯한 남해안 일대를 장악한다.

8월 3일 왜군은 좌군과 우군, 수군으로 편제를 나누고 일제히 공세를 시작한다. 총대장 고바야카와는 부산포에 주둔해서 후방을 지원하고, 좌군은 우키타와 고니시가 주축이 되어 남원성 공략에 나선다. 모리와 가토는 우군을 이끌고, 거창을 거쳐 전주로 향한다. 전주가 함락되면 왜 수군은 전라도 연안을 거슬러 육상을 지원하는 수륙합동작전이 실현된다. 8월 16일 새벽 조명연합군이 지키던 남원성이 좌군에게 함락된다. 한가위 보름달이 피로 물든 남원성을 비춘다. 이어 18일 가토의 우군은 황석산성을 점령한다. 25일 전주성을 지키던 명나라 장수 진우충이 도주하면서 전주성이 왜군에게 넘어간다. 전주에서 연합한 왜군은 좌·우·중군으로 나뉘어 북상, 왜 수군은 서진을 이어가 이순신이 이끄는 수군을 진도까지 밀어 붙인다. 조선 조정은 다시 피란 논의로 들끓는다. 조선을 분할하기 위한 일본의 무력행사가 결실을 맺고 있었다.

9월 들어 전세가 다시 역전될 조짐을 보인다. 7일 북상하던 왜군이 직산에서 명나라 군대에게 패퇴한다. 이어 16일에는 통제사로 복귀한 이순신이 13척의 배를 이끌고, 남해를 통해 서해로 돌아들던 일본 수군을 명량해협에서 대파하면서 조선 수군의 부활을 알린다. 해상 보급로를 다시 빼앗긴 상태에서 겨울마저 다가오자, 왜군은 순천, 울산, 사천 등의 왜성으로 움츠러든다. 정유년이 끝날 무렵, 명나라 경리 양호와 총병 마귀는 전란에 종지부를 찍기 위해 울산 왜성에 대한 대대적인 군사 기동에 나선다.

*◇◇◇◇◇◇◇◇◇◇◇◇◇◇◇◇◇◇◇◇◇◇◇◇◇◇◇   *   ◇◇◇◇◇◇◇◇◇◇◇◇◇◇◇◇◇◇◇◇◇◇◇◇◇◇◇◇◇*

　왜군은 칠천량 승전 이후 다소 느긋하게 육상로를 통한 진격을 준비한다. 일본에서 새로 넘어온 12만 명을 포함, 모두 14만 병력의 편제를 7월말까지 정비하고, 8월 3일 진격을 시작했다. 총대장 고바야카와 히데야키(小早川秀秋·소조천수추·16세)는 부산에 머물면서 군수 물자를 지원하는 후방 사령부를 맡았다. 좌군은 우희다수가가 주장을, 고니시와 시마즈가 부장으로 전투를 지휘한다. 고성, 사천, 하동, 구례, 남원을 거쳐 전주에 집결토록 했다. 우군은 주장 모리 히데모토(毛利秀元·모리수원·19세)가 가토와 나베시마, 아사노를 부장으로 삼아, 거창, 안의, 진안을 진격로로 잡는다. 역시 최종 집결지는 전주였다. 수군은 하동의 섬진강을 거슬러 구례에서 좌군과 합류해 남원성을 공략한다는 가닥을 잡는다. 고니시가 주력을 담당하는 좌군이 8월 7일 구례를 점령했지만 마을과 거리는 텅 비었다. 수령들도 이미 도주해 관아 창고에는 군량미 한 톨 없었고, 창검, 군수물자도 찾아 볼 수 없다. 통제사로 다시 제수된 이순신이 사흘 전 구례를 거쳐 순천으로 가면서 수군 재건에 필요한 인력과 물자를 화급하게 쓸어 담았다.

12일 좌군 척후병이 숙성령을 넘어서 남원성 주변을 수색한다. 이승에서는 마지막이 될 지 모르는 한가위를 사흘 앞두고, 백성들은 성가퀴 사이사이에 돌무더기를 쌓아 올리고, 기름과 짚단, 장작더미를 마련하는데 여념이 없다. 전란이 다시 터진 이래 왜군은 조선 백성들에게 더더욱 사정을 두지 않았다. 왜군에게 투항한 조선인 정착지인 둔락을 보호하던 과거와는 달리, 조선 백성을 눈에 보이는 대로 학살했다. 아녀자조차 가리지 않아, 시마즈가 이끄는 일본 살마번(薩摩藩) 부대는 '살인마 군대(殺魔軍)'라는 악명을 얻었다. 이들이 지나간 길에는 개나 닭 등 생명체가 자취를 감추었고, 죽은 시신의 코는 모두 베어졌다.

왜 본진 5만여 명이 교룡산성을 차단, 주변 하천을 건너 네 개 성문을 겹겹이 포위하자 읍성에 불과해 성곽이 높지 않은 남원성이 왜군으로 덮고도 남을 만큼 왜소해 보인다. 이에 비해 성안에는 명나라 부총병 양원이 이끄는 기병 3천여 명과, 전라병사 이복남, 남원부사 임현, 광양, 구례 현감 등이 긁어모은 조선군 2천여 명, 그리고 피란을 떠나지 않은 7천여 관민이 고작이었다. 백성까지 모두 합해 고작 1만 2천여 명이 분사(憤死)를 각오한 수성전에 나선다. 명나라에서 파병된 양원은 애초 충주성을 지키도록 했으나, 남원이 마상전에 적합하다는 선조의 제안에 따라 자리를 옮겼다. 선조는 군기시에서 적진에 대한 돌파 전술을 익힌 파진군 12명을 뽑아 양원에게 딸려 보내는 호의를 보였다. 그런데 막상 남원은 선조 생각과는 달리, 도성 주변이 협소해 마상전과는 거리가 멀었다. 양원은 남원에 도착한 뒤,

해자를 더 깊이 파고, 이 흙을 이용해서 명나라에서 오랫동안 성을 지키는 1차 저지선으로 활용해온 지형지물, 양마장을 구축했다. 성벽과 해자 사이에 흙벽을 낮게 두르고, 바닥은 해자에서 파낸 뻘 흙을 깔아 해자에서 넘어오는 물의 침투를 막는다. 돌담위에는 적병이 뛰어넘지 못하도록 뾰족하게 깎은 벽돌을 촘촘히 박아 엄폐 기능을 강화했다. 평지에서 전투를 마친 기병에게 임시 대피소를 제공하고, 해자를 건넌 왜군을 성문 밖에서 격퇴하는 전초 기지인 셈이다. 양마장 담 벽 군데군데에는 총포를 쏠 수 있는 구멍이 뚫렸고, 각 성문마다 총통이 서너 문씩 배치된다. 성가퀴 사이에 목책도 빙 둘러쳐져 수성에 나선 병사들에게 안정감을 주었으나 무엇보다 성의 규모나 형세 자체가 빈약했다. 조선군은 백성을 청야한 뒤, 성 밖 교룡산성으로 진을 옮겨 능선을 끼고 전투를 전개하자고 제안했다. 고민하던 양원은 병력이 적고, 산성에서는 기병의 기동이 아예 힘들다며 남원성을 결전 장소로 택한다. 왜 본진과 간발의 차이를 두고, 전라병사 이복남과 광양현감 이원춘, 조방장 김경로 등이 1천여 명을 이끌고 성안에 들어서 성가퀴의 빈틈이 채워졌다. 성 밖 인가는 엄폐물로 쓰지 못하도록 대부분 허물거나 불태웠다.

13일, 왜 선봉 1백여 명이 성문 밑으로 행군, 전투 깃발을 세운다. 이들은 일제히 조총사격을 가한 뒤 산개해서 밭고랑이나 낮은 둔덕에 의지, 4~5명씩 무리지어 기습적으로 성벽 밑으로 달려 나와 전진 사격을 가했다. 조명연합군도 총포로만 가볍게 응사한다. 왜 본진은 방암봉에 거대한 사령 깃발을 세우고 전선을 관망한다. 고니시와 소 요시토시의 군대가 서문을 에워싸고, 둥근 원에 굵게 열십자(十)를 그려 넣은 '살마군' 문양이 교룡산성을 등에지고 북문 앞에 가득 펄럭인다. 성가퀴의 몇몇 병사가 조총 철환에 희생되었지만 조명연합군 총포는 빠르게 기동하는 왜병을 쉽사리 잡아내지 못했다. 정오 무렵 왜군 5명이 동문 밖 돌다리 위까지 접근해 성벽 높이를 가늠한다. 양원이 곧바로 사수를 불러 화살을 퍼부었다.

오후 들어 왜 본진이 4개문에 바싹 군사를 붙인다. 본격적인 공성 전투를 전개할 징후이다. 흰 깃발을 든 왜병이 서문에 이르러 협상을 요청하자 양원의 참모와 통역관이 나가 잠시 대화를 주고받은 뒤, 항복을 권유하는 고니시의 문서를 가져왔다. 양원이 답서 대신, 비격진천뢰를 비롯한 총포를 일제히 발포한다. 사정거리에 있던 왜 본진이 군데군데 흔들리며, 일시적으로 대오가 흩어진다. 밀집 진영에서 비격진천뢰는 강력한 살상력을 동반했다. 왜군이 군사를 뒤로 물린 틈에 성벽 곳곳에 마름쇠를 다시 깔아 도성에 대비한다. 한밤중, 왜군이 성벽에 인접한 석교 밑에까지 진출했다는 척후의 보고가 잇따른다. 대담하게 성 문턱까지 다가와 마름쇠와 석교위에 씌워놓은 나무 못 판을 제거하던 왜군은 성문이 열리면서 창병이 내달리자 뿔뿔이 도주한다. 왜군 서넛을 잡아낸 양원은 해자 위의 석교를 아예 철거해 버린다. 남원성 주변 30~40km 인근에서 불기둥이 그치지 않는다. 검은 연기가 보름달을 삼킬 듯이 한밤중에도 뭉개 뭉개 피어오른다. 남아있는 민가를 비롯해서 인근 벌판의 벼를 모조리 베어 불태우고 있었다.

14일, 왜군이 성 밑으로 바싹 진군한다. 깊지 않은 해자 물은 이미 빠져 대부분 메워졌고, 왜군은 불태우고 남은 민가의 돌담과 흙벽을 엄폐물로 삼아 포위망을 좁혔다. 또 인근에서 뜯어온 판자 등을 이어 붙여 방책을 구축한 채, 조금씩 성 쪽 양마장으로 밀고 들어와 네 개 성문에 대한 산발 공세를 동시에 이어갔다. 오후부터 숙성, 원천 등지에서 대규모 본진이 서서히 이동, 본격적인 공성 전투가 임박한다. 성벽 1백보까지 왜군이 접근, 거대한 사다리와 망루가 군데군데 자리 잡았다. 망루위에서 조총의 총성이 한 번에 수십 발씩 터져 화약 연기로 덮일 때마다, 성가퀴 조명연합군이 한꺼번에 나뒹군다. 이어 왜병은 양마장 사이사이에 풀, 짚, 흙, 돌, 목판 등을 집어 던져 간격을 메웠다. 방어망을 구축하기 위해 세운 양마장이 오히려 왜군의 도성을 돕는 거대한 둔덕으로 변해간다. 조명연합군은 3천여 명의 기병을 이끌고 전주성에 주둔한 명나라 유격 진우충의 지원병을 절실히 염원했지만 기병대의 흙먼지는 좀처럼 보이지 않는다. 부총병 양원이 성문을 열어 기병대를 이끌고 허술한 왜 진의 틈새를 찌르며 정면 돌파를 시도, 포위망이 뚫렸다고 잠시 착각하는 순간, 인근 산기슭에 매복했던 왜병이 철환을 쏟아 부었다. 남원성 주변 지형은 기병이 기동하기에 적절하지 않았다. 양원이 초요기를 세워 군사를 돌린다.

15일, 8월 한가위. 계속되는 전투로 조명연합군은 먹고 잘 틈조차 없었다. 군민들이 마련해온 주먹밥 한 덩어리가 한가위 명절 음식을 대신한다. 눈꺼풀이 돌덩이를 매단 듯 무거웠다. 왜병들은 이미 성 밖에 잡초와 논밭의 볏짚을 베어 묶은 건초 다발을 산처럼 쌓았다. 성벽 보다 높은 건초 다발이 남원성의 위기감을 고조시키며 전투는 팽팽한 소강상태에 잠시 접어든다. 왜군 5명이 동문 밖 석교로 달려와 협상을 요청, 양원의 참모와 역관이 나가자 고니시가 이들을 맞아 음식을 대접하는 모습이 성안에서도 뚜렷하게 보인다. 어스름이 깔릴 무렵, 이번에는 왜군 협상단이 남원성 용성관에서 양원과 직접 만나고 있었다.

양원은 이 자리에서 성에서 철수하면 생명을 보장한다는 왜군의 제의에, '15세부터 천하의 전쟁터를 누벼왔다. 정병 십만 명이 지키는데 퇴각하는 일은 없다'고 응수한 것으로 알려졌다. 왜병은 '1천여 잔졸이 어찌 백만 대군을 막겠느냐'고 위협한 뒤, 성문을 나서 결전이 예고된다. 곧이어 사방에서 뿔 나팔의 강력한 고동소리가 한밤중에 귀곡성처럼 남원성 일대에 번지고, 붉은 철환이 어둠을 헤치며 벌떼처럼 파고든다. 생사를 가르는 막바지 전투의 막이 올랐다. 조총부대는 성가퀴를 향해 교차사격을 가했고, 해자와 방책에 숨어있던 왜군들이 양마장 주변에 일제히 풀 더미 묶음을 던지면서 돌진한다. 순식간에 성벽과 풀단의 높이가 같아진다. 성가퀴의 조명연합군은 응사할 겨를조차 없이 도성한 왜군과 사방에서 백병전을 벌인다. 밀려드는 왜군의 파상공세에 남원성이 걷잡을 수 없이 침몰한다. 남원성이 왜군의 물결에 덮이면서 전투가 일방적인 살육의 양상으로 변한다. 전의를 상실한 조명연합군은 퇴로를 찾아 아직 왜군이 도성하지 못한 북문으로 몰렸다.

남문 밖 양마장에서 접전을 벌이던 군기시 군관 김효의는 밀려드는 왜군 기세에 눌려 성안으로 퇴각했으나 텅 빈 성가퀴와 사방에서 일어난 불길, 군민들의 아우성에 섞여 들리는 날카로운 통곡 소리가 남원성 함락을 알렸다. 아직 왜군이 닿지 않은 북문에는 명나라 기병의 말울음 소리, 고함소리가 서로 얽혀 아비규환 상태다. 문이 절반쯤 닫혀 길목에 말과 사람이 잔뜩 엉켜 붙은 혼란 중에 왜군이 삼면에서 장검을 번뜩이며 들이닥친다. 김군관은 가까스로 북문을 빠져나갔지만 '살마군'은 북문 밖 길목에 2~3겹으로 포위망을 형성, 검기가 번뜩여 이곳이 성에서 몰아낸 군사와 군민을 학살하는 최후 도살장임을 직감하고 걸음을 멈춘다. 한가위 밝은 달빛이 아직 휑뎅그렁한 한 북문 밖 '도살장' 길목 길목을 환히 비추었다. 성문을 빠져나간 기병들은 미처 말이 속도를 내기도 전에, 날아드는 왜군의 창검에 온 몸이 난자되어 낙마했다. 시간이 흐를수록 조명연합군의 군사와 말의 시신이 길가를 가득 메운다. 부총병 양원이 몇몇 측근과 더불어 이 틈을 헤집고 달렸다. 뚜렷한 명나라 대장기가 보이자, 고니시 부대 깃발을 꽂은 왜 기마병이 달려들어 시마즈 군의 창검을 차단해 길을 터준다. 김효의와 다른 조선 병사 한 명이 후미에 따라 붙었으나 군관 한 명은 곧 장창에 가슴을 찔려 절명했다. 겨우 포위망을 벗어나 양원의 대열에서 이탈한 김효의는 풀숲에서 한 동안 몸을 숨긴 뒤, 시마즈군이 북문으로 철수하자 전주성을 향해 달려간다. 남원성 함락 소식에 이번에는 전주성이 공포에 빠져 백성들이 앞 다투어 피란길에 나섰다. 곧이어 남원성 백성이 모두 도살되었고, 고니시가 양원이 도주하면 목숨은 보장해 준다는 약속을 했다는 소문이 파다하게 퍼졌다.

전투는 새벽까지 이어졌지만 곳곳에서 패잔병을 색출해 학살하는 끝내기에 불과했다. 조명연합군 지휘부는 붕괴되고, 왜군은 남원성의 퇴로를 이미 사방에서 차단했다. 전라병사 이복남, 남원 부사 임현, 조방장 김경로, 광양 현감 이춘원, 명나라 접반사 정기원 등이 줄지어 전사했다. 명군의 중군 이신방, 천총 장표도 목이 잘린다. 군기시에서 파견한 파진군 중 김효의만이 유일한 생존자였다. 조명연합군이 모두 섬멸되자 왜군은 성안 군민에 대한 순차적인 집단 학살에 나선다. 아이와 여인에게까지 자비는 없었고, 따라서 포로도 없었다. 성안에 있던 7천여 군민은 차례차례 줄을 서서 자신의 죽음을 받아들여야했다. 같은 날, 같은 시각, 숱한 죽음 길의 동반자가 이승의 마지막 인연으로 남는다. 한 피란민의 눈에 멀리에서 겹겹이 쌓인 시신이 붉은 모래언덕처럼 비친다. 달은 밝고 하늘에는 구름 한 조각 없다. 한가위 보름달은 밤새 계속되는 학살을 무심하게 바라볼 뿐이다. 백성들은 이승의 마지막 달빛을 보며, 내세에는 내 자식이 전란 없는 세상에 태어나게 해달라고 빌었을 것이다.

가토와 모리가 이끄는 우군은 16일 서생포, 밀양, 초계, 거창을 거쳐 진안으로 이르는 길목인 황석산성을 압박했다. 도체찰사 이원익이 금오산성에, 경상 우병사 김응서가 합천에 진을 쳤지만 애초부터 전면전 보다는 각각의 산성으로 소개하는 청야작전을 택했다. 산성으로 몸을 빼낸 백성들은 잔뜩 웅크린 채 왜병이 지나가기만을 기다린다. 의병장 곽재우는 창녕 화왕산성에서 군량과 병기를 갖추어 놓고 방어망을 구축, 일전을 준비했다. 가토는 성의 형세가 험준한데다, 수성장이 곽재우라는 사실을 파악하자, 군사를 우회해서 전주로 길을 잡았다. 예상외로 많은 전력을 손상시킬 수 있다는 계산이다. 이 과정에서 함양과 장수를 잇는 육십령 길목에 자리한 황석산성이 왜군과 일전을 피할 수 없는 상황에 처한다. 성벽 앞길이 좁고 육십령 길목마다 매복이 가능하다고 판단한 가토는 아예 산성을 휩쓸고 지나가기로 결정한다. 산성은 험준한 절벽으로 둘러 싸여 방어에 유리했지만 조선군민은 고작 수천 명에 불과했다.

안음 현감 곽준(48세)이 함양군수를 지낸 조종도와 함께 수성전의 사령탑을 맡았다. 여기에 체찰사 이원익의 명으로 김해 부사를 지낸 의병장 출신 백사림이 합류, 군민들의 사기가 올랐다. 김해부사 시절 백성들이 신망이 높았고, 무엇보다 갑오년 10월 이순신의 의승병과 연합, 장문포를 공격한 무장이었다. 하지만 드센 용력에 비해, 황석산성 일대를 가득 메운 가토의 5만 병력에 맞서는 기개는 부족했다. 왜군은 병력을 셋으로 나누어, 북쪽을 제외한 남, 서, 동문을 일제히 타고 올랐다. 특히 남쪽 성문을 맡은 가토군의 기세는 사나웠다. 쏟아지는 화살과 편전, 돌무더기를 뚫고 거머리처럼 성벽에 달라붙는다. 첫날 공성 전투를 통해 전력을 파악한 왜군은 이튿날 대대적인 공성 도구를 성벽에 밀착시켰다. 결국 전장의 두려움을 이기지 못한 백사림이 새벽 무렵 가족을 탈출시킨 뒤, 자신도 은밀하게 성을 빠져나갔다. 동요한 군사들의 사기는 땅에 떨어졌지만 문관 곽준의 기개는 놀라웠다. 17일 저녁부터 다음날 새벽까지 전개된 전투 내내 아들 이상, 이후를 데리고 끝까지 성벽을 오가며 사투를 벌였다. 세 부자는 왜군이 도성에 성공하면서 거의 동시에 척살되었다. 곽준의 곁을 지키던 조종도 또한 함께 전사한다. 조종도는 전투에 앞서 짧은 글귀 하나를 남겼다.

"임금과 함께라면 북쪽 허허벌판의 공동산 밖이라도 사는 것이 기쁘지만,
 임금을 버려야한다면, 고립된 순원성에서 죽는 것도 영광스럽네."

가까스로 성문을 나선 곽준의 딸 현풍 곽씨는 남편 유문호가 왜병에게 사로잡히자, 나무에 목을 매어 자진했다. 여종에게 "아버님을 따라 죽지 않은 것은 남편

이 살아있기 때문인데, 남편마저 잡혔으니 어찌 살기를 바랄 것인가"라는 유언을 남겼다.

　산성을 점령한 가토의 군대는 역시 잔인했다. 이틀에 걸친 격전에 대해 철저하게 보복에 나서 남원성과 마찬가지로 성내 군민은 한 사람도 살아남지 못한다. 18일 내내 학살이 이어지고, 벼랑으로 도망친 여인들은 천 길 낭떠러지에서 몸을 던진다. 벼랑 아래 바위가 곧 '피 바위'로 불렸다. 매년 8월 18일 황석산성 일대에서는 아버지와 아들, 어머니와 딸의 기일(忌日)을 맞은 통곡 행렬이 이어질 것이다.

　남원성과 황석산성에서는 더 이상 죽음의 공포를 느낄 수 없다. 산 자가 없기 때문이다. 적막감조차 사라진 '생명의 진공 지대'로 변했다. 왜군조차 시신의 침묵에 진저리치며 서둘러 남원성을 빠져나간다. 이후 19일 전주성 공략에 나섰으나, 곧 텅 빈 성에 무혈입성(無血入城) 한다. 남원성 함락 소식을 들은 전주 부윤 박경신과 명나라 유격 진우충은 즉시 군사를 빼내 성을 버렸다. 이어 황석산성을 무너뜨린 왜 우군이 전주성에 합류, 새로운 작전 계획이 수립된다. 26일, 왜군의 북상길이 새롭게 결정된다. 전라도의 허리와 머리가 정유년 8월 모두 유린되었다.

　충청도 장악이 당면 목표로 설정된다. 수군 7천여 명이 별도로 구성되어 군대는 4개 편제로 다시 분리된다. 우군에서는 가토가 용담과 진잠, 모리 요시나리는 무주와 옥천, 나베시마는 금산 등을 공략지역으로 정한다. 중군은 구로다에게 고산, 여산, 모리 히데모토에게 연산, 공주를 작전 구역으로 할당한다. 좌군의 고니시는 익산과 함열을, 시마즈는 용안과 석성을 공략키로 했다. 좌, 우, 중군에는 각각 3만 4천에서 4만 5천의 병력이 동원되어 모두 12만 여명이 육상 전투에 나섰다. 여기에 수군은 함평, 무안, 진도 등 전라도 연해를 돌면서 후방 지원을 맡았다. 이어 충청도가 왜군에 떨어지면, 수군의 작전구역은 경기도와 한강 유역까지 확대키로 한다.

왜군은 작전지의 대민정책도 구체화한다. 군사 작전이 임박한 충청도에서는 백성들에 대한 살육이 적극 권장된다. 병사들이 그 증거로 코를 베어오면, 확인증을 발급하고 향후 급료와 공로에 포함시켰다. 일본에서 전쟁을 감독하기 위해 파견된 감군(監軍)들이 각 단위 부대별로 할당되어 이 역할을 맡았다. 다만 점령지인 전라도에 대해서는 부분적인 유화책을 도입, 살육을 멈추고 주둔군이 고을을 다스리는 군정 정책을 실시한다. 감군들이 깊숙하게 개입해 후방에서 점령지에 대한 통치 정책을 끌어갔다. 우선 조선 피란민을 다시 끌어 모으기 위해 공물의 비율을 대폭 낮춰 일괄적으로 수확량의 5분의 1수준으로 정했다. 당시 조선 소작농들이 수확물의 절반 이상을 조세를 비롯해 지주와 마름에게 빼앗긴 현실과 비교하면 민심을 얻기 위한 파격적 방안이었다. 다만 돌아온 백성들은 '일본 사람'이라는 확고한 증거를 제시해야 했다. 고을 수령이나 사대부, 양반, 지주, 군관 등의 목을 베어오거나 숨은 곳에 대한 첩보를 제공하는 조건으로 정착을 허용한다. 소작민들이 국적을 옮겨 자신의 땅을 얻을 수 있는 기회를 제공한 것이다. 이 조건에 따르면, 일본 백성으로 살겠다는 평생 서약이 된다. 최소한 두 번 다시 조선 백성으로 돌아갈 길은 사라진다. 또 마을을 다스리는 '기올'의 경우, 가솔을 인질로 잡아 두고, 공동 감시하는 방안이 추진된다. 감군의 중앙 사령부에서 명단을 공유해 혹시 모를 모반에 대비하는 안전장치로 활용했다. 감군 사령부와 기올, 일본 군대 등으로 이어지는 계단식 통치 방안이 수립된다. 조선의 4도를 할양받아 실질적인 통치의 기반을 구축하기 위한 정지 작업이었다. 8월말, 일본의 4개 부대는 각각 자신의 전략적 목표를 위해 기동한다. 한여름 무더위가 가시고 가을 기운이 성큼 다가오면서 행군 속도는 빨랐다.

이 무렵 조선 조정에서는 어쩔 수 없이 선조의 피란 논의가 고개를 들었다. 9월초 공주에 입성한 왜군들이 직산의 턱밑인 천안에 이르렀다는 파발이 한양성에 잇따라 도착했다. 9월 9일 왕비와 비빈 등 궁녀 일행이 평양 피란길에 오르면서 한양성 위기감은 고조된다. 또 평양성에 머물던 명나라 경리 양호가 지난 3일, 한양에 도착해 제독 마귀가 꾸린 조명 사령부에 합류, 저잣거리 상점은 이미 철시했다. 양호는 평안도 군사 5천 명과 황해도, 경기도 군사 수천여 명을 이끌고, 한강 상류 등 왜군의 도하 예상 지점과 각종 군수 창고에 배치했다. 선조가 평양행을 택하면, 임진년의 악몽이 고스란히 되풀이된다. 갈피를 잡지 못한 일부 신료들이 가솔을 피란시키자 사헌부가 이들을 탄핵하고 나섰다. 민심을 흔들어 임진년과 마찬가지로 도성을 허무하게 빼앗길 수 있다는 지적이다. 지사 구사맹, 호군 신잡, 병조 참판 노직, 승지 우준민, 윤돈, 호조 참의 권협, 판결사 송순 등 모두 입만 떼면 '죽음으로 충절을 지키겠다'던 신료들이 가족을 피란길에 앞세웠다.

사헌부가 내친김에 유성룡을 여기에 끼워 넣었다. 가솔을 은밀하게 도피시킨 죄는 영상이 가장 무겁다고 고발한다. 유성룡이 고수하는 새로운 공납 제도, 즉 작미법에 대한 뿌리 깊은 반감이 녹아있다. 사헌부는 줄기차게 '사헌부에서만도 하루에 수십여 권에 이르는 종이를 소모하는데, 호조에서 공물을 백미로 받으면서 종이가 부족해 일을 못할 지경'이라며 '백성들마저 번거롭고, 병폐만 극심한 작미법을 이전으로 되돌리기를 절실히 원한다'고 선조를 졸라댔다. 종이가 부족하다는 와중에서도 상소는 그치지 않는다. 작미법이 시행된 이래, 방납업자와 결탁한 사헌부 신료들의 이권이 위협받는 현실과 무관할 수 없었다.

선조가 즉각 진상 파악에 나선다. 영의정 유성룡이 먼저 가족을 피란시켰다면 민심에 영향을 미칠 것은 분명했다. 하지만 유성룡 가족들은 피란준비는 생각도 않은 채, 멀쩡하게 한양 묵사동에 살고 있었다. 당시 유성룡은 경기, 충청도에서 군사를 모으는데 정신이 없었다. 공무중인 유성룡이 가족에게 사적인 일을 지시할 리 없고, 가족 또한 유성룡을 두고 피란길에 오를리 만무하다. 유성룡은 '사헌부의 탄핵으로 자택이 감찰을 받았다'는 연락을 받고, 한양에 곧바로 사직 상소를 올린다. 이순신의 압송이래, 유성룡은 영의정 자리에 미련이 없었다. 선조가 '진심으로 사과한다. 도성 사람들이 요즘 가솔을 피란시킨 중신들의 처사를 모두 내 탓으로 돌려 분노하던 와중에 잠시 사리분별을 잃었다. 한번 웃어버릴 일이다. 속히 한양으로 돌아오라'고 전해 사태는 일단락되었다. 나름 극진한 사과였다.

'피란 파동'은 앞서 선조가 왕자들과 비빈을 평양으로 보내는 일에 나서면서 불거졌다. 선조의 피란길로 확대될 것을 우려한 비변사가 반발했다. 민심이 이토록 흉흉한데, 내전이 갑작스레 거동하면 도성 백성들이 사방으로 흩어져 감당할 수 없다는 항변이다. 더구나 당시 도성에서는 황석산성에서 온 가족이 순국한 안음현감 곽준 이야기가 파다하게 퍼졌다. 난처해진 선조는 사대부들을 걸고 넘어지며 역공을 취한다.

"몰래 성을 빠져나가는 사대부 가솔의 소문을 나와 온 백성이 알고 있다. 그런데 언관들은 이러한 과오는 덮어두고, 임금에게만 늘 바른 말을 일삼는가. 그대들은 고요한 천지를 천둥이 흔들어도 자신들과 관련되었다면 아예 못 들은 척한다."

이런 신경전 끝에 유성룡 가솔을 책임 회피용으로 거론했으나 헛소문으로 판명나자 민망한 선조가 '한 번 웃어넘기자'고 얼버무린 것이다. 선조에게 영의정 유성룡은 민심을 저울질하는 척도였다. 게다가 선조는 지난 달 이순신을 부랴부랴 삼도수군통제사로 재임명하면서 체면을 잔뜩 구겼다.

이런저런 사연을 거쳐 비빈들이 피란길에 올랐고, 선조의 거취 문제가 현안으로 떠올랐다. 직산과 한양은 사나흘 만에 군사적 기동이 가능해 현실적 위협이 바짝 다가온 탓이다. 선조는 임진년과는 달리 피란길에 대해 자못 신중했다. 당시 서둘러 한양과 평양성을 버리면서 실추된 정치적 권위를 회복하기 위해 수없는 선위 파동을 거쳐야했다. 더구나 제독 마귀와, 경리 양호가 한양에 버티고 있어 아주

막다른 벼랑 끝은 아니었다. 대부분 신료들도 선조의 피란길을 반대했다. 다만 일부 신료들은 파천의 필요성을 제기, 국론은 여전히 갈팡질팡했다. 가솔을 먼저 피란시킨 죄의식 때문인지, 지사 신잡이 구체적인 피란 방법을 선조에게 상세하게 아뢴다.

"마땅히 영변으로 행차하셔야 합니다. 신이 먼저 그 고장 병사로 일해서, 영변길과 풍속을 잘 알고 있습니다. 파천 길을 호군하는데 차질이 없을 것입니다."

여기까지는 좋았는데, 신잡이 지나치게 유난을 떨어 조롱거리를 자처한다.

"그런데 영변에는 신일(辛日)에 장을 담지 않아, 장(醬)이 없는 것이 걱정이오니 미리 준비하지 않으면 곤란을 겪을 것입니다."

선조의 피란길이 갑작스레 '가을 소풍'으로 둔갑해 버렸다. 조정 신료들의 조롱과 비웃음이 한동안 그치지 않았다. '신일에는 장을 담그지 않아, 신잡의 걱정이 크다'는 비아냥이 우스갯소리처럼 떠돌았다.

일부 신료들은 여전히 느긋했다. 피란처를 묻는 선조의 물음에 "왜군을 지나치게 걱정할 것이 무엇입니까. 오랫동안 참고 버티면 저절로 물러갈 것이니, 다만 신들은 그동안 전하를 편안한 곳에 모시면 그 뿐입니다"라며, 대답을 에둘러 선조의 역정을 받아야 했다. 한양성에 달려온 권율 또한 전황을 확신하지 못했다. "전란 시에 임금이 한양에 머무는 것은 경솔한 처사입니다. 마땅히 평양 등지로 옮겨 왜군의 형세를 살펴야 합니다"라고 의견을 올려, 사헌부와 사간원의 집중 포화를 받았다. 장수된 자로서 나약하기 짝이 없다는 공박이었다. 구체적 전황에 대한 확신이 부족한 상태에서, 뜬 구름 같은 말잔치가 연일 벌어진다. 하지만 파천에 관한한 선조가 진중해진 것만은 틀림없었다.

이 무렵 이순신은 패퇴한 수군 병사와 그나마 남은 물자를 끌어 모으려 악전고투를 벌였다. 칠천량 패전의 소식을 접한 도원수 권율은 백의종군 중인 이순신을 찾았다. "어찌할까, 어찌할까"만 되풀이할 뿐, 대책을 논의할 수 없을 정도로 전황은 참담했다. 도원수 권율에게도 원균을 몰아붙인 죄의식이 떠오를 수밖에 없었다.

"바닷가로 가서 직접 보고 들은 뒤, 대책을 마련하겠습니다."

실태 파악에 나선 이순신이 그날 오후 당장 삼가현으로 길을 잡았다. 이후 숨가쁜 일정이 이어진다. 다음날인 7월 19일 단성에 이르러 하룻밤을 머물고, 현감을 만나 군수물자를 조달한다. 백의종군의 처지였으나 현감들에게 이순신은 여전히 삼도수군을 통솔하는 정신적 지주였다. 이후 곤양을 거쳐 노량에서 도주한 배설이 정박시킨 판옥선 12척을 확인한다. 21일이었다. 이순신은 판옥선에 올라, 선실에서 잠을 청한다. 22일 배설을 만나 판옥선을 회령포로 이동시키라고 당부, 자신은 군수물자와 인력을 최대한 채워 넣기 위해 육로로 달려가 23일 곤양에 이른다. 도원수 권율에게 판옥선 12척이 무사한 사실을 알리고, 지원 병력을 진주로 파견해 달라고 요청한다. 각지에 군관을 보내, 수군 사령부를 재건할 회령포에 인력과 물자를 집결시키라면서 혹시 모를 희망의 불씨를 품는다. 조방장 배흥립이 합류, 이순신의 짐을 덜어준다. 26일 진주목사를 만나 도원수가 보낸 군사를 점검했으나, 실전 경험은커녕, 활과 화살조차 제대로 갖추지 못해 한산도의 정예와는 천양지차였다. 29일 남해현령 박대남이 찾아온다. 젊은 현령은 이순신에게 힘이 미칠 때까지 돕겠다고 약속했다. 8월 3일, 삼도 수군통제사에 다시 임명한다는 선조의 교지, 신표와 밀부가 정개산성 인근의 한 초라한 민가에 당도했다. '알았다. 감사하다'고 짧게 사은하고, 행보를 거쳐 곧 왜군이 밀어닥칠 구례를 찾는다. 서둘러 군기와 군량을 챙겨 고산, 곡성을 거쳐 옥과에 이른다. 수령들이 도망치고 백성들은 피란길에 올랐다. 통제사를 알아보고 대성통곡한다. 말에서 내린 통제사가 잠시 행보를 늦춰, 이들과 어깨를 나란히 하고 걸으며 차분하게 위로했다. 일부 젊은 피란민이 통제사에게 합류한다. 병을 핑계로 통제사를 피한 옥과 현감에게는, '참수 하겠다'는 군령을 세워 군기를 다잡는다.

7일 순천에 이르자 마을 곳곳이 쑥대밭이다. 왜 좌군에 밀린 육군 패잔병들이 삼삼오오 떼를 지어 마지막 보루인 남원성으로 질서 없이 향한다. 8일 순천 부유창에서 도망간 수령들을 한꺼번에 잡아 죄를 묻는다. 이날 의승장 혜희가 정신없이 달려와 이순신을 보자, 목 놓아 울음을 터뜨린다. 전란 초기부터 통제사를 도운 자식 같은 군인, 의승장에 임명하는 사령장을 건네며, 몸을 아끼라고 당부한다. 9일, 낙안관사는 텅 비었다. 일부 백성들이 통제사에게 음식을 대접하고, 묵은 술 항아리를 내온다. 술 항아리 누룩의 매운 냄새에서 백성들의 공포가 물씬 풍긴다. 11일 군관 송희립을 반갑게 맞는다. 이어 거제현령 안위와, 전라좌수사 시절부터 측근이었던 이몽구가 찾았으나, 만나지 않는다. 도주한 죄를 물어 기어코 곤장을 친 뒤 합류를 허락한다. 15일은 8월 한가위, 통제사가 보성 열선루에서 잠시 숨을 돌린다. 강인한 체력으로 한 달여 동안을 내달려, 진주하는 왜군과 사나흘 시차를 두고 텅 빈 남해안 일대에서 군비와 인력을 박박 긁어모았다. 일정 관리에 빈틈이 없었다.

통제사는 유명무실한 수군을 폐지한다는 조정의 교서에 대해 이미 장계를 올렸다. "내가 죽지 않았다면, 왜적은 우리를 업신여기지 못할 것입니다"라고 답했다. 유성룡에게도 거두절미하고, 수군이 존속되어야 한다고 당부하는 짧은 서신을 띄웠다. 소문을 들은 군관들이 통제사 휘하로 몰려들어, 최소한의 지휘부를 꾸릴 정도가 되었다. 이날 통제사는 지난 5년간 온 정성을 쏟은 한산진을 떠올린다. 한가위 보름달이 휘영청 떠오른 열선루에서 시 한수를 짓는다. 애간장이 끊어지는 아픔을 여과 없이 담는다.

한산섬 달 밝은 밤에 수루에 홀로 앉아,

큰 칼 옆에 차고 깊은 시름 하는 때에,

어디서 들리는 피리소리는 나의 애를 끊나니.

17일 장흥을 거쳐, 다음날 보성 회령포에 이른다. 판옥선 뱃머리에 그려진 12개의 귀신머리가 암담하게 파도에 흔들린다. 배설은 뱃멀미가 심했다고 병탈을 하면서 이날 통제사를 맞지 않았다. 수군의 해상 전투를 허락한다는 선조의 교서가 도착한다. 통제사는 즉각 대장선을 정해 초요기와 독전기 등을 옮겨 싣고 함진을 갖춘다. 대장선이 선봉이 되고, 이를 호위하는 중군장조차 정하지 못하는 초라한 수군 편제였다. 회령만호가 뇌물을 받고 피란민에게 넘긴 판옥선 한 척이 급하게 회수된다. 모두 13척, 이 배만 가지고 결전을 치를 태세다. 통제사는 20일 회령포구에서 해남 이진으로, 24일 다시 어란진으로 후퇴한다. 서서히 출몰하는 왜선들이 조선군에게 최후 결전을 예고한다. 군사들이 동요하자, 탈영하던 격군의 목을 베어 효수한다. 전라우수사의 후임으로 26일 이억추가 합류했지만 배설과 더불어 공포에 젖어있다. 지휘관조차 '자살 행위'라는 패배감에 빠져있다. 27일 통제사는 배설을 부른다. "피하고 싶다고, 피할 수 있겠느냐"며 차분하게 장수의 본분을 일깨운다. 28일 왜대선이 도발한다. 배설이 배를 물리자, 대장선이 나아가 함포를 날린다. 왜선은 곧 회항하면서 탐색전을 마친다. 한때 바다의 저승사자였던 조선 수군 군세가 13척으로 명맥만 유지한다는 사실을 확인한다.

통제사는 29일 다시 함진을 물린다. 진도로 방향을 잡아 30일 울돌목 앞 벽파진에서 전투태세를 갖춘다. 9월 2일, 구름 한 점 없이 깊어진 가을 포구의 고요를 이기지 못한 경상우수사 배설이 도망쳤다. 장수와 병사들이 한꺼번에 얼어붙었다. 어란진, 벽파진에 왜선 척후선이 빠르게 기동한다. 한밤에 조선 수군을 기습하는 대담성을 보인다. 선두에 선 대장선이, 왜선을 쫓아내는 수순에서 전투를 마무리한다. 판옥선에 숙소를 마련한 통제사는 한밤에도 경계와 척후를 늦추지 않는다. 9월 9일은 중양절, 전란 중에 억울하게 죽은 여귀를 달래는 제사는 지내지 않는다. 소를 잡아 벽파진에서 병사들을 먹이고, 상중인 자신도 이들 틈에서 고기에 입을 댄다. 결전을 예감한 병사들은 '저승길의 사자밥'이라고 믿었다. 다만 통제사도 그 길을 함께 간다는 사실을 마음속 깊이 각인한다. 14일, 통제사는 수군의 패배에 대비, 벽파진 인근 주민들에게 대피령을 내린다. 백성들은 통제사의 군령을 어긴다. 해안으로 물과 음식을 나르며 수군진 주위를 맴돈다. 15일, 13척의 함대가 명량의 좁은 해역, 울돌목에 진을 친다. 다음날 통제사는 장수들을 불러 군기를 잡는다. 단호하고 비장한 어조다.

"죽고자하면 살고, 살고자 하면 죽는다. 한 사람이 길목을 막으면 천 사람도 막을 수 있다. 장수들은 살려는 생각을 버려라. 이를 어기면 군령으로 다스릴 것이다."

2천여 남짓한 군사를 불러 모은다. 어제 밤 꿈에 신인(神人)이 나타나 조선 수군의 승리를 약속했다고 다독인다. 힘차고 간결했지만 부드러운 음성이다. 순식간에 22개 전투단위로 편성된 왜 선봉 수군이 명량해협을 새까맣게 덮었다. 모두 133척이었다.

9월 3일 한양에 도착한 경리 양호는 왜군이 이미 충청도 전의를 압박한다는 급보에도, 어정쩡하게 한강 방어 전략에만 치중한 제독 마귀를 닦달했다. '공세 없이 어떻게 적의 예기를 꺾느냐'며, 곧바로 기병을 소집한다. 어찌 보면 과감했고, 달리 보면 성급한 성격이었다. 제독과 장수들을 불러 모아 기병의 1차 출병을 논의했다. 이어 5일, 제독 마귀와 최종 전략을 숙의, 기병 2천여기를 출격시킨다. 지휘관은 부총병 해생, 참장 양등산과 유격장 우백영이 맡았고, 마상전의 실전 경험이 풍부한 군관 15명이 각 부대에 분산, 배치된다. 군대 편성과 군관 임명, 출병까지 거침이 없다. 뒤를 이어 3천여 지원군을 직산에 보낸다.

　기병은 6일 밤을 지새워 천안방면으로 달린 뒤, 7일 어스름 무렵 평택을 지난다. 동틀 무렵 직산 남쪽의 삼거리에서 전투 대형을 갖춘다. 소사평 일대는 군데군데 기복이 있지만 넓고 탁 트인 평지다. 기병의 매복과 기동에 용이한 지형상 이점을 동시에 갖췄다. 왜군 선봉이 천안을 목표로 홍경원으로 향한다. 부총병 해생은 이들을 거르고 중군을 기습키로 작전을 세운다. 흰 옷을 입은 왜 중군의 선봉이 서서히 시야에 잡힌다. 해생이 머뭇거리며 조선군인지 여부를 놓고 탐색하던 중 매서운 총성이 벌판을 가르자, 곧바로 돌격기를 들어 삼거리 기슭에 매복시킨 기병에게 전격적인 기동을 명령한다. 왜 선발대의 조총 사격이 잠시 주춤한 사이, 곳곳에서 쏟아진 마상병이 활과 창을 날리며 돌진해서 대오를 무너뜨린다. 이번에는 기병이 조총의 장전시간보다 빨랐다. 왜병이 조총 부대를 가다듬을 틈을 주지 않으면서 승기를 잡아낸다. 철봉으로 무장한 후속 기병대가 곧바로 왜군의 흩어진 진영에 뛰어들어 마상병과 보병의 백병전이 벌어진다. 하지만 온전히 말을 탄 마상병을 보병이 대항하기는 역부족이다. 왜병의 창검은 말발굽에 짓밟히고, 그들의 머리를 철봉이 내리친다. 왜군 머리가 마치 수박처럼 깨져 곳곳에서 흰 옷을 붉게 물들인다. 왜군이 퇴각기를 올리고, 퇴각 나팔을 불어댄다. 삽시간에 5백여 왜군 시신이 벌판에서 나뒹굴어 들판이 마치, 목화밭에 붉은 칠을 해 놓은 듯했다. 전란 초기 신립이 구상했던 마상 전투가 정유년에 비록 명나라 기병을 통해서나마 성공적으로 재현된다.

　일본 패잔병이 산으로 도주, 백기를 흔들자 왜 본진의 모습이 드러났다. 명나라 기병도 군사를 물려 전열을 가다듬는다. 소사평 군데군데에서 금으로 치장한 갑옷과 투구를 입은 시신들이 가을 햇살을 받아 황금빛을 반사한다. 왜군 지휘부마저 극심한 타격을 받았다는 사실을 알린다. 몇몇 명군이 마상에서 한가롭게 왜병의 목을 베어 마치 과일을 줍듯이 장창에 꿰어 돌아왔다. 심심풀이로 수집한 왜군 지휘관의 수급만 30여 개에 이르렀다. 전투를 진두지휘한 부총병 해생과, 참장 양등산이 양손에 왜장의 수급을 꽂은 장창을 들고 흔들어대면서 사기는 하늘을 찔렀다. 이어 경리 양호가 파견한 2차 지원병이 도착, 진영에서 환호가 일어난다.

팽팽하게 대치한 명나라 군대와 왜군이 간혹 산발적인 전투를 벌였지만 결국 왜군은 전면전을 꺼린 채 병력을 물렸다. 강화 협상이후, 도요토미는 명나라에서 자신을 왕으로 책봉한 만큼 다시 터진 전란은 번국(藩國)간의 다툼, 즉 '예의 없는 조선에게 도리를 가르치는 싸움'이라고 단언했다. 따라서 명나라 군대는 참전하지 않거나, 참전해도 중립을 지킬 것이라고 장담했다. 이에 따라 남원성 전투에서 부총병 양원에게 유화적인 교섭을 제의, 남원성을 초토화시키면서도 양원은 풀어주었지만 직산에서 왜군은 명나라 공세가 더욱 거칠어졌다는 사실을 확인한다. 일본은 일단 조선 4개도의 할양을 협상안으로 내세웠던 만큼 명나라와의 전면전을 접는다. 직산 전투가 소강상태에 빠지면서 조선 조정과, 명나라, 왜군 사령부에서 향후 군사작전의 가닥을 어떻게 잡을지 논의가 분분해졌다. 충청도에 주둔한 왜군은 통제사의 본가가 있는 아산을 작전 구역에 포함시킨다. 전란 내내 고통을 안겨준 이순신의 본가를 왜장들이 파악하지 못할 리 없었다.

통제사가 해상 제해권을 놓고 건곤일척의 승부를 벌인다. 9월 16일 새벽, 진도 벽파진 명량해협 울돌목. 시시각각 당도하는 척후에 따르면 왜 선봉 수군은 133척이다. 지휘선인 아타케부네(安宅船·안택선) 1척을 5척의 전투선 세끼부네(關船·관선)가 둘러싼 22개 전투 단위에, 2층 망루를 호화롭게 치장한 사령선이 중앙에 포진했다. 꺾어진 삼문자(三文字) 문양이 붉고, 흰 천에 새겨져 선상에서 요란하게 펄럭이는 모습이 어슴푸레 잡힌다. 명량해협은 조석 간만의 차이가 3~4m에 이르는

데다 유속이 급한 조류가 울돌목에서 뒤엉킨다. 조선 수군의 역조류, 배를 제자리에 세우기조차 어려운 상황에서 쇄도하는 왜선을 향해 대장선이 주저 없이 돌격한다. 선봉과 중군을 나눌 여유가 없는 초라한 일자진(一字陣)이었으나, 그나마 다른 판옥선이 돌격을 주저하면서 생긴 공백에 왜 전투선이 새까맣게 달라붙었다. 대장선이 아예 보이지 않을 지경, 대장선의 화포가 곡사에서 직사로 바뀌면서 맞붙은 왜선이 튕겨 나갔지만 곧바로 다른 전투선이 달라붙었다. 명량의 양 해안가에서 고함치던 백성들이, 육지의 총포 사격에 가세한다. 그냥두면 대장선을 왜병이 덮어버릴 것이다. 대장선의 갑판에 도선하던 왜병의 잘린 팔과 손가락이 꿈틀거린다. 승병들이 장창으로 왜군의 장검을 휘청거리며 막아내면서도 가까스로 대오를 유지한다. 불을 뿜는 천자, 지자, 현자 총통의 기세에 달라붙던 왜선이 잠시 주춤 거리를 둔다. 장루에서 상갑판으로 내려온 통제사는 전사한 노비 계생의 피묻은 죽궁을 들고 군사들을 독려한다. 한 전(箭), 한 전, 바람을 가르며, 왜군의 가슴과 머리에 적중한다.

통제사가 병사들을 다독인다.

"한발 한발 정성을 기울여 쏘라. 왜적은 내 배를 침범할 수 없다."

병사들에게 대장선은, 군신(軍神)이 탑승한 판옥선이다. 승군의 수마석과 철퇴가, 도선하는 왜병 머리를 수박처럼 쪼갠다. 다른 판옥선은 왜군의 기세에 질려, 여전히 제자리를 맴돈다. 조선수군의 선봉 부대, 녹도 만호 송여종마저 이순신을 외면한다. 이순신이 초요기를 올린다. 대장선을 호위하는 중군장 미조항첨사 김응함과, 거제 현령 안위의 판옥선이 당도했다. 이순신이 안위를 향해 뱃전에서 외친다. 살기가 담겨있다.

"안위야, 네가 군법에 죽고 싶으냐. 도망치면 조선 땅 어디에서 살 것이냐."

안위의 배가 죽기로 달려든다. 왜선 2척이 안위의 뱃머리에 부딪히면서 왜군 7

~8명이 균형을 잃고 명량 해협으로 추락한다. 왜선은 반파되었지만 그 틈에 거칠게 도선을 시도한다. 안위의 배에서 화포가 불을 뿜으면서 이들을 밀어낸다.

이어 이순신이 대장선 곁을 지켜야하는 중군장 김응함에게 외친다.

"너를 당장 처형할 것이다. 싸움이 급하니 먼저 공을 세우라."

'살려하면 죽을 것', 통제사의 경고가 귓전을 때린다. 김응함의 판옥선이 마침내 전투에 돌입한다. 도선이 급박하게 진행되어, 왜군이 갑판에 올라서자 통제사가 대장선을 몰아 선체를 왜선에 충돌시킨다. 왜선과 판옥선 사이에서 둔탁한 굉음이 울린다. 깨어진 왜선이 기울자, 도선한 왜병들이 전의를 잃고 바다로 뛰어든다. 대장선은 왜 대선을 향해 항진을 이어간다. 임진년 이후, 숱한 해전을 치렀으나 칠천량에서 죽을 고비를 넘기며 움츠러들었던 만호 송여종이, 문득 제정신을 차린 듯 기지개를 켜며 전투에 가세한다. 평산포 대장 김응두가 합세, 대장선을 겹겹이 포위하던 왜대선이 차곡차곡 가라앉으면서 왜 사령선이 빈틈을 드러냈다. 조선 수군의 철환과 대장전이 일제히 소나기처럼 쏟아진다. 층루가 무너지고 기울었던 선채가 서서히 눕고 있다. 붉은 휘장을 푸른 바닷물이 단숨에 삼킨다. 안골포에서 투항한 왜군 준사가 허우적거리는 왜군 장수를 가리켜 '마다시'라고 외치자, 사수 김돌손이 활을 내려놓고, 갈고리를 던져 왜장의 몸을 찍어 끌어 올린다. 마다시의 목이 대장선 돛대에 걸린다.

왜군이 주춤거린다. 임진년 이래, 조선 수군과의 전투가 의미했던 지난 악몽을 다시 떠올린다. 조류가 서서히 바뀐다. 조선 수군에게 순조류, 13척의 판옥선이 촘촘한 일자진을 펼쳐 왜선을 압박했다. 해안가 백성들이 미친 듯이 환성을 지른다. 100m 남짓한 좁은 수로에 왜선 잔해가 가득 차고, 조선 함대가 일제 포격을 가한다. 역조류와 동시에 밀려드는 잔해와 철환 속에서 항로를 잡지 못한 왜선이 퇴각기를 올린다. 먼발치에서 관망하던 수백 척 왜선이 먼저 등을 돌린다. 조선 함대는 왜선이 총포망을 벗어날 때까지 공세를 이어가 서너 척을 더 잡아낸다.

이순신은 이날, 하늘이 도운 기적 같은 승리라고 토로했다. 하지만 하늘은 승리와 패배에 무심하다. 결국 사람의 일이다. 이순신은 왜군을 최대한 유인, 좁은 명량에서 자신의 목숨을 걸었다. 칠천량 이후, 돌이킬 수 없으리라 믿었던 제해권을 거짓말처럼 한 번에 되찾았다. 조선 함대는 이날 저녁 사나운 명량해협을 유유히 빠져나와 당사도에 정박했다. 왜선 몇 척이 뒤따라와 당사도에 정박한 사실을 확인하자 쏜살같이 도주한다. 전라도 해안까지 내몰렸던 백성들이 쌀과 음식을 들고 살려달라고 애원한다. 이순신은 곳곳에 정박하면서 피란민을 태웠고, 어선들은 판옥선 곁에 몰려들었다. 멀찌감치 왜병들이 이 광경을 보면서도 접근하지 못했다. 해상 지원을 약속한 일본 함선이 아닌, 판옥선이 난데없이 나타났다. 고작 십여 척, '저들에게 수백 척 아군의 길이 막혀 북상마저 포기했는가'라는 어처구니없는 심정일 것이다. 7일 군관 송한 등이 승첩 장계를 가지고 명량에서 패했다면 왜군이 타고 올라갔을 뱃길을 통해 한양으로 향했다. 장계에는 대장선에 탔던 순천감목관 김탁과, 통제영의 종 계생 등 조총과 장검에 희생된 십여 명의 이름이 빠짐없이 올랐다. 13척의 조선함대는 건재했다. 왜선은 31척이 침몰했고 수십 척이 반파된 상태도 도주했다. 사상자만도 5천여 명에 이르는 것으로 알려졌다. 이 시신들은 썰물에 이끌려 진도 해안가를 덮었다. 조선 백성들은 이들을 수습해 양지바른 해안가 언덕에 묻었다.

전세가 뒤집혔다. 전라도를 점령하고, 해상 지원을 통해 조선 4도를 지배하겠다던 왜군이 보급로를 다시 잃었다. 직산에서 전투를 벌이던 왜군이 퇴각을 결정, 남해안으로 움츠러든다. 마치 몸을 한껏 뻗어 먹이를 물려던 도마뱀이 팔, 다리를 잘린 형국이다. 왜군은 철군 길에 아산 백성들을 유린한다. 이순신에 대한 복수인지, 단순한 퇴로 길의 노략질이었는지, 확인되지 않았다. 10월 초, 이순신의 셋째 아들 면이 아산에서 전사했다. 아들 면의 목을 찾지 못해 아산에서는 한동안 장사를 미루었다. 14일 이순신에게 면의 죽음이 전해지고 장례 절차를 묻는 서신이 연이어 도착한다. 한산진 훈련 터에서 아버지에게 선물 받은 군마를 보고 뛸 듯이 기뻐하던 막내아들, 우물가의 식사, 아들이 한산도를 떠난 뒤 거세진 풍랑에 밤새 수루를 지키던 통제사, 이승의 모든 추억이 정유년에 사라졌다. 이순신이 차마 답신을 쓰지 못한다. 조선 수군 사령부가 숨을 죽인다. 백의종군 시절, 어머니를 잃어 하늘이 무너졌고, 이제 가슴 한 편이 무너졌다. 장수와 병사들은 진영에서 넋을 잃고, 군무마저 놓은 통제사를 처음 목격한다. 왜 대군을 눈앞에 두고 벽파진에서 의연하게 소고기를 나누던 장수가 아닌, 자식을 가슴에 묻은 아비였다. 이순신이 장수와 병사들의 눈을 피해 소금 굽는 염한, 천민 강막지의 집을 찾는다. 한산도 시절부터 오랜 인연을 맺은 강막지가 소금만으로 간한 데친 나물로 조촐한 술상을 차린다. 상중이기 때문이다. 이순신의 눈물이 세상살이의 짠 맛을 더한다. 다음날 통제사가 면을 위해 소복을 입고 아산에 서신을 띄운다. 비로소 아들의 죽음을 받아들였다. 하루 종일 정성스레 군마의 편자를 가는데 열중한다. 면의 저승길을 편히 태워 보내고 싶은 염원일 것이다. 조선 수군진이 조심스럽게 활기를 되찾아 간다.

직산 전투에서 제동이 걸린 왜군은 명량 이후 급격히 움츠러든다. 가을이 깊어져 매서운 한기가 이따금 느껴지자 왜군이 결국 동면을 준비한다. 군량 및 군수 보급이 절실한 문제였다. 더구나 조선의 청야작전 이후, 백성들은 산성으로 들어가 식량을 꽁꽁 숨겨두었다. 파종조차 미룰 수밖에 없었던 험악한 정유년, 전라도 곳곳에 황폐한 벌판이 널려있다. 고니시가 이끄는 좌군은 전라도 정읍을 거쳐 10월 중순 군대를 남하, 향후 전라도를 재공략하기 위한 서쪽 교두보로 순천을 택한다. 우키타, 도도의 병력이 축성에 나서 12월 3일 고니시는 순천만의 유도와 장도를 내다볼 수 있는 왜성에서 겨울 날 채비를 마친다. 가까운 바다에는 말뚝을 박아, 조선 수군의 접근을 차단하는 치밀함을 보인다. 10월말 서생포 왜성을 수리해 진을 친 가토는, 11월초부터 전진 기지격인 울산에서 왜성 축조에 몰두했다. 혹한 속에 백성을 대거 끌어내, 골격만 드러내던 왜성이 12월에는 완공 단계로 접어든다. 강화 협상 당시 가덕 왜성에 주둔한 시마즈 군대는 사천으로 본거지를 옮긴다. 동쪽을 제외한 나머지 성벽이 바다 방향이어서 육상 공격을 쉽게 차단할 수 있으나, 주변 산에 암석이 없어 흙벽으로 급조된다. 남쪽 성벽 일부만 석벽에 의지한다. 서쪽에 성문을 만들어 참호를 파고 목책을 두른 뒤, 선창으로 연결시킨다.

철수하는 왜군들은 정착지에서 일본에 협조했던 순왜(順倭) 백성마저 눈에 보이면 가차 없이 도륙한다. 살상 행적이 공훈을 기록하는 기준으로 자리 잡는다. 전라도 영광에서만 조선인의 코 1만여 개의 확인증이 발급되었다. 충청도 아산에서 이순신의 셋째 아들 면도 이 시기에 전사했다.

조선 조정이 다시 한 번 벼랑 끝 위기를 넘겼다. 평양으로 피란 갔던 비빈 일행이 돌아와 민심도 다소나마 차분해진다. 선조는 명나라 경리 양호가 직산 전투 당시 보인 신속하고 과감한 군사 전략에 감사했고, 경리 양호는 오히려 이순신의 명량 해전에 경탄한다.

10월 20일, 경리 양호가 선조를 찾았다. 선조가 추워진 날씨를 화제 삼아 안부를 묻는다. 양호는 '왜군이 일단 물러나 마음이 놓이고 평안하다'고 화답한다. 선조가 양호의 직산 전투에 깊은 감사와 찬탄을 보낸다.

"왜적이 경기도까지 접근하여 백성도 흩어지고 종묘와 사직마저 다시 위태로운 상황에서 명나라 군대의 은혜에 힘입어 한양을 지킬 수 있었습니다. 대인께 큰 절을 해서, 황상의 은혜에 답할까 합니다."

선조의 얼굴에는 감격마저 묻어 있다.

"모두 황상의 은혜입니다. 저에게 무슨 공이 있겠습니까."

군왕의 절은 과분하다며 거절한 양호가, 화제를 통제사에게 옮긴다. 한 때 형문을 가하고 이순신을 파직했던 선조에게는 불편한 이야깃거리다. 양호는 명량의 승전보를 듣자 뛸 듯이 기뻐했다. 무엇보다 서해안이 견고해져 육군의 북진을 막았고, 길게는 중국 해안이 뚫리지 않아 중국 백성들도 통제사의 덕을 입었다. 양호는 이순신 휘하의 장수들을 승차시키는 선조의 교지에 붉은 비단과 은자를 동봉했다. 명나라 장수에게 붉은 비단은, 군신 치우천황을 상징하는 최고의 영예이다.

"할 수만 있다면, 통제사의 대장선에 직접 붉은 비단을 걸어주고 싶었습니다."

양호는 명량의 승전보가 여전히 믿기지 않는 표정이다.

"통제사 순신이 사소한 왜적을 잡은 것은 그의 직분에 마땅히 따랐을 뿐이며, 큰 공이랄 것도 아닙니다. 대인께서 과분하게도 은단으로 상급을 주고, 비단으로 표창해 가상히 여기니, 제 마음이 송구할 뿐입니다."

선조가 이순신의 전공을 예사롭게 평가한다.

"이순신은 훌륭한 장수입니다. 수군이 크게 패해 흩어진 뒤에 군사와 함선을 수습해서 큰 공을 세웠으니 이보다 더한 장수는 없습니다. 약간의 은단을 베풀어 마음을 표시했지만 통제사의 승전에 비한다면 미약하기 짝이 없어 부끄럽습니다."

양호는 조선 수군의 극적인 승리가 전황에 어떤 의미를 지녔는지, 충분히 알고 있었다. 이는 선조도 마찬가지지만 명량에서 공을 세운 거제 현령 안위 등 부장들의 품계는 높이고, 정작 이순신을 승차 대상에서 제외시킨다. 자신의 그릇된 판단을 공식적으로 인정하기 싫었을 것이다. 영리한 선조는 칠천량에서 원균이 패망, 궁지에 몰리자 곧바로 통제사를 복귀시켜 잘못을 사과했다. 명량의 승전에 대해서만은 짐짓 박한 평가를 내린다. 선조가 양보할 수 있는 군왕의 권위는 여기까지였다. 다만 권율의 도원수부에 파발을 띄워, 이순신에게 소고기를 내리라고 전교한다. '상중인 이순신이 고기를 먹지 않아 전란의 와중에 장수의 건강이 염려된다'며 에둘러서 마음을 전한다. 영의정 유성룡은 아산의 급보를 듣고, 깊은 위로와 조의를 담은 서신을 보낸다. 한 글자, 한 글자, 이순신의 아픔을 위로하는 극진한 정성을 담는다. 유성룡에게 이순신의 셋째 아들 면은 여전히 앳된 모습으로만 기억되었을 것이다.

승기를 잡았다고 판단한 양호가 왜군과의 전면전을 설계한다. 먼저 가토를 잡고, 고니시를 고립시켜 전란을 매듭짓는다는 원대한 구상이다. 10월 말, 조명연합군이 편성되어 울산 왜성에 대한 대대적인 공략에 나선다. 제독 마귀가 4만여 명 나라 군사의 사령탑을 맡고, 도원수 권율이 1만여 병력으로 지원한다. 이 무렵 명나라도 전쟁의 조기 종결을 원했다. 전란이 다시 터지면서 명나라 산동성 한 군데에서만도 4만 군사와, 4십만 석의 군량, 은 1백 5십여만 냥, 면포 4십만 단이 징발된다. 명나라 백성들도 인력의 징발과 군비 조달에 허덕였고, 전쟁의 장기화로 명나라 조정은 군사, 경제적 기반을 뿌리째 위협받았다.

12월 4일 제독 마귀가 군대를 이끌고 남하를 시작, 문경 새재를 넘어 21일에는 경주에 조명연합군의 사령부를 꾸린다. 조명연합군은 모두 5만여 명, 가토가 1만 6천여 병력으로 견고한 방어망을 쳐놓은 울산 왜성을 놓고, 전란의 명운을 건다.

외성 공사를 마무리 짓고 내성 목축 건물의 마무리에 열중하던 왜군은 왜성 밖에서 조명연합군에게 패퇴한 왜장이 성안으로 도주, 개전을 알리자 즉각 전투태세에 돌입한다. 지휘소인 천수각은 아직 터만 정해진 상태였다. 22일 새벽, 해생과 이여매가 이끄는 선봉이 울산성 외곽의 아사노 요시나가(淺野幸長·천야행장·22세) 주둔지를 급습, 왜병 4백 40명의 머리를 베면서 기선을 제압했다. 아사노는 가토가 자리를 비운 울산 왜성의 실질적인 지휘를 맡아왔다. 동이 트기 전 무방비로 야영지에서 포위당한 아사노는 부관들이 목숨을 대신 내주며 겨우 길을 열어, 피칠갑을 한 단기(單騎)로 울산 왜성 문을 허겁지겁 두드렸다. 날은 이미 환하게 밝았다. 왜군도 한겨울에 조명연합군이 대대적인 기동을 하리라고는 생각지 못했다.

　23일 조명연합군은 울산읍내 외곽 소탕 작전에 나섰다. 유격장 파새가 1천여 명을 이끌고 선봉을 맡고, 양등산이 2천여 병력을 울산성 주변에 매복시킨다. 도원수 권율과 좌병사 고언백, 우병사 정기룡도 함께 출동한다. 파새는 새벽부터 울산읍내 곳곳에 주둔한 왜군 진영에 불화살을 쏘아 막사를 불태우고, 성 주변에 군데군데 마련된 왜군 주둔지를 초토화시킨다. 복수심에 불타 이성을 잃은 아사노는 기병과 보병을 이끌고, 지원에 나섰다. 쏟아지는 왜군 기세에 눌린 듯 유격장 파새가 군사를 황급히 물리자 쉽사리 미끼를 문 젊은 무장 아사노가 다시 포위망에 갇힌다. 양등산이 복병을 일으켜, 추격하던 아사노 부대의 허리를 갈랐다. 이어 파새가 말머리를 돌려, 삼지창끝 철봉을 도끼처럼 내리쳐 왜병 머리를 부순다. 아사노가 5백여 시신을 남긴 채, 이번에도 부관의 도움을 받아 간신히 성으로 도주했다. 연이틀째 두 번에 걸쳐 조명연합군의 포위망에 떨어졌다가 구사일생으로 살아났다. 서생포에 머물던 가토가 아사노의 급보를 받자, 다시 파발을 띄워 부산성에 지원을 요청한다. 이어 부관 20명과 함께 배를 타고, 혼전의 와중에 울산성에 들어갔다. 이날 오후, 조명연합군은 울산성을 그물처럼 에워싸면서 성을 고립시켰다.

　24일 전투가 격화된다. 내황마을과 태화강 인근의 왜군 진영을 일제히 소탕, 울산성을 공략하기 위한 준비를 마친다. 경리 양호와 오유충이 북쪽과 남쪽을 타격했고, 이여매와 파새는 서생포 방향에서 오후 2시쯤 태화강에 출현한 30여 척 가량의 왜선을 견제한다. 적군의 강변 상륙을 차단하는 임무였다. 마귀는 부산에서 지원에 나설 왜군을 가로막는다.

　유격장 모국기가 3천여 절강 정병을 이끌고, 서북쪽 외성의 목책을 넘어 도성을 시도해 마침내 왜군 전초기지가 무너진다. 하지만 내성의 성벽은 높고 가팔랐다.

명군이 접근하면 조총과 화살, 총포와 돌덩어리가 우박처럼 쏟아졌다. 경리 양호는 꽹과리를 쳐서 일단 군사를 물린다. 삽시간에 조명연합군 시신이 성곽아래 즐비하게 놓였다. 내성에 화력을 집중 배치한 것이다. 이날도 연합군은 왜병 수급 6백여 개를 거두는 전과를 올렸다. 왜군은 좁지만 견고한 내성에 결집해 결사항전을 다짐한다.

25일, 성벽을 넘기 위한 전면전이 절정에 오른다. 모두 일곱 차례에 걸친 공성전으로 울산성 성벽은 피무늬로 얼룩진다. 도원수 권율은 명나라 군사보다 뒤처진 조선 군사 세 명의 목을 베어 효시, 도성을 독려했다. 하지만 울산성은 견고했고, 겨울철에 이동이 불편한 공성 장비는 빈약했으며, 죽을힘을 다하는 왜병의 저항은 거셌다. 조선과 명나라 군사의 시신이 울산성 인근에 쌓였다. 이날 오후 조명연합군은 울산성으로 들어가는 태화강 물줄기를 차단하는 고사(枯死) 작전을 펼친다. 급하게 성을 지으면서 외성에만 우물을 팠고, 내성에는 식수원이 없다는 사실을 조선인 부역자가 귀띔했다. 주변 우물이 모두 메워지고, 성으로 흘러드는 태화강 물줄기를 끊는다. 왜병은 이제 물을 얻으려면 포위망을 뚫고 태화강까지 진출해야 했다. 연합군은 수로와 육로 주변을 철저히 봉쇄, 서생포에서 지원 나온 왜군을 염포에 묶어 두었다. 별장 김응서가 왜병의 식수를 차단하는 임무를 맡는다.

26일, 조선군이 외성의 목책과 토벽을 엄폐물로 삼아 내성 아래로 접근, 불화살을 쏘아 올리는 방안을 모색한다. 왜군은 성벽에 담을 쌓아 조총수가 은폐하는 방법이 아니라, 성벽을 목책으로 빙 둘러싸고, 군데군데 행랑과 유사한 장랑을 만들어 조총수와 사수를 아예 그곳에 기거토록 했다. 공성전이 시작될 조짐을 보이면, 장랑에서 일제히 나와 성벽에 붙어 교대로 사격을 가한다. 강추위를 피하고 쉽게 기동하면서 조총의 재장전이 용이했다. 조명연합군의 총포가 이따금 목책을 깨뜨렸으나, 석벽에 가로막혀 한계가 뚜렷했다. 목책을 한꺼번에 불태우기 위해 화전

(火箭)을 다루는 조선 사수가 동원되었지만 성벽에 붙기도 전에 불꽃을 본 왜병이 일제 사격에 나선다. 성벽에 일정한 경사를 주면서 축조, 철환이 미끄러지듯 쏟아져 내렸다. 더구나 장랑을 오가며 교대로 사격을 가해 철환은 한 치, 한 푼의 여유도 주지 않는다. 불화살로 기습을 시도한 조선의 사수 대부분이 그 자리에서 전사했다. 이날 성문 한 군데를 퇴로로 열어 왜군이 나가도록 유인하자는 제안이 나왔다. 연합군 사령부가 도성이 어렵다는 현실적인 한계를 자인하기 시작한다.

27일 내린 겨울비는 밤늦게 동장군을 동반해 양군 진영을 덮었다. 혹한은 성 밖에 야영한 조명연합군에게 특히 더 기승을 부렸고, 굶주림과 갈증은 왜군에게 치명타를 가한다. 태화강 하류에서 배를 띄워 상륙을 시도하던 왜 척후선 한 척이 총통에 맞아 침몰한다. 태화강은 여전히 견고하게 차단되었다. 별장 김응서는 식수를 구하러 한밤중에 나선 왜군 1백여 명을 포로로 잡는 전과를 거둔다. 투항한 왜병이 식수를 구하는 시각과 장소를 연합군에 알려, 포위망을 형성하자 왜군은 무기를 버리고 순순히 항복했다. 추위와 굶주림, 그리고 갈증이 절정에 이른 왜군도 전의를 급속하게 상실한다. 이날 왜군은 백기에 서신을 달아 경리 양호에게 보내 잠시 강화를 제안한다. 양호는 지연 전술이라고 판단, 이를 무시했다.

28일 하루 종일 퍼부은 거센 비와 눈발로 하늘과 땅이 다시 얼어붙는다. 병사들은 추위에 온 몸을 떨어대며, 제 한 몸조차 추스르지 못했다. 경리 양호가 흔들린다. 이덕형을 불러 수로와 육로의 왜군 지원병마저 가세하면 전세를 돌이킬 수 없다면서 넌지시 철군의사를 묻는다. 이덕형이 반발한다.

"가토를 사로잡을 다시없는 기회입니다. 일본 지원군은 외곽에 배치한 1만여 연합군의 군세로 충분히 감당할 수 있습니다. 성을 조금만 더 틀어막으면, 왜성은 말라붙어 반드시 우리 손에 떨어질 것입니다."

이덕형의 완강한 반대에 경리 양호가 일단 결론을 유보한다. 과감하고 결단력이 높은 양호에게도 울산성은 난공불락처럼 보였다.

29일, 경주에 있던 유성룡이 진영을 찾았다. 경리 양호와 제독 마귀를 만난다. 성곽을 둘러싼 목책과 장랑이 왜병의 전투력을 결정적으로 높이고 있다는 사실을 간파한다. 권율에게 화포와, 불화살, 비격진천뢰를 한꺼번에 사용하자고 제안한다. 권율이 포수와 사수를 내성에 최대한 끌어 붙여 비격진천뢰와 총통을 쏘아 올리자 몇몇 장랑에 명중했으나, 빙 두른 목책과 무수히 많은 장랑을 감당하기에는 무리였다. 용케 화망을 뚫고 성벽 바로 밑에 밀착한 몇몇 사수가 화전을 날려도, 목책에 잠시 옮겨 붙은 불이 사나운 바람에 쉽사리 사그라졌다. 더구나 겨울비가 다시 세차게 쏟아져 화포가 무용지물이 된다. 장랑에서 비를 피한 왜병의 조총 사격은 더욱 기세를 올린다. 결국 권율이 퇴각기를 올린다. 동상에 걸린 병사들의 손가락과 발가락이 무거운 화포를 옮기면서 툭툭 잘려 나갔다. 이날 태화강 왜병들이 강변에 바싹 접근, 대담한 무력시위를 벌였으나, 총통이 불을 뿜자 일단 배를 거둔다. 전면적인 상륙전의 조짐이 조금씩 감지된다. 경리 양호가 투항한 왜병을 동원해 항복을 권유하자, 울산성에서 역으로 회담을 제의한다. 오는 1월 3일 가토와 경리가 만나자는 전갈이다. 양호는 일단 수락한다. 한밤에는 식수를 구하러온 왜병이 조선군에게 척살되고, 일부만 살아 도주했다.

정유년 12월 그믐, 대량살생의 피로 물든 한해가 저물고 있다. 가토의 군대는 조선 파병이후 최악의 나날을 보낸다. 식량과 화약, 식수 고갈이 겹쳤다. 조총수에게만 하루에 생쌀 한 홉이 지급되고, 이마저 생쌀을 씹는다. 말의 목을 베어 솟아나는 피로 식수를 대신하다, 더 이상 잡을 군마가 없자 소변을 받아 마셨다. 빗물과 시체가 뒤범벅된 못물을 마시는 병사가 허다했고, 성 밖에 널브러진 연합군 병사의 시신을 뒤져 빼낸 곡식가루를 입에 털어 넣어 허기를 채웠다. 별장 김응수는 밤낮 없는 경계로 식수를 구하는 왜군을 섬멸했다. 이날도 30여명을 포로로 잡고,

도주하던 5명의 목을 벤다. 하지만 울산 왜성 주변으로 증강되는 일본 지원병 규모가 점점 심상치 않았다. 서생포에는 고바야카와와 모리의 부대까지 모여든다.

무술년 1월 1일, 최전선은 소강상태지만 주변의 군사적 움직임은 왕성해진다. 2일 날이 밝자, 염포 앞바다에 진풍경이 연출된다. 지원에 나선 왜선의 수가 수백 척으로 불어 위협적인 군세로 연합군을 자극한다. 마치 새까맣게 강변을 메운 겨울 철새가 먹이를 찾아 비상하기 직전의 위태로운 형상이다. 부총병 오유충이 왜군의 상륙 거점을 차단하기 위해 병력을 증강한다. 왜성 앞 벌판과 태화강 사이에서 팽팽한 대치상태를 이룬 연합군과 왜군이 일촉즉발의 위기감을 뿜어낸다. 그리고 서생포를 떠난 모리의 병력 1만3천여 명이 16km 정도 북상, 연합군을 압박했다.

3일 가토는 회담장에 나타나지 않았다. 지원병의 군세가 높아지자, 항전을 각오한다. 경리 양호가 성 주변에 장작불을 산처럼 지피고, 밤새 공성전에 나섰다. 그렇지만 사정은 여의치 않았다. 뚜렷한 돌파책이 마련되지 않아, 이전에 전개된 전투 양상이 고스란히 되풀이되고 병사들의 사기만 저하된다. 도성 첫날과 달리, 마지못해 전투에 임했다. 서생포 왜성의 병력이 연합군과의 전투거리를 좁혔다. 양산왜성의 구로다가 울산 왜성 외곽에서 연달아 신호탄을 쏘아 올리자, 왜성에서 조총을 쏘며 호응한다. 이어 가토의 정적 고니시의 지원군 2천명이 해로를 통해 울산 근해에 출현했다. 또 부산에서 우키타가 급파한 2만 병력이 울산 외곽 4km 지점에 포위망을 구축, 조명연합군의 신경이 곤두섰다.

4일 새벽, 경리 양호가 최후 공격을 시도했다. 대대적인 포격을 가하고, 병사들에게 '무조건 도성'을 명령한다. 주저하는 명나라 유격장을 포박해서 진중에 전시하는 초강수를 두어 병사를 몰아붙인다. 하지만 사기를 잃은 연합군이 주춤거리며 혼란에 빠진 사이, 왜병이 태화강변에 마침내 배를 대면서 상륙작전에 돌입한다. 경리 양호가 먼저 사령부를 철수, 경주로 이동했다. 파새와 양등산이 후미를 맡아 철군하는 군대의 질서를 잡고, 도원수 권율이 최전선에서 접전을 벌여 철수 시간을 벌어준다. 적진 깊숙이 나아가 격전을 치르던 경상우병사 정기룡이 포위 망에 갇혔지만 뛰어난 기병술로 돌파해서 행렬의 후미에 따라 붙는다.

강변에서 왜군 상륙을 저지하던 명나라 참장 노계충과 조승훈의 기병 수천여명은, 강기슭을 따라 일제히 상륙한 왜군에게 퇴로를 차단당해, 사실상 전멸했다. 조승훈만 부관 몇몇을 데리고 겨우 퇴로를 열었다. 임진년 평양성 전투 이래, 오랜 왜군과의 악연이었다. 또 유격 양만금, 천총 마내, 이동빈이 전사했다. 유격 진인과 진우충은 총상을 입은 채, 권율과 파새의 지원군에게 구출된다. 울산성 주변에는 연합군의 식량과 병장기가 산처럼 쌓였다. 가토의 군대가 비로소 허겁지겁 허기를 채운다. 조명연합군은 1만여 명 이상의 사상자를 냈고, 특히 명나라 군대의 타격이 심했다. 아무런 성과 없이 혹한 속에서 동료를 잃은 명나라 병사들이 퇴군 중에 폭도로 변할 조짐을 보인다. 한 두 명의 병사가 조선 백성들에게 거친 행패를 부리자 마치 염병처럼 퍼져나가 군율을 삽시간에 무너트린다. 부총 이여매의 접반사 이덕열은 상소를 올려 안동으로 퇴각하던 명군 실상을 이렇게 보고한다.

"명나라 군사들은 추위와 배고픔에 지쳐 삼삼오오 무리지어 퇴각하며 지휘체계는 사라졌다. 백성들이 마을 어귀에 음식을 들고 나와 나누었다. 굶주린 백성들은 원정에 나선 이웃나라에 성의껏 고마움을 표시했다. 감사하게 받는 명나라 병사도 있지만 끝없는 퇴각 행렬에 음식은 부족했다. 거칠게 난동을 부리던 명나라 병사가 이윽고 창검을 빼어든 채, 마을로 향하면서 도적떼로 돌변했다. 부엌을 헤집어 허기를 채운 뒤 바들바들 떨고 있는 여인들에게 눈을 돌린다. 가로막던 남편에게 칼날이 번뜩이며, 마당이 피바다로 변했다. 살육과 강간의 광기가 일순간 마을을 덮었다. 한 노파가 조선인으로 보이는 나의 도포자락을 붙잡고 주저앉아 울부짖었다. '굶주림을 참고 쌀을 찧어 음식을 낸 것은 왜적을 몰아내달라는 것인데, 이제 명나라 사람마저 도적이 되었으니, 우리는 누굴 믿고 살길을 찾습니까' 노파는 그 자리에서 실신했다. 우리 백성들의 불행이 한 결 같이 이 지경에 이르렀다. 절로 흐르는 눈물을 주체할 수 없다."

    울산 왜성 전투는 표면상 조명연합군의 패배로 끝났다. 하지만 이 전투는 무술년 왜병의 기동을 결정적으로 붙잡아 두었다. 왜군은 명나라 군대의 철수를 사실상 기대할 수 없다는 사실을 자각했다. 남해안은 이순신에게 다시 빼앗겼다. 또 조선군의 변해가는 모습도 왜군을 놀라게 했다. 7년째 이어진 전란을 근근이 버텨가면서 도무지 포기하지 않고 끈질기게 생명력을 유지, 점점 정예화 되었다. 왜군들은 지치지 않는 조선 백성의 국왕에 대한 충성심에도 질렸다. 무술년 들어 날이 풀리자 도요토미는 전라도와 충청도로 진군하라고 명령했지만 왜군은 왜성에서 움직이지 않고 머뭇거렸다. 오히려 도요토미에게 '철군 건의'를 연명으로 올렸지만 오사카에서는 아무런 답신이 없었다. 그대로 철군하면 영지를 몰수당할 것이 분명한 왜군 장수들은 오도 가도 못하는 처지에 빠져 무술년 상반기를 보낸다. 도요토미가 건재하는 한, 지지부진한 장기전이 이어질 조짐이었다. 명나라는 명나라대로 끊임없이 소모되는 국력에 멍이 들었다.

3

1598년(무술년), 이순신의 전사와
파직된 유성룡

- 고향 안동으로 낙향하다.

*∞∞∞∞∞∞∞∞∞∞∞∞∞∞∞∞∞   *   ∞∞∞∞∞∞∞∞∞∞∞∞∞∞∞∞∞*

무술년 11월 19일 새벽, 이순신이 전사한다. 7년 전란이 막을 내린다. 이날 유
성룡이 탄핵을 받아 사직한다. 그는 고향 안동으로 낙향, 현실 정치에서 마침
내 물러난다.

*∞∞∞∞∞∞∞∞∞∞∞∞∞∞∞∞∞   *   ∞∞∞∞∞∞∞∞∞∞∞∞∞∞∞∞∞*

　무술년 들어 왜군 기세가 눈에 띄게 꺾인다. 병력을 일본으로 속속 귀환시켜 절
반 이상 빠져나갔다는 첩보도 연이어 조정에 들어왔다. 통제사 이순신은 명량해
전 이후 보화도에 구축했던 수군사령부를 2월 초 고금도로 옮겨, 함진을 전진 배
치한다. 왜군의 최전선인 순천 왜성 고니시와의 항해 거리가 바싹 당겨졌다. 이 시

기 이순신은 1만여 명에 육박하는 군사를 끌어 모았다. 칠천량 해전에서 패퇴하고 도주한 병사들이 통제사의 복귀와 명량 승첩 소식을 듣고 꾸준히 몰려들었다. 이에 따라 함선의 건조와 군량 문제가 현안으로 떠오른다. 이순신은 해로통행첩을 발행해서 이 문제를 해결한다. 경상, 전라, 충청 수역을 항해하는 모든 배는 이 첩지를 보여야 항해를 허락했다. 관청과 민간 어선을 가리지 않고, 통행첩이 없으면 왜군의 간첩선으로 간주한다고 선포했다. 첩지의 발행 과정에서 배의 크기에 따라, 대선, 중선, 소선 각각 곡식 3섬, 2섬, 1섬을 그 허가 비용으로 책정했다. 그리고 이 배들에게는 해역에서의 자유로운 조업과 상거래를 허용했다. 피란민들은 오히려 환호했다. 육로와 해로의 통행세는 이미 공공연하게 아전들의 수탈 대상이었다. 하지만 수군이 통행첩을 공식 발행하면서 아전의 농간이 사라지고 조업 권리를 투명하게 인정받았다. 배를 보유한 피란민에게 곡식 1~2섬은 그리 큰 부담이 아니었다. 군량 1만여 석이 고금도에 쌓이면서 이순신은 군비 문제를 상당 부분 해결한다. 이어 공명첩 등을 발행, 구리와 쇠를 모으고, 군량을 팔아 인부를 고용해 판옥선 건조에 박차를 가했다. 이와 함께 고금도의 황폐한 땅을 구획별로 나누고 임시 가옥을 지은 뒤, 피란민을 정착시킨다. 이들은 가을 추수가 끝나면, 곡물로 갚도록 약속받았다. 고금도 통제영은 쟁기, 써레 등 농사도구와 농우, 종자 씨까지 마련해 놓고 농민들에게 무상으로 대여하거나 지급했다. 고금도 저잣거리에 상인이 몰려 큰 장이 주기적으로 서면서 물자가 활발하게 유통된다. 고금도가 전시 경제의 호황기를 맞았다. 통제영 수군이 치안과 행정을 맡아, 아전 비리 등에 대해서는 심할 경우 참형으로 다스린다. 왜군이 상륙할 수 없다고 확신한 고금도 피란민들은 전란 중에도 안심하고 생업에 종사한다.

　5월 7일 고니시가 요시라를 통해 예조판서에게 서신을 보내 협상 수위를 대폭 낮춘 강화 방안을 다시 언급한다. 어투는 공손하고 극진하다.

'지난번 화의가 조그만 일에 구애되어 성사를 목전에 두고 불발되어 못내 아쉽다. 다시 관백에게 의중을 묻고 있으니, 조금만 융통성을 발휘하면 양국간 화해가 성사될 수 있다.'

조선 왕자 두 명을 일본에 보내, 형식상 조선 4도의 영지를 맡긴다는 할지론(割地論)이 사라지고, 조선이 사절단을 보내 이번 전란에 대해 사과하고, 향후 약간의 조공을 통해 교역을 재개하면 협상이 타결되리라고 귀띔한다. 일본은 철군의 명분을 얻고, 조선은 전란을 거두는 실익을 얻는다는 그럴듯한 제안이다. 일본 입장에서는 협상 수위를 대폭 낮추었지만 조선에게는 여전히 무도한 조건일 뿐이다. 조선 또한 명분을 생명처럼 여기는 예법의 나라이다. 아무런 이유 없이 전란을 일으키고 숱한 백성을 살육한 전범국에게 먼저 사죄할 이유는 없었다. 고니시는 '예법에 어긋나면 비록 힘이 없어도 죽기로 싸운다'는 조선의 사고방식에 익숙하지 못했다.

6월 명나라는 울산왜성 전투의 패전 사실을 축소, 은폐한 책임을 물어 경리 양호를 해임한다고 조선에 통보한다. 조명 연합군 사령부의 진용 개편도 불가피해졌다. 경리 양호는 지난해 직산 전투 당시, 신속하게 기병을 파견해 왜군의 북상을 차단했고, 특히 통제사 이순신 등 조선 장수들에게 유독 깊은 호의를 보였다. 또 울산 왜성에 대한 공략에 직접 나서, 전란을 매듭짓기 위한 승부수를 던진 적극적인 명나라 수뇌부였다. 선조가 아쉬움을 넘어 섭섭함을 감추지 못한다. 명나라에 자문단을 급파, 양호를 변호해 유임시키려 했으나 소용이 없었다. 신임 경리는 만세덕이었다.

이 무렵 왜성 간 상호 지원을 끊어, 동시에 공략한다는 사로병진 전략이 가닥을 잡아간다. 지난 울산 왜성 전투 당시, 지원에 나선 각 왜성 병력이 후방과 수로를 교란하면서 조명연합군이 패한 쓰디쓴 경험을 작전에 반영한다. 육상에서 3개의 주요 왜성을 공략하고, 해상에서 이를 지원한다는 것이 작전의 요체다. 제독 마귀의 동로군이 울산 왜성을, 제독 동일원의 중로군이 사천을, 제독 유정의 서로군이 순천의 고니시를 격멸한다는 것이다. 해상에서는 통제사 이순신과 명 제독 진린이 연합 사령부를 구성키로 한다. 명나라의 동, 중, 서로군은 각각 2만 4천 명, 2만 6천 8백 명, 2만 1천 9백 명, 조선 군사는 5천 5백 14명, 2천 2백 15명, 5천 9백 28명이 최종 군사 편제에 올랐다. 수군의 경우 명나라와 조선이 각각 1만 9천 4백 명, 7천 3백 28명으로, 사로 군을 모두 합하면 10만여 명에 달하는 대규모 병력이다. 이 시기 조선 수군은 속속 증강되면서 고금도 통제영에는 격군과 예비 병력 등을 모두 포함하면 1만 여명이 넘는 전력이 집중되었다.

작전에 따라 명나라 육군 선봉이 당도하고, 제독 진린이 지휘하는 명나라 수군도 전란 이후 처음으로 조선 해안에 정박한다. 지난 4월 말 5천여 선발 수군이 요동에 집결, 6월 초 한강의 동작강에 이르러 보름 남짓 머물렀다. 연합군 편성을 위해 고금도를 향하던 26일, 수군 나루로 전송 나온 선조는 연합수군의 지휘권을 요구하는 진린에게 꼼짝없이 수군의 주장 자리를 양보한다. 이순신이 진린의 부장으로 전락할 처지다. 진린은 송별연에서 "나는 황상의 명에 따라 모든 해전을 지휘하게 됩니다. 조선의 통제사를 포함해 번국의 장수들은 겸손히 이를 따라야 합니다. 절제하지 않고, 혹 경거망동하는 군사가 있다면 그것이 장수라도 용서치 않을 것입니다. 일체 군법으로 다스릴 수밖에 없습니다."

선조는 '마땅한 처사'라고 호응할 수밖에 없다. 진린이 떠나자, 비변사에 "이는 매우 중대한 사안이니 의논하여 대책을 마련하라"고 지시했다. 선조 또한 그동안 진린의 인품을 보았기에, 불안감을 감추지 못했다.

유성룡의 고민이 깊어진다. 한양에 주둔하는 동안 진린은 거칠고 안하무인격인 성격을 자랑처럼 시위하고 다녔다. 진린은 물론 휘하 장수와 군관마저 포악했다.

수령에게 욕설을 내뱉고, 심지어 폭력을 일삼는 실정으로, 백성에게는 두 말할 필요도 없었다. 유성룡은 역관을 시켜, 찰방 이상규의 목에 새끼줄을 매 끌고 다니던 진린의 군관을 제지했으나 막무가내였다. 다른 군관들도 경멸하는 웃음을 주고받으며 역관마저 농락할 태세였다. 이상규는 옷은 헤지고, 얼굴은 피투성이가 되어 구타로 거의 실신한 상태에서 놓여났다. 재상인 유성룡이 강하게 나서지 않았다면 죽음을 면키 어려웠다.

유성룡은 이날 당상관들이 모인 비변사 회의에서 "이순신의 군사가 패전할 수도 있을 것"이라고 우려했다. 진린이 합류해 오히려 의견이 어긋나고, 그가 지휘권을 빼앗아 조선 수군을 함부로 학대해도 이를 막을 수 없다는 고민이었다. 찰방의 경우처럼 그대로 두면 한정이 없을 것이다. 유성룡은 "이순신 홀로 어떻게 막아낼 수 있겠느냐"고 한탄한다. 당상관들이 모두 공감했지만 뚜렷한 대책은 없다. 사실을 빨리 알리고, 통제사에게 맡길 따름이다. 밤늦게 선조에게 올린 비변사 공문에 이런 우려가 고스란히 녹아 있다.

'중국 장수가 늘 제 마음대로 굴면서 우리와 뜻이 통하지 않을 때가 많습니다. 그리고 공을 세울 만한 일에는 앞장서고, 잘못이 있으면 우리에게 떠넘깁니다. 이순신이 이제 겨우 유랑하는 백성들을 끌어 모아 수군을 다시 세웠는데, 중국 장수들이 이를 단번에 흩어 버릴 우려가 없지 않습니다. 진린은 우리 군병을 직접 거느리고 싶어 합니다. 그렇게 되면 통제사는 군사 없는 장수가 될 것입니다. 대체로 중국 장수를 접대하는 일은 끝이 없습니다. 어쩔 수 없이 저들의 환심을 잃지 않아야 연합군이 짜여지는 현실입니다. 수군에게 이를 알려 각별히 주의하도록 하겠습니다.'

이날 통제영으로 비변사 공문이 급하게 내려간다. 진린이 당도하기 전 하루라도 빨리 전하라고 유성룡이 파발에게 다짐을 둔다. 우선 진린의 그간 행적과 성품을 상세하게 전한다. 이어 통제사가 이들을 맞아, 경상 우수사 이순신, 전라 우수사 안위, 충청 수사 오응태 등에게 각별히 일러, 소속 군병을 단속해 달라는 하소연에 가깝다.

16일, 진린이 1백 28척의 함선을 이끌고 고금도 앞바다에 나타난다. 전날, 조선 수군 진영은 초상집 분위기였다. 지난해 칠천량 해전에서 전사한 1만여 병사에 대한 제사로 고금도 전체가 향 연기와 곡성에 쌓여 밤을 지새웠다. 통제사는 공무를 보지 않았지만 사냥과 고기잡이를 비롯해 철 이른 과일 등을 미리 마련해 명나라 수군의 연회를 차분하게 준비했다. 진린의 함대는 통제사의 대장선을 포함한, 통제영의 장수 및 군관들의 지휘선들이 맞았다. 숱한 실전을 치른, 판옥선의 군세는 진린이 얕잡아본 육군과는 판이했다. 군기는 엄격하고, 함진은 정연했으며 이순신과 휘하 장수, 군관과 군사들은 갑판에 도열해 절도 있는 예법을 갖추어 진린에게 해상 군례를 갖추었다.

통제사는 이날 성대한 잔치를 벌인다. 소와 돼지, 사냥한 사슴과 노루, 그리고 연안의 해산물, 철 이른 과일이 상을 가득 메웠다. 통제사와 진린이 예물을 교환하고, 술자리가 무르익자 진린의 경계심이 풀린다. 통제사는 조선수군과 명나라 수군을 양국 지휘관이 모두 처벌할 수 있도록 하자고 제안한다. 진린이 선뜻 수용한다. 명나라 군사는 고금도 백성에게 약탈하면, 통제영에 잡혀가 곤장을 맞아야했다. 군기는 곧바로 잡혔다. 해상지휘권을 놓고 통제사와 진린이 팽팽히 대립하던 시기, 왜선 1백여 척이 녹도를 침범했다는 척후의 보고가 23일 빗발친다. 통제사가 진린에게 연합 출정을 제안한다. 진린은 일단 후방에서 전투를 관망한다.

24일 짙은 바다 안개 속에서 조선 수군의 선봉, 만호 송여종이 이끄는 8척의 녹도 함선이 '미끼'로 남겨진다. 이어 왜대선 및 전투선 1백여 척이 발포와 녹도를 빠져, 절이도 해상에 출현했다. 송여종이 해상 포격을 감행하자, 왜선이 덮어버릴 기세로 일제히 달려든다. 압도적인 왜선 군사들이 판옥선으로 도선하면 전투는 순식간에 끝이 난다. 녹도 함선에 왜선 수십 척이 달라붙어 도선이 임박해지는 순간, 절이도 해상 남북에 포진한 조선 본진이 안개를 헤치고 불쑥 나타나 허리를 가른다. 왜 수군진이 두 동강나면서 후방의 50척이 주춤 주춤 퇴각하고, 절반은 포위망에 걸렸다. 포성과 총성, 선체의 거친 충돌음, 병사들의 함성이 포위망의 완성을 알린다. 왜선 갑판과 바다 속을 향해 무자비한 살육이 시작된다. 함선의 충돌 소리가 비명처럼 이어지고 불화살과 짚단에 타오른 화염이 왜선의 숨통을 끊자, 왜병들은 조총과 환도, 군장을 던진 채 잇따라 바다로 뛰어든다. 안개 걷힌 절이도 해상을 시뻘건 불줄기가 뿜어내는 연기가 자욱하게 덮어 한 치 앞도 보기 어렵다. 조선 수군의 갈고리와 낫이 바다 밑을 헤집으며 훑는다. 그물에 걸린 고기가 모두 숨을 거두자, 허우적대는 왜병을 갈고리로 찍어 갑판에 올린 뒤, 산 채로 수급을 베어낸다. 70여 급 정도였다. 지난해 7월 칠천량 패전의 한이 온통 서려있다. 명나라 천총이 넋을 놓고 전투장면을 바라본다.

이날 통제사는 잔치를 열어 안색이 불편해 보이는 진린에게 수급 40개를 넘기며, '조선 수군의 승리가 명의 승리, 명의 승리가 조선의 승리'라고 치켜세운다. 진린은 수급을 얻고, 작전 주도권은 조선 수군에게 넘어갔다. 이후 진린은 통제영 운주당에서 열리는 작전 회의에 꼬박꼬박 참석한다. 고금도를 함께 나갈 경우에도, 교자를 나란히 하고 앞서지 않았다. 급기야 진린은 선조에게 서신을 보내, '하늘과 땅을 씨줄과 날줄로 삼아 세상을 만드는 자'라며 '하늘의 뚫린 곳을 기우고, 혼탁해진 해를 목욕시키는 공을 세운 인물'이라고 예찬한다. 포악했던 진린이 순한 양으로 변했다. 서신을 보는 순간, 유성룡의 고민이 일순간에 달아난다. 조선 수군이 사실상 압도적인 해상 전투력을 갖췄기에 가능한 일이었다.

소환된 경리 양호가 7월 11일 한양을 떠난다. 군문 형개의 참모관이었던 병부주사 정응태가 20여 항목으로 그를 탄핵했다. 무엇보다 울산 왜성 전투 패전의 실상을 제대로 알리지 않아 황제를 속인 죄가 크다는 고발이 명나라 조정을 움직였다. 양호를 변호하기 위해 명나라 조정에 달려간 좌의정 이원익도 별반 힘을 쓰지 못한다. 울산성 전투로 인한 명나라 손실은 그만큼 뚜렷했다. 선조는 물론 조정 신료들도, 양호에 대해 호감을 가지지 않을 수 없었다. 모처럼 조선을 위해 발 벗고 나선 장수였다.

홍제원에 나간 선조는 상기된 표정이다. 양호는 관복을 벗고 베로 만든 옷과 두건을 걸쳤다. 조선에 올 때와 달리, 초라한 평민의 행색이다. 선조가 울컥한다.

"오직 대인만을 기대고 살았는데, 뜻하지 않게 돌아가시니 누구에게 의지해야 합니까? 오늘 서글픈 마음이 끝이 없습니다."

선조가 주변의 시선도 개의치 않고 결국 눈물을 쏟는다. 경리 또한 참담한 표정이다.

"조선에 온지 2년 동안 이룬 것이 없어 부끄러울 뿐입니다. 새로 오는 만세덕은 경험이 많고, 수군 또한 강건합니다. 군량을 준비하고 배를 부지런히 정비하십시오."

선조가 '황공한 마음으로 술을 올린다'며 이별주를 건넨다.

"각별히 힘을 기울이시면 귀국이 자연히 일본을 떨치고, 흥한 기운을 되찾을 것입니다. 산에 묻혀서라도 이 소식을 듣는다면 비로소 위안을 얻을 것입니다."

양호는 낙상지, 사대수 등과 더불어, 분명 조선에 우호적인 몇 되지 않는 명나라 장수 중 하나였다. 선조는 의주까지 접반사를 동행시킨다. 양호는 의주에 당도, 압록강 서쪽 언덕에 잠시 배를 띄워 시름을 달랜 뒤, 명나라로 들어갔다.

7월 16일, 조선에 파견되었던 명나라 장수들의 근황이 전해진다. 경략 송응창과 몇몇 총병들은 관직을 잃고 집에 머물렀다. 찬획 유원외 등은 이미 세상을 떠났다. 남원성 전투 당시 전주성을 버리고 도망친 유격 진우충은 독약을 마시고 죽어, 목은 간수했다. 하지만 요양의 옥에 갇힌 양원은 효수되어 조리 돌림 되면 머리마저 보전할 수 없는 처지였다. 남원성에서 고니시와 밀약을 맺고, 혼자만 살아왔다는 혐의가 적용됐다. 어떤 장수들은 유배 길에 올랐다. 암담한 조선의 전선 상황만큼 파견된 명나라 장수들도 앞길이 평탄치 못했다. 양원은 8월 18일 그예 효수되어, 조선으로 수급이 전달된다. 선조는 사당을 세우고 엄숙한 제사를 지시한다. 전란은 명나라 관리와 백성들의 피도 부단히 원했다.

9월 들어 연합군은 사로병진 전략을 실행에 옮긴다. 앞서 도요토미가 지난 8월 18일 63세의 나이로 사망했다는 소문이 나돌았으나, 여전히 진위는 확인되지 않았다. 다만 왜성 내 움직임이 긴박해졌다. 각 왜성을 오가는 파발이 그치지 않고, 봉수대 횃불이 하루에도 수차례 올라 군호를 주고받는다.

경주에 주둔한 동로의 마귀군이 사로병진 작전의 서막을 담당한다. 9월 21일 부총병 해생이 참장 양등산과 유격장 파귀 등이 지휘하는 6천여 선봉을 끌고, 울산성 인근 학산성을 기습적으로 점령, 전초기지를 마련한다. 왜군 1천여 명을 패퇴시키며 서전을 승리로 이끌었다. 조선군 별장 김응서는 4천 5백여 병사와 함께 동래 온정 일대를 봉쇄, 부산과 울산 간 연결로를 끊어 울산왜성을 고립시킨다. 마귀가 3만여 주력을 이끌고 울산 왜성을 포위, 22일부터 전면 공세를 전개한다. 해생은 1천여 병력을 끌고 외성 공략에 나섰고, 충청수사와 병마절도사를 지낸 선거이가 가세했다. 백중세를 보이던 외성 전투는 지난해처럼 결국 조명연합군에게 승산이 기운다. 천총 마운의 기병이 측면을 쳐서 방책을 넘었고, 왜진이 흔들리자 보병이 일제히 가세, 불화살을 쏘고 장작더미를 집어던져 외성 곳곳에서 불길이 치솟았다. 목책과 군량, 마초가 모조리 불에 타 연기로 뒤덮인 울산성 외곽에서 함성과 꽹과리 소리가 동시에 터지며 외성 점령을 알렸다. 그렇지만 거기까지가 한계였다. 일단 내성으로 퇴각한 왜병의 저항은 지난해보다 더욱 조직적이고 거세졌다. 방책을 두른 목책과 장랑은 탄탄하게 보강되고, 내성에도 식수원이 마련된 상태였다. 이튿날 도성을 주도하던 선거이가 철환에 맞아 사망했다. 한산도 시절, 충청수사로 이순신을 도왔으나 깊어진 중풍으로 한산진을 떠날 때, 이순신은 이별의 슬픔을 시로 남겼다. 마비된 몸이 다소 풀리자 육군에 다시 지원해 이번 전투에 나섰다. 선거이는 이순신이 하옥되자 군관 송희립에게 극진한 위로 편지를 보낸 오랜 벗이었다. 향년 49세였다.

마귀는 군사를 물려 왜군을 유인했으나, 가토는 미동도 없었다. 성안에 식수와 군량, 화약까지 충분히 비축해 놓고, 도성하는 병사에 대한 응사로만 일관했다. 1차 울산성 전투의 교훈을 가토는 잊지 않았다. 가토가 수성에만 치중하는 한 승산이 없다고 판단한 마귀는 25일 군사를 경주로 되돌린다. 이어 영천으로 군사를 물려, 외곽에 방어망을 구축했다. 울산 왜성 인근과, 외성을 점령하면서 왜군에게 노예로 억류되었던 조선 백성 1천여 명이 풀려나, 마귀의 체면을 살리고 소중한 전과로 기록된다. 가토는 이후 한 달이 넘도록 척후에만 치중한 채 울산성에 틀어박혀 퇴각을 준비한다.

11월 18일, 울산 왜성에서 화염이 치솟았다. 보고를 받은 제독 마귀가 한달음에 달려갔으나, 불에 탄 울산 왜성은 텅 비어있다. 검은 재 속에서 잔해를 마저 태우는 희미한 연기와, 을씨년스럽게 그을린 성곽이 마귀를 맞이한다. 마귀가 지체 없이 군사를 나누어 추격에 나선다. 12월 부산포, 눈발이 흩날리는 포구 앞 겨울바다가 황량해 보인다. 7년 동안 포구를 가득 메웠던 왜선은 흔적 없이 사라져, 비현실적인 느낌마저 들었다. 그나마 반파된 왜선의 뼈마디가 군데군데 파도에 흔들리며, 전란의 흔적을 증언한다. 이에 비해 부산진 일대는 검은 잿더미 속에서 여전히 신음했다. 포구를 바라보는 해안가 산기슭에는 회색 칠을 한 회랑과 계단이 놓인 왜풍 가옥 수백 채가 반쯤 불에 타고, 반쯤은 무너진 채 흉물처럼 늘어섰다. 부산과 울산 왜군이 7년 전란의 상처를 고스란히 떠넘기고 조선을 떠났다. 고기잡이에 나선 몇몇 어선이 적막한 무술년의 겨울 바다를 떠다닌다. 전란이 끝나면서 늘어난 삶의 끝자락이, 남은 삶을 더욱 무겁게 짓누를 것이다.

동일원이 이끄는 동로군도 9월 들어 진주로 군영을 옮긴다. 시마즈는 선진리 사천신성에 본진을 설치, 진주 남강 연안의 망진채, 영춘채, 곤양채를 비롯해 기존의 사천읍성 등에 1만 4천여 병력을 분산 배치했다. 조명연합군이 진주읍내 왜군의 소탕에 나서자, 시마즈는 병력을 모두 거두어 사천읍성에 집결시킨 뒤, 사천신성으로 이동하라고 지시한다. 28일 밤, 조선군을 지휘하는 정기룡이 사천읍성의 병력 이동 조짐을 감지하고, 곳곳에 병력을 매복시켜 성문을 열고 나오는 왜군을 급습한다. 왜군은 사천신성으로 합류하는 것이 당초 목표였던 만큼 수백 명의 결사대만 퇴로에 남겨둔 채, 본격적인 전투를 포기한다. 출중한 기병 장수 정기룡이 왜군 결사대를 섬멸, 사천신성 주변이 평정된다. 다음날부터 치열한 공성전이 벌어졌지만 수성 채비를 갖춘 왜성에 대한 접근은 쉽지 않았다. 서, 남, 북면이 모두 바다로 둘러싸여 동쪽만 육지로 향한 사천신성은 지형상의 강점을 한껏 발휘했다. 도성을 위한 접근로가 좁아, 참호와 목책으로 구축된 성벽에서는 조총의 철환이 그물망처럼 쏟아졌다.

명군은 이에 맞서 불랑기포를 줄지어 배치, 포격전을 전개했다. 불랑기포는 총통보다는 화력이 약하지만 연사가 가능해 마치 기관포와 같은 효력을 낸다. 총포 후면 사각으로 파낸 홈 속에 미리 화약이 장전된 철환 집을 채운 뒤, 철환을 발사하고 다시 빈 철환 집을 연달아 교체하는 방식으로 운용되었다. 줄지어 늘어선 불랑기포 부대는 숨 가쁘게 화력을 내뿜었다. 또 후면이 일부 개방되어 날카로운 쇳소리와 포성이 천지를 울리면서 적군의 신경을 할퀴었다. 다만 철환이 발사되지 못하고, 후면에서 터지는 사고가 잦아 일명 '불량포'라고도 불렸다. 이 '불랑기포'

가 대형 참사를 빚었다. 후면에서 철환집이 터져 불씨가 주변 화약고로 날아가 옮겨 붙었다. 화약창고에서 일어난 연쇄 폭발로 명나라 후방이 혼란에 빠진다. 화염이 치솟자 시마즈는 성문을 과감하게 열고 기습전을 감행, 명군 수백 명을 순식간에 참살한다. 이어 주변의 군량창고에 불을 붙인 뒤, 유유히 퇴각했다. 조명연합군의 사기는 곤두박질친다.

이미 도요토미의 사망과 왜군 철수가 공식화되었다. 명나라 군대는 진주방향으로 물러나, 시마즈 군대가 안전하게 철수할 수 있는 통로를 열었다. 복병조차 세우지 않았다는 사실이, 척후를 통해 시마즈에게 보고된다. 그런데 정작 시마즈의 고민은 지상전이 아니다. 순천 왜성에서 고니시가 연달아 요청하는 지원을 외면할 수 없어 골치를 앓았다. 그대로 두면, 이순신이 순천 왜성의 퇴로를 열어줄 리 없다. 육상을 통한 우회로도 막혔다. 왜성을 나가는 순간, 사로병진을 택한 조명연합군의 포위망에 갇힐 공산이 크다. 결국 11월 16일부터 철군을 시작한 시마즈는 동쪽의 일본 직항로를 포기, 서쪽 노량으로 우회해서 항로를 변경한다. 조선 함대를 장도와 유도 일대에 가두어 놓고, 고니시와 협공을 벌인다는 전략이었다. 시마즈 군이 사천 포구를 출항하자, 조선 척후선도 빠르게 기동한다. 18일 자정, 부산포, 거제 등에서 다른 왜선이 합류하면서 시마즈의 귀향 선단은 5백여 척에 이른다. 대규모 함진이 칠흑같이 어두운 노량 바다를 가득 메웠다. 이제 어디에서든 철환이 날아들 수 있는 이순신의 작전 수역이었다.

이 시기 조정도 전란의 종결을 당연한 수순으로 받아들인다. 이에 따라 정계의 새 판짜기가 불가피했다. 누군가 7년 전란의 책임을 져야한다. 군왕 선조가 그 명에를 질 수는 없다. 전란의 발발이나 전개 과정에서, 왕조국가의 군왕은 면책 특권을 가진다. 여하튼 전란의 와중에서 제자리를 지켰다면, 전환기 역사의 시조(始祖)로 자리매김한다. 전란 기간의 공과에 대한 평가는 필요에 따라 해석되면서 취사

선택된다. 물론 사실여부를 저울질할 필요가 없다. 사람이 하는 일은 완벽할 수 없다. 공도 있지만 허물도 동반한다. 일단 허물을 묻는 대상이 정해지면, 내용을 채워 넣는 일은 정치적 요식행위에 불과하다. 7년 전란의 와중에서 정치, 군사, 행정, 외교를 진두지휘한 유성룡이 표적으로 전면에 떠오른다.

유성룡을 탄핵하는 불씨는 전혀 엉뚱한 곳에서 우연히 점화된다. 9월 4일 군문 형개의 참모 주사 정응태가 모화관에 도착하자 조선 조정은 긴장했다. 정응태는 경리 양호를 20개 죄목으로 탄핵해서 명으로 소환시킨 장본인, 증거를 수집한다는 명목으로 명나라 관원들을 대동했다. 정응태는 탄핵문에서 "조선은 애초에는 왜적과 공모, 이들을 불러 들여 요동을 회복하려 했다"는 내용을 포함시켰다. 양호와 대립각을 세운 정응태는 양호를 변호하는 조선에 노골적인 적대감을 보였다. 조정은 좌의정 이원익을 사태의 진상을 알리는 진주사로 즉각 명나라에 파견했다. 이 와중에서 정응태가 조선 조정을 찾아 몽니를 부린 것이다. 정응태는 측근들을 동원해 유격 허국위의 뇌물 증거와, 조선인 첩을 잡아들이는데 혈안이 되었다. 허유격은 사태가 불거지자 경리 양호를 편드는 장계를 명나라에 올렸었다. 사안이 진실 공방으로 이어지자, 명나라는 진상파악을 위해 급사 서관란을 조선에 파견한다. 선조는 9월 12일 홍제원에서 서 급사를 영접하며 양호를 두둔했지만 서 급사는 깐깐하고 냉정했다.

"황상께서 귀국을 한 집과 같이 보기 때문에 군사를 파견하여 구원하고, 함께 적을 섬멸하여 왔습니다. 다만 최근에 우리 관원들을 둘러싼 잡음이 생겨, 사실을 파악해 사태를 바로잡으려 왔습니다."

"대인이 이곳에 오니 마치 태산과 같습니다."

선조가 인사치레를 마친 뒤, "황상에게 애걸해 왕위를 받은 도요토미가, 곧바로 군사를 움직여 남원을 함락하고 삼도를 유린하였습니다. 왜국이 강화하여 난리를 중지할 리가 결코 없습니다. 지금 일제히 모인 대국의 군대가 때를 맞춰 거사하여 기회를 잃지 않도록 해주시기를 오로지 대인에게 기대합니다"라고 간청했다.

"고니시와 그대가 화친하고자 하지 않았습니까. 황상은 남원 함락 당시 고니시와 협상한 양원의 죄를 엄히 물었습니다."

서 급사는 냉랭하게 선조를 몰아붙였다. 이어 왜군의 병력이 얼마나 되느냐는 질문에 선조가 머뭇거리자, "전란이 7년을 끌었는데, 어찌 왜적의 수도 헤아리지 못하십니까?"라면서 면박을 준다.

"군문 형개와 경리 양호, 유격 진우충은 우리나라에서 힘과 정성을 다하였습니다. 지난해 왜적이 남원을 함락시키고, 여세를 몰아 북상하면서 한양이 당장 무너질 처지였습니다. 그런데 평양에서 달려온 양 경리가 장수들을 이끌고, 직산과 청산에서 적의 기세를 꺾어버렸습니다. 울산성 전투에서 가토를 잡을 수 있었으나, 불행히도 눈과 비가 내리고 한파가 심해 병사들이 동상에 걸리면서 부득이 군사를 물렸을 뿐입니다. 그런데 왜곡된 소문으로 양 경리가 조선을 떠나, 곤궁한 조선 백성들은 마지막으로 의지할 곳을 잃게 되었습니다."

선조가 진땀을 빼며 양호를 변호한다.

"경리가 조선에서 공을 세운 사실은 이미 알고 있습니다. 다만 찬획 정응태가 황상에게 올린 주본(奏本)이 그간 양 경리가 올린 내용과 달라, 황상의 진노가 심하였습니다. 애매한 부분을 명확하게 가리라고, 소신을 시켜 조사하게 한 것입니다. 널리 물어서 사태를 바로 잡도록 하겠습니다."

이날 연회는 원론적인 입장을 되풀이하면서 마무리되지만 선조는 양 경리 사태가 심상치 않은 방향으로 비화될 조짐을 보이자, 좌불안석이 되었다. 14일 시어소에서 선조를 만난 서 급사는 양 경리의 혐의를 보다 구체화한다. 양 경리가 공도 있으나, 허물도 없지 않아 황상이 진노했다는 것이다. '적은 죽이지 못하고 단지 우리 군사만 많이 잃어 황상이 자신을 보냈'고 밝혔다. 울산 왜성 전투에 대해 제법 소상히 파악하고 있었다. 이어 서 급사가 정찬획이 양호를 탄핵한 주본의 내용을 소상히 알리자, 선조가 마침내 자리에 눕고 말았다. 명나라 조정은 '선조가 강화협상을 통해 고니시와 협력해서 요동을 회복하려 했다'는 혐의를 두었다. 선조는 22일부터 합문을 닫고 정사를 보지 않는다. 황제를 배신한 의심을 받고 있어, 오늘 죽을지 내일 죽을지 모르는 마당이니, 세자와 대신들이 알아서 정사를 처결하라는 전교였다.

이 파동이 결국 유성룡을 표적으로 올려놓는다. 양호의 탄핵 사건이 터졌을 당시 국사를 책임진 영의정이 중국에 나갈 진주사를 서둘러 자처하지 않고, 일신의 편의만 돌보면서 군신의 도리를 저버렸다는 탄핵 논리가 마련된다. 북인이 장악한 사헌부, 사간원이 이를 실행에 옮긴다. 처음에는 찬획 정응태의 접반사 백유함을 파직시켜 물꼬를 열었다. 이어 비변사 당상관으로 확대하고, 결국 유성룡에게 서서히 칼날을 겨눈다. 북인의 공격 목표가 선명해지자 공격 무기도 다양해진다. 거센 공세에 앞서, 유성룡이 28일 먼저 사직 상소를 올린다.

"임금이 욕을 당하면 신하가 임금을 위하여 먼저 죽는 것은 절의입니다. 조정 밖이 신이 죽을 곳입니다. 모든 진실은 하늘만이 알 것입니다. 신의 관직을 체직하시어 조정 여론에 답하소서."

선조가 윤허하지 않자, 유성룡에 대한 공격이 개인비리로 부풀려진다. 전란 중에 수탈을 일삼아 재산을 축적했고, 인사비리를 저질렀으며, 업무에는 태만해 조정의 중한 일을 한 가지도 성사시키지 못했다는 것이다. 10월 1일 홍문관 부교리 이이첨이 상소를 올려, "진주사 파견이 시급한 당시에 재상들이 모두 유성룡의 눈치만 보면서 일을 게을리 했다"는 고발장을 제출한다. 이날 유성룡이 다시 사직을 청한다. 유성룡은 "조정에서 대신을 대우하는 일에 이미 체모를 잃었다"면서 "신을 탄핵하는 상소를 보면, 말을 하자니 역겹고 보고 있자니 놀랍다"고 토로한다. 자칫 나라의 체모가 우려되어 벼슬을 그만두겠으니, 부디 직책을 거둬 충실하고 정직한 자에게 내리라는 당부 아닌 당부였다.

공격은 집요했고, 논리는 비약한다. 애초 핵심 쟁점이었던 경리 양호의 문제와 서급사에 대한 대응 논의는 오간데 없이 사라진다. 3일, 집의 송일이 나선다. 유성룡이 임금의 간곡한 부탁과 신료들의 청에도 불구하고, 노기만 내면서 명나라에 가지 않은 죄는 두 번 말할 것도 없는 사실이다. 더구나 사직 상소를 청하면서 반성하는 기색조차 없으니 동정할 일말의 여지도 없다고 몰아세운다.

이날 승정원에 내린 선조의 비망기가 분수령이 되었다.

"유성룡이 연경에 가지 않은 것은 잘못 처신한 것이다. 하지만 체직은 허락할 수 없다. 병이 깊어, 명맥만 붙어있는 혼미한 상황에서 왕위를 벗어나지 못하니, 이렇게 한심하고 무너진 도리를 보고야 만다."

선조가 북인의 논리를 일정 부분 받아들여 유성룡에 대한 질책을 은연중 내보였다.

비로소 선조의 의중이 확인되었다. 유성룡의 죄가 눈덩이처럼 커져, 탄핵 상소가 빗발친다. 4일 사헌부에 이어, 7일 사간원이 파직을 거듭 요청한다. 유성룡이 고의적으로 사신 가기를 회피했다는 주장이 기정사실로 굳어진다. 조정 논의를 거쳐, 좌의정 이원익이 곧바로 연경에 급파된 당시 현실에 대해 모두 눈을 감았다.

8일, 사헌부가 유성룡의 개인적인 인사 비리를 엮어낸다. 유성룡이 홍문관의 장관을 가장 친한 문하에서 발탁했으니, 공론을 무시하는 편협성이 이토록 극심하다는 주장이었다. 이조 참판 오억령이 교체된다.

11월 13일, 정언 문홍도가 결국 북인들이 하고 싶은 말을 처음 끄집어낸다. 탄핵 사태의 본질을 드러내었다. 유성룡 같이 간사한 자가 없는데, 조정 중신들이 모두 눈치만 보고 있어 초야에 있던 시절부터 마음에 품은 말을, 도저히 의분을 참지 못해 죽음을 각오하고 이번에 올린다며 자못 비장한 어조였다.

"유성룡은 정철이 어진 선비를 죽이던 당시, 그에게 아부해서 목숨을 지켰고, 나중에는 여기에 붙어, 당파를 나누어 자기에게 거슬리는 자는 원수처럼 배척하고, 자기에게 잘 보이는 자는 뒤질세라 등용하였습니다. 이로 인해 남북(南北)이 갈리니 이는 모두 성룡이 처음 만든 것입니다."

유성룡에 대한 탄핵의 정치적 성격이 확인된다. 문홍도는 삭탈관작을 요구한다. 이어 대사헌 정창연, 집의 송일, 장령 유몽인, 송응순, 지평 유인길 등이 연이어 상소를 올렸다. 사헌부, 사간원도 하루도 거르지 않고 유성룡을 공박했다.

16일, 사간원이 그동안 수집한 유성룡의 죄목을 최종 집대성한다. 우선 유성룡에 대해 간사하고 간교해 세상을 속여도 그간 사람들이 알지 못했다고 평가한다. 그리고 유성룡의 죄를 조목조목 제시한다.

첫째, '간사한 정철에게 붙어, 사대부에게 막대한 피해를 주었다. 국론을 분열시켜 남북의 파당을 만든 죄가 유성룡에게 있다'고 파당을 지은 죄를 논한다. 죽음을 불사하고, 당파의 정적마저 포용하려던 유성룡의 의도는 상대에 대한 아부와 새로운 파당을 지었다는 혐의로 둔갑한다.

이어 '하늘아래 같이 살 수 없는 왜적과 화친을 시도했다'는 외교적 모반 혐의를 더한다. 병신년 9월 도요토미의 책봉 당시, 명나라와 왜국의 협상 내용을 정확히 파악해 대처하려면 사신단을 파견해야한다고 주장한 것이 빌미가 되었다. 심유경과 호응해서 도요토미에게 왕위를 책봉케 한 주범으로 매도된다. 유성룡은 천하의 죄인이 되었다. 따라서 이번 경리 양호를 모함하는데도, 유성룡이 중심에 있었다고 단정한다. 주사 정응태의 눈치를 보면서 화친을 성사시키기 위해 양호를 몰아냈다는 것이다. 울산 왜성 전투 당시, 최전선에서 전투를 지휘하던 유성룡을, 후방에서 숨죽이며 전황에만 귀 기울이던 신료들이 화친론자로 낙인찍어 버린다.

다음으로 유성룡의 개혁정책을 도마에 올린다. '지난 7년 동안 유명무실한 정책을 고집하면서 하는 일마다 정치를 해쳤다'는 정책 실패론을 제기한다. 유성룡이 전란중에 추진한 개혁 정책은 벼슬아치들이 피부로 와 닿는 위협을 느낀 대목이다. 훈련도감 도제조를 맡고, 체찰사 직을 수행하면서 끝없이 백성들에게 세금을 거두어 촌락은 텅 비고, 가축 한 마리 남지 않았다고 공박했다. 훈련도감의 속오군과, 작미법을 대표적인 실패 사례로 지목했다. 노비로 군사를 충원했던 속오군은, 양반의 재산을 위협했고, 작미법은 방납업자를 통한 지방 수령의 뇌물을 차단해 왔기 때문이다.

끝으로 개인 비리가 덧씌워 진다. '자신에게는 성실하고, 국가의 일에는 무심해서, 관작을 돈을 주고 매매했으며, 심복을 장수와 벼슬아치로 올리고, 미천한 서얼과 노비에게까지 관직을 주어 안동의 기름진 땅이 모두 일가친척의 것'이라는 참소였다. '글을 배운 사람치고, 유성룡에게 침 뱉지 않는 이가 없다'고 저주를 퍼붓는다. 사실 여부를 곧바로 확인할 수 있지만 선조는 확인하지 않았고, 유성룡은 변명하지 않았다.

상소는 이 모든 '사실'을 종합해서 결론을 내린다. '다행이 중국 사신의 일이 우연한 계기가 되어, 이 같은 대죄가 만천하에 드러났으니, 국가의 행운이다. 체직이 아닌 삭탈관작이 필요하다'고 논죄한다. 죄상만을 따지면, 유성룡은 사약을 내려도 시원치 않을 무도한 반역 죄인이었다. 선조가 11월 19일 파직을 허락한다.

이 무렵, 순천 왜성을 놓고 조선과 일본의 두 맹장이 맞붙었다. 통제사 이순신은 사로병진 작전에서 실질적인 수군 주장을 맡았고, 고니시는 전라도의 전진기지 순천 왜성에 똬리를 틀고, 수성과 탈출에 골몰했다. 8월, 서로를 맡은 제독 유정이 고니시의 협상에 거짓으로 화답하면서 군사 작전이 전개된다. 9월 20일, 순천의 엣 성터에서 협상을 열기로 한다. 협상장으로 향하던 고니시는 명군의 총성에 위기를 직감하고, 말머리를 돌려 왜성으로 도주했다. 부관들이 필사적으로 명군을 막아, 고니시는 살아 돌아갔다. 순천 왜성이 곧바로 농성전에 돌입한다.

도요토미의 사망 첩보를 접한 이순신은 조정에 장계를 올려 전란이 종결국면에 들어섰음을 알린다. 하지만 그는 왜군을 고스란히 보내면, 영원히 전란은 멈추지 않는다고 확신한다. 나흘 전에 고금도를 출항, 방답을 거쳐 앙상하게 불타버린 전라 좌수영을 지나, 20일 자정 북상해서 유도의 협수로에 파고들어 새벽부터 순천 왜성에 함포를 퍼붓는다. 고니시가 겨우 목숨을 부지해서 돌아온 다음 날이었다. 육지에서는 도원수 권율과 제독 유정의 조명연합군 함성이 왜성을 넘어 들려왔다. 왜성 북단에서 포성과 더불어 검은 연기가 잠시 피어올랐지만 이내 잦아든다. 육상의 명나라 군대가 공성전을 포기했다. 웅크린 왜군과 이를 끌어내리려는 조선 수군만의 공방전이 하루 내내 이어진다. 저녁 무렵 후방 해상에 왜 정탐선이 나타나자, 조선 수군의 경쾌선이 곧바로 추격, 배를 버리고 뭍으로 도주한 왜선을 나포한다. 이순신은 도독 진린에게 이를 통째로 넘겨, 연합 작전의 불협화음을 막는다.

22일, 새벽 전투가 연안에서 재개된다. 해상과 육지의 포격전이 거세지고, 전란 후기 유성룡이 지원한 비격진천뢰가 진가를 발휘한다. 육상에서 터지는 비격진천뢰의 폭음에 왜군들이 참호 깊숙이 움츠러든다. 명나라 함선이 무리하게 갯벌로 진입, 유격 마귀의 지휘소가 조총의 사정거리에 놓였다. 일순간에 장루가 조총 연기로 덮이고, 마귀가 방패에 둘러싸여 비틀거리며 내려온다. 급하게 배를 몰아 이들을 엄호하던 옥포 만호 이담이 철환에 맞고 전사했다. 24일 명나라 천총 진대강이 육지로 나가 수륙합동작전을 제안했지만 제독 유정의 편지는 무성의했다. '공성 장비가 아직 마련되지 못해 관망 중'이라고 둘러댄다. 9월의 마지막 날, 명나라 유격 왕원주, 유격 복승, 파총 이천상이 함선 1백 척을 몰고 전선에 가세한다. 도독 진린이 이순신 앞에서는 유독 진지한 군인 정신을 발휘한다. 이날 밤 조명함대는 함선의 등불을 모두 밝혀, 유도 일대의 바다가 거대한 불꽃 행렬을 이룬다. 순천 왜성의 고니시 부대에게 바닷길을 열어 줄 수 없음을 알리는 포고였다.

10월 2일 깊어진 가을 날씨 속에서 새벽부터 연합함대가 왜성 앞 바다에 출현한다. 전투는 점차 과감한 근접전의 양상으로 전개된다. 왜성으로 가는 협수로의 말뚝을 조선 수군이 꾸준히 제거, 화살과 편전, 조총의 사거리도 좁혀졌다. 최전방에서 전투를 지휘하던 사도첨사 황세득이 적탄에 맞아 전사한다. 환갑을 넘긴 노장이었다. 다음날, 제독 유정의 비밀 서신에 따라 초저녁에 출정해서 자정까지 전투가 벌어졌다. 하지만 왜성 북쪽의 포성은 거의 들리지 않는다. 육군의 지원은 이번에도 무산되었다. 진린이 지휘하는 명나라 함선이 무모할 정도로 해안에 접근하다 왜선의 총포망에 걸려 깨져 나간다. 이 틈에 일부 왜선이 빠른 속도로 따라붙어 횃불을 갑판에 던지며, 근접전을 시도한다. 갑판이 낮은 명나라 함선은 왜군의 도선에 취약해 선상에서 백병전이 벌어진다. 40여 척의 명나라 함선이 횃불을 밝힌 왜선의 포위망에 갇혔다. 안골포만호 우수가 왜선의 외곽을 무너뜨린다. 조총이 집중되자 어둠이 깔린 장루에서 만호 우수가 그림자 같은 음영의 윤곽을 그리며 쓰러진다. 통제사가 본진을 이끌고, 왜 함진의 중앙을 관통, 근접전에 돌입한다. 선봉 녹도군이 대장선을 에워싸며, 왜선을 제압한다. 포환이 짙은 어둠을 가르며 번쩍 번쩍 포물선을 그린다. 왜군이 퇴각하자, 통제사는 물에 빠진 명군을 차분히 수습한다. 4일, 이번에는 조선 수군이 선봉을 맡자, 왜군은 아예 토굴을 버리고 능선으로 기어오른다. 전투는 소강상태에 빠진다. 5일 하늬바람이 거세다. 도원수 권율이 제독 유정의 서로군이 퇴각한다는 소식을 통제사에게 알렸다. 통제사는 "나랏일을 어찌할 것인가"라며 제장들 앞에서 통분한다. 유정은 7일 공문을 보내 서로군의 퇴각을 공식적으로 전한다. 이미 왜군은 순차적으로 퇴각하고 있다. 제독 유정은 왜군이 나간 뒤, 비어버린 순천 왜성을 점령했다는 전과만이 필요했다. 왜군의 목숨을 집요하게 원한 통제사는 유도와 장도 일대에 온통 척후선을 깔아놓고, 고니시 부대의 틀어막은 숨통을 놓아주지 않았다.

통제사는 11월 8일 진린 도독을 찾아 잔치를 연다. 겨울 추위가 완연하다. 진린 또한 이국의 장수, 그러나 통제사의 절절한 눈빛을 외면할 수 없다. 9일 새벽, 연합 수군은 고금도를 출항, 백서량에 진을 친다. 11일 다시 순천 왜성의 숨통인 유도, 연합 수군이 유유히 선회할 뿐이다. 14일 백기를 단 왜선 2척이 순천 왜성에서 나와 도독 진린의 대장선을 찾았다. 이어 16일에도 왜선 3척이 명나라 함진에 들어선다. 말과 칼, 장검, 은량을 가득 싣고 있다. 이중 한 척이 명나라 수군진을 빠져나와 빠르게 노량을 통과, 사천 왜성으로 향하면서 시마즈와 고니시가 일본으로 퇴각하는 날짜를 조율한 동반 퇴각을 성사시킨다.

18일, 사천의 시마즈 함선 5백여 척이 서쪽 수로를 택해 항진한다는 첩보가 최종 확인된다. 통제사는 고니시를 버리고 시마즈를 지목한다. 자정 무렵, 칠흑 같은 겨울 바다 속에서 노량에 도착한 함대는 남북으로 산개한다. 일본으로 향하는 왜선과 정면으로 충돌하는 관음포 바닷길에 조선수군이 집중적으로 매복한다. 새벽 2시, 어둠의 장막이 출렁인다. 시마즈 왜선이 절반쯤 해협을 통과하면서 대장선에서 총통이 발사되고, 개전을 알리는 북소리가 울린다.

'둥, 둥, 둥, 둥'

거칠고 규칙적인 7년 전란의 버팀목, 수군이 일제히 입에 물었던 하무를 뱉어 던지고, 함성을 노량바다에 토한다. 이어 신기전, 함포소리가 그칠 줄을 모른다. 고니시가 탈출하는 길목의 방패막이, 시마즈군은 순식간에 수십 척이 깨져나가면서도 항진을 멈추지 않는다. 이 길을 뚫지 않으면, 조선 바다에 수장된다. 엄청난 포격을 대규모 선단이 고스란히 나누어 맞으며 오직 남으로 항로를 잡는다. 1백여 척 이상의 왜선이 가라앉으며 시커먼 노량 바다가 붉은 화염을 끊임없이 삼킨다. 죽음이 예견된 막다른 길목, 왜군의 저항은 처절했다. 대장선을 호위하는 중군장 가리포첨사 이영남이 전사한다. 새벽 6시가 넘으면서 바다 동쪽이 뿌옇게 밝아온다. 왜군과 조선군에게 대장선이 뚜렷해진다. 독전기가 나부끼고, 대장선의 북소리는 '전투가 아직 끝나지 않았다'고 군령을 내린다. 분명, 통제사가 북채를 잡고 있다. 붉은 철릭이 새벽 여명을 받아 물결친다. 7년 전란의 조선 군신(軍神)을, 왜 수군이 마지막 순간까지 진저리 치면서 목격한다. 환호하던 녹도 함선이 필사적으로 대장선에 따라 붙는다. 대장선을 호위하는 중군장 이영남의 함선이 없다. 관음포 바다에 우뚝 솟은 대장선 중앙에 북채를 쥔 통제사의 모습이 너무나 선명하다. 반파된 왜선에 갇힌 왜병들은 귀향의 꿈을 포기한다. 쏟아지는 편전과 화살, 날아드는 철환과 불덩이 속에서 극한의 공포와 절망에 빠져, 마지막 순간까지 조총을 거머쥐는 허망한 몸부림으로 이어진다. 녹도 함선이 대장선의 측면에 따라 붙기 전, 대장선의 장루앞 전고(戰鼓) 주변의 방패를 조총 연기가 뒤덮었다. 북소리가 멈춘다. 조선 수군이 일순간에 전율하며, 시간이 멈춘다.

조총의 철환 한 발이 이순신의 가슴을 관통했다. 군관들이 이순신을 장루의 장막 안으로 옮겼을 때는 이미 철릭이 피로 흥건했다. 조카 이완이 상처를 부여잡고 어떻게든 출혈을 막아보려 했지만 쏟아지는 피를 주체할 수 없다. 군관과 이완이 도저히 믿기지 않는 장면에 넋을 놓고 있자, 이순신이 손짓으로 이완을 불러 마지막 명령을 내린다. 간결하고 분명한 군령이다.

"싸움이 급하다. 내 죽음을 알리지 마라."

눈물을 흘리던 이완이 미친 듯이 전고로 나가 다시 북채를 거머쥔다.

'둥, 둥, 둥, 둥'

붉은 통곡이 '전투를 이어가라'고 노량 바다 곳곳을 물들인다.

불사신, 통제사. 전투가 더욱 격렬하게 재개된다. 왜선은 1백 50여 척이 노량바다에서 침몰하고, 1백 50여 척은 반파된 상태로 절름거리는 항진을 이어갔다. 사령선인 왜대선은 개전 초기에 깨져, 시마즈는 소선에 옮겨 탄 상태였다. 기동이 빠른 2백여 척의 중소선만 온전히 살아남아 고향으로 항진한다. 조명연합 수군은 반파된 왜선을 추격, 50여 척을 마저 잡아낸다. 무술년 11월 19일 새벽 여명 무렵, 삼도 수군통제사 이순신이 전사했다. 향년 54세.

이 시간, 고니시의 탈출 부대는 왜성에서 나와 유도 장도를 거쳐, 남해의 협수로를 지나 쓰시마로 향했다. 오랫동안 갇혔던 사지에서, 시마즈 함대를 방패삼아 가까스로 빠져나왔다. 7년 전란 동안 자행한 살육의 현장에서 들리는 고통과 신음소리가 이들의 뱃길을 재촉했을 것이다.

도독 진린이 조선의 대장선에 옮겨 탄다. 포위망을 뚫어준 조선 수군에 대한 답례 인사 때문이다. 이순신의 전사 소식을 듣자, 털썩 자리에 주저앉는다.

"장군께서 살아 나를 도우신 줄 알았는데, 어찌 이리 허망하게 먼저 가셨습니까."

칠성판에 놓여, 흰 천으로 감싸인 시신 앞에서 가슴을 치며 통곡했다. 진린에게 이순신은 주장을 다투는 경쟁자가 아니라, 가슴으로 공감하는 전선의 동료였다. 칠성판에 굵은 눈물이 뚝뚝 떨어진다. 대장선을 시작으로 통곡소리가 서서히 관음 포구 일대로 번진다. 인근 노량포구 산기슭으로 영구가 옮겨가자 뒤따르는 행렬이 끝이 없고, 수십, 수백 km밖 둔전의 백성들이 하던 일을 팽개치고, 임시로 마련된 노량포구의 빈소를 향한다. 이순신의 신위가 놓여, 그가 더 이상 이 세상 사람이 아님을 알렸다. 도무지 그칠 줄 모르는 조문의 행렬이 밤낮으로 이어진다. 상여가 인근 산기슭의 가묘로 향하던 날, 영구는 인파에 가로막혀 한 발자국도 움직이지 못한다. 7년 전란의 고통에 시달린 백성들이 이순신의 상여 앞에서 목이 메여 통곡한다. 통제사의 죽음이, 전란의 상처가 동시에 빚어내는 서러움이었다. 포구일대에는 백성들이 서둘러 차린 제전(祭奠)이 줄지어 놓여 있다. 상여를 따르는 한 만장에는 '공이 우리를 살렸는데, 지금 우리를 버리고 어디로 가십니까'라는 문구가 뚜렷했다.

조정에서는 전사한 이순신을 의정부 우의정에 증직했다. 군문 형개가 바닷가에 사당을 세워, 그의 충혼을 기리자고 제안한다. 하지만 조정을 기다릴 것도 없이 백성들이 사당을 짓는다. 민충사에 신위를 모시고, 초혼(招魂)토록 한 뒤, 사계절 제사를 지내기로 한다. 둔전의 농민과 해로통행첩으로 생계를 보장받은 어부들이 앞 다투어 재물을 보탰다. 이들에게 이순신은 어버이 같은 의미를 지녔다. 포구에 정박한 어선은 흰 조기(弔旗)를 달았고, 민충사에 참배하지 않는 어민이 없었다.

통제사가 전사한 11월 19일, 선조가 유성룡을 파직한다. 궁궐을 나서는 유성룡의 표정이 분명 홀가분하다. 무거운 짐을 내려놓은, 노쇠한 황소의 모습이었다. 비로소 한 숨을 돌린다. 그는 전란 기간, 황소처럼 뚜벅 뚜벅 제 길을 걸어왔다. 이제 자신의 고기를 내어줄 차례이다. 미련과 후회도 없는 길이었지만 자신에 대해서만은 철저하게 반성한다. 한양의 살림살이는 곧바로 정리된다. 가진 것이 없기 때문이다. 며칠 만에 가솔을 이끌고 겨울 추위가 완연한 경기도 대탄에 이른다. 전란의 와중에 투구를 쓰고 달린 곳이다. 반쯤 헐벗은 초겨울의 나목이 머나먼 봄을 기다리며, 노 재상을 전송한다. 유성룡이 시 한수를 짓는다.

전원으로 가는 길
벼슬아치 생활, 40년.
천변에 말을 멈추고 돌아보니,
한양성 기색은,
여전히 그대로이다.

결(結) - 징비록을 남기고
- 후세를 경계하는 선비의 마지막 책임

    무술년 12월 초, 유성룡은 태백산 도심촌에서 모친을 모시고, 안동으로 돌아간다. 여비가 없어 여기저기에 손을 벌려, 길양식을 꾸어가는 형편이었다. 조정에서는 이따금 잔파도가 일었다. 6일, 지평 구의강과 대사헌 정창연 등이 유성룡의 삭탈관작을 요구, 선조가 이를 허락했다. 벼슬과 품계를 빼앗기고, 벼슬아치의 명부에서 이름이 지워진다. 예정된 수순이었다. 유성룡은 무심했다.

    이듬해인 1599년(기해년) 1월 명나라에서 '탄핵 파동'을 마무리하고 돌아온 좌의정 이원익이 어처구니없고, 기막힌 자신의 심정을 선조에게 전한다. 정작 외교적 마찰은 아무 탈 없이 마무리되었는데, 이로 인해 유성룡이 조정에서 자취를 감추었다. 곧바로 상소를 올린다.

    "유성룡이 전란 기간 정사를 보필하며 한 가지 도움도 주지 못했다고 죄를 주시면, 신이 감히 어떤 말을 할 수 있겠습니까. 아, 이것이 어찌 정확한 논의라 하겠습니까."

간단하고 명확한 상소의 끝자락에 이원익은 사직을 청한다. 하지만 이미 화살은 시위를 떠났다. 선조는 이원익의 동반 사직은 허락하지 않는다.

관직 명부에서 지워졌다고, 유성룡이 살아온 삶이 모조리 부인되는 것은 아니다. 경상도로 부임하는 벼슬아치들은 먼저 유성룡의 자택을 찾아 방문을 거절 받는 통과의례를 거친 뒤, 임지로 향했다. 백성들은 흠 없고, 탐스런 농산물을 유성룡 집 앞에 놓고 도망쳤다. 삭탈관작된 후 2년 만에 선조는 유성룡에게 직첩을 되돌려준다. 이듬해인 1601년 5월, 영의정 이항복의 추천으로 청백리에 이름을 올리면서 당시 북인들의 참소가 터무니없었다는 사실을 선조 스스로 인정한다. 선비에게 주어지는 최고의 명예로, '스스로 이 명성을 감당할 사람이 매우 드물다'는 '염근(廉謹) 청백록'에 이름을 올린다. 청렴하고 신중하며 스스로 삼가는 신료의 전형이 되었다.

명예는 지속적으로 회복되었으나, 정작 유성룡은 별다른 반응이 없었다. 1603년 10월, 풍원부원군으로 복귀되고, 이듬해 6월 호성 2등 공신으로 책봉되자 이를 모두 사양하는 상소를 올렸다. 공신의 초상을 그리기 위해 안동을 찾은 화사(畫師)를 '자신은 세운 공이 없다'면서 돌려보내고, 공신 모임에도 나타나지 않는다. 정치에 대한 환멸이나, 선조에 대해 해묵은 섭섭한 감정 따위가 도사린 것은 아니다. 애초 환란을 막지 못한 죄인이 환란으로 인해 공신이 될 수는 없다는 논리였다. 이 기간에 마침내 '전란의 생생한 고통'을 담은 징비록이 탄생한다. 유성룡은 전란이 끝난 무술년이래, 스스로에게 삭탈관작 한 것처럼 보였다. 이후 거듭되는 선조의 복권과 복귀 요청을 부담스러워했다. 이 마음은 그가 지은 짧은 글, '두문불출'에서 잘 드러난다.

'병이 깊어 강촌에서 문을 닫고 마음을 수양하는 공부에 매달리고 있다. 아무 인연 없는 사람이 나를 찾아, 평온한 마음을 무너뜨리는 것이 힘겹다. 남의 발소리만

들어도 가슴이 두근거리며 두렵다.'

　이 두렵고 떨린 마음이, '징비록'을 집필하도록 이끌었다. 나의 잘못을 징계해서 후세에는 환란이 없도록 하겠다는 의미, 유성룡이 징비록에 담으려는 정신이다. 이는 시경 주송(周頌)의 소비(小毖)편에서 비롯되었다. 소비는, 이른바 '작은 경계'를 의미한다. 그토록 엄청난 환란을 겪은 유성룡이 '작은 일에 삼가고 조심하라'고 당부한 이유는 분명하다. 작은 일을 준비하고 삼간다면 대환(大患)에 이르지 않는다는 삶의 순리를 처절하게 체험했다. 거창한 대의명분보다 합리적인 일처리에 무게를 두고, 토붕와해의 조선을 살리기 위해 당면한 현안을 바르게 처리하는 청백리의 철학이 '징비록'에 고스란히 녹아있다.

　시경 주송의 소비편은,

　'予其懲(여기징), 나는 조심스레 삼가노니

　而毖後患(이비후환), 후환을 경계한다'는 내용으로 시작된다. 이어지는 구절은 유성룡의 모습을 닮았다.

　'莫予荓蜂(막여병봉) : 벌을 부리다가

　自求辛螫(자구신석) : 스스로 독한 바늘에 쏘이지 말라

　肇允彼桃蟲(조윤피도충) : 처음에는 몹시 작은 저 도충이

　拚飛維鳥(변비유조) : 날개 떨쳐 날아오르는 큰 새가 되련만

　未堪家多難(미감가다난) : 집안의 많은 어려움 감당치 못해

　予集于蓼(여집우료) : 나는 또 여뀌풀에 앉은 궁색한 처지이다'

　유성룡은 징비록의 마지막에 삼도수군통제사 이순신의 삶을 압축, 서술한다. 마음을 주고받은 오랜 벗, 그리고 전란의 흐름을 결정적으로 뒤집어 놓은 통제사, 그

가 왜군이 도주하는 마지막 날 전사했다는 소식에 가슴 깊숙한 곳에서 통증을 느꼈을 것이다. 그리고 평생 아물 수 없는 상처가 이순신을 통해 징비록의 매듭을 짓도록 이끈다.

*∞∞∞∞∞∞∞∞∞∞∞∞∞∞∞∞∞∞∞∞∞   *   ∞∞∞∞∞∞∞∞∞∞∞∞∞∞∞∞∞∞∞∞∞*

'이순신의 자는 여해, 본관은 덕수다. 그의 선조 중에서 이변은, 벼슬이 판중추부사에 이르렀다. 강직하다는 명성을 얻었다. 그의 증조부는 이거인데, 성종의 신하였다. 연산군이 동궁 시절, 이거는 동궁을 교육하는 강관으로 엄격하게 연산군을 대했다. 장령의 벼슬에 있을 때, 탄핵을 받았고 이를 두려워하지 않아 범이라는 호칭을 얻었다. 이순신의 조부 이백록은 이로 인해 벼슬을 얻었지만 이순신의 부친은 벼슬을 하지 않았다. 이순신은 재질이 영특했고, 주변에 구속되지 않았다. 마을의 길거리에서 사람들이 함부로 자신의 진영을 침범하면 눈에 화살을 겨누었다. 사람들이 그 영을 밟고 지나기를 꺼렸다. 장성해서 활쏘기가 뛰어나 무과를 통해 벼슬을 얻었다. 문과의 집안에서 무과 시험을 치른 경우였다. 문장이 탁월했다. 그는 훈련원 봉사로 벼슬살이를 시작했다.

병조판서 김귀영이 서녀가 있어 이순신에게 첩으로 주려 했지만 이를 거절한다. 권세 있는 집안에 의지해서 벼슬의 승진을 도모할 수는 없다고 밝힌다. 병조정랑 서익이 자신과 친분이 있는 훈련원의 한 인물을 승진시키기 위해, 훈련원 장무관이던 이순신에게 청탁을 넣었지만 그는 '옳지 않다'면서 정면으로 거절했다. 분노한 서익이 공식 문서를 통해 이순신을 불러 질책을 거듭했으나, 이순신은 흔들리지 않았다. 객기와 자존심이 강한 서익은 분을 참지 못했고, 이순신은 조금도 양보하지 않았다. 주변의 아전들이 병조의 정랑에게 대항하고, 어떻게 벼슬살이를 할 수 있을지 혀를 차며 걱정할 정도였다. 날이 저물 때까지 이순신이 뜰아래 버티고 서서 서익의 요구를 거절하니, 서익이 계면쩍은 낯으로 이순신을 돌려보냈다. 이 일로 조정에서 이순신의 인품이 널리 알려졌다.

 이순신이 옥에 갇혔을 때는 생사를 알 수 없었다. 옥리가 조카 이분에게 '뇌물을 쓰면 위기를 넘길 수 있다'고 제안했지만 이순신은 이분을 꾸짖었다. 도리를 어기면서 살아남는다면, 죽음보다 못하다고 가르쳤다.

이순신은 말과 웃음이 적고, 용모가 단정했으며, 언행이 마치 단아한 선비와도 같았다. 하지만 뱃속에는 담력이 드높아, 국난을 이기기 위해 목숨을 바쳤다. 늘 수양하며 제 한 몸을 잊었기 때문이다. 그의 형 희신과 요신은 이순신보다 먼저 요절했다. 이순신은 형들의 자식을 자기의 자녀와 똑같이 돌보면서 키웠다. 시집과 장가도 반드시 형의 자녀를 자신의 자식보다 먼저 보냈다. 재간이 높아도 명운이 짧아, 이순신은 자신이 가지고 있는 재주의 백가지 중에 한 가지도 제대로 펼치지 못하고 세상을 떠났다. 이보다 더 애통한 일이 없다.

통제사 이순신은 군중에 있을 때에도, 밤낮으로 경계를 늦추지 않았다. 자신이 먼저 갑옷을 벗는 일이 없었다. 견내량에서 왜적과 대치하던 한산도 시절, 전함은 이미 닻을 내렸고, 달빛만 매우 밝았다. 통제사는 수루에서 전쟁용 북을 베고 누웠다가, 수하의 장수들과 술을 가볍게 나누었다. "왜군이 달이 없어 어두울 때도 습격을 할 수 있지만 달이 밝아 방심할 때에도 한번쯤 기습할 것"이라며, 나팔을 불어 선봉과 중군의 출전을 명했다. 먼저 척후선을 거제 북단으로 보냈다. 곧바로 기동한 척후선이 견내량을 건너 왜 함진을 살핀 뒤, 왜 수군의 기습을 알렸다. 달은 서쪽으로 이미 기울어 산 그림자가 바다 속에 비치면서 바다 한쪽에는 어슴푸레한 그늘이 서렸다. 왜선이 산자락 그늘의 어둠속에서 항진을 시작, 조선 함진에 접근하자 선봉과 중군의 함선에서 총통이 일제히 불을 뿜어 한밤중 포성이 한산도에 진동했다. 조총으로 대항하던 왜 수군이, 함선이 철환에 깨져나가자 후퇴하고 말았다. 왜군은 이때 한산도를 감히 침범할 생각조차 못했다. 여러 장수들은 이순신을 군신(軍神)으로 받들고 단합했다.

*∽∽∽∽∽∽∽∽∽∽∽∽∽∽∽∽∽∽∽∽∽∽ * ∽∽∽∽∽∽∽∽∽∽∽∽∽∽∽∽∽∽∽∽∽∽*

1604년 여름, 징비록 저술을 마친 유성룡은 하회마을의 옥연정사를 떠나 10여 km 쯤 서북쪽으로 움푹 들어간 산간 오지 마을 서미동에 농환재(弄丸齋)를 지었다. 관작이 회복된 뒤 연일 찾아오는 손님을 거절할 수도 없고, 그렇다고 만나기도 부담스러워했다. '웃음으로 삶을 받아들이는 거처' 농환재는 유성룡이 여생을 마무리할 장소였다. 학가산 중대바위 밑에 초가삼간의 사랑채가 완성된 날, 유성룡은 '내 나이 63세에 비로소 담장 없는 초옥 한 칸을 마련했다네. 아침에 청산보고, 저녁에 밝은 달 즐기며, 만족할 줄 알면 모두가 안락한 땅이어서 하루하루를 유유히 즐기며 살아가네'라고 감회를 읊었다. 이 무렵이 유성룡에게는 가장 마음 편한 시기로 보였다. '둥근 환(丸)'을 통해 '각진 삶'을 초연히 돌아본다. 인간은 세상사를 자신만의 틀에 담아서 볼 수밖에 없다. 죽음을 앞두고, 이를 초월하려는 달관(達觀)의 자세가 엿보인다. 치열한 전란 속에서, 날선 '대립 각'을 수없이 세울 수밖에 없었던 노 재상이 마지막 순간에 추구한 가치였다. 전란에 대한 죄책감과 이를 극복하기 위해 재상의 직분을 다하면서 겪은 모진 고통, 당쟁의 소용돌이와 오랜 벗 이순신의 죽음 등을 징비록에 담고, 비로소 마음의 평온을 되찾았다.

붓을 들어 시 한수를 짓는다. '산 중에 일이 없어 아이들과 상수리를 주우며 실

없는 농담을 주고받다'라고 써내려 간다. 전란의 상흔이 사라지고, 한 시골 촌부가 깊은 산속 초동(樵童)과 더불어 희희낙락 상수리를 주워, 장작불을 지펴 허기를 채우는 내용으로 채워진다.

1604년 10월, 선조가 공신들과 함께 신무문 밖 회맹단에서 성대하게 회맹제를 지내고 끝내 참석하지 않은 유성룡에게 안부를 묻는 교서와 함께 은과 비단, 말 몇 마리를 산골 마을에 보내 섭섭한 마음을 전한다. 이듬해 3월에는 선조가 유성룡의 살림이 곤궁하다는 소식에 봉조하에 임명, 녹봉을 내린다. 특별한 직책 없이 종 2품의 관리에게 주는 녹봉이 주어진다. 유성룡은 사양했지만 연로한 선조가 이번에는 고집을 거두지 않았다. 유성룡은 농환재의 궁핍한 생활 속에서도 자식들에게 "사람이 만족을 모르면, 욕심에 빠져 염치를 잃는다"면서 "이 집은 누추하지만 비바람과 추위를 막을 수 있으면 그 뿐이다. 자신이 취한 곳에 안정해서 걱정을 버리면 사람은 어느 곳이든 살 수 있다"고 가르친다. 결국 마음의 문제라는 것이다. 그리고 이후 3년여 세월동안 유성룡은 '농환의 삶'을 살아간다.

1607년 정월부터 유성룡의 병세가 악화된다. 소식을 접한 선조가 2월에는 내의원 의관을 보내 원로 재상의 건강을 염려했다. 그리고 5월 6일, 유성룡은 평소 자식에게 전했던 말 그대로, 안정을 취해 자연의 조화로 돌아갔다. 유성룡은 임종에 앞서 선조에게 올리는 유차를 아들 유단을 통해 보낸다.

"풍원부원군 신 유성룡은 삼가 아룁니다. 의관을 보내어 병을 치료해주신 성은에 슬프고 송구함을 금할 수가 없습니다. 죽음을 앞두고, 신하의 마지막 애절한 말을 올립니다. 큰 난리가 그치고 국사가 조금 평온하지만 남은 근심은 여전합니다. 임금께서는 신하의 말을 공평하게 듣고 아울러 살피소서. 군정(軍政)을 개혁하소서. 정사를 세우고 바른 사람을 등용하여 근본을 견고히 하소서. 이러면 변방의 걱정이 자연스럽게 사라질 것입니다. 신이 말하고자 하는 바는 오직 이뿐입니다."

유성룡의 부음을 알리는 파발이 한양성을 향해 달렸고, 이와 동시에 서미동 산골 마을에 백성과 선비들이 구름처럼 몰려들기 시작한다. 영구가 서미동을 떠나 수동리 장지로 향하는 날, 통곡하던 백성들은 헤아릴 수도 없는 만장을 들고 상여 뒤를 따르면서 여전히 아물지 않은 전란의 깊은 상처를 헤집어야 했다.

풍원부원군 유성룡은 7년 전란의 한 가운데 있었다. 전란 발발 초기, 영의정에 임명되어 그날 파직되는 소용돌이 속에서, 명나라 참전을 이끌어 냈다. 이듬해 다시 영의정에 오른 뒤, 이후 전란의 마지막 날 조정을 떠난다. 군사작전을 지휘하는 체찰사의 직분으로 최전선을 누볐고, 명나라 군대를 지원하며, 조선군의 재건에 온 힘을 쏟았다. 그는 선조와 더불어 도요토미의 야욕과 맞선, 조선 최고사령부의 수뇌였다. 명나라와의 외교전, 파탄 난 백성들의 삶을 돌보는 일, 급변하는 전란의 지휘, 조선의 군정과 제도를 정비해 사망 직전에 이른 환자를 되살리는 일, 모든 것이 그의 어깨에 지워진 기간이다. 유성룡은 전란을 막지 못한 멍에도 함께 지고 살았다. 도탄에 빠진 백성을 안쓰러워했고, 이들을 전장으로 이끌면서 지도자의 나태와 무능이 백성에게 미치는 생생한 고통을 목격했다. 백성의 아픔에 대한 공감이 군제와 세제의 개혁, 제도의 정비라는 전시 중 개혁정책을 만들어 냈다. 그에게 높은 자리는 좋은 자리가 아니다. 군왕 선조에 이어 최고 권력자인 영의정 자리에서 부귀와 권세를 추구하지 않았고, 주어진 역할에 따른 책임에 충실했다. 자신의 자리가 올곧이 국란 극복을 위한 도구일 뿐이라고 생각했기에 전란 마지막 날, 재상 자리를 미련 없이 던졌다.

퇴임 후 유성룡은 다시는 권력의 부름에 답하지 않는다. 그렇다고 세상을 등진 은둔 생활 속에서 자책의 세월만을 보내지도 않았다. 바로 후세에게 경계하는 글을 남기는 것, 징비록을 통해 글을 아는 선비의 마지막 책무를 다한다. 그는 무엇보다 자신의 잘못을 징비록의 첫머리에 두었다. 그리고 후손들에게 또 다른 환란을 분명히 경고한다. 왜군은 물러간 것이지, 패주한 것이 아니다. 다시 침략해 온다면 후손들이 무엇을 해야 할지, 생생한 전장 경험을 통해 기록했다. 그리고 유성룡은 이 모든 일의 출발은 바로 작은 일부터 삼가고, 조심하는데 있다고 충고했다. 사소하다고 해서 당면한 일을 게을리하는 자가, 먼 미래의 커다란 환란을 막아낼 수 없기 때문이다. 거창한 명분보다 합리적인 일처리에 전념했고, 탁상공론보다 최전선에 나가 백성을 이끌고 부교(浮橋)를 만들어 내는 데 몰두했다. 선비이자 학자에서, 전란기에는 군사 전략가와 행정가로 거듭났고, 전란 이후 후세에게 교훈을 남기는 역사의 스승으로 마지막 책무를 다한 것이다.

참고문헌

징비록, 유성룡

징비록, 유성룡, 이재호 옮김, 위즈덤하우스

징비록, 유성룡, 김흥식 옮김, 서해문집

징비록, 유성룡, 김기택 옮김, 임홍빈 해설, 알마

선조실록 및 선조수정실록, 국사편찬위원회

신편 국역 서애 류성룡 문집. 1~3, 민족문화추진회, 한국학술정보

국역 연려실기술, 이긍익, 민족문화추진회

임진난의 기록 - 루이스 프로이스가 본 임진왜란, 루이스 프로이스 지음, 정성화, 양윤선 옮김, 살림

처음 읽는 정유재란 1597, 허남린 외 8인, 푸른역사

 - 정유재란을 어떻게 볼 것인가, 허남린

 - 정유재란 직전 조선의 정보 수집과 대응책, 김경태

 - 정유재란기 도요토미 히데요시의 정세 판단과 정책, 나카노 히토시(中野等)

 - 정유재란 시기 명 조정의 재정 문제, 완밍(萬明)

 - 정유재란 발발후 명군의 전략과 남원 전투, 천상승(陳尙勝)

 - 명량해전에 대한 몇가지 이해의 방향, 노영구

 - 울산성 전투와 울산왜성, 나동욱

 - 고니시 유키나가와 순천성 전투, 도리쓰 료지(鳥津亮二)

 - 사천왜성을 통해본 한일 관계, 오타 히데하루(太田秀春)

난중일기 이순신.

난중일기 이순신, 최두환 역, 학민사

난세의 혁신 리더 유성룡, 이덕일 지음, 위즈덤하우스 잊혀진 전쟁 정유재란, 안영배 저, 동아일보사

류성룡, 나라를 다시 만들 때가 되었나이다. 송복 저, 가디언

네이버 및 위키피디아 백과 사전, 기타 블로그

징비록

종군 기자의 시각으로 회고한 유성룡의 7년 전쟁

지은이 | 조진태

펴낸이 | 최병식

펴낸날 | 2020년 9월 17일

펴낸곳 | 주류성출판사

주소 | 서울특별시 서초구 강남대로 435(서초동 1305-5) 주류성빌딩 15층

전화 | 02-3481-1024(대표전화) 팩스 | 02-3482-0656

홈페이지 | www.juluesung.co.kr

값 18,000원

잘못된 책은 교환해 드립니다.

ISBN 978 89 6246 425 2 03910